New

실전
외식사업경영론
FOOD SERVICE MANAGEMENT

New
실전 **외식사업경영론**
FOOD SERVICE MANAGEMENT

식품과학기술대사전에는 외식이란 *food service industry*

가정을 떠나 자기가 조리하는 일 없이 식사를 하는 것

(음식물을 먹는 것)을 외식이라 하고 그 식사를 제공하는 것을 직

업 · 사업으로서 하는 업계를 외식 산업이라고 한다. 개인의

식생활에 있어서 외식이 차지하는 비율을 외식이라고 한다. 외식 산업은 급식주체

부문과 음료주체 부문으로 대별되고, 일반 식당은 독립식당이고 호텔, 여관, 학교,

병원, 공장 등의 식당은 시설부속식당이다. "외식 산업은 소매업의 하나라고도 생

각되지만 식료품점과 같이 단순한 판매가 아니라, 식생활의 일부의 장소를 제

공하는 서비스를 동반하는 것이다."라고 정의하고 있다.

통계청 발표에 따르면 우리나라 외식산업은 단기간에 매우 급속한 성장을 이

루어왔다고 할 수 있다. 2000년 이후 연평균 7.9%의 높은 성장률을 기록하여 왔

으며, 2009년의 매출액은 70조원에 이르렀으며 2015년 210조원의 식품제조 · 외

식사업 매출액 규모로 성장하였다.

이런 빠른 성장배경에는 경제의 압축성장과 산업화를 통한 인구의 도시집중

현상으로 소비자의 외식기회 증대, 글로벌 외식기업의 국내진입과 대기업의 외식사

업 진출로 위기를 느낀 개인사업자들의 새로운 사업기회 모색과 새로운 경영기

술을 사업에 활용하기 시작하면서 외식산업의 기업환경도 사회적, 경제적, 문

화적, 기술적 요인 등이 상호 보완적으로 작용하면서 외식의 새로운 개념을 형성

하게 되었으며, 외식산업을 본격적으로 발전시키는 요인이 되었다고 할 수 있다.

미래의 기업환경은 기술의 급속한 발전, 정보화의 빠른 진전, 경제적 의미의 국

경이 사라지는 세계화로 인하여 과거의 어느 때보다 그 변화를 예측하기 어려운

양상으로 변하고 있다. 이러한 변화현상은 일반적 경제상황과 달리 경쟁의 방식과

범위, 속도 등에서 근본적인 차이가 존재하는 초 경쟁의 상황으로 치닫고 있다.

미래의 기업은 유연성(flexibility), 임파워먼트(empowerment), 민첩성(agility), 대응성(respon-

siveness), 지식(knowledge) 등 다섯 가지 특성을 갖게 될 때 급변하는 경쟁 환경에서도

생존하고 성장할 수 있다고 한다. 여기에서 임파워먼트란 조직 구성원이 스스

로 주인의식을 가지고 주어진 과업을 적극적으로 책임 있게 수행하려는 심리적 믿음을 말한다. 그리고 지식이란 기업이 이미 가지고 있는 지식의 양뿐만 아니라 기업이 계속 새로운 지식을 확보해 나가는 학습과정까지 포함한다. 즉, 조직은 사람이다. 그러므로 기업은 효율적인 시스템을 통해 전문 인력을 확보하고, 개발, 유지하는 것이다.

외식산업은 관광산업, 식품산업, 유통산업 등과 유기적 관계를 갖고 있으면서도 학문적인 역사는 짧다. 그리고 사회과학분야에서의 연구에서 자연과학, 생명공학 등과의 연계를 통해 실용학문으로서 체계적이고 과학적으로 발전시키는 것이 바람직하다.

본서는 외식산업분야의 전문가를 양성하고, 외식사업경영의 다양한 전문지식을 제공하기 위하여 몇 가지 중요한 접근을 하였다.

첫째, 실무능력을 배양하기 위한 외식관련 전문지식의 습득이다. 전문지식이란 축적되는 것이어서 반드시 기초지식이 있어야 새로운 지식의 의미를 이해하게 된다. 그리고 과거의 전문지식들을 연결하여 더 의미 있는 새로운 지식을 만들 수 있다. 외식산업분야의 전문인 양성을 위하여 다양한 외식관련 정보와 경영관리 기법 등을 체계적으로 다루었다.

둘째, 학습노력의 강도를 극대화하기 위한 접근이다. 사전 전문지식이 아무리 많다고 할지라도 노력하지 않으면 시간의 흐름에 따라 전문지식을 잃어버리게 된다.

그러므로 외식산업의 전문가가 되어야겠다는 목표의식의 함양을 통해 학습의 효과를 배가토록 폭넓은 분야를 전문성 있게 다루었다.

본서는 기존의 외식사업 전문서적, 관련서적, 논문, 협회, 학회, 인터넷 등의 다양한 학습내용과 교수진들의 오랜 경험을 바탕으로 본서를 출간하게 되었다. 저자들이 오랫동안 외식산업 관련 이론과 실무를 연구하였음에도 불구하고 잘못되고 부족한 부분은 향후 수정·보완토록 하며 많은 이해와 지도편달을 부탁드린다.

본서가 출간되기까지 도움을 아끼지 않은 모든 분들께 고마움을 전하며 여러모로 부족한 본서의 출간을 흔쾌히 허락해 주신 한올출판사 임순재 사장님과 직원여러분께 깊은 감사를 드린다.

저자 일동

차 례

Chapter 01 외식산업의 이해

Chapter 02 외식산업의 발달과정

우리나라 외식산업 현황

외식사업 경영형태

프랜차이즈 시스템의 이해

외식산업 조직과 인적자원관리

Chapter 07

외식산업 서비스 전략

Chapter 08

외식마케팅의 이해

Chapter 09

외식사업 메뉴 관리

Chapter 10

외식사업 식자재 관리

Chapter

11

외식사업 회계

외식사업 세무관리

CONTENTS

외식사업 주방관리

외식사업 위생관리

Chapter

15

외식산업 정보인프라 구축

실전외식사업경영론

FOOD

SERVICE

MANAGEMENT

외식산업의 이해

학습목표

1. 산업의 개념과 외식, 중식, 내식의 개념에 대하여 알아보자

2. 외식산업의 특징에 대하여 알아보자

3. 외식산업의 분류에 대하여 우리나라, 미국, 일본과 비교하여 알아보자

4. 외식산업의 영업허가 및 시설기준에 대하여 알아보자

제 **1** 절

외식산업의 개요

일반적으로 산업産業이란 '동일한 또는 유사한 종류의 생산적인 경제활동에 주로 종사하는 모든 생산단위의 집합'으로 정의되며, 생산적인 경제활동산업활동이란 사회적인 분업화에 따라 '각 경제주체가 계속적으로 재화 또는 서비스를 생산 또는 제공하는 주된 경제활동'이라고 정의한다. 이때 생산적인 경제활동에는 영리적인 사업활동뿐만 아니라 공공행정, 국방, 교육, 종교 및 기타 비영리단체의 활동을 포함하지만 자기 가정 내의 가사활동은 제외된다.

이에 반해 업業이란 산업보다는 좁은 의미로서 개개의 업이 포괄적 의미의 산업을 구성한다고 할 수 있다. 다시 말해 광의의 의미로서 모든 분야의 생산적인 활동을 지칭하는 산업을 구성하는 각 부분이 업이다. 또한 업이라는 것은 산업의 생산성이나 조직화에 있어 후진성을 지닌 것으로 산업이라 할 수 없는 경우의 것들도 포함하게 된다.

서비스산업을 시작으로 환대, 관광, 식품, 유통산업에 이르기까지 외식산업과 깊은 관련성을 가지고 있는 산업은 많다. 그리고 이러한 산업들의 기본적인 특성들과 부수적인 특성들이 서로 관련성을 많이 가지고 있어 외식산업의 위치를 파악하기 위해서는 관련 산업에 대한 이해가 있어야 한다.

외식산업을 조명해 보면 외식산업은 서비스산

업, 환대산업, 관광산업, 식품산업과 유통산업을 구성하는 한 부분이라는 논리가 성립된다.

또한 관광산업은 환대산업을 구성하는 한 부분이며, 환대산업은 서비스산업을 구성하는 한 부분임을 감안할 때 외식산업은 관광산업을 구성하는 한 부분임에 틀림없다. 그리고 광의의 식품산업은 유통산업과 외식산업을 포함하고 있기 때문에 외식산업은 식품산업과 유통산업을 구성하는 한 부분이기도 하다는 논리가 성립된다. 그러므로 외식산업과 관련된 연관사업 속에서 외식산업의 위치를 살펴볼 수 있다.

미국에서는 외식산업이라는 용어가 1950년대 공업화 단계에 진입하면서 Food service Industry 혹은 Dining-out Industry로 불리어지기 시작했다. 특히 QSC를 근간으로 하는 맥도날드의 출현은 외식산업 전 분야에 걸쳐 혁신적인 경영관리체계를 이룩하게 되었다.

일본에서는 1964년 동경올림픽을 기점으로 발전의 기틀을 다졌으며, 1969년 외국자본의 유입으로 일대 변혁기를 맞는다. 1970년대 이후 「마스코미」지가 외식산업으로 번역하여 사용하기 시작했고, 1978년에는 일본 정부의 공식문서인 경제백서에 이 용어가 정식으로 포함되게 되었다.

우리나라의 경우 외식산업이라는 용어가 사용된 것은 1980년대 접어들면서 외식업이 사회·경제적 환경에 미치는 영향이 증대하면서 시작되었다. 이는 이미 소비자의 입장에서 볼 때 외식기회의 증대와 외식에 대한 사회적 개념의 변천에 따른 현상이라 볼 수 있다. 그 이전에는 음식업이라는 용어가 일반적이었으나 외식산업에 규모의 경제가 적용되고, 외식행위 자체가 사회·경제·문화적인 구조적 요인에 의해 영향을 받으면서 외식산업이 뿌리를 내리기 시작하였다.

종래의 외식산업에 있어 외식에 대한 개념은 가정 외 식생활을 그 범위로 하였다. 그러나 출장연회, 배달판매, 도시락판매, 패스트푸드, 완제품 음식 등 다양한 소비형태의 발전으로 가정 내의 식생활에서도 외식의 개념이 자리 잡게 되었다.

사전적 개념으로 우리나라 국어사전에는 '자기 집이 아닌 밖에서 식사하는 것'으로 설명하고 있다.

외식산업이란 '인간이 음식에 대한 욕구를 요리나 음료·주류 등을 통해서 그 욕구를 직접 충족시키기 위한 인적 서비스가 연출되어지고, 때로는 분위기가 있

는 휴식공간까지 제공되어 생활에 새로운 활력을 얻게 해 주는 사업'이라고 할 수 있다. 즉, 고객의 필요와 욕구를 충족시키기 위해 일정한 시설과 식음료를 갖추고 인적·물적 서비스를 제공하며, 경영관리에 의해 이윤을 추구하는 행위라고 볼 수 있다.

결론적으로 외식산업이란 '음식을 만들어 제공하는 산업을 뜻하며 식사 제공, 인적 서비스 제공, 분위기 연출, 식사와 관련한 편익제공 등을 상품으로 하는 사업'이다. 또한 외식산업시설의 측면에서 외식산업은 '가정 밖에서 식사 또는 이에 따른 서비스를 제공하는 시설사업'이라고 정의할 수 있다.

1) 내식 · 외식의 개념

식사를 어디서 하느냐, 음식이 어디에서 만들어졌느냐에 따라 내식과 외식으로 구분함으로써 현대적 개념에서의 외식을 이해할 수 있다.

도이 토시오土井利雄는 내식을 외부에서 식자재를 구입, 가정 내에서 조리가공을 하여 먹는 음식을 말하는 내식적 내식과 외부에서 완전히 조리 가공된 식품 또는 반 조리식품을 가정 내에서 부분적으로 재조리하여 먹는 음식을 의미하는 외식적 내식으로 구분하여 내식을 정의하였다.

또한 외식을 통상 집에서 만들어 먹던 가정적 일상식을 가정의 밖에서 식사하는 내식적 외식과 본래의 의미인 외식전문점에서 음식을 주문하여 식사하는 외식적 외식으로 구분하여 외식을 정의하였다.

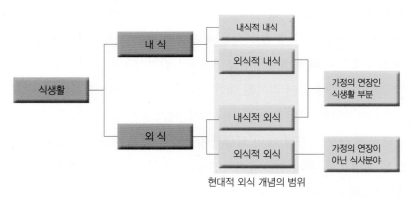

현대적 외식 개념의 범위

자료 : 도이 토시오土井利雄, 외식, 동경 : 일본경제신문사, 1990. p. 9. / 저자 재구성

‖그림 1-1‖ 식생활에 있어서 외식의 범주

2) 내식·중식·외식의 개념

미야 에이지三家英治는 조리를 누가 하였으며, 조리하는 장소와 식사장소의 3가지 요소를 통해 내식·중식·외식으로 구분함으로써 현대적 개념에서의 외식을 보다 체계화하였다.

내식이란 조리주체가 세대 내의 사람으로 조리의 장소와 식사장소가 원칙적으로 가정 내에 있는 식사를 말한다.

중식이란 조리의 주체가 세대 외의 사람으로 조리의 장소는 원칙적으로 가정 외에 있으며, 식사장소가 가정 내의 식사를 말한다.

외식이란 조리의 주체가 세대 외의 사람으로 조리의 장소는 원칙적으로 가정 외에 있으며, 식사장소도 가정 외의 식사를 말한다.

중식의 예 : Catering, Take-out, 편의점
레토르트 식품), Delivery

자료 : 미야 에이지三家英治, 외식비지니스, 1992, p. 2.

|그림 1-2| 내식·중식·외식의 개념

또한 이와부지 미지오는 내식·중식·외식의 개념을 다음과 같이 정리하였다.

|표 1-1| 내식 · 중식 · 외식의 개념

구 분		식품제공이 비상업적 행위				식품제공이 상업적 행위			
조리주체		세대 내의 사람		세대 외의 사람		세대 내의 사람		세대 외의 사람	
조리장소		가정 내	가정 외	가정 내	가정 외	가정 내	가정 외	가정 내	가정 외
식사 장소	가정 내	내식적 내식	내식적 내식	외식적 내식중식	외식적 내식중식	–	–	외식적 내식중식	외식적 내식중식
	가정 외	내식적 외식	내식적 외식	외식적 외식	외식적 외식	–	–	외식적 외식	외식적 외식

자료 : 이와부지 미지오, 외식산업론, 1996, p.17.

2 외식산업의 특징

외식산업의 특성을 살펴보면 서비스산업, 환대산업, 관광산업 등이 가지고 있는 특성들을 함께 가지고 있으며 그 특성을 살펴보면 다음과 같다.

- 서비스 지향적인 산업
- 점포의 위치를 중시하는 입지산업
- 인적 서비스의 의존도가 높은 노동집약적 산업
- 독점적 기업이 탄생하지 않는 산업
- 프랜차이즈가 용이한 산업
- 소자본으로도 쉽게 접근할 수 있는 산업
- 산업화와 공업화가 어렵고 느린 산업
- 소비자의 라이프스타일에 크게 영향을 받는 산업
- 식품제조 유통 서비스 산업의 성격을 띤 복합산업
- 자금회전이 빠른 산업
- 모방이 쉬워 차별화가 어려운 산업
- 상품의 구성이 복잡한 산업
- 식습관에 대한 소비자의 기호가 보수적이기 때문에 상품메뉴의 라이프스타 일이 비교적 긴 산업이라는 특성을 가지고 있다.
- 생산과 판매가 동시에 이루어지는 서비스 산업

그러나 외식산업의 특성은 다음과 같이 보다 구체적으로 설명할 수 있다.

1) 입지의존성이 높은 산업

외식산업에서의 입지선정은 사업자가 결정해야 할 가장 중요한 의사결정 과정이며, 좋은 입지는 성공적인 사업을 위한 필요조건 중의 하나이다.

특히 입지선정은 한번 결정되면 이에 많은 자본이 투자되고, 입지를 바꾼다는 것은 더욱 용이하지 않다. 그리고 타 소비믹스변수에 대해 가장 장기적인 투자의 성격을 가지는 고정투자이므로 점포매출액의 상한과 비용의 하한을 근본적으로 결정하는 요인이다.

또한 외식산업은 궁극적으로 영리추구에 있으며 이의 달성을 위해서는 가장 합리적이고 과학적으로 선정된 입지에 따른 상권특성에 여타 마케팅요인의 효과적 결합이 요구된다.

2) 노동집약적 성격을 가진 서비스산업

외식산업은 서비스의 한 부분으로서 고객에 대한 서비스의 의존도가 높은 산업이다. 일반적으로 제조업은 기술자본집약적인 산업임에 반해, 외식산업은 고도의 숙련을 요구하는 인적 의존도가 높은 노동집약적 산업이다.

서비스산업에서도 노동을 대체할 수 있는 기계화된 자본설비를 사용하고 있다. 그러나 판매원의 매장에 대한 적정 배치나 배달문제 때문에 생산부분에 비해 노동집약적 성격이 강할 수밖에 없다. 이는 일반적인 서비스에 있어서는 기계화나 정보화로 경감 또는 완화할 수 있지만 고급 서비스 또는 특수 서비스의 경우는 현실적으로 기계화가 곤란하기 때문이다.

3) 체인화가 용이한 산업

외식산업에서 성공한 기업이라면 쉽게 체인화사업을 시도할 수 있다. 체인화사업은 가맹점으로부터 메뉴개발, 인테리어, 점포입지 등에 따른 제반적인 업무를 지원받아 운영함으로써 막대한 이익을 창출할 수 있다. 또한 전체 가맹점을 관리 · 감독함으로써 일정한 지위를 얻을 수 있다.

4) 시간과 장소적 제약을 받는 산업

외식산업은 서비스의 생산과 소비가 동시에 이루어지는 성격을 가지고 있기 때문에 시간적 · 장소적 제약이 존재한다. 또한 생산과 소비가 동시에 이루어진다는 것은 서비스의 소비행위가 발생할 때 서비스의 제공자가 함께 존재한다는 것을 의미한다.

이러한 관점에서 외식산업의 서비스는 장소적인 제약을 받을 수밖에 없다. 장소적 제약이란 고객이 특정 서비스를 받기 위해서는 서비스 조직으로 직접 오거나, 서비스 조직이 고객에게로 가야 하기 때문에 수요자와 공급자가 비교적 가까운 장소에 입지를 정하지 않으면 안 된다.

또한 생산과 소비의 동시성의 특성으로 인하여 서비스배달시스템이 지역적으로 광범위할 수가 없다. 그 결과 서비스배달시스템의 성패는 지리적으로 서비스 조직이 얼마나 가깝게 위치하느냐에 달려 있어 시간적 제약도 존재한다.

최근 들어 자가용이 보급되고 통신수단이 발달되면서 소비자와 다소 떨어진 도시 근교나 한적한 유원지에 입지를 정하는 전문 레스토랑과 카페 등은 입지를 덜 고려하는 경우도 있지만 일반적으로 입지는 가장 중요한 고려대상이 된다.

5) 다품종 소량의 주문판매산업

한두 가지의 음식만 전문적으로 취급하는 곳도 있지만 대부분 여러 종류의 음식을 주문에 의하여 그때그때 생산하여 판매한다. 갑자기 많은 주문이 들어왔을 때 생산능력에는 한계가 있을 수 있다. 그러나 완성품 재고가 많지 않다는 것이 장점이라 할 수 있다.

6) 짧은 분배체인과 시간범위 short distribution chain and time span

외식산업에서는 원재료가 최종상품으로 바뀌는 과정이 빠르다. 그리고 최종상품이 현금화되는 과정도 빠르다. 타 상품에 비하여 분배체인과 시간범위가 비교적 짧아 같은 장소에서 보통 2시간 안에 또는 수분 이내에 상품이 생산·판매되고 소비된다.

7) 자기연출과 무대연출사업

고객의 참여를 전제로 하는 주문형 산업이기 때문에 고객의 기호가 강한 영향을 미치는 산업이다. 그러므로 고객에 대한 서비스 개선 연구, 고객취향에 부응하는 새로운 인테리어 설치, 메뉴개발, 전문 종업원의 채용과 관리, 매출증대를 위한 마케팅 방법 연구 등은 경영자의 도전의식과 자기개발로 이어진다.

이는 경영자가 자신의 연출로 인한 자기표현의 기회를 가질 수 있다.

또한 경영자의 연출에 의해 직접 꾸미고 장식하는 것은 물론 내부 인테리어, 테이블 배치, 종업원의 유니폼 등에 대하여 경영자가 직접 선택·연출할 수 있다. 그리고 매장분위기 유도를 위한 이벤트 등의 기획을 통해 고객들에게 휴식의 시간을 제공하는 무대연출사업이기도 하다.

제**2**절

외식산업의
분류

① 식품위생법에 의한 분류

식품위생법 제21조 및 시행령 제7조상 영업종류는 합리적으로 조정되어 오늘날에 이르러서는 매우 단순화되었다. 생활수준 향상과 외식업계의 국제화 추세, 국민의 식생활패턴의 변화에 따라 식품접객업 종류는 음식점영업과 주점영업으로 대별된다.

음식점영업에는 휴게음식점업, 일반음식점업이 있고, 주점영업에는 단란주점업과 유흥주점업이 있다.

1) 휴게음식점영업

음식류를 조리 · 판매하는 영업으로서 음주행위가 허용되지 아니하는 영업주로 다류를 조리 · 판매하는 다방 및 빵 · 떡 · 과자 · 아이스크림류를 제조 · 판매하는 과자점 형태의 영업을 포함한다. 다만 편의점 · 슈퍼마켓 · 휴게소 기타 음식류를 판매하는 장소에서 컵라면, 1회용 다류, 기타 음식류에 뜨거운 물을 부어주는 경우를 제외한다.

2) 일반음식점영업

음식류를 조리 · 판매하는 영업으로서 식사와 함께 부수적으로 음주행위가 허용되는 영업을 말한다.

3) 단란주점영업

주로 주류를 조리·판매하는 영업으로서 손님이 노래를 부르는 행위가 허용되는 영업을 말한다.

4) 유흥주점영업

주로 주류를 조리·판매하는 영업으로서 유흥종사자를 두거나 유흥시설을 설치할 수 있고 손님이 노래를 부르거나 춤을 추는 행위가 허용되는 영업을 말한다.

2 한국표준산업에 의한 분류

현행 산업분류는 2000년 1월 7일 제8차 개정고시통계청 고시 2000-1호, 동년 3월 1일 시행되었으며, UN국제표준산업분류를 기초로 작성한 것이다.

한국표준산업 분류방식에 따르면 음식점업, 식당업, 주점업, 다과점업으로 나누어진다.

1) 음식점업552

접객시설을 갖추고 구내에서 직접 소비할 수 있도록 주문한 음식을 조리하여 제공하는 음식점 및 계약급식 구내식당을 운영하거나 별도의 독립된 식당차를 운영하는 산업활동을 말한다. 또한 접객시설 없이 개별 행사단위로 고객이 주문한 특정음식을 행사장에서 직접 조리하여 즉시 소비할 수 있는 상태로 제공하는 산업활동이 포함된다.

음식점업은 일반 음식점업과 기타 음식점업으로 구분되며 다음의 경우는 제외된다.

● 자동판매기로 판매할 경우

- 숙박업에 결합되어 운영하는 식사제공활동
- 철도운수업체에서 통합 운영하는 식당차의 운영
- 조리사만을 공급하는 경우
- 별도의 장소에서 다량의 집단급식용 식사를 조리하여 운송·공급하는 산업활동

(1) 일반음식점업5521

각종의 정식을 제공하는 한식당, 일식당, 중식당, 서양식당 등의 음식점 및 기관구내식당을 운영하거나 행사장단위의 출장급식서비스를 제공하는 산업활동을 말한다.

❶ 한식점업55211

한국식 음식을 제공하는 산업활동을 말하며, 설렁탕집, 횟집일본식이 아닌, 해물탕집, 해장국집, 보쌈집, 냉면집 등이 여기에 속한다.

❷ 중국 음식점업55212

중국식 음식을 제공하는 산업활동을 말하며, 자장면 전문점은 제외된다.

❸ 일본 음식점업55213

정통 일본식 음식을 전문적으로 제공하는 산업활동을 말하며, 초밥집일식전문점, 일식 회집, 로바다야끼, 일식 우동집 등이 여기에 속하며 한국식으로 운영되는 회 센터 및 복집은 제외된다.

❹ 서양 음식점업55214

서양식 음식을 제공하는 산업활동을 말하며, 레스토랑서양식이 여기에 속한다.

❺ 기관구내식당업55215

회사, 학교, 공공기관 등의 기관과 계약에 의하여 구내식당을 설치하고 음식을 조리하여 제공하는 산업활동을 말하며, 회사 구내식당 운영, 학교 구내식당 운영이 여기에 속하며, 별도의 장소에서 다량의 집단급식용 식사를 조리하여 운송·공급하는 산업활동은 제외된다.

⑥ 기타 일반음식점업55219

정식류를 제공하는 기타 일반음식점업으로서 끼니별 행사단위의 연회음식을 조리·제공하는 산업활동을 포함하며 연회장 출장요리 제공업, 행사장 단체 급식 제공 등이 여기에 속하며, 라면이나 김밥 등과 같이 간식을 제공하는 간이음식점은 제외된다.

(2) 기타 음식점업5522

분식류, 피자, 스낵품 및 기타 조리식품 등 정식 이외의 각종 식사류를 조리하여 소비자에게 제공하는 간이음식점을 운영하는 산업활동을 말한다.

① 피자, 햄버거 및 치킨 전문점55221

피자, 햄버거 및 치킨을 전문적으로 제공하는 산업활동을 말한다.

② 분식 및 김밥 전문점55222

김밥, 국수, 만두, 찐빵 등을 제공하는 간이식당을 말한다.

③ 이동 음식점업55223

특정장소에 고정된 식당을 개설하지 않은 이동식 음식점을 운영하는 산업활동을 말한다.

④ 기타 음식점업55229

달리 분류되지 않은 간이식당을 운영하는 산업활동을 말하며, 간이휴게 식당 운영이 여기에 속한다.

2) 주점업5523

요정, 바, 나이트클럽, 비어홀, 디스코클럽, 카바레, 대포집 등과 같이 술과 이에 따른 요리를 판매하는 산업활동을 말한다.

① 일반유흥 주점업55231

접객요원을 두고 술을 판매하는 유흥주점을 말하며 요정, 한국식 접객주점, 룸사롱, 바접객서비스 딸린, 서양식 접객주점, 비어홀접객서비스 딸린 등이 여기에 속한다.

② 무도유흥 주점업55232

무도시설을 갖추고 술을 판매하는 무도 유흥주점을 말하며 무도유흥 주점, 카바레, 극장식 주점식당 클럽, 나이트클럽 등이 여기에 속하며, 무도장, 콜라텍 및 댄스 교습소 운영은 제외된다.

③ 간이 주점업55233

대포집, 선술집 등과 같이 접객시설을 갖추고 대중에게 술을 판매하는 산업활동을 말하며 소주방, 호프집, 막걸리집, 토속주점이 여기에 속한다.

‖표 1-2‖ 미국 레스토랑협회에 의한 외식산업계 분류표

영리목적 commercial feeding	① 일반외식업체 • 일반음식점 ・ 전문음식점 • 일반 시중에 위치한 카페테리아 • 출장음식 ・ 일반음료, 음주판매점 • 간이판매점 ② 위탁경영 • 구내식당 : 공장, 사무실, 빌딩, 대학, 병원 등 • 기내식 • 공공시설종합운동장 등 구내식당 ③ 숙박시설 • 호텔레스토랑 • 모터Motor호텔레스토랑 • 자판기, 포장마차 등 • 일반오락 및 스포츠장 음식판매
비영리목적 급식 institutional feeding	① 직원급식 ② 국・공립 초・중・고등학교 급식 ③ 대학교 급식 ④ 교통시설급식 ⑤ 병원급식 ⑥ 양로원, 고아원, 기타 장기투숙기관의 급식 ⑦ 클럽, 스포츠, 오락캠프 급식 ⑧ 커뮤니티 센터
군인급식 military feeding	① 장교식당 및 장교클럽 ② 일반군인급식

3) 다과점5524

❶ 제과점업55241

접객시설을 갖추고 즉석식 빵, 생과자, 아이스크림 등을 일반 소비자에게 제공하는 산업활동을 말한다. 제과점즉석식, 떡집음식점 형태, 접객시설을 갖추고 떡을 제공하는 경우도 여기에 포함된다.

┃표 1-3┃ 일본 표준산업분류에 의한 음식업 분류

분 류	정 의	해당 업장
식당, 레스토랑	주로 주식을 그 장소에서 먹을 수 있도록 하는 영업소를 말한다. 서양요리점, 일식, 중화요리점은 제외한다.	식당, 대중식당, 기호음식점, 미반美飯식당
일본요리점	특정한 일본요리를 제공하는 영업소를 말한다.	덴뿌라, 장어, 산천어, 청진淸進: 육식이 아닌 주로 채식을 제공하는 점포, 돌솥밥, 주먹밥, 다실茶室
서양요리점	주로 서양요리를 제공하는 영업소를 말한다.	그릴, 레스토랑, 러시아·이태리·프랑스 등 서양요리점
중화요리점, 기타 동양 요리점	중화요리 및 동양제국의 민속요리를 제공하는 영업소를 말한다.	중화요리, 상해·북경·대만·사천요리, 한국요리, 중화국수, 만두집 등
소바국수, 우동점	일본식 국수와 우동을 제공하는 영업소를 말한다.	소바국수집, 우동집
요정	주로 일본요리를 제공하며, 접대하는 고객에게 유흥음식을 제공하는 영업소를 말한다.	요정, 기생집게이샤
바, 카바레, 나이트클럽	주로 주류와 요리를 제공해서 접대하는 고객에게 유흥음식물을 제공하는 점포를 말한다.	카페, 살롱, 카바레, 나이트클럽, 바, 스낵바
주장, 비어홀	대중적 설비를 갖추고 주로 술과 요리를 제공하는 영업소를 말한다.	대중주장, 새조류구이집, 오뎅집, 주장, 비어홀
契茶店 (기사땡)	주로 커피, 홍차, 청량음료와 간단한 식사를 제공하는 영업소를 말한다.	契茶店, 음악다실, 스낵, 순다도純茶道
기타 음식점	주로 대복, 우뭇가사리, 溫茶 등 분류되지 않은 식품을 제공하는 영업소를 말한다.	휴게소, 大福屋, 氷水屋, 입주옥, 기호식당, 드라이브 인drive in

② **찻집**55242

접객시설을 갖추고 커피, 홍차, 생강차, 쌍화차 등을 만들어 제공하는 사업체를 말하며 다방, 커피숍이 여기에 속한다.

3 미국·일본의 외식산업 분류

1) 미국 외식산업의 분류

미국 레스토랑협회NRA : National Restaurant Association에서는 외식산업에 대하여 크게 3가지로 분류하고 있다. 영리를 목적으로 한 상업적 외식업commercial restaurant services과 공공의 목적을 갖고 특정지역과 단체를 위한 비상업적 외식업institutional restaurant service, 그리고 군인을 위한 외식업military restaurant services으로 분류하고 있다.

❶ 상업적 외식업

상업적 외식업은 영리를 목적으로 영업하는 일반적인 외식사업체를 의미한다. 예를 들면, 패스트푸드점fast food restaurant, 패밀리 레스토랑family restaurant, 커피숍coffee shop, 테이크아웃점take out, 카페테리아cafeteria, 호텔 레스토랑hotel restaurant, 케이터링catering, 자동판매기vending 등을 포함한 외식사업소로 외식업소의 수와 매출부분에서 미국의 외식산업 중에서도 규모가 가장 크다.

❷ 비상업적 외식업

비상업적 외식업은 비영리를 목적으로 영업을 하는 단체급식소이며, 일반적으로 공공의 복지를 위해 운영하는 외식업소라 할 수 있다. 예를 들면, 회사종업원을 위한 식당. 초등학교와 중학교 단체급식, 병원 단체급식, 양로원과 고아원의 단체급식 등이다.

❸ 군인외식업

군인외식업은 군인을 위한 장교식당 및 장교클럽과 일반군인급식 등 군인들의 급식을 전문적으로 취급하는 형태이며, 넓은 의미로는 비상업적 외식업에 포함할 수 있다.

2) 일본 외식산업의 분류

일본 통산산업성 표준산업분류에서는 일반음식점을 식당 및 레스토랑, 소바 및 우동점, 기사땡ᄒᄒさてん, 기타 일반점 등으로 "직접 일정한 장소에서 요리나 기타 식음료를 식사할 수 있는 사업소 및 알코올을 포함하지 않는 음료를 먹는 사업소"로 분류하고 있고, 기타 음식점은 요정·바·카바레·나이트클럽·주장·비어홀 등으로 "직접 일정한 장소에서 음식을 제공하는 사업소 중 유흥음식을 제공하는 사업소나 주로 알코올을 포함한 음료를 제공하는 사업소"로 분류한다. 그리고 음식료품 소매업은 '음식료품을 소매하는 사업소'로 분류하고 있다.

제 **3** 절

외식산업 영업허가 및 시설기준

① 외식산업 영업허가

1) 영업 신청시 구비서류

① 식품영업허가신청서
② 건축물관리대장 등본
③ 영업 시설 개요
　서식의 뒷면에 객장과 주방이 구획된 평면
　도를 약식으로 기재
④ 위생교육필증
⑤ 도장 및 주민등록증

2) 영업허가 지위 승계시 구비서류

① 양도자 영업허가증 원본
② 양도 양수서 양식에 인감도장 날인
　양식은 각 구청 민원실에 비치
③ 양도자 인감증명서 명의변경용
④ 위생교육필증 신규 사업자

3) 사업자등록증 신청

영업허가증 발급 후 20일 이내 관할 세무서 민원봉사실에 신청
① 사업자등록신청서 2부 작성
② 주민등록 등본 2통
③ 영업신고증 사본 1부

외식산업 시설기준

1) 공동시설기준

(1) 영업장

① 독립된 건물이나 다른 용도로 사용되는 시설과 분리되어야 한다. 다만, 일 반음식점에서 식육판매업의 영업을 하고자 하는 경우에는 그러하지 아니 하다.

② 영업장의 시설물의 자재는 식품에 나쁜 영향을 주지 아니하고, 식품을 오 염시키지 아니하는 것이어야 한다.

③ 영업장은 연기 · 유해가스 등의 환기가 잘 되도록 하여야 한다.

(2) 조리장

① 조리장은 손님이 그 내부를 볼 수 있는 구조로 되어 있어야 한다.

② 조리장 바닥에 배수구가 있는 경우에는 덮개를 설치하여야 한다.

③ 조리장 안에는 취급하는 음식을 위생적으로 조리하기 위하여 필요한 조리 시설 · 세척시설 · 폐기물용기 및 손 씻는 시설을 각각 설치하여야 하고, 폐 기물 용기는 오물 · 악취 등이 누출되지 아니하도록 뚜껑이 있고 내수성 재 질로 된 것이어야 한다.

④ 1인의 영업자가 동일건물 안의 같은 통로를 출입구로 사용하여 2종 이상 의 식품접객업의 영업을 하고자 하는 경우와 일반음식영업자가 당해 업소 와 직접 접한 장소에서 도시락을 제조하는 즉석 판매제조 · 가공업의 영업 을 하고자 하는 경우에는 하나의 조리장을 공동으로 사용할 수 있다.

⑤ 조리장에는 주방용 식기류를 소독하기 위한 자외선 또는 전기살균소독기 를 설치하거나 열탕 세척 소독시설식중독을 일으키는 병원성 미생물 등이 살균될 수 있는 시설이어야 한다을 갖추어야 한다.

⑥ 충분한 환기를 시킬 수 있는 시설을 갖추어야 한다. 다만, 자연적으로 통풍

이 가능한 구조의 경우에는 그러하지 아니하다.

⑦ 음식기, 조리된 음식물 및 그 원료, 조리에 사용되는 기구류를 바닥으로부터 20센티미터 이상의 위치에 보관할 수 있는 구조이어야 한다.

⑧ 식품 등의 기준 및 규격 중 식품별 보존 및 보관기준에 적합한 온도가 유지될 수 있는 냉장시설 또는 냉동시설을 갖추어야 한다.

(3) 급수시설

① 수돗물이나 먹는물관리법 제5조의 규정에 의한 먹는 물의 수질기준에 접합한 지하수 등을 공급할 수 있는 시설을 갖추어야 한다.

② 지하수를 사용하는 경우 취수원은 화장실·폐기물처리시설·동물사육장 기타 지하수가 오염될 우려가 있는 장소로부터 영향을 받지 아니하는 곳에 위치하여야 한다.

(4) 조명시설

영업장의 밝기는 객석 및 객실의 경우는 30룩스 이상유흥주점영업의 경우는 10룩스 이상이어야 하고, 조리장은 50룩스 이상이어야 하며, 동 기준 미만으로 밝기를 낮출 수 있는 촉광조절장치를 설치하여서는 아니 된다.

(5) 화장실

① 화장실은 콘크리트 등으로 내수 처리하여야 한다. 다만, 공동화장실이 설치된 건물 내에 있는 업소 및 인근에 사용하기 편리한 화장실이 있는 경우에는 따로 화장실을 설치하지 아니할 수 있다.

② 화장실은 조리장에 영향을 미치지 아니하는 장소에 설치하여야 한다.

③ 정화조를 갖춘 수세식 화장실을 설치하여야 한다.

④ 화장실에는 손을 씻는 시설을 갖추어야 한다.

2) 업종별 시설기준

(1) 휴게음식점 영업과 일반음식접 영업

① 일반음식점의 객실에는 잠금장치를 설치할 수 없다.

② 휴게음식점에는 객실을 둘 수 없으며 객석에는 높이 1.5미터 미만의 칸막이이동식 또는 고정식를 설치할 수 있다. 이 경우 2면 이상을 완전히 차단하지 아니하여야 하고, 다른 객석에서 내부가 서로 보이도록 하여야 한다.

③ 일반음식점 중 그 영업소가 지하층에 위치하고 있는 것으로 바닥면적의 합계가 66제곱미터 이상인 업소의 경우에는 소방법령이 정하는 소방·방화시설을 갖추어야 한다.

(2) 단란주점 영업

① 영업장소 내부로부터의 노래 소리 등이 외부에 들리지 아니하도록 방음장치를 하여야 한다.

② 영업장 안에 객실이나 칸막이를 설치하고자 하는 경우에는 다음 기준에 적합하여야 한다.

- 객실을 설치하는 경우 주된 객장의 중앙에서 객실 내부가 전체적으로 훤하게 보일 수 있도록 투명한 유리로만 설비하여야 하며, 통로형태 또는 복도형태로 설비하여서는 아니 된다.
- 객실로 설치할 수 있는 면적은 객실면적의 2분의 1을 초과할 수 없다.
- 주된 객장 안에서는 높이 1.5미터 미만의 칸막이이동식 또는 고정식를 설치할 수 있다. 이 경우 2면 이상을 완전히 차단하지 아니하여야 하고 다른 객석에서 내부가 서로 보이도록 하여야 한다.

③ 객실에는 잠금장치를 설치할 수 없다.

④ 음향 및 반주시설은 다음의 1에 해당하는 것에 한하여 설치할 수 있다.

- 마이크장치마이크를 청결하게 유지할 수 있는 마이크 살균시설·위생덮개를 포함한다
- 자막용 영상장치
- 자동반주장치
- 반주용 악기

⑤ 현란하게 작동하는 우주 볼 등의 특수조명시설은 설치하여서는 아니 된다.

⑥ 소방법령이 정하는 소방·방화시설을 갖추어야 한다.

(3) 유흥주점 영업

① 영업장의 내부로부터의 노래 소리 등이 외부에 들리지 아니하도록 방음장치를 하여야 한다.

② 객실에는 잠금장치를 설치할 수 없다.

③ 유흥주점 영업의 영업장 안에는 유흥종사자의 공연을 위한 공연장(무대)과 특수조명시설을 설치할 수 있다.

④ 소방법령이 정하는 소방·방화시설을 갖추어야 한다.

Memo

FOOD SERVICE ΙΟΙ MANAGEMENT

실 전 외 식 사 업 경 영 론

FOOD
SERVICE
MANAGEMENT

Chapter
02

외식산업의
발달과정

 학습목표

1. 외식산업의 발전배경을 요인별로 구
   분하여 알아보자

2. 20세기와 21세기 외식산업 환경을
   비교하여 알아보자

3. 우리나라 외식산업 발달과정과 전망
   에 대하여 알아보자

4. 미국과 일본의 외식산업 발달과정과
   규모에 대하여 알아보자.

제 **1** 절

외식산업 발전배경

외식산업 성장요인

현대 산업사회의 식생활 구조는 다양화·세분화의 특성을 갖는다. 식생활의 글로벌화, 가공식품화, 외식기회의 증대, 고객의 변화 등의 경향으로 상호 보완적으로 작용하면서 외식의 새로운 개념을 형성하여 외식산업을 본격적으로 발전시키는 요인이 되고 있다.

외식산업의 발전배경에는 일반적으로 사회적 요인, 경제적 요인, 문화적 요인, 기술적 요인으로 요약할 수 있다.

1) 사회적 요인

여성의 사회진출 확대로 인한 택배음식, 간편식 선호, 대량생산, 대량판매, 대량소비사회, 생활관·가치관의 변화, 신세대 출현, 레저패턴의 다양화, 가정개념의 변화, 이혼자·독신자 증가, 건강식 욕구증대, 가처분소득의 증가로 인한 식생활 욕구변화 등으로 인한 외식의 동기유발을 촉진하는 계기가 된다.

2) 경제적 요인

국민소득 및 가처분소득의 증가, 노동시간 감소, 여가시간 증대, WTO에 따른 국제화·세계화, 시장개방에 따른 수입자유화, 대기업 외식시장

진출, 패스트푸드 업계와 패밀리 레스토랑의 성장, 시장 환경의 세분화 · 다양화, 경영기술 개선, 자가용 보급 확대, 주 5일 근무제 도입, 대형 국제행사의 유치에 따른 외식산업의 성장 및 외식기회 확대의 계기가 된다.

3) 문화적 요인

고객의 욕구변화, 식생활 패턴의 변화, 전통음식의 상품화, 사회구성원의 가치관의 변화, 신세대와 X세대의 인구비율 증대, 노령인구의 증가현상, 외식산업 종사자의 직업의식 개선, 식당 이미지의 전환 등으로 인한 외식의 동기유발 및 기회확대의 계기가 된다.

4) 기술적 요인

주방기기의 현대화 · 과학화, 컴퓨터 기기보급 확산과 인터넷을 통한 정보화 IT, 해외유명브랜드의 도입 및 기술제휴, 첨단산업의 기술도입, 저장 및 포장기술의 발전, 주변 환경의 변화, HACCP 도입, Central Kitchen System, Manual System, 프랜차이즈 시스템의 가속화, 효율적인 식당관리방식 도입, POS시스템에 의한 관리 등으로 인한 외식산업 발전의 계기가 된다.

2 20세기와 21세기 외식산업 환경

1) 20세기의 외식산업 환경

과시형 소비로 인한 모방형 소비의 촉진 및 충동구매에 힘입어 그동안 호황을 누려온 외식업이 IMF를 맞아 수많은 외식업체가 도산 또는 적자경영에 허덕여 왔고 위기상황에 살아남기 위한 생존경쟁이 치열하였음을 엿볼 수가 있었다.

경제 불황이 오면 가장 먼저 소비를 줄이는 분야가 외식부분인데, IMF 시기에 중산층이 무너지면서 주변식당을 이용하던 직장인들이 구내식당이나, 분식점 등을 이용하는 등 외식분야에서 변화하는 모습을 가장 빨리 감지할 수 있었다.

21세기를 시작한 지금 20세기까지 외식업의 성장배경을 간략하게 살펴보면 제2차 세계대전 후 출산 붐에 의해 태어난 이 베이비붐 세대들이 20세기 외식산업을 발전, 유지시켜 왔으며 이들에 의한 대량생산과 대량소비도 이루어졌다. 단순히 품질, 서비스, 청결이라는 기본적인 관리로도 고성장을 해 왔었으며 특히 패스트푸드와 패밀리 레스토랑을 그 대표적인 예로 들 수가 있겠다.

2) 21세기의 새로운 외식산업의 환경

20세기 외식업의 발전을 주도해 온 이 베이붐 세대들이 21세기에는 노인층 세대가 되어 실버세대로서도 많은 영향을 끼치게 될 전망이다. 이들 실버세대들은 주어진 여건상 주거지역 중심의 특정지역에서 한정적인 외식생활을 하게 되므로 상권의 축소현상이 가속화될 전망이다. 21세기 외식산업 환경을 요약해 보면 다음과 같다.

첫째, WTO 체제하에 국제화가 가속화되며 이에 따른 24시간 비즈니스시대가 도래함으로써 외식업도 24시간 영업과 그에 따른 심야메뉴 개발 및 운영시스템 등을 개발하여 국제화시대에 발맞추어 나갈 전망이다.

둘째, IT산업의 발전에 따른 인터넷, POS 등을 통한 고객관리, 마케팅전개 등 고객을 더욱 세분화시켜 관리해 나갈 전망이다.

셋째, 고객의 다변화된 욕구에 따른 퓨전화와 복합화, 개별화, 신토불이화가 가속화될 전망이다.

넷째, 주 5일 근무제에 따른 외식업의 발전과 고급인력의 재활용, 산업통상자원부의 프랜차이즈 활성화정책 등으로 우리나라 외식산업이 크게 발전할 전망이다.

다섯째, 1인 가구 및 여성의 경제활동 증가로 인한 식사 준비 시간 부족을 HMR 시장의 지속적인 성장을 견인할 전망이다.

우리나라 외식산업이 주변 환경의 변화에 대응하기 위해 기존 경영전략을 근본적으로 재검토할 시점이 되었다고 하겠다. 지금까지의 기본적인 규칙이나 질서가 붕괴되어 불확실성 시대로의 진입에 따라 선택의 다양화, 자기만의 맞춤상품 등을 선호하는 경향이 증가될 것이다. 또한 라이프사이클 단축, 이 업종 간의 경쟁F·F대 편의점 등 경쟁상대도 수시로 바뀌고 경쟁의 규칙이 없어지는 시대를 맞이하게 될 것이다. 그러므로 우리나라 외식업계도 그에 따른 대비를 해나

가야 하는데 외식산업의 구조개편, 미래지향적인 연구 등 시대 흐름에 맞는 단기·중장기전략 수립과 사업목표를 명확히 해나가야 할 것이다.

‖표 2-1‖ 20C 외식산업과 21C 외식산업의 비교

구 분	20세기의 외식산업	21세기의 외식산업
핵심 고객	① 1946~1964년에 태어난 베이붐세대 ② 단란한 Family 고객	① 개성파, 신인류를 지칭하는 베이비붐 세대의 2세들 ② 의학의 발달과 건강영양식품의 개발로 수명연장에 따른 65세 이상의 Silver세대
성장 업종·업태	① 롯데리아, 맥도날드와 같은 Fast Food ② 스카이락, 코코스와 같은 Family Restaurant ③ T.G.I.F, 아웃백스테이크,베니건스와 같은 대형 레스토랑 ④ 놀부, 투다리, 제너시스 등과 같은 다점포 프랜차이즈기업	① 하드락카페, 푸드카페 등 캐주얼 레스토랑 ② 피자, 햄버거, 스파게티, 우동, 국수, 만두, 냉면 등과 같은 소규모 전문점 ③ 가정용식 전문점Home Meal Replacement ④ 피자, 치킨, 족발 등과 같은 배달전문의 택배업Home Delivery ⑤ 도시락 등의 T/OTake-out전문식당 ⑥ 전원카페 등과 같은 민속요리점Ethnic ⑦ 한·중·일식 등을 같은 식당에서 제공하는 종합 레스토랑이나 푸드코트 ⑧ 시간대별로 분위기, 메뉴, 서빙방법 등 운영차별화한 다기능점포 ⑨ 산업체와 같은 단체급식이나 전문식재료 납품업체
소비형태	① 대량생산과 대량소비패턴 ② 획일적인 소비인 모방소비와 저가주의 형태 ③ 빠른 조리, 신속한 서비스의 speed가 효율성의 기준	① 개성화脫一商化와 차별화 ② 개식화個食化와 소식화 ③ 1일 3식에서 5식화 ④ 다이어트를 위한 편식화, 기능식화, 건강식화 ⑤ 주 5일 근무 확대 실시에 따른 여행, 오락에 관련된 외식업 발전
인구동태, 사회구조	① 주니어세대인 10~20대의 증가 ② 노인층의 점진적 증가 7~8% ③ 핵가족	① 의학발달에 따른 Silver족의 증가2030년에 24~24%로 추정 ② 아이를 갖지 않는 맞벌이 부부인 DIN-KDouble Income No Kids족의 증가 ③ 출산기피에 따른 10대 인구의 격감현상최근 출산장려정책 발표 ④ 이혼및독신증가에따른독신세대의증가 ⑤ 1인가구증가 ⑥ 여성의 경제활동 증가

제 **2** 절

우리나라 외식산업

① 발달과정

우리나라의 외식산업 발달은 한국 고유의 전통음식에 기반을 두면서 현대문명의 발달과 더불어 변천을 거듭해 왔다. 그러므로 한국 외식산업의 성장배경을 논할 때 사회·문화·경제·기술적인 요인 등이 언급된다. 그리고 각 요인들이 함축하고 있는 구체적인 변수들을 언급하면서 외식산업의 발달과정을 살펴보고자 한다.

그러나 선사시대 이래 오늘에 이르는 전 과정을 언급한다는 것은 그다지 큰 의미가 없으므로 근대적 한국 음식점의 태동을 원년으로 우리나라 외식산업의 발달과정을 살펴보고자 한다.

1) 1950년대

1945년 해방과 함께 미군정시대를 거쳐 1948년 임시정부가 수립되었다. 이어 발발한 한국전쟁은 먹는다는 것이 삶의 최고의 가치가 되어버렸던 시대였다. 전쟁 중에는 꿀꿀이 죽, 부대찌개가 등장했으며, 전쟁이 끝나고 식생활에는 설탕, 밀가루, 미원, 껌, 연탄 등이 등장하기 시작했다. 특히 연탄의 등장은 식생활의 혁명이었다.

- 1953년 7월 휴전과 함께 군정하의 GARIOA
  점령지역 행정구호원조
- 1954년 6월 부산 국제시장 대화재
- 1955년부터 발효된 PL480호 농업교역발전 및 원조법

- 1959년 9월 대홍수
- 1960년 4·19 혁명
- 1961년 5·16 군사정변에 이르기까지 한국의 정치·사회의 혼란은 국민들의 삶에 배고픔만 더해갔다.

이러한 상황에서 외식을 한다는 것은 대부분의 일반 국민들로서는 상상조차할 수 없는 일이었다. 그러나 50년대까지는 주막이나 주식점, 목로주점 등의 전통음식점 형태가 하나둘 생겨나기 시작하여 한국외식산업의 태동기를 맞이하게 되었다. 하지만 일반인들의 식생활 유형은 전적으로 가내주도형으로 집에서 먹거리를 해결하는 시대였다.

2) 1960년대

한국전쟁에 이어 4·19 혁명과 5·16 군사정변의 소용돌이 속에 국민들의 생활은 처참하였다. 회복가속화시대로 특징지어지는 1960년에는 화폐개혁과 경제개발 5개년 계획, 1963년에는 국토건설종합계획이 수립된 시기이다.

1950년대 후반부터 시작된 영양개선운동, 밀가루 예찬론, 혼분식장려운동, 유휴산간지 개간, 국민절제운동, 양곡수급계획발표 등은 어떻게든 먹고 살아남아야 한다는 절박감에서 출발한 국가적인 총력전임을 잘 설명하고 있다.

- 1962년 8월 태풍 노라와 함께 최악의 가뭄
- 1962년 최악의 흉년과 함께 쌀 막걸리 시판 금지
- 1963년 1월 양곡수급계획 발표
- 1963년 2월 미국의 원조양곡 도입

이렇게 대량으로 먹게 된 밀가루 음식은 주로 쌀과 보리에 의존했던 우리 밥상을 크게 바꾸어 놓았다. 대대로 먹던 밥과 국을 대신해 국수와 빵 같은 밀가루 음식이 밥상 한 귀퉁이를 차지하게 된 것이다.

- 1963년 라면의 효시인 삼양라면 최초 시판
- 1964년 오늘날 맥주전문점의 효시인 비어홀 탄생
- 1966년 코카콜라 국내 상륙

- 1968년 뉴욕제과 신세계 본점 프랜차이즈 1호점 개점과 함께 전기밥솥이 최초 등장
- 1969년에는 가정의례준칙이 발표되어 관혼상제시 과소비를 억제하였고, 관 주도로 진행된 밀 문화의 보급은 서구식 영양학에 근거했다. 모든 음식에 가치는 칼로리로 재단되었으며 오랜 체험을 통해 이룩한 우리 음식 문화의 가치는 사장되었다. 그리고 GNP 100-210불의 60년대 한국의 외식업계는 50년대와 마찬가지로 식생활의 궁핍기이자 침체기였다. 영세한 음식점 및 노상 잡상인들이 대거 출현했던 시기이기도 하다. 또한 밀가루의 유통과 함께 들어선게 제과점이다.
- 1945년 고려당
- 1952년 독일빵집
- 1968년 강남에 뉴욕제과가 탄생했다. 그러나 우리는 1960년대까지는 식량 부족으로 배고픔 시대를 경험해야 했다.

3) 1970년대

1960년대의 노력의 결실로 GNP 248-1,644불로 성장했으며, 식생활관련 최대 변수였던 도시가스의 도입으로 연탄의 시대를 마감한 것이다.
- 1970년 서울 강남개발계획 발표
- 1970년 7월 7일 경부고속도로 개통과 함께 '1일 생활권'이라는 말 유행
- 1972년에는 새마을운동이 전국을 휩쓸었으며, 우리 입맛에 서구화와 함께 샤니케익 개점
- 1977년에는 수출 100억불 달성과 도시가스의 도입, 먹거리 메뉴에는 요구르트, 케첩, 마요네즈, 생수, 과즙탄산음료, 1962년에 시판금지되었던 쌀막걸리의 부활, 전자렌지, 커피자판기, 생맥주, 롯데리아와 같은 햄버거 하우스 최초 등장
- 1979년 7월은 국내 프랜차이즈 1호점인 지금의 대학로 샘터빌딩에서 '난다랑'이 오픈되어 국내 외식업계 일대변혁
- 1979년 10월 롯데리아 1호점이 소공동에 들어섬으로써 서구식 외식시스템의 시발점이 되었다.

4) 1980년대

개인소득과 생활향상, 버블^{bubble}시대로 특징지어지는 1980년대는 우리나라 외식산업의 전환기로 볼 수 있다.

- 1980년 아메리카나 국내진출
- 1981년 수출 200억불 돌파와 함께 외국의 유명 체인호텔과 외국계 패스트 푸드점 대거 한국에 상륙
- 1982년 윈첼도우넛, 버거킹의 국내진출
- 1983년 서울 프라자호텔 열차식당 운영6월과 주문식단제 처음 실시
- 1984년 웬디스, 피자헛, KFC 국내진출 및 신라명과 개점
- 1986년 맥도날드, 베스킨라빈스 국내진출
- 1985년 자동차 100만대를 돌파
- 1986년 부산아시안 게임
- 1988년 서울 올림픽이 개최와 함께 피자인, 코코스, 나이스데이가 국내진출 및 크라운베이커리, 놀부보쌈 등이 개점하였다.

육류섭취량이 급격히 증가한 것은 GNP가 2000불을 뛰어 넘은 1980년대부터라고 할 수 있다. 1970년대 1인당 하루 40g이던 육류섭취가 1985년 200g로 뛰었으며 이러한 현상으로 대형 갈비집들이 많이 늘어났다.

특히 1980년대는 음식업계에 해외 프랜차이즈의 국내 진출로 외식업계에 태풍의 핵이 나타났다. 물밀듯이 들어오는 해외 프랜차이즈 브랜드들이었다. 국내 자생브랜드들도 생겨났으나 부작용도 많았다. 체인업체들의 난립으로 점포 늘리기에만 급급한 업체들이 생겨났기 때문이며, 자연적으로 프랜차이즈의 기본인 가맹점 사후관리는 뒷전이었다.

그리고 80년대 들어서면서 ○○가든, ○○갈비 등의 고깃집들이 도처에 생겨났다. 이런 음식점들은 주로 큰방을 구비하고 있는 것이 특징인데, 가족식뿐 아니라 잔치, 회식, 친목모임의 장소로 널리 이용되었다. 또한 이 무렵 춘천막국수나 닭갈비, 아귀찜, 보리밥 등 지방 사람들이나 서민들이 먹던 향토음식들이 별미음식으로 상품화되어 서울로 진출하였다.

승용차 보급률이 높아지고 답사문화가 대중화되면서 향토음식은 그 지역의

관광상품으로 개발되었다. 결국 1980년대는 더 맛있고, 더 간편하고, 더 고급스러운, 더 새로운 식품을 추구했던 시대였다고 말할 수 있다.

5) 1990년대

1990년대는 우리나라 외식산업의 본격적인 성장기에 해당된다. 성장의 주역을 꼽는다면 단연 패밀리 레스토랑이다. 레스토랑은 연인들끼리, 귀한 사람들과 최고 만남의 장소였다. 하지만 커피전문점, 돈가스전문점 등 전문화시대를 맞이하면서 일반 레스토랑은 사양업종으로 변해갔다.

1990년대 들어서면서 레스토랑은 새로운 옷으로 치장하고 우리 앞에 나타났다. 이른바 외국계 패밀리 레스토랑이다. 음식업계에서는 외국계 패밀리 레스토랑을 고품격 신업체의 출현으로 받아들였다.

- 1992년 T.G.I.F, 판다로사 국내진출
- 1993년 시즐러 국내진출
- 1994년 데니스, 스카이락, 케니로저스 국내진출
- 1995년 스즐리, 토니로마스, 베니건스, 블루노트 국내진출
- 1996년 마르쉐 국내진출
- 1997년 칠리스, 우노, 아웃백스테이크하우스 등의 국내진출과 함께 외국계 유명한 패밀리 레스토랑과 피자집, 패스트푸드 레스토랑은 이제 일반화되어 있었으며, 호텔과 같은 수준의 전문레스토랑들이 등장하는 시기였다.

특히 강남을 중심으로 퓨전음식이 유행하였으며 고급 원두커피전문점들의 수가 늘어나는 시기였다. 그리고 건강지향적인 음식과 향수를 유발하는 향토 전문 음식점들이 늘어났는데 이러한 추세는 식당 간판에도 옛날, 할머니, 고향 같은 말을 많이 볼 수 있었다.

또한 1980년 4월 서울 프라자호텔이 여의도 전경련빌딩 프라자한식당, 도원중식당, 연회장 등 3개 점포를 오픈하면서 호텔의 외부매장 진출을 처음 실현하였던 서울 프라자호텔을 중심으로 국내 특급호텔의 외식사업 진출이 활발했던 시기이기도 하였다.

1990년대 후반부터 가처분소득이 높아져 생활에 여유를 찾아 인생을 즐길 줄

알게 되면서 음식에 대한 관심은 차츰 증폭되었다. 시간과 돈에 구애받지 않고 더 새롭고 더 고급스러운 분위기와 음식을 찾아 나섰고, 건강식을 선호하게 되므로 인공조미료보다는 천연조미료를, 가공된 음식보다는 자연 그대로의 음식을 즐기게 되었다.

6) 2000년대

IMF 이후 패스트푸드 및 패밀리 레스토랑의 경영상황이 악화되면서 포장take-out 및 배달 형태의 점포가 생겨났고 실직으로 인한 창업이 증가하면서 중소형 프랜차이즈 가맹점포가 급증하였다. 외환위기라는 경제적 어려움 속에서도 성장한 패밀리 레스토랑은 양적 증가와 함께 서울 위주에서 벗어나 지방으로 진출을 시도하면서 경쟁이 가속화 되었다.

2000년대 이후 패스트푸드시장은 경제현황의 악화로 소비가 위축되고 이에 대한 대응전략으로 실시한 가격할인행사와 타사와의 과열경쟁에 따른 광고비 지출급증으로 이익이 감소하였고 더욱이 광우병 파동으로 매우 어려운 시장 여건을 맞이하였다.

최근 들어 편의성을 추구하는 경향이 강해지면서 가정식 대용home meal replacement : HMR에 대한 관심이 증대되어 카페 아모제 등과 같은 포장판매take-out 전문점이 활발하게 운영되고 있다. 생활수준의 향상으로 다양하고 고급화된 메뉴와 높은 수준의 서비스를 제공하는 전문음식점이 증가하면서 스타벅스 등의 커피전문점과 정통이탈리안 피자를 제공하는 피자헛 플러스가 생겨났다.

웰빙well-being에 대한 관심이 고조되면서 녹차. 호밀, 고구마 등을 이용한 건강메뉴가 상품화되었고 유기농 아이스크림과 저지방 아이스크림을 판매하는 점포가 증가하였다. 경기불황이 지속된 2000년대 후반 국내 외식산업은 이전과 뚜렷하게 달라져 투자형보다는 생계형 외식업체가 급격히 늘어나 작지만 내실 있는 소형 점포들이 건강을 추구하는 고객들의 트렌드와 함께 한자리에서 다양한 음식들을 즐길 수 있는 시푸드 뷔페가 상장했으나 서서히 퇴보하고 있다. 그러나 전 세계적으로 메뉴의 트렌드가 안전, 안심, 건강이 대세로 이어지고 있으므로 건강을 중심으로 한 친환경 혹은 유기농 식자재를 이용한 자연식 메뉴를 제공하는 외식점포들이 등장하고 있다. 국내에서도 2009년부터 정

부의 강력한 원산지표시제 정책으로 인해 많은 외식기업들이 가능하면 국내산을 사용하려 노력하고 있으며, 더 나아가 안전, 안심을 추구하는 식자재 사용을 지향하고 있다.

||표 2-2|| 우리나라 외식산업의 발전과정

연 대	발전내용	주요업체
1960년대 이전	• 전통음식점 중심의 음식업 태동기 • 식생활 및 식습관의 가내 주도형 • 식량자원 부족(생존단계)	• 이문설렁탕(1907) • 용금옥(1930) • 한일관(1934) • 조선옥(1937) • 안동장(1940) • 고려당(1945) • 남포면옥(1948)
1960년대	• 6·25 전쟁 후 식생활 궁핍 및 음식업 침체기 • 혼분식확산 　– 미국원조 밀가루 위주의 식생활	• 삼양라면 최초 시판[1963] • 비어홀[1964] • 코카콜라[1966] • 뉴욕제과 신세계 본점 프랜차이즈 1호점[1968]
1970년대	• 해외브랜드 도입기 • 프랜차이즈 태동기 • 대중음식점 출현	• 난다랑[1979] 　– 국내 프랜차이즈 1호 • 롯데리아[1979] 　– 서구식 외식시스템 시발점
1980년대	• 외식산업 전환기 • 해외브랜드 진출 가속화 • 국내 자생브랜드 난립 • 호텔 외식사업 진출 • 부산 아시안게임[1986] • 서울 올림픽[1988]	• 아메리카나[1980] • 서울 프라자호텔이 여의도 전경련 빌딩프라자한식당, 도원중식당, 연회장 운영[1980] • 윈첼도우넛, 버거킹[1982] • 서울 프라자호텔 열차식당 운영[1983] • 웬디스, 피자헛, KFC[1984] • 맥도날드[1986] • 피자인, 코코스, 크라운 베이커리 나이스데이, 놀부보쌈[1988]

1990년대	• 외식산업 성장기 • 대기업 외식산업 진출 • 패밀리 레스토랑 진출 • 전문점 태동	• TGI 프라이데이, 판다로사1992 • 시즐러1993 • 데니스, 스카이락, 케니로저스1994 • 토니로마스, 베니건스, 블루노트, BBQ1995 • 마르쉐1996 • 칠리스, 우노, 아웃백스테이크하우스1997
2000년대	• 외식산업의 성숙기 • 가정식대용HMR 관심 증대 • 국내 외식업브랜드의 해외 진출 본격화 • 유기농, 자연식제공 외식 점포 등장	• B.B.Q 치킨대학 개관2000 • 미스터피자 북경1호점2000 • 썬앳푸드 매드포갈릭2001 • 파파존스 피자 개점2003 • 굽내치킨2005 • 불고기브라더스2006 • 온더보더2007
2010년대	• 김영란법 실행으로 인한 외식소비 패턴변화 • 1인가구로 인한 소규모 외식업체 출현 • e-business 시장 도래 • 쿡방 유튜브를 이용한 요리체험 • 배달업체 증가	

2 시장규모와 전망

　세계 경제를 이끌고 있는 미국 경제가 급격히 침체하면서 세계 주가가 폭락하고, 이라크 전쟁이 발생하는 등 연일 불안 심리가 가속화되고 있다. 이에 따라 국내경기의 암울한 전망과 함께 거센 거품경기 등 모든 것이 불안하기만 하다. 소비자 기대지수 역시 연일 하향선을 그리고 있으며 내수경기의 둔화를 부추기고 있는 실정이다.

　외식업계도 현재 경제 불황 및 신규 콘셉트의 레스토랑 등 외식업종의 증가, 치열한 경쟁 상황, 고객의 서비스 기대수준 향상 등 많은 위기 변수에 노출되어 있다.

한국 식품연구원이 발표한 '외식사업의 구조와 전망' 보고서에 의하면 작년 한 해 우리나라의 외식산업 규모는 전체 식료품비 중 30%를 넘은 것으로 나타났으며, 2005년도에는 60조원을 지나 2009년의 시장규모는 69조원에 이를 것이라 전망하였다.

패스트푸드를 비롯한 대부분의 업계들이 매출 급락의 위기를 맞고 있는 반면, 패밀리 레스토랑과 피자업계는 2003년 동기 대비 미미한 10%의 매출상승을 기록하는 등 선전을 하고 있다. 그러나 이는 평균 15~20% 이상을 기록했던 2001년 대비 2002년 매출성장률에 비하면 현저히 낮은 수치로 타 업계와 비교하면 상대적으로 좋은 성과로 평가되지만 패밀리 레스토랑 업계 자체만으로 보면 성장세가 급격히 둔화, 최근의 경기 불황을 실감하게 하고 있다.

외식산업의 전망을 살펴보면 다음과 같다.

1) 양극화 현상

불황이 지속되면서 두드러지게 나타나고 있는 양극화 현상은 외식점포의 규모, 매출, 가격면에서 극대비로 향하는 모습이 지속될 전망이다. 이는 실속형의 고객과 남과 차별화되고 싶어지는 up scale을 추구하는 고객을 겨냥한 사업형태의 변화에서 찾을 수 있다. 따라서 단순히 가격을 내리는 전략만으로는 소비자들로부터 기대에 부응하지 못하며 서비스나 점포의 분위기보다는 실속 있는 메뉴를 고객은 선택하게 되기 때문이다.

2) 웰빙바람과 건강식 메뉴 증가

과거 의·식·주는 인간이 살기 위한 '필수조건'에 해당하는 절대적 요소였다. 하지만 경제성장과 더불어 소득향상으로 단순히 입고 먹는 차원을 뛰어넘어 삶의 질을 높이고 개선시키는 '충분조건'으로 인식하게 되었다.

특히 먹거리에 해당하는 식食은 인간이 불을 발견하면서 미각이 더욱 발전한 것처럼 달라진 라이프스타일 따라 다양한 음식문화를 쫓는 마니아층이 형성되었다. 그리고 IMF라는 경제신탁통치 이후 발생한 극심한 소득 불균형 현상은 소비로 이어져 소비 양극화 현상을 보이고 있다.

과거 간편하게 먹을 수 있어 큰 인기를 끌었던 패스트푸드는 이제 다이어트에 악영향과 성인병을 유발시킨다는 인식이 고객들에게 주입되면서 성장률 또한 뒷걸음치고 있다. 이 와중에도 '잘먹고 잘살기'로 대표되는 웰빙바람은 패밀리 레스토랑 업계에게 반사적인 이익으로 업계의 점포 수를 늘리는 전략이 먹혀들고 있다. 더불어 미래의 식단에 대한 궁금증이 커지면서 조리문화에도 큰 변화가 예상된다. 그리고 각종 기능성 식품들이 늘어나고 기능성 메뉴들이 서서히 영역을 넓혀가고 있다.

앞으로는 샐러드를 먹으면서 스테이크 맛을 느낄 수 있고, 조금만 먹어도 필요한 영양소와 칼로리를 모두 섭취할 수 있는 기능성 식품이 소비자들에 큰 인기를 끌 것이며, 음식에 약藥 성분이 함유돼 있어 별도로 약을 먹을 필요도 없어져 건강관리에도 한 몫 할 것으로 점쳐진다.

2004년 외식업계의 최대 화두라고 하면 웰빙의 바람이다. 통계청이 지난해 '2003년 한국의 사회지표'를 발표하면서 국민 관심사 항목 중 '건강'이라고 답한 사람이 전체 답변자 중 가장 많은 44.9%를 차지했다. 사회 전반에 걸쳐 건강에 대한 관심은 외식업계 또한 피할 수 없는 대세로 최근에는 건강음료를 시작으로 앞다퉈 경쟁적인 출시를 보이고 있다.

3) 기능성 식품의 선호현상

70년대 말부터 20세기 말까지 우리나라 외식문화를 대표하는 단어는 서구화와 패스트푸드였다. 그러나 최근 들어 건강식과 함께 21세기 식생활의 중요한 테마라고 할 수 있는 것이 기능성 식품의 선호이다.

1980년대 일본에서 시작된 기능성 식품은 우리에게도 잘 알려져 있는 '화이버 미니'라는 식이성 섬유를 포함한 청량음료가 출시되어 일본과 전 세계 기능성 식품시장을 석권하면서 인정을 받게 되었다. 그후 이러한 기능성 식품은 건강을 향상시키는 성분을 함유한 식품을 영양학의 발전과 생화학 지식의 발달로 자연식품 중에서 사람의 몸에 효과적인 것을 사용하기 시작하면서 주목을 받게 되었다.

건강식에는 신토불이 음식관련 업종들이 꾸준한 인기와 함께 유기농을 이용한 외식업종이 유망업종으로 떠오르고 있다. 실제로 일반 식재료보다 훨씬 높

은 가격임에도 유기농 식품의 매출이 점차 증가하고 있는 것은 유기농 제품에 대한 소비자들의 관심과 시장이 커지면서 점차 그 범위가 확장되어 가고 있기 때문이다.

영국의 경우 전체 인구의 40% 정도가 정기적으로 유기농 식품을 구매하고 있을 정도로 유기농 식품에 대한 소비층이 두텁다. 영국 정부는 연간 25~30%의 성장을 거듭하고 있는 유기농 시장을 관리하기 위해 유기농 제품에 매우 엄격한 기준을 적용하고 있다. 국내에서도 친환경농산물 표시인증제도를 실시해 유기농산물, 전환기 유기농산물, 무농약농산물, 저농약농산물 등 4종으로 나눠 인증마크를 발급하고 있다.

또한 우리의 기능식은 약식동원藥食同原을 의미하기도 한다. 이러한 생각에서 출발한 것이 약선요리로 식품은 약재의 효능을 빌리고, 약재는 식품의 영양을 빌려 영양과 맛, 모양새를 좋게 할 뿐만 아니라 치료효과까지 볼 수 있는 음식을 말한다. 먹는다는 것이 단지 배고픔을 해결하기 위한 것이 아니라 질 높고, 몸에 좋은 음식, 저항력을 기르는 음식, 문명병을 예방하는 음식으로 점점 그 중요성이 커져 가고 있기 때문이다.

4) 가정대용식 시대 출현

핵가족과 여성들의 사회진출 기회가 늘어남에 따라 일반가정에서도 도시락 차원을 넘어서 집에서 먹는 음식과 동일한 식단으로 구성된 음식을 만드는 식당도 예견된다. 물론 가정에서 조리에 드는 시간과 비용을 대폭 줄일 수 있어 인기를 끌 것으로 보이며, 도시락전문점보다는 보다 고급화된 형태의 테이크아웃 전문점으로 신세대 가정이 늘어나면서 인기를 끌 전망이다.

5) 전문화와 복합화 현상

전문성을 추구하면서도 서로 보완적인 제품을 함께 취급하는 커피+스파게티, 커피+제과, 커피+도자기류, 커피+서점 등 복합점 같은 것들이 고객의 다양한 욕구를 충족시키고 있다. 또한 shop in shop 형태의 칼국수와 떡볶이, 선물가게와 포장센터, 제과점과 아이스크림점, 패밀리 레스토랑의 캐릭터 상품코너 등도 여기에 속한다.

고객들이 원하는 식단을 모두 구성한 업소는 앞으로 경쟁력에서 살아남기 힘들지도 모른다. 갈수록 세분화되고 전문화되는 사회현상에 맞추어 외식업도 소형점포의 전문점이 각광을 받아가고 있는 추세다. 많은 종류의 메뉴가 구비되어 있지 않아도 한 가지 메뉴만으로도 고객의 만족을 가져오면 그 업소는 이미 성공하고 있다고 보아도 무방하다. 김밥전문점, 만두전문점, 면전문점, 포크커틀릿전문점, 카레전문점, 파스타전문점 등과 같은 전문점이 각광받고 있는 것에서 잘 알 수 있다.

6) 새로운 식생활 트렌드 출현

새로운 식생활 트렌드의 출현으로 영상시대, 인터넷 문화 속에서 속도감을 체험한 젊은 세대들에게 '시간'을 상품화한 인스턴트식품이나 편의식품, 홈 딜리버리배달서비스, 정해진 시간과 장소가 없는 식사 형태인 모바일푸드mobile food의 등장은 우리의 먹는 모습을 참으로 다양하게 바꾸어 놓고 있다.

쉽게 사고, 쉽게 먹을 수 있도록 간단함의 극치를 보여주는 이러한 음식문화는 외국의 식생활 도입과 외식의 생활화가 자연스럽게 진행되면서 우리의 식탁은 풍요로워졌다. 그러나 풍요 속의 빈곤이라는 말처럼 유해색소 첨가식품, 유전자변형식품, 환경호르몬 등 늘 먹는 음식에 대한 위험성이 대두되면서 믿고 먹을 만한 음식이 없어지고, 잘못된 음식습관을 경고하는 바른 식생활 살리기 운동이 일어나기 시작하였다.

그 대표적인 것이 급속한 발전을 이룬 물질문명을 상징하는 패스트푸드fast food에 반대하는 슬로우푸드slow food 운동이다. 1986년으로 거슬러 올라가는 이 운동은 이탈리아의 브라Bra지방에서 시작된 것으로 식사, 미각의 즐거움, 전통음식의 보존 등을 내걸고 시작되었다. 현재 전 세계 40여 개국, 7만여 명의 유료 회원을 가진 세계적인 운동으로 발전된 슬로우푸드 운동은 제 땅에서 나는 재료로 정성껏 만든 음식을 보존, 개발하자는 것으로 이를 통해 황폐화되고 병들어 가는 우리의 먹거리에서 먹는 즐거움과 건강을 되찾고 더불어 삶의 질을 더 높여보자는 것이다.

한국청소년연구소에서 발표한 식습관이 성격에 미치는 영향에 관한 조사보고서에 따르면, 일반 청소년들에 비해 비행청소년들이 평균 2배 이상의 인스턴트 식품을 먹고 있는 것으로 나타났다. 즉, 탄산음료 2.5배, 햄버거 2.3배, 라면 1.9배, 떡볶이 2배, 커피 2.6배 등 인스턴트 식품의 소비가 높은 비행청소년의 경우는 쉽게 사먹을 수 있는 인스턴트 식품에 많이 의존하게 되고, 이처럼 잘못된 식습관 형성이 폭력성을 증가시키는 원인으로 작용하고 있는 것으로 추측할 수 있다.

7) 고객관리 중요성 부각

외식업계가 불투명한 경기와 함께 일본과 같은 장기 불황이 예상됨에 따라 고객관리에 대한 중요성이 새삼 강조되고 있다. 이러한 경영전략은 외식업계에서도 신규고객을 유치하기보다는 기존고객, 특히 단골고객을 철저히 관리하려는 데에 있다. 신규고객을 유치하는 것은 기존고객을 유치하는 것보다 5배의 비용과 어려움이 따른다는 점에서 단골고객 관리는 외식업계에 이미 도입되었어야 할 전략이다. 물론 일부 패밀리 레스토랑 업체들은 수년 전부터 고객관계관리CRM : Customer Relationship Management에 대해 깊은 관심을 갖고 이를 판촉전략에 이용하고 있다.

특히 상품지식과 함께 차별화된 외식업체, 지금과 같은 불황에서는 생존전략 등으로 CRM은 반드시 필요하다 하겠다. CRM의 목적은 고객감동에 있다. 고객감동을 위한 서비스에 그 목적이 있다면 결국 기존고객의 니즈needs는 물론, 원하는 것want이 무엇인지까지 알아야 하는 것은 매우 당연한 일이다. 기존고객에 대한 다양한 정보가 축적되어 있을 때 고객을 감동시킬 수 있는 효율적인 고객관리상품을 개발해낼 수 있는 것이며, 나아가서는 가치경영의 근본이 되는 고객과의 신뢰를 만들어 갈 수 있는 것이다.

2000년대 이후 미국의 외식산업은 유기농 식품의 장점이 소비자들에게 많이 알려지면서 친환경 레스토랑 시장이 많이 생겨나고, 유기농 패스트푸드를 제공하는 점포들이 등장하고 있다. 즉, 유기농 식품으로 알려진 풀 먹인 쇠고기나, 유기농으로 생산된 계란과 같은 식품들이 영역을 확대해 나가고 있고 고객들에게 보다 신선한 음식을 제공하기 위해 친환경 레스토랑의 주 메뉴는 유기농 식자재를 기본 아이템으로 하고 있다. 또한, 로컬푸드를 지향하는 레스토랑이 주목을 받기 시작했으며 에너지 등 자원 및 환경을 고려하는 외식기업들이 고객들로부터 신뢰를 얻고 있다.

제 **3** 절

미국
외식산업

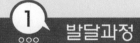 **발달과정**

미국 외식산업의 역사적 시발점은 1827년 창업된 델모니코Delmonico's사라고 말할 수 있다. 그리고 1874년 종교문제로 프랑스로부터 미국에 망명한 장 바티스트 길베르트 파이팔Jean Baptiste Gilbert Paypalt을 통하여 식당이란 용어가 처음으로 도입되어 쥬리앙Zulien's restaurant이 운영되기에 이르렀다. 이 때의 메뉴는 주로 버섯, 치즈 퐁듀fondus : 치즈를 녹여 만든 요리와 주류 등이었다. 그러나 이 시기는 단지 음식을 제공하는 점포기능을 수행하였다. 2차 세계대전이 끝나면서 사회·경제·문화 등 사회 전반적인 변화추세에 따라 외식산업은

근대화의 전환기적인 시점에 이르게 되었고, 1950년에 들어 본격적인 외식산업으로서 성장을 거쳐 공업화 단계를 밟게 된다.

특히 QSC를 근간으로 하는 맥도날드의 출현은 외식산업 전 부분에 걸쳐 혁신적인 경영관리체계를 이룩하면서 1960년대의 다점포 전개를 시발로 하여 상장기업의 등장과 프랜차이즈 산업이 급성장하게 되었다.

1970년대에 접어들면서 1, 2차 오일쇼크로 기업경영면에서 변혁이 추구되면서 경영체질이 강화되고, 해외진출이 본격적으로 이루어져 외식산업의 국제화가 이루어졌다. 또한 품목확대와 패스트푸드 점포의 이원화소형화와 좌석을 도입한 대형화가 이루어져 전 세계에 외식산업이 급속도로 보급되었다.

1980년 레이건 대통령에 의해 단행된 규제완화의 세제개혁은 어떤 의미에서는 고급 프렌치 레스토랑을 쇠퇴하게 만드는 요인으로 작용하게 되었다. 그러나 1980년대의 소비자 욕구는 미식·건강식에 대한 욕구가 증대된 시기로 외식업체에서는 다양화·세분화되는 소비자의 욕구를 충족시키기 위한 메뉴 전략에 주력하게 되었다.

┃표 2-3┃ 미국 외식산업의 발전과정

연 대	발전내용	주요업체
1950년대 이전	• 1800년대 외식산업 태동 • 1900년대 실질적인 외식산업 태동 • 1930년대 외식산업 시스템 등장 • 1940년대 기내식, 군대식 등장 및 부분적 합리화 추진	• 델모니코1827 • 쥬리앙1874 • 피그스탠드1921 • 하워드 존슨1930
1950년대	• 외식산업의 도약기 • Food Service System 등장 • 외식체인 다수 출현	• What a Burger1950 • KFC1952 　• 데니스1953 • 버거킹1954 • 맥도날드1955 • 피자헛1958
1960년대	• 사회적 안정으로 외식산업 성장기 • 프랜차이즈 시스템 급성장	• 미스터 스테이크1962 • 아비스1964 • 레드랍스터1968 • 롱존실버1968 • 웬디스1969

1970년대	• 두 번의 오일쇼크로 외식산업 변혁기 • 새로운 콘셉트 도입 • 프랜차이즈의 직영화 • 대기업 외식산업 진출	
1980년대	• 외식산업의 성숙기 • 자본력에 의한 경쟁 가속 • POS system화 • 점포의 복합화	
1990년대	• 외식산업의 고도성숙기 • Home Meal Replacement 시장 성장 • 특화 및 틈새시장 공략 • 고객만족과 감동연출 • 테마콘셉트형	• 테번 앤 그릴 앤 야드하우스1996 • 후레쉬 시티1997 • 겡히스 그릴1998 • 브리오 턱산 그릴1999 • 스토운 우드1999
2000년대	• 외식산업의 안정성숙기 • 브랜드 콘셉트의 다양화 • Home Meal Replacement 시장 지속성장 • 패스트푸드 시장에서도 건강열풍 • e-Business	

미국인에 대한 외식구조의 변화는 스테이크steak나 계란요리만을 폭넓게 취급하던 시대로부터 다채로운 식생활 패턴으로 외식산업을 전개시켰다.

이에 따라 업종·업태의 구분이 사라지고 소비자의 라이프스타일life style에 맞는 점포의 복합화 현상이 일어나게 되었다.

대도시에서 번성하기 시작한 점포의 복합화 현상은 아침 일찍 개점하여 고객에게 식사를 제공하는 이트 인eat in 방식, 가정이나 오피스에 배달하는 케이터링catering 방식, 점포 밖에서 먹는 테이크아웃take out 방식 등 음식점으로서의 기능을 갖춘 여러 가지 형태를 취하고 있다.

1980년대의 불황과 1990년대 초의 버블경기 붕괴로 인해 고급 레스토랑 경영은 더욱 어려운 여건이 되었으며, 이런 요인이 고급 프렌치 레스토랑보다도 저단가의 캐쥬얼 레스토랑을 탄생시킨다. 그리고 소위 베이비붐 세대1946-1964에 출

생한 전후세대가 인구의 30% 이상을 차지하며, 이런 소비중심이었던 집단세대가 노령화 인구계층에 포함되어 옛날 어머니 요리 맛에 대한 향수로 회귀하는 경향도 보이고 있다.

또한 미국 가정의 맞벌이는 주부의 취업률 70% 이상을 점하는 계기가 되었으며 이들 직장여성과 주부를 위하여 생식재료가 아닌 조리를 마친 음식이나 공장제조 요리품인 HMR^{Home Meal Replacement : 가정대용식}의 성장을 촉진시켰다.

이 같은 현상은 독신자 가구의 증가와 여성의 사회진출 확대, 소비자 라이프 스타일의 변화와 사회 · 경제 · 문화 환경의 변화에 따른 식생활 패턴의 변화에 기인한 것으로 외식시장은 점차 다양화 · 세분화되어 갈 것으로 보인다.

 시장규모와 전망

'NRA Food service 2001' 보고서에 따르면 일반적으로 미국인들이 집 밖에서 음식에 지출되는 비율이 46%에 달하며, 이 비율은 미국 GNP의 약 4%에 육박하는 것으로 나타났다.

또한 미국 레스토랑협회는 2004년 예상 매출성장률을 4.4%^{인플레 감안 2%} 신장한 4천 4백억불^{5백 28조원}로 예상하면서 외식산업을 낙관적으로 보고 있다.

NRA는 레스토랑을 포함한 식음료사업이 전체 식품산업에서 상당한 부분을 차지하는데 그 비율이 최근의 46.6%에서 2010년에는 약 53%로 상승할 전망이라고 예견하고 있다.

그들의 낙관적인 전망에 따르면 미국 GNP^{국민 총생산지수}는 지난해 가을 3/4분기에 1984년 이래 가장 높은 8.2%로 상승했다고 발표했다. 다우존스지수가 1만 포인트로 상승하고 실업률은 최근 2년 동안 가장 낮은 수치를 나타냈다고 밝히고 있다.

수입은 2004년에 3.5% 상승이 전망되어서 예상 인플레이션 지수 2%보다 높을 것으로 예상한다. 이 GDP 수치는 레스토랑 성장지수와 공교롭게도 비슷한 양상으로 전개되고 있는데 산업의 흐름을 가늠하는 척도로도 레스토랑 산업의 변화가 종종 이용되고 있는 것이다.

레스토랑 산업이 전체산업 구조의 성장비율과 유사한 변화 추이를 보임에 따라 '소비는 곧 외식으로부터 시작된다'는 연결 창구 역할을 하면서 개개인의 빚과 저축에 관련된 것 또한 동일하게 언급되기도 한다.

이 조사를 발표한 바 있는 보스턴 컨설팅그룹은 풀 서비스 레스토랑에서 식사를 하는 것이 가계의 소비를 더욱 부추길 것이라는 것을 보여주지는 않았다. 단지 레스토랑에서 식사를 즐긴다는 답변을 한 57.6%는 가정 소비재 품목, 컴퓨터와 자동차에 소비를 계획하는 것보다 외식 소비를 더 선호한다고 밝혔다.

미국 레스토랑 산업은 클린턴 정부 재임기간 8년을 포함해서 거의 9년 동안 매년 평균 5%의 연속적인 상승곡선을 그리면서 타 업종과 마찬가지로 호경기를 맞았다. 그러나 경기침체로 인한 불안한 성장 예고와 9.11 사태라는 악재를 맞으면서 급격히 하락 증세를 보였으나, 2003년도 초부터 서서히 정상으로 돌아오기 시작하고 있다.

현재 미국 외식산업은 성숙기를 지나 포화상태라고 할 수 있을 정도로 정체기에 있지만 향후 지속적인 경제발전과 세계 곳곳에 외식산업의 체인화 확대 등으로 질적·양적으로 그 성장은 지속될 것으로 전망된다.

미국의 외식업체 동향을 살펴보면 다음과 같다.

1) 브랜드 콘셉트의 다양화

외식기업에서 부동의 1위를 달리고 있는 맥도날드는 연간 10억 달러 이상의 매출을 햄버거가 아닌 다른 음식을 판매하여 달성하고 있다. 이는 맥도날드 본연의 이미지에서 탈피하기 위해 보스턴 치킨Boston Chicken과 맥도날드 음식업체인 치포틀Chipotle을 인수하고 다시 피자업체인 도나토스 피자를 인수하면서 브랜드 콘셉트의 다양화를 선언하고 있다.

또한 다든 레스토랑Darden Restaurant 그룹은 신생브랜드인 바하마 브리즈Bahama Breeze와 스모키 본즈 BBQSmokey Bones BBQ를 통해 연간 2억 달러의 매출을 달성하고 있다.

2) HMR 시장의 성장

최근 미국에는 직장여성들이 늘어나면서 요리의 편리성과 시간절약이 필수 요건으로 등장하면서 HMR 시장이 급성장하고 있다. 이는 짧은 식사시간에 보다 맛있고 품위 있게 음식을 즐기려는 소비층이 주시장으로 슈퍼마켓의 조리식품을 중심으로 큰 성장을 보이고 있다.

3) HMR 분류 및 유형

(1) RTP(Ready to Prepared)

식재료를 요리하기 편리하게 세정하고 소분한 상품

ex) 조리용 소분채소 등

(2) RTE(Ready To Eat)

구매 후 바로 먹을 수 있는 음식

ex) 밑반찬, 나물, 김치, 샐러드, 샌드위치, 김밥, 식단배달, 유아용 이유식 등

(3) RTC(Ready To Cook)

간단하게 요리한 후 먹을 수 있는 음식

ex) 햇반, 즉석죽, 즉석국, 냉동피자, 전, 레토르트 식품(국, 스프, 3분카레, 스파게티 등) 등

(4) RTH(Ready To Heat)

전자레인지 등으로 간단히 가열 후 먹는 음식

ex) 냉동만두, 냉동돈까스, 양념갈비 전골재료모듬, 순두부 찌개

4) 패스트푸드 시장에도 건강열풍

최근 미국의 최대 브랜드들이 민족요리 유치에 열을 올리고 있다. 대표적으

로 버거킹의 고기 없는 버거, 웬디스의 가든 센세이션garden sensation, 맥도날드의 치킨, 그릴드 치킨, 야채버거, 서브웨이의 고메이 브레드 매장의 확대 등은 건강을 염두에 둔 햄버거의 기피현상에 기인하고 있다.

NRN Hot Concept

미국 레스토랑업계 권위 잡지인 NRNNation's Restaurant News이 매년마다 핫 콘셉트를 발표하는데, '2003년 핫 콘셉트Hot Concept'로 7개 브랜드를 선정 · 발표했다.

어비스 샌드위치ARBY'S SANDWICH는 핫 어게인Hot Again, 10년 이상된 브랜드 중 성장이 눈에 띄는 업체선정으로 식상한 맛이 있지만 권위 있는 NRN의 선정방침이 편견이나 친분이 있다고 해도 믿을 만한 정보기에 미국 브랜드를 찾는 국내 외식경영자들에게는 사업의 기회를 찾을 수도 있을 것이다.

매년 NRN이 발표하는 레스토랑 브랜드는 아직 잘 알려지지 않은 보석들을 찾아내는 작업으로 업계에서 떠오르는 별을 표적으로 삼고 있다.

1995년에 시작하여 연중 가장 관심의 대상이었던 미국 전역의 레스토랑을 대상으로 삼는다. 미국은 예상 외로 84만개 정도의 레스토랑 대부분의 정보가 노출되어 있으므로 전국적인 시장을 분류하고 분석하는 데 많은 시간이 소요되지 않는 장점이 있다.

신규 브랜드를 런칭하는 업자들의 폭발적인 관심 속에 권위를 더해가고 있는데 NRN 편집진을 포함하여 미국을 대표하는 다중 브랜드 레스토랑의 전설적인 인물 6명의 자문단을 두고 있다.

자문단의 멤버는 래리 레비Larry Levy, The Levy 그룹 회장, 드류 니포렌트Drew Nieporent, Myriad Restaurant Group 회장, 틸먼 퍼티타Tilman Fertitta, Landry's Seafood Restaurants 회장, 리처드 멜먼Richard Melman, Lettuce Entertain You Enterprises 회장, 필립 로마노Philip Romano, Brinker International 사장, 로렌스 민델Laurence Mindel, Il Fornaio식당 회장 등이다.

선정기준은 강력한 콘셉트의 정의, 7년 이하의 브랜드, 접근법이 기발한 아이디어 창출, 3~5개 이상의 점포 운영, 확실한 메뉴, 증명된 기업가정신외식경영자,

강력한 고객 위주의 운영, 신용회사의 증명된 재무상태 보유자 등이다. 또한 기존 유명한 브랜드를 선정하여 핫 어게인Hot Again을 부여하는데, 기준은 10년 이상의 브랜드, 증명된 튼튼한 재무구조, 2자리 이상의 매출 성장을 유지하는 지난 2년간의 증명된 매출 성장세, 체인의 역사와 시장을 압도하는 제품의 출시, 1~2개 이상의 최근 경쟁력 있는 신규 콘셉트의 개발 및 꾸준한 마케팅, 프로모션의 노력 증명, 메뉴개발, 인력관리 프로그램의 발표, e-비즈니스의 연결 등을 보여줘야 한다.

올해 수상 브랜드들은 포고 드 차오Fogo De Chao를 비롯해 치즈케이크 팩토리가 운영하는 그랑 룩스 카페Grand Lux Cafe, 테드 몬타나 그릴Ted's Montana Grill, 레이징 케인스 치킨 핑거Raising Cane's Chicken Fingers, 스모키 본Smokey Bones, 어비스Arby's, 페이웨이Pei Wei이며, 이중 페이웨이는 아시안 음식 패스트 캐주얼 콘셉트로 중국, 일본, 한국, 베트남, 태국음식으로 대단한 인기를 얻고 있으며 유명한 피에프 창스 차이나 비스트로PF Chang's China Bistro가 운영 중이다.

선정 브랜드를 간략하게 소개하면 다음과 같다.

1) Grand Lux Cafe

그랑 룩스 카페Grand Lux Cafe는 업스케일 캐주얼upscale casual 콘셉트로 분류된다.

1995년 핫 콘셉트로 선정된 치즈케이크 팩토리가 운영하고 있는데, 1999년에 설립되었고, 단 3개 점포를 운영하면서 시카고에서 1천 5백만불1백 80억원, 로스앤젤레스 1천 3백만불1백 56억원, 라스베이거스 2천만불2백 40억원이라는 경이적인 매출을 올리고 있다.

2) Fogo De Chao

포고 드 차오Fogo De Chao는 달라스에서 시작하여 현재 7개 점포를 운영 중이다. 미국에 4개 점포, 브라질에 3개를 운영하는 남부브라질 슈라스카리아churrascaria 콘셉트로 무제한 고기공급을 하는 뷔페 스타일이며, 점포당 연간 평균 매출이 1천 2백만불1백 44억원이다.

3) Raising Cane's Chicken Fingers

레이징 케인스 치킨 핑거Raising Cane's Chicken Fingers는 루이지애나에 본부를 둔

퀵 서비스quick service 콘셉트이다. 케인스 소스라는 특유의 소스를 가미한 치킨에 코울슬로와 텍사스식 토스트를 겸해서 팔고 있다. 1996년에 루이지애나 주립 대학에서 사업을 시작하여 12개 점포에 점포별 평균 매출은 연간 1백 70만불20억원이며 지역 상권에서 대단한 호평을 받고 있다.

4) Ted's Montana Grill

테드 몬타나 그릴Ted's Montana Grill은 조지아 애틀랜타에 본부를 두고 있다. 점포당 평균 매출이 2백 50만불30억원인 미국의 전통적인 선술집tavern에 해당하는 콘셉트로 CNN 회장을 지낸 테드 터너가 참여한 레스토랑으로도 유명하다.

6개 점포에 몬타나식 참나무 색상의 전통적인 올드 바를 연상하게 하는 버팔로와 비슷한 콘셉트이다. 들소bison 고기를 요리하는 것이 메뉴의 핵심으로 주변 근로자와 지역 주민의 향수를 달래는 콘셉트로 알려져 있다.

5) Smokey Bones BBQ

스모키 본스 바비큐Smokey Bones BBQ는 플로리다 올란도에서 시작한 바비큐 콘셉트로 다든Darden Restaurant Group이 운영한다.

1999년에 사업을 시작하여 현재 34개 점포를 운영중인 캐주얼 다이닝 콘셉트로 바비큐와 스포츠 콘셉트를 접목했다.

스포츠는 1968년 듀크Duke라는 사람이 로키산맥 파이프라인의 폐자재를 뜯어서 고기를 구워 먹던 것을 상업화한 특이한 맛을 지니고 있으며, 한국의 솥뚜껑 삼겹살과 유사한 탄생배경이 있는 레스토랑이다. 점포당 평균 매출은 3백만불36억원이다.

6) Pei Wei

페이웨이 아시안 디너는 1996년에 핫 콘셉트로 선정된 바 있는 유명한 중국 음식 체인인 피에프 창스 차이나 비스트로PF Chang's China Bistro가 운영 중인 소위 에스닉 푸드Ethnic Foods의 부흥에 힘입은 아시안 요리Asian food 콘셉트로 21개 점포를 운영 중이며 2000년에 설립되었다.

점포당 연평균 2백 20만불26억 4천만원이고 한국음식을 포함하여 중식, 일식, 베트남식, 태국식 등이 주 메뉴이다. 이들 나라의 민족 정통음식인 쌀과 국수의 판매 비율이 높은 편이며 북경과 아시아, 다른 나라에도 진출할 예정이지만 정상 궤도에 더 올라갈 때까지는 서두르지 않는다는 전략이다. 아시아 곳곳에서 편하게 먹던 부모들 세대의 음식을 자식 세대에서 정리하고 대중화시켰다는 사업 취지로 콘셉트를 개발했다.

7) Arby's

어비스Arby's는 잘 알려진 샌드위치 콘셉트로 매년 1개 이상의 구 콘셉트를 핫어게인이라는 제목으로 선정된 케이스이다.

3천 2백개 점포를 운영 중이며 1964년에 설립되었다. 2001년에 마켓 후레쉬 샌드위치Market Fresh Sandwich, 2002년에는 레스토랑 오브 더 퓨처Restaurant of the Future 콘셉트를 만들어 변화를 꾀하는 새로운 도약을 시도 중이다.

Memo

제**4**절

일본
외식산업

발달과정

2000년대 중반 이후 일본 외식업계는 불황이 지속되는 가운데 낮은 가격, 위험부담이 낮은 점포 및 메뉴를 선택하는 경향, 슬로우 접객 서비스를 가리키는 3低 현상의 특징을 보이고 있다. 1970년 1호점을 시작으로 최대 전성기였던 1993년까지 730호점을 냈던 스카이락은 2009년 10월을 끝으로 전 점포의 폐점을 단행한 한편 일부 점포는 스카이락 그룹의 중저가 브랜드인 가스토로 전환 중이다. 최근에 등장한 서서 먹는 회전 스시전문점도 짧은 시간에 보다 저렴하게 즐길 수 있다는 것이 3低 현상의 일면이라 할 수 있다. 또한, 일본의 외식산업도 세계적인 트렌드인 친환경이 보편화되어 있으며 더 나아가 지역의 특산물을 이용한 지산지소를 지향하는 외식점포들이 지역 내 번성점포로 자리 잡고 있다.

일본의 외식산업은 1960년대 말과 1970년대 초에 패스트푸드와 패밀리 레스토랑family restaurant 등 체인조직을 갖춘 새로운 업태의 등장으로 사회적 관심을 끌기 시작했다.

특히 1964년 동경올림픽을 기점으로 발전의 기틀을 다졌으며, 1969년 외국자본의 자유화조치를 거쳐 외식업계는 일대 변혁기를 맞이하였다. 이 시기에는 식생활이 다양화되고 의식이 대중화됨으로써 외식산업도 센트럴 키친central kitchen에 의한 중앙집중식 조리방법과 서비스 방식의 매뉴얼manual화, 프랜차이즈franchise와 같은 새로운 시스템을 도입하게 되었다.

국민소득의 증가에 따른 식생활 패턴의 다양화, 외식의 대중화 현상이 두드러지면서 사회·경제적으로 차지하는 외식의 비중이 증대됨에 따라 외식서비스업계에 새로운 경영방식과 메뉴 개발, 판촉전략, 마케팅 전략, 시장개척, 위생시설에 대한 새로운 관심이 대두되게 되었다.

1970년대에는 KFC, 맥도날드, Mr. 도넛 등 미국의 대형 외식업체의 상륙으로 패스트푸드 산업이 본격적으로 활성화되게 되었다.

1980년대에 들어서면서부터 급속한 성장세를 보였던 외식산업은 프랜차이즈의 가속화와 대기업의 신규진출이 확산되어 외식의 붐이 조성되고 스카이락, 데니스 재팬 등의 대형업체가 상장기업으로 변모하게 되었다.

1980년대에 안정 성장기를 유지하면서 종합물류시스템의 구축, 주방의 자동화, 컴퓨터의 도입 등으로 과학적인 운영방식이 가능해졌으며 이에 따라 인건비, 원가절감, 물류비용 절감 등 현대적 경영방식이 본격적인 궤도에 오르게 되었다.

1990년대 일본 외식업의 특징은 국민식생활 패턴의 변화와 외식수요의 증대, 소비자 라이프스타일의 개별화 추세, 레저패턴의 다양화에 능동적으로 대처하고, 소비자의 욕구를 충족시키기 위한 민속·민족 요리점에 대한 진출과 타 업종과의 복합점포나 공동출점 방식을 도입하게 되었으며 해외시장 진출에 관심을 기울이게 되었다.

┃표 2-4┃ 일본 외식산업의 발전과정

연 대	발전내용	주요업체
1960년대	• 외식업계는 일대변혁기 　- 1969년 외국자본의 자유화조치 • 외식산업의 태동기 　- 1964년 동경올림픽 기점으로 발전	• 로얄1950

1970년대	• 외식산업의 전환기 • 패스트푸드 · 패밀리 레스토랑 활성화 　– 외국 브랜드와의 제휴 확대	• Mr Donuts 더스킨과 제휴[1970] • KFC 삼호와 제휴[1970] • Dunkin Donuts 서무와 제휴[1971] • McDonald 소국그룹과 제휴[1971] • Swift 다니에와 제휴[1972] • Lotteria 설립[1972] • Diary Queen 환홍과 제휴[1973] • Fish & Chips 체인[1977] • Big Boy 체인[1978] • Wendy's 체인[1978] • Burger King 체인[1978]
1980년대	• 외식산업의 성장기 • 프랜차이즈 가속화 및 다점포화 • 과학적 운영방식 도입 　– 종합물류시스템의 구축 　– 주방의 자동화 　– 업장 컴퓨터의 도입 등 • 현대적 경영기법 도입 　– 인건비, 원가절감, 물류비용절감 등	• 외식그룹 태동 　– 1982년 스카이락, 데니스 Japan 동경 증권거래소 상장 　– 1986년 프랜들리 대판증권거래소상장
1990년대	• 외식산업의 해외 진출기 • 타 업종과의 복합점포 및 공동출점방식 도입 • 민속 · 민족 요리점 출현	

2000년대 외식산업은 외식산업체 간의 과열경쟁 양상과 더불어 업태 전환 등도 활발해질 것으로 분석된다. 생활양식의 다양화와 HMR의 침투로 인해 외식과 중식이 합쳐진 형태의 외식산업이 하나의 발전분야로 등장하며, 고령화사회 등으로 간호서비스시대의 요구에 대응한 배식서비스사업도 새로운 비즈니스로 떠오를 것으로 예상된다.

또한 정보화사회가 진행됨에 있어 인터넷을 통한 점포홍보 및 정보제공, 예약, 주문 등이 일상화될 것이며, 외식기업과 생산자, 유통업자 간의 식재에 관한 정보교환과 거래 등 전자상거래가 활발히 진행될 것으로 예상된다. 또한 타 업종과 연계, 외식산업의 많은 점포들을 이용한 정보서비스사업의 전개도 가능할 것이다.

환경을 고려하는 것도 외식산업에서 가장 중요한 과제 중 하나이다. 식품 리사이클이나 쓰레기처리 문제는 이제부터 본격적으로 대책을 찾지 않으면 안 될 것이다. 건강, 안전, 안심을 지향하는 식재 조달과 메뉴개발의 필요성이 점점 높아지고 있다.

2 시장규모와 전망

일본 외식산업은 계속되는 경기불황의 여파로 1997년 이후 2년간 연속하여 마이너스 성장을 기록하였다. 이는 거품경제의 붕괴 이후 시장침체와 더불어 장기 불황에 의한 개인소비의 감소, 회사들의 불경기 등이 외식산업에도 영향을 미치고 있는 것으로 나타났다.

이는 외식산업 시장동향 조사방법에 따라 다소의 차이가 있는데, 대체적으로 외식산업의 시장규모에는 일반음식점 외에 학교, 병원, 오피스 등의 단체급식과 숙박시설, 주점 등도 포함된다.

일반음식점이 주체가 되는 일본 푸드서비스협회JFA에 의한 외식산업 시장동향조사에서는 신규점을 포함하여 산출·발표한다. JFA에 의하면 전체 점포수는 전년에 비해 4.4% 증가하였으며, 점포의 매출액은 전년에 비해 2.3% 증가해 외식시장이 서서히 증가하는 추세를 보이고 있다. 그러나 기존점포를 기준으로 보면 매출액이 전년대비 4.6%, 고객수 2%, 객단가 1.7% 각각 감소하고 있어 각 점포들의 경영상태는 어려운 상황이 계속되고 있다. 즉, 신규점포가 늘어남에 따라 시장규모는 확대되고 있지만, 반면 고객들이 분산되고 경쟁은 더욱 치열해지는 결과는 낳고 있다고 말할 수 있다.

JFA의 조사에 의하면 2000년의 시장동향은 신규점포를 포함해 전체 매출액은 전년대비 2.5% 증가, 점포수는 3.1% 증가해 시장이 확대되고 있다. 특히 시장확대가 눈에 띄는 분야는 일식 패스트푸드인 규동(덮밥)과 면류, 중식 패밀리 레

스토랑, 한식 아끼나꾸, 아자까야, 찻집 등으로 매출액과 더불어 점포수도 대폭 증가했다. 반면 포장스시와 주점 등은 전년에 비해 떨어져 업태와 업종에 따라 동향이 다르게 나타나고 있다.

기존점포를 기준으로 보면 매출은 3.7%, 고객수는 2.8%, 객단가는 0.8%로 각각 전년에 비해 떨어지고 있다. 특히 고객수의 감소는 점포 수 증가에 따른 과열경쟁과 포장이나 배달 등의 급증으로 시장의 구조적 문제점에도 연관되어 있다.

일본의 외식업체 동향을 살펴보면 다음과 같다.

1) 경영효율화와 소프트 투자의 중요성 인식

불경기하에서 디플레가 진행됨에 따라 음식점과 주점은 한 단계 객단가를 낮추어 고객유동을 유지하는 것이 명제가 되었다. 동시에 객단가를 낮추는 속에서 이익을 확보하기 위해 식재의 로스 관리와 효율적으로 식재를 이용한 메뉴 개발과 같은 철저한 코스트 관리와 원가율 삭감이 엄격히 진행되었다.

또한 업태 중 매상고 신장률은 팝, 이사까야와 급식분야만이 전년도에 비해 신장률이 높게 나타나고 있다.

이는 일본의 장기불황 속에서 일반 고객에게 어필하는 점포의 조건은 품질 및 분량에 비해 염가성을 느낄 수 있는 점포상대적인 가치감이 있는 점포, 종합적인 멋을 내는 점포로서 점포와 상품에 통일감이 있는 점포, CVS 이상의 염가와 점포, 메뉴선택에서 즐거움을 주는 점포, 공을 들여서 세밀하게 조리하는 점포 등이다. 이것은 단일업체 전국체인의 쇠퇴현상과 중견 체인의 특화메뉴 기업이 일본 고객에게 선호되고 있음을 보여주는 것이다.

2) 외식 비즈니스의 대형 점포화에 따른 기업화

일본의 승리자에 속하는 음식경영자들은 경영합리화와 경제적이고 효율적인 효과를 최대한 끌어내기 위해 점포 대형화나 기업적인 시스템화를 적극적으로 추진해 가게 되었다. 그 결과 레스토랑을 사례로 보면 1점포를 전개하는 것이 아니라 수십에서 많을 때는 수백 점포 단위로 직영점을 경영하게 되었다.

3) 저가격 외식전문점 부상

패밀리 레스토랑, 파스타 점포 등 저가격 전문점이 부상하고 있다. 이 분야에서 가장 인기 있는 체인은 사이제리아, 카푸리초-자, 산마르크, 바이얀 순이며, 이탈리안, 중화식 등을 최저단가로 식사할 수 있는 것이 특색이다.

이들 점포는 패밀리 레스토랑이면서도 디너식사를 두 사람이 약 2,600엔 정도로 즐길 수 있는 파격적인 가격을 채택하고 있고 이러한 가격다운을 사업전략의 수정과 계속적인 합리화 정책으로 추진하고 있다.

또 하나의 특색은 다른 점포와 다른 맛의 추구이다. 즉 '염가+새로운 맛의 추구'가 성공의 기본전략으로 보인다.

4) 'Food 이사까야'라는 새로운 콘셉트 등장

최근 제3의 전성기를 맞이한 이사까야는 Food 이사까야라는 전혀 새로운 콘셉트로 외식업계에 등장하고 있다.

인기 있는 백목옥柏木屋, 화민化民, 감태랑甘太郎 등은 메뉴가 풍부하고 보통 150~200 종류의 메뉴를 구비, 계절적으로 순환 운영한다 전체 메뉴의 90%가 390엔 이하로 운영된다. 이제부터 이러한 이사까야는 어린이를 동반할 수 있는 장소로 변모하고 있다.

5) 외식 비즈니스의 산업화와 노하우 비즈니스의 성장

외식 비즈니스가 산업화되어감에 따라 근대적인 경영을 지원하기 위한 여러 하드시스템과 노하우 비즈니스를 제공하는 주변기업을 탄생시켰다.

일본에서는 한 음식점이 업태피로를 느낄 때까지 약 5년이라는 이야기가 있다. 5년이 지나면 전년비율을 넘는 것이 어려워지는 것이다. 이러한 음식기업을 대상으로 새로운 업태개발을 제안하는 소프트회사가 1기업에 연간 2백 점포 이상 개발을 하고 있다.

예를 들어 회전초밥집을 지탱하는 컨베어시스템 제조회사는 다만 하드를 판매 설치하는 것이 아니라 그 운영에 필요한 과학적 오토메이션 비즈니스automation business의 노하우를 동시에 제공하고 있다. 그리고 초밥로봇 등 여러 가지 관련 기술도 개발하여 상품화하고 있다.

현장책임자나 종업원을 교육하는 음식업에 특화한 호스피탈리티 컨설팅 hospitality consulting 회사가 더욱 많은 기업의 요청을 받아 인재개발을 하고 있다.

휴대전화의 인터넷기능을 이용해 음식점정보검색시스템을 제공하는 회사는 할인쿠폰과 같은 부가가치를 붙이는 것으로 음식점 프로모션을 돕고 있다.

3 소비동향

1) 저단가 지향과 양분화 현상

고용불안과 소득의 감소 등으로 소비성향은 여전히 얼어붙고 있어 외식의 객단가도 계속 하락하고 있는 추세이다. 이는 소비자가 불필요한 소비는 하지 않는 절약지향성이 강하게 나타나고 있는데서 찾을 수 있다. 반액세일, 할인, 쿠폰 등에 민감하여 이러한 판촉시에는 일시적으로 매출액이 상승하고 있는 것을 볼 수 있다.

또한 점심 값을 절약하기 위해 식당에 가서 먹지 않고 도시락을 구입하는 사람이 늘어나고 있다. 그러나 모든 사람들이 일률적으로 저단가를 지향하는 것은 아니다. 그 중에는 값은 비싸지만 고급스러운 분위기와 격조 있는 식당을 선호하는 고객들도 있어 외식 소비성향은 양분화의 현상을 보이고 있다.

2) 전문 메뉴 특화

종합적인 패밀리 레스토랑보다 전문적인 메뉴로 특화시킨 패밀리 레스토랑으로의 변화가 눈에 띄며 이탈리안, 중화, 야끼니꾸 등의 전문 패밀리 레스토랑은 수요가 증가될 것으로 예상되어 신규점포가 늘고 있다. 이는 새로운 업태개발이 활발히 이뤄져 다종다양한 점포들이 생겨남에 따라 소비자들의 선택의 폭이 넓어졌으며, 식문화에 대한 의식을 높이는 결과를 가져오게 되었다.

또한 많은 사람들이 해외여행 경험을 갖고 있어 타국의 음식에 대한 위화감이 없어짐으로 인해 최근에는 동남아시아에 이어 한국요리가 붐을 일으키고 있기도 하다.

3) 포장식과 배달의 이용증대

생활방식의 변화에 의해 포장이나 배달의 이용도가 높아지고 있다. 패밀리 레스토랑의 포장메뉴개발, 일류 레스토랑이나 백화점의 식품부에서도 포장식을 준비하는 등 상품의 질이 업그레이드되고 있는 것도 소비자들의 구매욕구를 불러일으키는 주원인의 하나이다.

배달음식도 예전의 피자, 스시, 도시락점 외에 패밀리 레스토랑과 햄버거점도 본격적으로 시작하고 있다. 이러한 시장의 경향을 인식, 외식기업들은 점포에 찾아오는 고객들뿐만 아니라 점포 외 판매형태인 포장식과 배달식에서의 매출을 증대시키기 위해 노력하고 있다.

실전외식사업경영론

FOOD

SERVICE

MANAGEMENT

우리나라
외식산업 현황

 학습목표

1. 우리나라 외식산업의 업종별 현황에
   대하여 알아보자

2. 우리나라 외식산업의 업태별 현황에
   대하여 알아보자

3. 외식업체의 아웃소싱 현황에 대하여
   알아보자

4. 외식트랜드에 대하여 알아보자

제**1**절

외식브랜드별 현황 및 전망

① 우리나라 외식산업 현황

지난 1953년 우리나라의 1인당 국민소득은 67달러로 세계에서 몇 안 되는 극빈국 중 하나였다. 50여년이 지난 지금 우리나라의 1인당 국민소득은 1만6291달러로 무려 243배 증가했다. 가계지출의 유형도 크게 변해 지난 1960년대에는 전체 수입 중 식료품비가 차지하는 비중이 61.3%였으나 2005년 26.6%로 크게 줄어든 반면 교육비는 4.8%에서 11.6%로, 교통·통신비와 여가비 비중 역시 5배가 증가하는 등 경제적 측면의 놀라운 상승세를 보이고 있다.

경제적 측면의 상승은 곧 소득의 증가를 말해주고 있다. 2005년 근로자 가구의 월 평균 소득은 325만원으로 지난 1963년 5990원보다 543배가 늘었으며 40여 년 간 물가는 28배가 증가한 것으로 나타났다.

우리나라의 경제규모 역시 놀라운 성장을 가져와 1948년 연간 수출액 2200만 달러에서 2005년 2844억2000만 달러로 무려 1만2928배가 늘어났으며 수출·입 대상국은 각각 59개국에서 227개국으로, 50개국에서 222개 국으로 늘어나 전 세계 대부분의 국가와 교역을 하고 있으며 세계 10대 경제대국으로 성장했다.

세계 10위권의 경제대국으로 성장한 우리나라는 세계에서도 그 유례를 찾을 수 없는 고도성장

의 신화를 만들어 냈다. 따라서 경제적·사회적 변화만큼이나 외식업계의 환경
도 크게 달라졌다. 광복과 한국전쟁 이후 헐벗고 굶주렸던 시절의 외식소비자
의 트렌드는 '무조건 양만 많으면 된다.'는 식이었다. 그러나 1980년 이후 놀라
운 경제성장의 이면에서는 '양보다는 질, 그리고 분위기'를 찾기 시작했다.

2000년대 이후에는 '맛과 서비스, 그리고 시설과 분위기'는 당연시되고 있으
며 최근에는 여기에 '싸고 푸짐하게'는 기본이고 '건강식well-being'이라는 새로운
트렌드까지 가세하고 있다. 세월이 갈수록 외식업은 소비자들의 까다로운 욕
구를 따라가기도 힘겨운 반면 경영측면에서는 무섭게 상승하는 원가와 구인난,
그리고 시시각각 변모하는 경영환경으로 갈수록 힘들어지고 있다.

1) 패밀리 레스토랑 업계

패밀리 레스토랑 업계는 지난해 전반적인 경기침체에도 불구하고 점포확장
및 가격할인 경쟁을 해왔다. T.G.I.프라이데이스는 일부 메뉴의 가격을 최고
40%까지 인하, 아웃백스테이크하우스가 5년전 파격적인 가격인하, 베니건스는
2003년 두 차례에 걸쳐 베스트 메뉴에 대한 50% 할인, 카후나빌도 인기메뉴를
30%할인 및 이동통신카드 제휴에 따른 가격할인이 20~30% 내외 제공되고 있
다. 이러한 이동통신카드 제휴할인은 2004년 번호이동사업에 따라 더욱 가속화
될 것으로 예측되고 있다. 이와 더불어 가격할인과 더불어 신규점포에 더욱 공
격적인 성향을 나타냈다. 아웃백스테이크하우스 10개, T.G.I.프라이데이스 5개,
빕스 5개, 베니건스 4개, 까르네스테이션 3개, 그리고 토니로마스와 시즐러가
각각 1개의 신규점포를 오픈하면서 사세 확장에 주력했다. 반면 마르쉐는 지난
해 3개를 폐점하기도 했다. 또한 워크아웃 상태에 있던 코코스는 법원의 파산선
고에 따라 지난달 12일부터 전 매장의 영업을 중단하는 상황에 처하기도 했다.
이러한 상황하에서도 패밀리 레스토랑들은 다른 해에 비해서 매우 미비하지만
10% 전후의 성장세를 나타냈다고 발표하고 있다. 그러나 이는 신규오픈 점포의
추가 매출을 포함한 수치로 기존 동일 매장만을 기준으로 했을 때는 대부분의
업체들이 마이너스 성장으로 판단된다.

2004년도 패밀리 레스토랑의 전망은 심화된 경쟁 속에서 새로운 패밀리 레스
토랑 신규브랜드의 참여가 지속적으로 이루어질 것이다. CJ푸드빌이 지난 10월

초 한식 패밀리 레스토랑을 개발해 '한쿡'이라는 브랜드로 1호점을 오픈했다. 또 그동안 다각도로 외식업 진출을 모색해온 현대종합상사(주)가 지난달 자체 콘셉트개발 과정을 거쳐 스시&롤 전문점 '미요젠'을 압구정동에, 하우스맥주점 '미요센'을 강남역 인근에 오픈했다. 이에 국내 패밀리 레스토랑 업계는 런칭된 브랜드들의 시장적응 및 사업확대, 신규브랜드 런칭으로 새바람이 불 것으로 기대되고 있다. 또한 신규브랜드를 대응하는 기존점포의 대응전략으로 공격적 점포 전개 또한 2004년에도 지속적으로 이루어질 것으로 예상된다. 특히 아웃백스테이크하우스는 올해 17개의 신규점 오픈으로 50호점 운영을 목표로 하고 있으며 뒤를 이은 T.G.I.프라이데이스 역시 10개의 신규점 오픈 계획을 세우고 있다. 이 밖에 빕스 5개, 까르네스테이션 3개, 그리고 나머지 업체들 역시 경기 상황에 따라 1~2개의 점포 출점을 준비하고 있다. 아웃백스테이크하우스와 T.G.I.프라이데이스 등이 그 어느 때보다 공격적인 점포 전개에 총력을 기울이는 반면 베니건스, 마르쉐 등은 무리한 출점 대신 내실 다지기에 주력한다는 상반된 입장을 내세우고 있다. 일부 업체들은 불황에 힘겨웠던 2003년을 거울 삼아 2004년의 목표를 외부적인 확장보다는 푸드퀄리티 제고, 콘셉트 바로잡기 등 내실 다지기에 주력한다는 계획을 세우고 있지만 가속화된 가격할인 정책이 멈추어지기는 힘들 것으로 예상되고 있다.

(1) CRM Customer Relationship Management 통한 외식업계 동향

CRM의 개념에 대해서 아직까지 의견이 분분하다. 몇 가지 정의를 보면 다음과 같다.

- CRM 솔루션이란 고객과 관련한 기업의 내외부 자료를 분석, 통합하고 고객 특성에 기초한 마케팅활동을 수립할 수 있도록 지원하는 시스템이다.
- CRM은 고객에 대한 정확한 이해를 바탕으로 고객이 원하는 제품과 서비스를 지속적으로 제공함으로써 고객을 오래 유지시키고 결과적으로 고객 평생가치를 극대화, 수익성을 높일 수 있는 통합된 고객관리 프로세스이다.
- 고객성향분석을 기반으로 하는 데이터베이스 마케팅, 타깃 마케팅, 원투원 마케팅의 실현 및 고객과의 접점이 되는 모든 채널인터넷, 콜센터, 모바일을 통합

해 기업 내부의 고객접점 조직인 세일즈, 서비스, 마케팅 부서의 고객 데이터 및 프로세스의 통합을 통해 고객정보에 대한 인텔리전화를 실현하고 고객 접점 채널의 일체와, 100% 인터넷컴퓨팅 환경을 제공하는 포괄적인 개념의 솔루션이다.

올바른 CRM의 구현을 위해서는 기본적으로 고객 데이터베이스가 통합되어 있어야 하며, 정제된 데이터 관리가 필요하다. CRM의 가장 큰 기대효과는 기업 전반에 분산되어 있는 고객정보를 통합해 관리함으로써 고객의 관점에서 비즈니스를 리드할 수 있다는 것이다.

제품 및 서비스를 구매한 고객은 해당 기업에 대해 세일즈맨이든, 콜센터 직원이든, 서비스 엔지니어든 동일한 하나의 회사로 간주한다. 기업 내부에서 해당 조직별로 분산되어 있는 고객 테이터를 통합, 단일 고객에 대해서는 동일한 시각으로 관리할 수 있으며, 기업 내부 오퍼레이션 측면에서도 시간 및 비용 절감

||표 3-1|| 국내 주요 패밀리 레스토랑 업체 매출현황

회사명	브랜드명	매출액(억 원)			매출증감률(%)		점포수(개소)			
		2009	2010	2011	09vs10	10vs11	2009	2010	2011	2012
(주)이랜드월드	애슐리	1020	2140	2424	109.8	13.3	59	93	105	121
아웃백스테이크하우스코리아	아웃백스테이크하우스	2750	2830	3300	2.9	16.6	102	103	103	106
CJ푸드빌(주)	빕스	2800	2920	3200	4.3	9.6	74	72	76	84
(주)카페베네	블랙스미스	–	–	–	–	–	–	–	2	75
롯데리아(주)	T.G.I.F	630	635	740	0.8	16.5	26	34	37	41
(주)바른손	베니건스	757	–	–	–	–	26	19	24	26
(주)삼양사	세븐스프링스	223	270	330	21.1	22.2	12	12	16	19

* 자료 : 2013. 한국외식연감.

효과를 가져온다. 고객의 특성에 맞는 차별화된 세일즈, 마케팅 및 서비스를 제공함으로써 보다 더 높은 수익을 창출할 수 있다. 보다 빠른 전달, 보다 정확한 수요예측과 생산계획 반영, 세일즈 사이클 단축 및 영업비용 절감 효과 등 고객 정보를 바탕으로 한 기업 내부조직의 효율성을 높일 수 있다. 궁극적으로 지속적인 순익 증대 및 매출성장의 효과를 달성할 수 있는 것으로 기대된다.

(2) 뉴 트렌드 웰빙

물질적인 만족보다 정신적인 만족을 추구하는 새로운 트렌드인 '웰빙Well Being'이 새로운 문화코드로 자리잡고 있다. 최근 소비 양극화 현상이 심화되면서 중산층·고학력층을 중심으로 웰빙Well-Being 생활방식이 제안되고 있는 가운데 웰빙을 소재로 한 전문숍이 새로운 트렌드를 형성하며 사회문화 전반을 변화시키고 있다. 일반적으로 웰빙은 10여 년 전 미국에서부터 하나의 생활방식으로 간주되기 시작한 개념이다. 특히 뉴욕에서 '요가와 자연을 즐기는 세련된 젊은층'이라는 이미지로 확산됐다.

국내에서는 지난 1997년 자연주의화장품 '아베다'의 수입·판매가 이뤄지면서 웰빙 용어가 처음 사용됐으며, 2000년 이후 '뷰티&헬스'가 현대인의 라이프코드로 제시되면서 본격적인 논의가 이뤄졌다.

지난해부터는 화장품·에스테틱·향·스파·식품·의류 등 '뷰티&헬스' 상품 전반에 대한 관심이 부쩍 늘고 관련 아이템 출시경쟁이 심화되면서 자연스럽게 웰빙이라는 용어가 급속히 산업 전반에 확산되고 있으며, '뷰티&헬스' 산업이 '웰빙산업'으로 전환되고 있는 추세다.

현재 웰빙 개념은 '웰니스Wellness'와 '웰루킹Well-looking'과 동일한 맥락으로 이해되거나 진화되고 있다. 웰빙 바람이 가장 거센 곳은 식품업계. '감자면', '보리라면', '현미라면' 등 라면 한 봉지에도 건강과 효능을 고려한 제품들이 큰 인기를 얻고 있다. '검은 콩'우유에서 촉발된 검은 바람은 유업계에도 새바람을 불어넣으면서 업계 전반의 매출을 끌어 올리고 있다.

외식업계가 웰빙 트렌드에 맞춰 잇따라 출시한 웰빙 메뉴들이 건강 중시 소비자 기호와 맞아 떨어지면서 매출이 20% 정도 오르는 등 광우병·조류독감 여파를 극복하고자 하고 있다.

TGIF는 해산물을 주재료로 한 신메뉴 4종을 출시했다. 신메뉴들은 왕새우, 로브스터, 도미살 등 고급 해산물요리로 이뤄져 재료 선정뿐 아니라 요리법까지 건강식에 초점을 맞췄다. 특히 기름에 튀기는 방법을 지양하고 올리브 오일 등에 가볍게 굽는 방식을 택했다. TGIF의 대반격에 경쟁업체들은 여유로운 모습이다. 웰빙 메뉴를 일찍 선보인만큼 시장을 선점하고 있다고 판단하기 때문이다. 하지만 신제품은 꾸준히 개발하고 있다. 빕스는 최근 유채나물, 돌나물 등 봄철 채소와 과일 등을 추가, 샐러드 바를 강화했으며 킹크랩을 대표로 하는 시푸드 메뉴로 고객들의 입맛을 사로잡고 있다. 마르쉐는 오는 3월부터 유기농과 친환경 기법으로 재배한 20여종의 일품 샐러드를 내놓고 가격 접근성을 높이기 위해 접시당 판매에서 100g당 판매로 판매방식을 변경했다. 베니건스도 지난 2002년부터 건강식을 선보인 여세를 몰아 시푸드를 주재료로 한 신메뉴를 3월쯤에 선보일 계획이다. 토니로마스는 대다수 외식업체들이 시푸드 메뉴를 강화한 것과는 달리 돼지고기로 승부하면서 오징어 등 해산물과 건강음료로 웰빙족을 공략하고 있다. 시푸드, 돼지고기, 건강음료, 유기농 샐러드 등 업체들의 건강 메뉴 개발 붐으로 '웰빙 지존'을 향한 업체 간 경쟁은 더욱 뜨거워질 전망이어서 소비자들은 몸에 좋은 건강식을 폭넓게 즐길 수 있게 됐다.

하지만 갈수록 비대해지는 웰빙산업에 대한 우려의 목소리가 높다. 육체적, 정신적인 조화를 통해 잘먹고 잘사는 웰빙의 본래 의미는 간데 없고, 귀족주의 혹은 사치생활을 부추기는 상업적 마케팅만 판을 치고 있다는 지적이다. 이른바 웰빙산업계는 웰빙상품에 대한 잠재 소비자를 서울 강남지역의 20~30대 전문직 종사자 10만명 정도로 추정하고 이들에 대한 마케팅을 강화하고 있다.

2) 패스트푸드 업계

1980년대 이후 20여 년 동안 고속성장을 유지하던 패스트푸드 업계는 고객의 인식변화와 사회적 변화의 영향으로 저속성장에서 마이너스 성장세로 접어들었다. 2003년의 화두인 건강과 웰빙문화의 영향으로 패스트푸드업체들의 출점과 매출 모두 전년대비 마이너스 경영이었다. 업계의 관계자들은 매출이 한 자릿수 이내로 소폭 감소했다고 하고 있지만 일부 관계자들은 -15%로 하락폭을 이야기하면서 점포당 매출액의 하락폭은 더욱 큰 것으로 이야기

하고 있다. 이러한 시장 속에서 패스트푸드에 대한 부정적 인식을 타파하고 프리미엄급 제품으로 메뉴 라인에 변화를 꾀하고 있으며 다양한 슬로건을 앞세운 이미지 캠페인으로 고객을 사로잡기 위한 홍보전략이 다양하게 수행되고 있다. 롯데리아, 맥도날드, KFC는 '엑스-라이브X-Live, '아임 러빙잇I'm Lovin' it, 리얼 푸드 Real Food'라는 슬로건으로 패스트푸드에 대한 부정적 이미지를 상쇄하고 새로운 이미지를 위한 마케팅 전략에 주력했다.

특히 패스트푸드 업계는 '정크푸드'의 대명사라는 불명예를 벗을 수 있을 만한 참신한 메뉴들을 선보이며 만회의 노력을 다했다. 밀가루 대신 호밀로 만든 롯데리아의 '호밀빵새우버거', 양상추·피클·양파·토마토 등 야채를 풍부하게 넣은 맥도날드의 '맥휘스트'맥도날드, 통고구마를 으깬 후 옥수수와 마요네즈로 버무린 KFC '고구마샐러드'KFC, 신선한 닭가슴살을 유지방 없는 우유에 24시간 동안 재운 뒤 허브를 입힌 파파이스의 '러브미텐더', 각종 야채에 게맛살을 넣은 버거킹의' 크라비아샐러드 등이 단조로운 패스트푸드 메뉴 라인에 변화를 일으키며 호응을 얻었다. 이러한 패스트푸드의 건강식, 프리미엄 제품 등 메뉴 라인의 대변혁을 이룬 한 해였다. 2004년에도 경쟁 브랜드와의 차별화를 위한 새로운 서비스 도입, 사회적 이슈 창출 등 새롭고 긍정적인 이미지를 쌓아가기 위한 노력을 가속화할 것으로 보인다. 하지만 이러한 노력에도 불구하고 둔화된 성장세를 다시 돌리기는 어려울 것으로 예측되어 매출은 전년 수준에서 머물거나 마이너스를 기록할 것으로 감안할 때 패스트푸드 업계의 전망이 그리 밝지 못하다.

┃표 3-2┃   패스트푸드의 매출액 및 매장변화 추이

브랜드명	회사명	매출액(억 원)			증가율(%)		점포 수(개소)		
		2009	2010	2011	09vs10	10vs11	2009	2010	2011
롯데리아	롯데리아	4,148	5,600	6,720	35.1	20.0	797	890	990
한국맥도날드	맥도날드	3,320	2,933	4,500	−11.7	53.4	239	240	250
두산 SRS코리아	KFC	1,142	1,243	1,270	8.8	2.2	140	140	143
보고제이 호펀드	버거킹	1,094	1,200	1,300	9.7	5.3	102	113	119

자료 : 2013, 한국외식 연감

3) 피자업계

극심한 경기침체의 분위기 속에 피자시장은 배달시장 확대와 프리미엄 제품의 선전에 힘입어 2002년에 이어 2003년에도 지속적인 성장세를 보였다. 프리미엄급 재료와 건강식재를 활용한 독특한 메뉴를 출시하면서 새로운 틈새시장 공략에 힘쓰고 있다. 피자배달시장 또한 지속적인 성장을 거듭하며 이에 따른 업계의 배달고객 유치도 활발히 진행됐던 한 해였다. 피자시장의 2004년은 2003년과 마찬가지로 배달시장의 지속적인 성장에 따라 배달고객을 유치하기 위한 경쟁이 치열할 것으로 예측된다.

건강식재를 활용한 메뉴와 프리미엄급 피자의 출시가 잇따랐던 2003년에는 피자헛의 리치골드 시리즈와 도미노피자의 더블크러스트, 미스터피자의 페타 레인보우 등의 프리미엄 신제품을 출시하면서 건강지향적이고 고급화되는 고객을 잡기 위한 R&D 부분의 강화가 지속적으로 이루어졌으며 이러한 현상은 2004년에도 사회 전반에 이슈화되는 건강바람과 웰빙 트렌드의 영향으로 지속적으로 이루어질 것으로 예측되며 프리미엄 제품의 출시는 계속될 것으로 전망된다.

피자업계의 배달시장은 다이닝과 배달비율이 6:4 정도를 유지하던 2003년도에 비해 2004년도에는 눈에 띄게 성장, 대략 5.5:4.5의 비율을 보이며 전체 배달시장의 규모가 10% 이상 늘어난 것으로 예측되고 있다. 더욱이 패밀리 레스토랑의 가격할인 경쟁은 기존 피자 레스토랑 고객의 발길까지 끌어들여 피자시장이 레스토랑보다는 배달쪽으로 기우는 현상은 더욱 가속화될 것이라는 전망이다. 이로써 배달고객을 유치하기 위한 업계 간의 경쟁 또한 치열해지고 있다.

콜센터를 통한 단일번호 서비스가 강화되고 있다. 반면 콜센터 구축에 따른 자금력을 보유하지 못한 중소 브랜드는 빅 브랜드의 공격적 마케팅으로 기를 펴지 못한 채 무절제한 가격경쟁에만 의존하는 상황을 낳고 있다. 여기에 배달 인력난까지 가세, 충분한 인지도를 확보하지 못한 브랜드는 생존의 어려움을 겪으면서 더욱 더 힘겨운 한 해가 될 것이다. 빅 브랜드의 공격적인 마케팅으로 고객유치에 주력하면서 서울을 벗어나 수도권 및 지방매장 출점에 박차를 가할 계획이다.

| 표 3-3 | 피자업계의 매출액 및 매장변화 추이

회사명	브랜드명	매출액(억 원)			매출증감률(%)		점포수(개소)		
		2009	2010	2011	09vs10	10vs11	2009	2010	2011
MPK그룹	미스터피자	4,900	5,200	(5,522)	· 6.1	6.2	373	385	409
한국피자헛	피자헛	4,800	(4,967)	(5,141)	(16)	(16.58)	310	310	310
한국도미노피자	도미노피자	980	1,087	1,139	10.9	4.8	330	346	358
에땅	피자에땅	600	900	1,000	50	11.1	320	331	334
한국파파존슨	파파존스	350	316	250	−9.7	−20.9	63	(55)	42

* 자료 : 2013. 한국외식연감

4) 단체급식 업계

지난해 교육부로부터 오는 2007년까지 위탁급식을 하고 있는 중고등학교의 92%를 직영화로 전환시키겠다는 발표가 나온 후 급식업계는 초비상상태이다. 강제사항이 아니라 학교장이 선택하도록 하고 있어 위탁급식이 살 수 있는 길을 열어놓았다는 의견이 지배적이다. 따라서 위탁급식업체들은 올해 위탁의 장점을 살리는 데 주력할 방침이어서 난립되어 있는 위탁급식업체들이 어느 정도 정화되는 계기가 될 것으로 예측되고 있다.

불경기가 장기전이 될 우려를 보이고 있는 가운데 위탁급식업계는 매출증대를 위한 대책수립에 총력을 기울이고 있다. 타 외식업계에 비해서 고속성장세를 유지하고 있는 위탁급식업계는 아워홈이 전년 대비 37.5% 4천4백억원, 신세계푸드시스템은 34.3% 2천2백2억원 등으로 높은 고속성장을 보이고 있으며, CJ 푸드시스템의 경우는 대대적인 구조조정으로 매출성장을 이룩하지 못하였지만 외형성장보다 수익위주의 경영을 주도하였다.

전반적인 경기 불황이 예고되는 2004년 위탁급식업계는 경비절감과 수익경영을 도모하면서 공격적 경영을 위하여 신규사업 개발이 활성화될 것으로 전망된다. 이를 위해 중소업체들은 기존의 급식점포들을 잘 운영해 재계약을 성사시키는 것과 틈새시장의 신규점포 개발 등으로 규모를 확대하는 데 주력할 것으로 보이며, 대기업의 경우 다양한 인프라를 활용해 식재와 외식사업 확장 등 신규사업에 핵심역량을 집중시킬 것으로 전망된다.

| Chapter 03 |

회사명	매출액(억 원)			매출증감률(%)	
	2009	2010	2011	09vs10	10vs11
(주)아워홈	10,110	11,247	12,400	31	19.8
CJ프레시웨이(주)	7,422	9,439	15,227	27.2	61.3
삼성에버랜드(주)	7,500	9,152	10,880	22	18.9
신세계푸드(주)	4,958	6,186	6,982	24.8	12.9
(주)현대그린푸드	2,945	3,949	7,955	34.1	101.1
한화호텔앤드리조트	4,888	7,110	9,110	45.5	28.1
아라코(주)	1,194	1,024	933	−14.2	−8.9

▌표 3-4▌ 단체급식업계의 매출액 및 매장변화 추이

* 자료 : 2013. 한국외식연감

특히 여성의 사회진출 등 식생활 패턴의 변화로 인해 백화점이나 할인마트 식당가에서 활성화되고 있는 가정대용식HMR에 대한 관심이 고조되는 현상을 보이고 있다. 한편, 2003년 인수합병의 움직임이 2004년에도 더욱 더 구체적으로 진행되어 업계 구도에 큰 변화가 예측되고 있다.

5) 에스프레소 커피

지난해와 마찬가지로 대규모 점포 출점에 박차를 가하며 매출 성장을 꾀한 에스프레소 커피 업계는 각 업체별 차별화된 메뉴, 매장 환경, 서비스 등으로 브랜드 인지도 제고에 중점을 두었다. 또한 지난해에 이어 웰빙 트렌드가 지속됨에 따라 커피음료 외에 생과일 주스 등의 음료류와 샌드위치 같은 사이드메뉴를 강화하고 서적, 음반 등을 갖춘 쾌적한 실내 환경을 조성, 복합 문화공간으로 변신을 꾀하고 있다.

(1) 스타벅스

스타벅스는 2006년 상반기 124개 매장에서 600억원의 매출을 기록, 전년 동기 대비 20%의 매출성장을 나타냈다. 이는 지난해 45%의 성장률을 보인 것에 비해 25% 정도 감소한 수치이며 동일 점포대비 평균 30~40% 정도의 매출성장률을 나타냈다.

음료매출이 전체매출의 80%를 차지하는 스타벅스는 올 상반기 바나나크림 프라푸치노, 자바칩 등 총 7종의 신메뉴를 선보였다. 이중 5종은 커피 메뉴, 2종은 음료 메뉴로 주로 커피 메뉴군에서 벗어나지 않는 방향으로 출시됐다.

프로모션 전략으로는 이번 달까지 매주 금요일마다 신메뉴를 테스트해 볼 수 있는 '샘플링 프라이데이Sampling Friday'를 실시해 새로운 메뉴에 대한 저항감을 줄이는 동시에 고객 호응도를 높이는 결과를 낳고 있다. 더불어 문화 마케팅의 일환으로 매장·지역별 특성에 맞게 뮤지컬·전시회·콘서트 등의 문화공연 제휴 마케팅을 펼쳤다.

지난 6월에는 9만원 이상 스타벅스 선물세트를 구매하는 고객에 한해 뮤지컬 '미스사이공' 공연티켓을 증정하는 행사를 진행했으며, 지속적으로 각종 문화 공연 행사와 제휴를 진행할 예정이다.

또한 지속적인 신메뉴 출시, 신규매장 출점을 병행할 예정이다. 한편 방문 고객 패턴이 3~5명의 그룹에서 1~2명의 개인 혹은 소단위 그룹으로 전환, 커피 맛을 즐기러 오는 고객수도 점차 늘어난 점을 고려해 커피 품질과 매장 환경을 좀 더 편안하게 개선해 나갈 계획이다.

(2) 할리스

70개 매장에서 156억원 정도의 매출을 달성한 할리스는 2006년 300억원의 연매출, 100개 매장 오픈 목표를 갖고 있다. 주목할 만한 점은 전년 동기 대비 290% 정도 매출 성장을 이뤄 업계 3위로 우뚝 올라선 것이다.

할리스는 올 상반기 지난해 초부터 실시해 온 '신선한 커피' 캠페인으로 고객 신뢰도를 높이고 지속적인 서비스 교육을 실시했으며 한국일보에서 주관한 커피 업체부문 '서비스 만족 대상'을 2회 연속 수상하는 등 브랜드 인지도 확보에 주력했다. 신선한 커피 캠페인은 직접 로스팅한 제품을 매장에서 판매할 시에 포장 겉면에 로스팅 일자를 적어 매장 내에 적어 놓은 일자와 비교할 수 있도록 공개했다.

올해 4월 제4차 캠페인 당시 고객 설문 조사에서 할리스를 방문하는 이유에 대해 ① 접근성, ② 신선함, ③ 가격, ④ 바리스타의 외모 중 60% 정도가 신선함 이라고 응답해 캠페인 진행의 가시적인 성과를 얻기도 했다.

메뉴 개발 부분에서도 커피음료뿐만 아니라 계절성·건강을 가미한 음료 개발에도 박차를 가했다. 커피 음료와 기타 음료의 매출은 50:50 정도로 거의 반 반씩 차지하고 있으며 2004년에 개발한 아이요떼Iyote는 요거트를 베이스로 과일 퓨레를 첨가, 지난해 여름 리뉴얼해 출시한 이후 올해 상반기 역시 20% 정도의 매출을 차지했다. 한편, 신규고객 유입을 활성화하기 위해 G마켓과 함께 이벤트를 실시하는 등 적극적인 판촉 전략을 지속할 전망이다.

|표 3-5| 커피업계의 매출액 및 매장변화 추이

회사명	브랜드명	매출액(억 원)			매출증감률(%)		점포수(개소)		
		2009	2010	2011	09vs10	10vs11	2009	2010	2011
㈜스타벅스코리아	스타벅스	2,040	2,400	2,982	17.6	24.3	316	322	395
㈜카페베네	카페베네	233	1,010	1,675	352.9	65.8	105	450	735
㈜커피빈코리아	커피빈	1,112	1,267	1,338	13.9	5.6	190	208	252
㈜할리스F&B	할리스	873	1,082	277	23.9	−46.7	218	248	366
㈜커핀그루나루	커핀그루나루	−	184	231	−	25.5	−	−	106

* 자료 : 2013. 한국외식연감

(3) 파스쿠치

2005년 명동점 오픈으로 스포트라이트를 받았던 파스쿠치는 지난해 상반기 17개 매장에서 올해 상반기 26개 매장으로 9개 매장이 늘어났다. 또한 매출성장률이 좋은 오피스가 지역 매장에서는 20~30%의 매출 성장을 나타내기도 했다.

파스쿠치는 함께 운영하던 아멜리에가 올해 봄 ㈜파리크라상의 신규사업군으로 이동됨에 따라 독립적인 사업전개를 실시하게 되었으며 차별화된 브랜드력 강화를 위해 메뉴의 고급화 및 다양화를 추진했다.

'얼음을 부수다'라는 뜻의 그라니따Granita 메뉴군을 강화하기 위해 기존에 있던 딸기·키위·그린티·카라멜 그라니따에 홍시·체리 그라니따를 추가했으며 자몽에이드, 키위바나나 주스 등 여름철 음료를 보강했다.

사이드 메뉴는 프리미엄 식재를 사용해 한층 업그레이드시켰다. 기존 샌드위치에 사용되던 식빵을 리나스, 타마티와 같은 콘셉트의 포카차·자파타·비엔누아 등 고품질의 빵으로 대체한 것이 그 예다. 더불어 신메뉴를 출시할 때는 전 매장에서 테스트를 거치는 등 신중하게 진행했다.

점포 확장에 있어서는 홍보 효과를 노린 전략적 매장인 명동점을 통해 인지도를 쌓아 역세권 외에도 지방 주요 도시지역 출점도 본격적으로 시작했다. 상반기 부산 해운대점, 서면점에 이어 오는 8월경 부산 광안리에도 매장을 오픈해 부산 지역에만 3개 이상의 점포 출점을 꾀하고 있다. 이후 부산 외에 광역시 등 지방의 주요 도시에도 출점할 계획이다. 한편 150평 정도의 대형 매장 위주의 전개에서보다 작은 평수의 중형 매장을 늘려 연내 총 30개점을 오픈할 예정이다.

6) 한식

2006년 한식업계는 경기회복에 대한 기대감 및 미국산 쇠고기의 상반기 수입 등 다소 희망을 가지며 출발했었다. 그러나 결과는 수년 전부터 지속되어온 외식업체 간의 양극화 간극이 절정을 이루며 잘되는 업소와 그렇지 못한 업소 간의 차이가 천양지차로 벌어졌다.

오랜 불황과 저성장으로 인해 주머니 사정이 얇은 소비자들은 외식을 하더라도 업소 선택에 매우 까다로워져 가격은 저렴하면서 질은 높은 가치소비에 한층 무게를 두고 있다. 이에 따라 최근 외식업소들도 하나같이 '싸고, 맛있게, 푸짐하게'를 부르짖으며 고객의 방문을 호소하고 있는 형편이다. 그러나 뛰는 외식업소 위에 나는 소비자가 있으니 그 욕구를 쉽게 만족시키기에는 역부족인 업소들이 대부분인 현실에서 고객의 욕구와 가치를 충족시켜 주는 업체 위주로 영업이 유지되고 있다.

여기에 올 초 미국산 쇠고기의 수입이 재개될 것이라는 전망이 나오면서 지난 2년간 초토화되다시피한 쇠고기구이전문점들이 재기의 의지를 다졌으나, 상반기를 지나 하반기에 돌입한 상황에서도 미국산 쇠고기의 수입은 여전히 오리무중인 상황이다.

또한 내년 1월부터 영업면적 300㎡ 이상인 음식점에서 사용하는 육류에 대한 원산지표시 의무화에 따라 한식당들이 상당한 부담을 안고 있는 것이 사실이다. 사정이 이렇다보니 우리나라 외식업계를 주도하다시피하는 고기집들의 부진이 해를 거듭하며 명맥유지에도 힘겨운 상황이다. 일부 대형 쇠고기 전문점들은 메뉴개발, 대체메뉴 출시 등 그나마 몸부림이라도 치고 있지만 대다수의 동네 고기집들은 업종을 전환한지 이미 오래이다. 이에 따라 한식시장도 점차 업종이 다양화·세분화되고 있다.

이런 가운데 '한식=웰빙 음식'이라는 인식이 지속적으로 확산·보편화되고 있는 가운데 저가의 토속한정식이 꾸준히 사랑을 받고 있으며, 유기농·친환경 레스토랑에 대한 선호도 점차 증가하고 있는 추세이다. 일부 한정식 전문점들은 체인사업도 펼치고 있어 주목된다.

한편 지난해 하반기 경기불황에도 불구하고 외식업체들이 제2, 제3브랜드를 잇따라 런칭하며 올해 외식시장을 겨냥했으나 경기불황에 따라 창업시장마저 얼어붙어 이렇다 할 성과 없이 상반기를 보낸 업체들이 대다수이다. 국내 외식업계가 어려운 상반기를 보내고 있는 가운데 경쟁력 있는 한식브랜드 및 외식업체들의 해외진출이 크게 늘고 있다.

한류 열풍에 따라 한국음식에 대한 관심이 외국에서도 꾸준히 증가되고 있는 가운데 국내 한식의 대표 브랜드라고 할 수 있는 (주)놀부회장 김순진가 지난 4월 일본의 외식컨설팅 전문회사인 OGM(주)와 '놀부집항아리갈비' 브랜드 수출에 대한 양해각서MOU를 체결했다.

또한 (주)행복을 굽는 사람들의 양·대창구이전문점 '오발탄'도 중국 북경의 왕징에 진출해 활발한 영업을 펼치고 있으며, (주)더본 코리아의 '본가'도 상해 및 북경에서 성공적으로 자리매김하는 등 한식을 주력으로 하는 외식업체들의 해외진출이 성공적으로 진행되고 있다.

(1) (주)놀부

2005년도 괄목할 만한 성장세를 보이며 이목을 끌었던 놀부는 상반기 전반적으로 경기가 위축된 가운데 매장수는 50개 점포놀부보쌈, 놀부부대찌개, 놀부집항아리갈비의 3개 브랜드 기준를 개설해 전년 동기 대비 10.4%의 성장률에 그쳤으나, 매출 성장률은 지난해 260억원 대비 33.3% 증가했다. 이는 2006년 상반기 매출목표 대비

95%의 달성률이며 목표매출에는 다소 못 미치나 점포성장률 대비 매출성장률이 높게 나타난 것은 브랜드 자체의 확실한 경쟁력을 확보한 가운데 마케팅 및 영업전략이 뒷받침된 성과로 볼 수 있다.

2006년 놀부의 상반기 실적으로는 업계 최초로 지난 4월 일본의 외식컨설팅 전문회사인 OGM(주)와 '놀부집항아리갈비' 브랜드 수출에 대한 양해각서MOU를 체결한 것이다. 이로서 놀부는 업계 최초로 로열티를 받는 가맹 1호점을 일본에 개설했다. 또 제휴 마케팅과 브랜드 마케팅을 통해 경쟁력 제고 및 브랜드 이미지를 더욱 공고히 하고 있다. 올해 들어서 현대 M카드와 제휴, 전국 놀부 가맹점을 방문하는 고객들에게 포인트를 누적해 주고 있다. 이를 통해 고객들의 방문빈도를 높이는 한편, 현대카드 측은 제휴마케팅으로 인해 카드사용이 놀부에서만 30% 이상 증가하는 등 성과를 올리고 있다. 또한 놀부 부대찌개는 SK텔레콤 VIP회원들에게 모듬 사리와 주류, 음료 등을 제공하는 제휴를 맺었다.

6월부터는 '사랑한다면 놀부'라는 광고 캠페인을 통한 브랜드 마케팅을 실시하고 있다. '사랑한다면 놀부'라는 TV광고를 시작으로 케이블, 인쇄광고와 이벤트에 이르기까지 브랜드 이미지 마케팅을 펼치고 있는 것이다.

놀부는 세계관광음식박람회와 하이서울 페스티벌에 참가해 고객서비스 행사를 실천했다. 놀부 홍보관은 특히 모든 관람객에게 한눈에 노출될 수 있는 위치인 출구방향에 설치, 박람회 자체 설문조사결과 전체 관람객수 17만명 가운데 17만명이 놀부 홍보관을 인지했으며, 놀부 홍보관 이벤트 참여자는 3만명에 달한 것으로 조사됐다.

(2) 원앤원(주)

돈육가의 지속적인 상승에 따른 원가부담이 증대되고 있는 가운데 원앤원(주)은 230개 매장에서 200억원의 매출을 올렸다. 점포수는 전년 동기 대비 27.78%, 매출은 33.3% 증가한 것으로 나타났다. 이는 상반기 210억원의 목표 매출 가운데 95.2%를 달성한 수치이며, 점포수 또한 239개 목표에 9개가 부족한 96.2%의 달성률이다. 신규점포 출점에 비해 매출액이 전년 상반기보다 대폭 상승한 원인은 기존 점포의 업그레이드 리모델링을 통한 매출 활성화가 주효했기 때문이다.

2006년 원할머니 보쌈 50개점, 풍림 40개점을 오픈할 계획이었으나 현재 풍림 브랜드의 점포 전개는 뚜렷한 성과가 없이 답보 상태다.

2006년 상반기 원앤원은 다양한 브랜드 마케팅 및 홍보에 박차를 가했다. 올 초부터 전사차원에서 'I First 운동'을 전개해 맛의 표준화, 유니폼 착용, 밝은 미소의 생활화를 추진하고 있다. 이 운동을 통해 고객서비스를 향상시킴과 동시에 가맹점의 이미지 개선과 브랜드에 대한 가맹점주의 자부심이 매우 높아진 것으로 나타났다.

또한 지난 3월과 5월 창업박람회에 참가해 창업희망자 확보 및 가맹점 개설을 촉진하는 결과를 가져왔으며, 지난 4월 산업통상자원부가 주관하는 한국서비스품질 우수기업에 선정되면서 하나은행과 업무제휴 및 창업자금 대출 확대를 통해 신규가맹점 개설과 예비 가맹점주들의 본사에 대한 이미지 제고에도 큰 효과가 있었다.

특히 공중파 TV광고와 지하철 광고, 케이블 TV광고에 집중해 전국적으로 원앤원의 브랜드 인지도 향상 및 매출증대를 꾀했으며, 신규 유니폼을 제작해 전 가맹점의 유니폼을 통일한 결과 고객들의 브랜드에 대한 이미지 개선 등 긍정적인 반응이 나타난 것으로 자체 조사되었다.

(3) 큰들 F&B

숙성김치삼겹살 큰들, 가마고을, 홈벤토, 하루야, 후지우동 브랜드를 운영하고 있는 큰들 F&B는 올해 상반기 430개 매장에서 102억원의 매출을 달성했다.

큰들 F&B는 올해 브랜드 재구성과 메뉴개발, 그리고 현장 경영을 보다 강화해 나갔다. 그 일환으로 브랜드 이미지를 하나로 잇는 통합작업을 단행, 제2의 창업정신으로 혁신적인 글로벌 기업으로의 재도약을 선언했다. 이번에 새롭게 출시된 돈가스·스테이크·스시롤 전문점 큰들은 브랜드 통합 차원에서 이뤄지는 첫 번째 시도여서 의미가 크다.

기존의 돈가스전문점 '하루야'를 대대적인 메뉴 재편과 인테리어 콘셉트의 개선을 통해 큰들이라는 브랜드로 새롭게 탄생시킨 것. 1년 동안의 준비기간을 거쳐 돈가스, 스테이크, 오므라이스, 스시롤 등 총 28여 가지의 메뉴를 갖추고 있는 큰들은 지역밀착형 패밀리 레스토랑을 표방, 스테이크를 6천원대라는 파

격적인 가격대로 제공하고 있다. 뿐만 아니라 상반기 동안 가맹점을 관리하는 슈퍼바이저들의 업무실행능력을 보다 강화하기 위해 교육을 대폭 강화, 가맹점 및 고객들의 만족도와 신뢰도를 더욱 높이는 데 주력했다.

한편 2006년 하반기를 맞이하면서 큰들 F&B는 경기침체가 지속되고 있는 지금이야말로 국내 외식산업이 한 단계 업그레이드될 수 있는 시기라고 보고 호경기를 대비해 시스템과 인프라를 구축하였다. 또한 직원의 능력개발과 양질의 서비스를 위한 교육, 시스템 보강에도 지속적으로 투자를 하였다.

특히 하반기에는 새롭게 선보인 돈가스·스테이크·스시롤 전문점 '큰들'이 현재 4호점까지 성공리에 진행됨에 따라 향후 2년 내 100호점 출점 목표가 순조롭게 진행될 수 있도록 지원할 예정이다. 여기에 거여동에 있는 센트럴키친의 전면 확장과 기존 브랜드의 전면적인 리뉴얼 단행은 물론 부산과 마산, 울산지역의 가맹 출점이 많아지면서 남부지사에 신규인원 채용과 함께 교육, 물류, 상품개발 등의 시스템 지원을 강화할 예정이다. 또한 숙성김치삼겹살 큰들의 점심메뉴 강화를 위한 메뉴개발을 통해 전 가맹점의 매출을 약 10% 상승시키기 위한 운동을 대대적으로 펼치고 있다. 본사의 경영혁신에 발맞춰 가맹점에도 각 브랜드에 맞게 다양한 오퍼레이션과 서비스를 강화할 계획이다. 이를 통해 숙성김치삼겹살, 가마솥밥전문점 큰들은 연내 100호점, 신규브랜드인 돈가스·스테이크·스시롤 전문점 큰들은 연내 40호점 출점을 목표로 하고 있다.

(4) (주)쿠드

설렁탕 전문 프랜차이즈를 전개하고 있는 (주)쿠드의 신선설농탕은 25개 매장에서 245억6천400만원의 매출을 올렸다. 이는 지난해 동기 20개 매장에서 157억8천500만원의 매출을 올린 것에 비하면 55.6%의 매출성장률을 기록한 것이다. 신선설농탕의 올해 점포 오픈 목표수는 총 10개점, 상반기 현재 3개의 점포가 개발 완료돼 영업 중에 있으며, 7월과 8월 3개의 점포가 오픈 예정에 있어 올해 말까지는 목표로 한 10개 매장 오픈은 무난히 달성할 것으로 예상하고 있다. 신선설농탕이 점포 오픈 대비 매출이 눈에 띄게 신장된 데에는 무분별한 성장보다는 브랜드 및 제품의 가치를 높이고, 자체 직원교육을 강화해 안정적인 성장과 내실 경영에 역량을 집중한 데 기인한다. 이를 위해 지난해부터 실시한 전 직원 및 가맹점 교육을 더욱 강화했으며, 미스터리 샤퍼 제도를 월 1회 전 점포를 대상으로 실시, 현재 16차까지 진행해 제품 및 고객서비스 개선에 적극 반영하고 있다.

신선설농탕은 올 6월부터 고객의 다양한 문화적인 욕구를 충족시키기 위해 왕의 남자 원작연극 '爾'와 제휴, 문화마케팅을 진행했다. 고객들의 반응이 좋아 앞으로도 다양한 문화마케팅을 진행해 고객과 함께하는 기업 이미지를 부각할 계획이다.

한편 지난 2004년부터 판매하고 있는 신선요구르트를 비롯하여, 여름 계절 메뉴인 팥빙수와 모카커피에 대한 고객들의 선호도가 지속적으로 높아지면서 판매율도 증가하고 있다. 신선설농탕은 2006년 하반기는 업체들 간 매출의 양극화가 더욱 심화되고, 고객들의 입맛과 질적인 욕구는 높아짐에 따라 한식업계에서도 질적 수준 향상 및 서비스 차별화가 이뤄진 브랜드만이 롱런할 것으로 예상하고 이에 대한 대비를 서둘렀다.

또한 내부적인 고객서비스 확대 및 브랜드 가치를 높이기 위해 전 직원 교육 확대 및 우수사원 해외연수를 실시하였으며, 매달 실시하는 미스터리 샤퍼제도 또한 지속적으로 실시한다. 그리고 고객들의 제안으로 계획 중인 우수고객 대상 공장 및 점포 견학 프로그램을 마련하는 등 롱런할 수 있는 브랜드 가치 창출에 역점을 둘 계획이다.

|표 3-6| 한식업계의 매출액 및 매장변화 추이

회사명	브랜드명	매출액(억 원)			매출증감률(%)		점포수(개소)		
		2009	2010	2011	09vs10	10vs11	2009	2010	2011
본아이에프(주)	본죽	643	909	1,130	41	24	1,018	1,151	1,268
(주)놀부	놀부보쌈	1,047	1,113	1,084	6	-3	276	295	267
언앤원(주)	원할머니보쌈	604	645	625	7	-3	280	288	285
(주)채선당	채선당	259	388	542	50	39.7	135	201	267
(주)더본코리아	새마을식당	215	430	628	100	46	95	138	170

* 자료 : 2013. 한국외식연감

제**2**절

외식업체의
아웃소싱 현황

① 아웃소싱의 개념

아웃소싱^{Outsourcing}이라는 말은 로즈 페로가 설립한 EDS^{Electric Date Systems}사가 1970년대 후반부터 1980년대 초반 사이에 자사 내에서 이루어지던 정보시스템 분야에서 일반적으로 사용되었다. 어의적으로는 Out과 Sourcing의 결합어로서 일반적으로 외부의 전문회사를 활용하여 기업활동의 일부를 수행하게 하고 이를 통해 기업의 핵심역량을 강화하여 내부적으로 전략적 이득을 추구하는 활동이라 할 수 있다. 단순하게 "외부기능이나 자원을 전략적으로 활용", "재화와 서비스의 외부구매", "특정업무를 자회사 이외의 외부업체에게 장기적으로 위탁하는 것" 등 아웃소싱은 다양한 의미로 사용되고 있다. 문자 그대로 해석하면 외부자원을 활용한다는 의미이며, 이는 조직의 주요 및 부가적 활동을 수행함에 있어서 외부의 자원을 활용한다는 의미가 크다.

모든 업무를 자사 내에서 끌어안고 정보를 내부에 축적하는 종래의 경영스타일로부터 변혁하여 기업의 경쟁 핵심역량에 집중하고 그 나머지의 것들은 외부 전문업체에 맡김으로써 기업의 경쟁력을 제고시키는 것이라고 할 수 있다.

2 아웃소싱의 도입단계

우리나라 기업들도 1990년대에 들어와서 서서히 아웃소싱에 대한 중요성을 인식하고 조금씩 도입하기 시작했다. 그러나 단기적인 비용절감, 인원감축 등의 용도로만 아웃소싱을 사용해 왔다. 이제는 보다 많은 기업들이 비용절감뿐만 아니라 핵심역량 강화와 기업의 부가가치 제고를 위해 전략적으로 아웃소싱을 이용해야 한다.

또한 기업경영의 고도화, 업무의 복잡화 등에 따라 한 기업이 이 복잡하고 고도화되는 모든 기능과 프로세스를 독자적이고 효율적으로 수행한다는 것은 불가능한 일이기 때문이다.

일반적으로 아웃소싱의 발전과정은 다음과 같은 3단계를 거치면서 발전하였다.

첫째, 제1단계에서는 각 기업들이 조직의 합리화 및 효율화를 목적으로 비용절감을 위한 아웃소싱이었다.

둘째, 제2단계에 오면서 핵심역량이 있는 전략적 부문만을 제외하고는 외부의 전문적 기능을 활용하는 전략적 아웃소싱으로 발전하게 된다. 즉, 과거에는 제조, 물류 등 단순한 업무대행형을 중심으로 아웃소싱이 이루어지다가 기획기능이 포함된 전략적 부문으로 확산되어졌다.

마지막으로 고객기업과 아웃소서 쌍방이 핵심역량을 제공하며 전략적으로 제휴하는 코소싱Co-sourcing으로 발전하게 된다. 나아가 국제화시대를 맞이하면서 외부자원이나 기능의 활용범위를 범세계적으로 넓히는 글로벌 소싱Global-sourcing으로 발전을 거듭하고 있으며, 결국 단위기업Module corporate을 거쳐 가상기업Virtual corporate을 등장시키고 있다.

3 아웃소싱의 장단점

외식업에서 아웃소싱의 장점의 최대효과는 고정비를 변동비로 바꿀 수 있어 시장의 변화에 대한 대응력을 높여주고 경쟁력과 이익률을 향상시킬 수 있으며, 연공서열 위주의 인사에서 능력 위주의 인사정책 변화로 기업의 경쟁력이 강화될 수 있다.

핵심분야에 경영자원을 집중할 수 있으며, 홍보대행사 혹은 광고대행사를 이용할 경우 보다 전문화된 상품개발 및 특화된 시장 진출이 쉽다.

외식기업에서의 아웃소싱 전략은 양질의 서비스를 계속적으로 공급받을 수 있는지의 여부가 성공의 관건이라 할 수 있다. 그러나 국내 환경에서 아웃소싱의 역사가 짧고 특히 외식업에서 아웃소싱이 많지 않으므로 공급 측면에서 위험한 측면을 내포하고 있다.

또한 주요 업무를 맡길 경우 상호 의사소통이 문제시되며 고객의 불만이나 불만사항이 발생되었을 때 책임소재가 분명치 않다는 단점도 가지고 있다.

4 외식기업의 아웃소싱 도입 현황

마르쉐, T.G.I프라이데이스, 맥도날드 등 대형 외식업체들이 자체적으로 해오던 대외 홍보업무를 PR대행 전문업체에 맡기는 사례가 늘고 있다

T.G.I프라이데이스는 뉴스커뮤니케이션스에 홍보대행을 맡겼으며 마르쉐는 KPR에 일임했다. 또 맥도날드가 지난해 코콤PR에 홍보를 맡긴 데 이어 버거킹도 두산그룹 홍보실에서 담당해 오던 홍보업무를 전문대행업체인 엑스퍼트 커뮤니케이션스에 맡기고 있다.

홍보대행사들이 제공하는 홍보업무는 단신기사 등의 보도자료를 작성하고 기획기사를 개발해 언론에 배포하는 업무가 중심이 된다. 기획기사 개발은 새

로운 뉴스가 아니더라도 담당업체에 대한 주의를 끌 수 있는 기사거리를 만들어 제공하는 것으로 참신한 아이디어가 필요로 되는 부분이다.

프랜차이즈 업체의 경우 신세대 주점 천하일품은 현재 전국에 80개 체인점을 보유한 중견 외식업체로 지난 1998년 7월부터 두산물류로부터 물류 아웃소싱을 하고 있다.

천하일품은 물류 아웃소싱을 통해 배송시간의 단축과 식자재의 냉동, 냉장, 상온 온도대별 품질관리, 배송횟수 증가 등 물류개선을 통해 가맹점의 만족도를 향상시켜 본사에 대한 신뢰성을 높일 수 있었다.

외식사업에 있어 아웃소싱이 성공을 거두려면 '무엇을 위해 어떻게 아웃소싱을 도입하며 그 결과 어떠한 성과를 올릴 수 있는지'를 정확히 규명해야 한다. 결론적으로 아웃소싱은 현재 국내 상황으로서는 위험부담이 다소 크지만 노동 집약적인 외식사업이 수익성을 확보하기 위해서는 앞으로 외국산을 대체할 수 있는 국산 식자재의 개발과 더불어 고정비인 인건비를 변동경비로 대체할 수 있어야 할 것이다. 특히 최근의 고용환경 변화에 능동적으로 대응하기 위해 아웃소서는 명확한 비전 제시와 직원의 전문성 제고를 통해 고객이 기대하는 고품격 서비스를 지속적으로 재공할 수 있도록 노력해야 할 것이다.

제**3**절

외식 트렌드

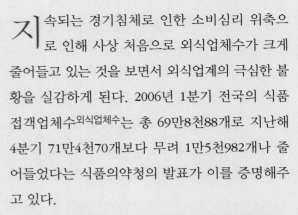

지속되는 경기침체로 인한 소비심리 위축으로 인해 사상 처음으로 외식업체수가 크게 줄어들고 있는 것을 보면서 외식업계의 극심한 불황을 실감하게 된다. 2006년 1분기 전국의 식품접객업체수외식업체수는 총 69만8천88개로 지난해 4분기 71만4천70개보다 무려 1만5천982개나 줄어들었다는 식품의약청의 발표가 이를 증명해주고 있다.

2006년 1분기 식품접객업체수 69만8천88개는 2001년 이후 가장 낮은 수치이며, 지난 2001년 68만7천319개, 2002년 70만9천148개, 2003년 72만7천843개, 2004년 73만1천466개 등 지속적인 증가세를 보이다가 지난해부터 줄어들고 있는 추세이다.

대다수 소점포 중심의 외식 프랜차이즈 기업들은 더욱 심각한 상황이다. 극히 일부 경쟁력 있는 프랜차이즈 본부 외에는 대다수의 프랜차이즈 업계가 가맹점 확대는 고사하고 폐점률도 갈수록 높아지고 있어 외식업계의 불황을 대변해주고 있다.

국내 외식업체수가 지난 2004년 73만1천466개로 최고 수치를 기록한 이후 1년여 만에 1만5천982개가 감소하는 현상은 마치 지난 90년대 버블경제가 붕괴된 이후 나타난 일본 외식업계의 전철을 그대로 밟는 듯하다. 일본의 외식업계는 지난 1991년 총 외식업체수 84만9천개로 최고치를 기록한 이후 2004년 말 현재 무려 11만2천개가 줄어 든 73만7천개를 기록하고 있다. 연간 매출 역시 1997년 29조700엔이라는 최고의 매출을 기록했지만 지난 2004년 24조4천700엔으로 큰 폭의 감소세를 가져왔다.

길고 지루했던 장기불황이 소비심리 회복 등으로 다소 개선될 전망이라고는 하나 외식업 경영주들의 시름은 정부가 발표하는 전망만으로는 해소되지 않을 만큼 골이 깊다. 뜻이 있는 곳에 길이 있는 법, 일단 소비자 트렌드만 읽어도 영업개선의 단초는 잡는 셈이다. 월간 식당과 식품외식경제가 소비자 311명을 대상으로 외식성향에 관한 설문조사를 실시했다. 소비자들의 외식업소 방문횟수, 성향, 선택기준, 방문이유, 선호하는 음식 등 다양한 욕구는 다음과 같다.

 외식횟수

우리나라 국민들은 외식을 더 이상 특별한 날에 하는 것이 아니라 일상생활화하고 있는 것으로 나타났다. 외식소비자들은 1주일에 1회 이상 혹은 적어도 한 달에 2~3회 외식을 하는 비율이 82.2%에 달하는 것으로 나타났다.

외식하는 횟수에

- 일주일에 1회 : 45.6%
- 한 달에 2~3회 : 36.6%로 나타났다.

전체 응답자 가운데 45.6%인 141명이 일주일에 1회 이상 외식한다고 답해 가장 높은 비율을 보였으며, 한 달에 2~3회 이상이 36.6%로 답했다. 이어 한 달에 1회 정도가 13.3%, 1년에 3~5회가 1.3%로 나타났으며 외식을 거의 하지 않는다는 응답도 3.2% 있었다.

이번 조사 결과 특이할 만한 사항은 이전의 조사에서는 한달에 2~3회 한다는 응답이 항상 가장 높았으나, 2006년 소비자 외식성향 조사에서는 일주일에 한 번 외식을 한다는 응답이 가장 높아 역전현상을 보인 것이다. 이는 과거에는 외식을 특별한 날에 하는 경향이 높았지만 요즈음은 외식이 생활의 일부분으로 자리매김한 것으로 풀이된다.

성별로는 여성이 남성보다 외식을 하는 빈도가 높았다. 여성의 경우 1주일에 1회 이상이 46.8%였으나 남성은 43.9%였으며, 한 달에 2~3회도 여성은 37.6%,

남성은 35.0%로 답해 적어도 한 달에 2-3회 외식을 하는 비율은 여성이 남성보다 5.5% 정도 높게 나타났다.

연령별로 볼 때 20대 응답자 146명 가운데 74명인 50.7%가 1주일에 1회 이상 외식을 한다고 답했으며, 한 달에 2~3회는 32.2%, 한 달에 1회 13.0%로 답했다. 반면 1년에 3~5회 혹은 거의 하지 않는다는 응답도 4.1%가 있었다. 30대 응답자 133명 가운데 41.4%도 1주일에 1회 이상, 이보다 다소 높은 42.1%가 한 달에 2~3회 외식을 한다고 답했으며 한 달에 1회 정도는 12.0%, 한 달에 3~5회 1.5%, 거의 하지 않는다 3.0%로 답했다. 40대 응답자도 1주일에 1회 이상 외식한다가 50%로 높았으며, 한 달에 2~3회와 1회 정도가 각각 25%로 나타났다.

직업별로는 외식을 하는 횟수가 회사원, 서비스직, 학생, 자영업과 전문직, 주부, 기타의 순으로 나타났다. 전체 응답자 가운데 회사원이 185명을 차지했으며 이 가운데 93명인 50.3%가 1주일에 1회 이상 외식을 한다고 답했다. 다음으로 한 달에 2~3회가 33.5%, 한 달에 1회 12.4%, 1년에 3~5회 0.5%, 거의 하지 않는다는 응답도 3.2% 있었다.

두 번째로 많았던 서비스직은 주 1회 이상이 44.8%, 한 달에 2~3회가 34.5%, 한 달에 1회 정도가 19.0%였고 1년에 3~5회가 1.7% 있었다.

가계소득별로는 1주일에 1회 이상 외식을 하는 비율이 300만원 이상 소득자의 외식 빈도가 가장 높은 62.1%였으며, 500만원 이상 58.3%, 100만원 이상이 46.2%, 100만원 이하 39.5%, 200만원 이상 30.9%, 기타 33.3%의 순이었다.

한편 미혼의 경우 1주일에 1회 이상 외식을 하는 비율이 47.3%, 한 달에 2~3회가 36.4%였으나 기혼은 각각 40.0%, 46.0%로 나타나 미혼과 기혼 간의 외식 횟수는 크게 차이가 없는 것으로 나타났다.

 외식시 동반자 현황

외식시 주로 동반하는 사람으로는
- 가족 : 38.5%로 가장 많았고

- 친구 : 34.3%, 연인 12.3%, 직장동료 11.7%, 비즈니스와 기타가 각각 1.6%를 차지했다.

연령별로는 20대는 주로 친구와 외식을 한다는 응답이 54.1%로 가장 많았고, 30대와 40대는 가족이 각각 56.4%, 83.3%로 나타났다.

직업별로는 회사원, 자영업, 서비스직 등 대부분의 직업군에서 모두 가족과 외식을 한다는 응답이 단연 높았으나 학생층에서만 친구와 외식을 한다는 응답이 57.1%를 보였다.

 외식동기

외식을 하는 이유로는

- 각종 모임 참가 등 타인과의 관계를 위해서 외식 : 42.4%
- 특별한 음식을 먹기 위해서 외식 : 29.9%로 높게 나타났으며,
- 기념을 위해서 외식 : 4.2%에 불과했다.

한편 편의성, 편리성 때문에 외식을 한다는 응답도 19.6%에 달했다. 따라서 외식이 더 이상 기념일이나 특별한 날에 하는 것이 아닌 인간관계 등 커뮤니케이션의 수단 혹은 일상의 한 부분으로 자리매김하고 있는 것을 알 수 있다. 연령별로는 20대와 30대의 경우 대인관계를 위해서 외식을 한다는 비율이 각각 50.7%, 37.6%로 활동지향적이며 인간관계를 중요시하는 외식패턴을 보였으나, 40~50대는 가족과 함께 특별한 음식을 먹기 위해서 외식을 한다고 응답한 비율이 높았다. 여기서 한 가지 아이러니한 점은 외식시 동반하는 사람은 가족이라는 응답이 높았던 반면, 외식을 하는 이유에 대해서는 타인과의 인간관계를 위해서 한다는 응답이 많아 두 문항 간 개연성이 떨어지는 것이다.

④ 외식비용

1) 1인당 평균 외식비용

한 번 외식을 할 때 1인당 평균 외식비는

- 1만~2만원 : 42.0%
- 2만~3만원 : 23.5%
- 1만원 이내 : 17.6%
- 3만~4만원 : 11.1%
- 5만원 이상 : 5.2%로 답했으며, 5천원 이내도 0.7%였다.

성별로는 남성의 경우 1만~2만원을 지출한다는 응답이 39.0%였으나 여성은 44.0%였고, 2만~3만원은 남성과 여성 각각 21.1%, 25.0%로 나타나 전체적으로 남성보다 여성의 지출이 높은 것으로 밝혀졌다. 반면 3만~4만원을 지출한다는 응답은 남성이 17.1%, 여성이 7.1%였고, 5만원 이상은 남성의 경우 13.0%가 있었으나 여성 응답자는 없는 것으로 나타나 여성은 남성에 비해 상대적으로 1인당 외식비 지출의 규모가 적은 것으로 밝혀졌다.

한편 직업별로는 학생, 회사원, 전문직 등 대부분의 직업군에서 1만~2만원대의 지출을 보였으나 주부의 경우 1만~2만 원대는 36.4%인 데 반해, 2만~3만원대는 54.5%를 차지해 파워셀러로서의 주부들의 위상을 다시 한번 확인하는 계기가 되었다. 또한 회사원과 자영업군에서 5만원 이상 지출이 각각 6.5%, 22.2%가 있었다.

2) 월 평균 외식비용

월 평균 외식비 지출로는

- 10만원 이하 : 39.0%
- 20만원 이하 : 29.5%로 나타났다.

30만원 이하와 5만원 이하가 각각 13.3%, 30만원 이상이 4.9%로 나타났다.

성별로는 남성은 20만원 이하가 34.4%로 가장 많았고, 여성은 10만원 이하가

44.6%로 높았다. 연령별로는 30대만 20만원 이하 지출이 34.1%가 가장 많았고 나머지 연령대에서는 10만원 이하가 가장 많았다. 한편 직장인일 경우 일평균 점심식사비용은 5천원 내외가 58.8%로 가장 높았으며, 5천~1만원 28.5%, 4천원 내외 10.6%, 1만원 이상은 2.2%였다.

5 메뉴 선호도

1) 음식점 선호도

외식을 할 때 주로 찾는 음식점복수응답으로는 전체 응답자 가운데
- 한식당 : 52.7%
- 패밀리 레스토랑 : 42.8%로 나타났다.

또한 일식당과 한정식, 향토음식점이 각각 15.8%, 패스트푸드 14.1%, 주류업소 8.7%, 중식당 8.4%, 에스닉푸드 6.1%, 건강음식점 2.6%, 뷔페 1.9% 기타 3.2% 순이었다.

성별로 볼 때 남성은 48.8%가 한식당을 선호했으며, 다음으로 패밀리 레스토랑 42.3%, 한정식 · 향토음식 20.3%, 일식당 17.9%의 순이었다. 여성은 과반수가 넘는 55.3%가 한식당을 선호했으며 패밀리 레스토랑 43.1%, 패스트푸드 17.6%, 일식당 14.4% 순이었다.

2) 메뉴 선호도

외식메뉴로 가장 즐기는 음식(복수응답)에 대한 물음에는
- 돼지고기요리 : 40.5%
- 치킨요리 : 33.1%
- 생선 · 해물요리 : 27.3%
- 쇠고기요리 : 16.7%
- 이색 외국음식 : 16.7%

- 면류 : 15.1%
- 국물요리 : 14.8%
- 한정식 : 7.1%
- 유기농 등 건강요리 : 4.2%
- 기타 : 2.3% 순이었다.

선호도 조사결과 광우병 파동 직후 생선 및 해물요리의 인기가 급상승하기도 했으나 2003년부터 불기 시작한 돼지고기 열풍이 지난해 저가돼지고기 시장의 급팽창으로 한때 외식시장을 평정하다시피 할 만큼 인기를 끌었으며 올해도 여전히 스테디 메뉴로 확고하게 자리매김할 것으로 예상된다.

한편 에스닉푸드로 대변되는 이색 외국음식의 도약도 눈에 띈다. 최근 들어 베트남 쌀국수, 인도 커리에 이어 타이, 필리핀 등 다양한 나라의 음식전문점들이 선을 뵈면서 해외여행을 하면서 맛보았거나 오랫동안 외국생활을 해왔던 고객들의 입맛은 물론 새로운 맛을 찾는 소비자들의 욕구를 충족시키며 외식 아이템으로 빠르게 성장하고 있는 것으로 풀이된다.

3) 향후 선호 음식점

향후 인기를 끌 것으로 예상되는 음식점 유형(복수응답)으로는
- 건강음식점 : 41.2%
- 테마 레스토랑 : 33.1%
- 배달 또는 테이크아웃 : 26.4%
- 퓨전레스토랑 : 19.0%
- 외국음식전문점 : 18.3%
- 전통음식점 : 15.1%
- 뷔페 레스토랑 : 6.8%
- 요리주점 : 3.5%
- 고기집 : 1.6% 순이었다.

이러한 결과는 웰빙, 로하스 등의 영향과 외식을 단순히 배를 채우기 위한 수단이 아니라 대인관계, 즉 커뮤니케이션과 문화를 공유하는 수단으로 사용하는 경향이 높아짐에 따라 웰빙을 대표하는 건강음식점이나 테마 레스토랑, 외국음

식전문점의 선호도가 높게 나타난 것으로 분석된다. 한편 주 5일 근무의 영향으로 배달 또는 테이크아웃의 비중이 꾸준히 높아지고 있는 추세인 데 반해, 고기집에 대한 선호도는 점점 낮아지고 있는 것으로 밝혀졌다.

 ## 6 음식점 선정 및 재방문 기준

1) 음식점 선정 기준

음식점을 선정할 때 가장 중요시하는 선정 기준으로는

● 맛 : 77.3%

● 분위기 : 7.1%

● 가까운 위치 · 교통 : 6.8%

● 가격 : 4.2%

● 서비스 : 2.3%

● 쿠폰이나 할인혜택 : 1.6%

● 청결 : 0.6% 순이었다.

2) 음식점 재방문 기준

특정 업소를 재방문하게 되는 가장 큰 이유로는

● 음식 맛이 좋았을 때 : 72.0%

● 서비스가 좋았을 때 : 19.3%

● 분위기가 좋았을 때 : 6.1%

● 가격이 저렴할 때 : 1.9%

● 쿠폰을 받았을 때 : 0.6%로 나타났다.

한편 한 번 방문한 후 절대 다시 찾지 않게 되는 업소로는 음식 맛이 없는 업소가 42.1%, 불친절한 업소 34.7%, 음식 맛에 비해 가격이 비싼 업소 13.8%, 청결하지 못한 업소 9.3%로 나타났다.

이상에서 볼 때 음식점을 선택하는 기준은 맛과 분위기이며, 재방문 혹은 다시 방문하지 않는 기준은 맛 이외에 서비스가 매우 중요한 기준으로 작용하고 있음을 알 수 있다.

7 외식산업의 환경변화

소득향상에 따른 외식인구의 증가와 소비지향적 생활패턴, 주 5일제 근무 실시, 관광과 레저의 증가, 고객의 요구 다양화 등은 외식산업의 발전을 촉진하고 있다. 외식산업에 영향을 주는 환경변화로는 에스닉푸드, 슬로우푸드, 한식의 세계화, 프랜차이즈 시스템 확대, 전략적 제휴, 포장 및 배달판매시장의 확대, 위생과 안전규제 강화와 더불어 외식점포수의 증가와 경쟁의 심화는 외식기업의 경영자들에게 고객의 요구를 충족시켜 주면서 기업의 이익을 극대화할 수 있는 새로운 전략과 효율적이고 차별화된 마케팅 방안과 판매시스템을 요구하고 있다.

1) 에스닉푸드

에스닉푸드ethnic food란 자국에서 경험할 수 없는 타 문화권의 민족집단의 고유한 문화와 전통이 관련된 음식을 말한다.

소득과 교육수준의 향상은 삶의 질을 추구하고 건강과 맛을 지향하는 소비트렌드로 고객의 외식성향에도 큰 영향을 미쳤으며, 고객은 늘 새로운 문화의 동경과 경험의 욕구 증가로 이국적이고 테마가 있는 레스토랑을 선호하게 되었다.

미국 레스토랑협회National Restaurant Association Research에서는 매년 미국 요리사협회의 1,854명의 셰프를 대상으로 새로 떠오르는 메뉴 트렌드에 대해 설문조사를 실시한다. 2010년 조사결과에 의하면 에스닉푸드와 맛에 있어 한국음식Korean이 11위로 뽑혔다. 참고로 10위가 스페니쉬Spanish, 12위 일본의 스시sushi, 13위 프랑스음식French이었다. 이는 한식의 세계화의 가능성을 입증한 결과라 할 수 있다.

2) 슬로우푸드

슬로우푸드slow food는 패스트푸드fast food에 대립하는 개념으로 지역의 전통적인 식생활 문화나 식재료를 다시 검토하는 운동 또는 식품 자체를 가리키는 말이다.

슬로우푸드는 음식으로 인한 비만, 건강문제에 대응하기 위한 식재료와 조리법을 강조하고 있으며, 이를 지향하는 외식업체가 증가하고 있는 추세이다.

3) 한식의 세계화

인터넷이 확산되고 해외여행 등으로 국가 간 문화교류가 활발해지면서 음식은 하나의 문화적 확산의 개개체적 수단이 되었으며, 2009년 우리나라 농림수산식품부는 '한식세계화 추진전략'을 발표하였으며, 2010년에는 한식의 진흥과 한식문화의 확산을 위해 사업을 전문적으로 추진할 한식재단이 출범을 하였다. 한식의 세계화를 위해서는 다양한 노력과 정부뿐만 아니라 외식기업, 대학 및 연구기관의 노력과 협력이 요구되어진다.

4) 프랜차이즈 시스템의 확대

외식산업에서의 프랜차이즈사업은 서비스산업에 대한 수요의 증가, 물류 및 유통구조의 선진화, 해외 외식브랜드에 의한 선진경영기법 도입, 주방설비 및 기기의 자동화, 인터넷 보급으로 인한 정보망의 확대 등으로 인해 더욱 발전하고 있으며, 프랜차이즈 외식기업의 종사자수가 타 산업에 비해 매우 높아 경기불황시 실업 해소에 기여하고 있다. 또한 국내의 자생 외식기업들은 중국의 시장개방화 등으로 인해 해외진출이 증가하여 수출전략산업으로 조명받고 있다.

5) 전략적 제휴

외식기업의 전략적 제휴partnering는 타 기업과의 계약 및 협력을 통해 매출 및 생산성을 증대시키는 것을 말하며, 신규고객 확보, 잠재고객 발굴, 마케팅비용 절감효과 등을 위해 제휴마케팅을 활발히 진행하고 있다.

6) 포장 및 배달판매시장의 확대 / HMR 도래

가족의 핵가족화, 맞벌이 부부, 독신가구의 증가 등으로 조리된 음식을 가정, 사무실 야외에서 먹을 수 있는 편이성이 특징인 가정식 대용HMR : home meal replacement이 폭발적으로 성장하고 있다. 미국의 경우 과거 10년 동안 외식기업의 포장판매take-out는 3배로 증가되었고 전체 매출액의 60%를 차지할 정도로 괄목할 만한 성장을 하였다.

외식기업의 경영자 입장에서는 포장판매 및 배달판매 전문점을 운영하게 되면 소규모 매장형태로 고정비용과 관리비, 임대료의 부담이 적고, 정규직 종사원수는 줄이면서 시간제 종사원을 활용할 수 있게 되어 인건비를 줄일 수 있다. 특히 음식의 포장은 경쟁력 확보에 중요하며 신속성quick-availability, 기능성functionality, 신선도 유지freshness, 비용효과성cost-effectiveness 등이 요구된다.

7) 위생과 안전규제 강화

전 세계적으로 웰빙에 대한 관심이 고조되면서 안전하고 건강한 식생활 욕구가 증가되어 식품의 안전성이 중요한 이슈로 제기됨에 따라 외식기업에서는 웰빙 이미지를 강조하는 녹차, 천연조미료, 유기농 식재, 웰빙 메뉴 개발 등 다양한 마케팅 프로그램을 통한 고객확보를 하고 있다.

식품위해요소 중점관리기준HACCP 체계는 현재 적용업소 지정제도로 시행되고 있으나 보다 쉽게 적용할 수 있는 방안이 요구된다.

2002년 7월에 시행된 제조물책임법PL : product liability은 제조물의 결함으로 인하여 소비자의 생명, 신체 또는 재산에 발생한 손해에 대하여 제조업자 등이 책임을 지는 손해배상책임이다. 이에 외식기업도 제조물책임법에 대한 대응방안으로 고객의 안전을 확보하는 것이 기업의 사회적 책임이라는 것을 명심하고 이를 위해 제품 안전에 관한 세부규칙 및 매뉴얼 등의 제품안전시스템을 구축하여 전 종사원에게 교육을 시키고 있다. 또한 지구환경문제에 대한 심각성이 갈수록 높아지고 있으며 이를 위하여 외식기업들도 이에 부응하기 위하여 쓰레기 감량대책, 분리수거 및 재활용 등의 환경대책을 마련하여 외식기업의 이미지를 적극적으로 개선하기 위하여 노력하고 있다.

8 외식업체 정보

최근 매스컴에서는 각종 맛집에 대한 정보를 앞다퉈 보도하면서 시청자들의 눈길을 끌고 있다. 외식업소의 입장에서도 오랜 전통과 맛으로 이미 정평이 난 업소가 아니라면 일단 매스컴에 소개가 될 경우 별다른 홍보노력 없이도 고객 들이 밀려들기도 해 신장개업한 업소들은 매우 반기는 분위기다. 그러나 방송 에 소개된 정보만 믿고 찾아갔다가 낭패를 본 경험도 허다한 것이 사실이다.

음식점에 대한 정보는

- 주위사람들의 권유 : 59.2%
- 인터넷 : 17.0%
- 매스컴 : 8.4%
- 맛집 소개 책자 : 5.1%
- 전단지 및 홍보물 : 3.2%
- 간판이나 플래카드 : 2.9%로 나타나 음식점에 관한 한 구전마케팅, 즉 입소 문이 가장 강력하고 유효한 홍보수단으로 자리매김한 것을 알 수 있었다.

최근 각종 매스컴 등에서 얻은 음식점 정보의 신뢰도에 대해 호기심으로 기 회가 닿는다면 한번쯤 방문해 본다는 의견이 54.5%, 일단 믿고 찾는다가 13.2% 등 전체 응답자 가운데 67.6%가 일단 긍정적으로 반응해 관심을 보이는 것으로 나타났다.

그러나 왠지 광고성이 짙은 것 같아 꺼려지게 된다는 의견이 18.1%, 매스컴 을 탄 유명업소는 사람도 많고 불친절할 것 같아 찾지 않는다 6.1%, 관심 없다 7.4%로 답해 전체 응답자의 31.5%는 부정적인 반응을 나타냈다. 이에 따라 각 종 매스컴의 음식점 소개를 보고 해당 음식점을 방문해 본 적이 있다는 응답 은 66.9%에 달했으며 방문한 적이 없다는 33.1%였다. 또한 방문한 경험이 있는 소비자에 대해 해당 음식점에 대한 만족도를 설문한 결과 보통이라는 의견이 59.6%, 불만족스러웠다가 13.8%로 나타났으며, 아주 만족0.9%했거나 만족했다 25.7%는 의견은 26.6%에 불과했다.

음식점 홈페이지, 점포위치 및 메뉴정보를 위해 방문음식점으로부터 우편 또는 이메일을 통해 안내문을 받았을 때 음식점 방문 시 내용을 참고하거나 내용을 체크해 적극적으로 활용한다는 응답은 21.7%에 불과했으며, 대다수의 응답자들은 열어서 내용만 확인61.5%해 보거나 보지도 않는다16.8%고 답했다.

음식점 홈페이지 방문에 대한 물음에는 48.9%가 거의 방문하지 않는다고 답했으며 방문한 경험이 없다는 응답도 6.1%였다. 한편 일주일에 1회 이상 방문한다는 응답은 14.9%이며 한 달에 1~2회가 30.1%였다. 음식점 홈페이지를 방문한 경험자를 대상으로 방문하는 가장 큰 목적을 물은 문항에는 점포의 위치확인을 위해 방문한다는 의견이 37.2%였으며 상품정보 습득을 위해서가 34.4%, 각종 쿠폰출력 및 이벤트 신청이 16.0%, 예약 및 주문 4.9%, 업소 이용에 대한 의견을 올리기 위해 2.1%, 기타 5.6%였다. 성별로는 남성은 점포의 위치확인이 39.8%로 가장 높았고 여성은 상품정보 습득을 위해 방문하는 비율이 36.5%로 높게 나타났다. 연령별로는 20대가 상품정보 습득36.2%을 위해 방문하는 반면, 30대42.2%와 40대30.0%는 위치확인을 위해 홈페이지를 주로 방문하는 것으로 나타났다.

 외식업체 회원카드 사용현황

외식업소들의 홈페이지 제작에 따른 온라인 마케팅과 함께 실적 누적에 따른 할인이나 쿠폰제공 등 각종 혜택을 제공하는 회원카드도 외식업소들이 공을 들이는 마케팅 방법 가운데 하나다. 음식점의 회원카드 소지 여부에 대한 질문에는

- 1~2개 소지 : 55.3%
- 3개 이상 소지 : 19.9%
- 소지하고 있지 않다 : 24.8%나 되었다.

소지하고 있는 회원카드에 대한 만족도에 대해서는 다양한 서비스가 주어져 만족한다는 응답은 23.7%에 불과했으며, 그저 그렇다는 답이 48.5%, 별다른 서비스가 없어 필요성을 못 느낀다 17.9%, 기타 9.9%로 만족도가 높지 않은 것으

로 밝혀졌다. 한편 회원카드로 받고 싶은 서비스로는 가격할인이 52.5%로 가장 높았으며 특정메뉴 무료쿠폰 제공 24.8%, 사은품 제공 11.2%, 시식회 및 이벤트 초대 7.9%, 판촉행사 및 정보제공 3.0% 등이었다.

 10 외식업체 신용카드 사용현황

최근 신용카드 사용 활성화 이후 음식값 결제수단으로는 현금과 신용카드 사용이 비슷한 것으로 나타났다. 조사결과에 따르면

- 현금으로 결제한다 : 38.3%
- 신용카드로 계산 한다 : 37.6%
- 현금과 신용카드를 모두 사용한다 : 23.8%
- 기타 외식상품권으로 결제한다 : 0.3% 있었다.

한편 신용카드로 계산할 경우 금액대는

- 1만원 이상 : 34.6%
- 2만원 이상 : 30.5%
- 3만원 이상 : 17.3%
- 5만원 이상 : 10.5%
- 1만원 이하 : 6.4%로 1만~2만원대 가격에 신용카드 결제비율이 높게 나타났다. 연령별로 볼 때 20대는 현금결제가 48.6%로 가장 많았으며, 30대 이상은 신용카드 결제가 압도적으로 높았다.

 11 아침식사 외식 선호도

아침식사를 외식으로 해결할 경우 선호하는 음식은 무엇일까?

- 토스트 · 샌드위치 : 29.4%

- 죽 : 21.0%
- 백반류 : 20.6%
- 김밥 : 15.5%
- 수프 : 10.3% 등이었다.

　성별에 따른 선호도를 살펴보면 남성은 백반류29.5%, 여성은 토스트 · 샌드위치31.4%를 선호했으며, 연령별로는 20대와 40대는 토스트 · 샌드위치의 선호도가 각각 41.2%, 41.7%로 높았고, 30대와 50대는 죽에 대한 선호도가 각각 26.5%, 66.7%로 높게 나타났다.

　그렇다면 아침식사를 외식으로 해결할 때 적당하다고 생각되는 가격은 얼마일까? 응답자의 52.3%가 3천원 정도가 적당하다고 답했으며, 2천원 내외가 26.9%, 4천원 정도 18.8%, 5천원 이상은 1.9%로 응답했다.

실 전 외 식 사 업 경 영 론

FOOD SERVICE MANAGEMENT

Chapter

04

외식사업
경영형태

 학습목표

1. 외식사업 경영형태에 대하여 알아
   보자

2. 소유직영방식의 장·단점에 대하여
   알아보자

3. 프랜차이즈 경영방식에 대하여 알아
   보자

4. 외식사업의 위탁경영방식의 장·단점
   에 대하여 알아보자

제 **1** 절

소유
직영방식

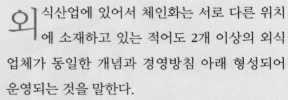

외식산업에 있어서 체인화는 서로 다른 위치에 소재하고 있는 적어도 2개 이상의 외식업체가 동일한 개념과 경영방침 아래 형성되어 운영되는 것을 말한다.

외식산업체가 체인화를 통하여 얻을 수 있는 이점은 규모의 경제scale of economy이다. 한 단위 업체를 대형화하는 것도 규모의 경제를 이룰 수 있는 방법이 될 수 있겠지만, 외식산업 상품의 특성인 상품이동과 저장의 한계성으로 인하여 확보할 수 있는 상권이 제한되기 때문에 단일 외식업체의 규모 확대로는 규모의 경제를 이루는 데 한계가 있다. 그러므로 같은 시설을 지닌 외식업체들이 동일한 경영방침, 동일한 상품, 동일한 서비스 수준 등을 갖춘 채 각각 하나의 단위 외식업체로 운영될 때 좀 더 효과적인 규모의 경제가 적용될 수 있다.

우리나라의 외식사업시장도 영세적 규모에서 다국적 외식기업에 이르기까지 다양한 형태의 체인화로 사업체가 확장되고 있으며, 체인화를 전개하고 있다.

외식산업의 경영형태를 살펴보면 소유 직영방식, 프랜차이즈 방식, 위탁경영방식으로 크게 나눌 수 있다.

소유 직영방식이란 개인이 직접 투자하여 직영점을 개설하고 직원을 배속하여 영업하는 형태이다. 따라서 프랜차이즈 방식과 같이 경영기법 및 상호의 일치성이 없이 독자적인 경영형태 및 상호로 영업을 함으로써 독특한 경영기법을 개발할 수 있다.

소유 직영방식의 장점과 단점을 살펴보면 다음과 같다.

1) 장 점

- 상표이미지 유지가 가능하다.
- 수익성이 높으며 통제가 용이하다.
- 판매전략의 변화로 잠재시장을 경험할 수 있다.
- 어떤 방향으로든지 정책변화가 가능하며, 피드백이 용이하다.
- 직영점 운영시 시장조사, 전산화, 중앙회계가 용이하다.
- 경영자가 재량권이 있다.
- 법적 문제에 용이하다.

2) 단 점

- 재무적인 위험이 높다.
- 자본력과 필요한 인력을 구하거나 운영하기 어렵다.
- 효율성이 낮다.

제**2**절

프랜차이즈 방식

① 프랜차이즈 개념

국제 프랜차이즈 협회The International Franchise Association에 의하면 프랜차이즈franchise, 가맹사업란 어느 한 조직franchisor: 가맹본부이 일정 지역의 다른 조직franchisee: 가맹점, 가맹사업자에 대하여 자기의 상호, 상표 등 영업을 상징하는 표지를 사용하여 제품 또는 서비스를 판매하거나 기타 영업을 할 수 있는 권리를 부여함과 동시에 영업에 대한 일정한 지시, 통제를 하는 한편, 선택적으로 그 영업에 대한 노하우를 제공하거나 상품을 공급하고, 이에 대하여 프랜차이지가맹점 혹은 가맹사업자는 프랜차이저가맹본부에게 대가로서 가맹비, 보증금 또는 로열티나 제품대금 등을 지급하는 지속적인 계약을 체결하는 것을 말한다.

프랜차이즈 체인은 상표만 빌려줄 뿐 영업에 관해서는 전혀 관여를 하지 않는 라이선싱licensing과는 다른 것으로 일반체인regular chain과 임의체인voluntary chain 양자의 장점을 적절히 혼합한 경영체계라 할 수 있다. 일반체인이란 체인본부가 신규로 자본을 투입하여 점포를 신축 소유해서 본부 자신이 운영하는 방법이며, 임의체인이란 동일업종의 소매점이 경영의 독립성을 가지면서 매입, 판매촉진 등의 사업활동을 공동으로 함으로써 규모의 이익과 분업의 효율성을 얻으려고 하는 체인조직이다.

1) 일반체인regular chain

체인본부가 직접 점포마다 투자를 하고 직원들을 파견하여 관리해 나감으로써 브랜드의 이미지를 보다 강력하고 일관되게 통제하여 소비자에게 좋은 이미지를 심어주면서 경영하는 다점포방식이다. 자본이 너무 많이 든다는 단점이 있으나 전국 어디서나 같은 색깔을 확실하게 낼 수 있다는 장점을 가지고 있어 주로 대기업에서 많이 활용하고 있다. 그러나 봉급생활자인 종업원들에 의해 모든 것이 이루어진다는 측면에서 볼 때 100% 이상의 효과를 올리기가 어렵다는 한계를 가지고 있다.

┃표 4-1┃ 프랜차이즈 시스템 유형

유 형	종 류
체인형태	① 일반체인 ② 임의체인 ③ 프랜차이즈 체인

유통망마케팅 시스템 형태	① 수평적 마케팅 시스템
	② 수직적 마케팅 시스템
	  • 법인적 수직 마케팅 시스템
	  • 관리적 수직 마케팅 시스템
	  • 계약적 수직 마케팅 시스템

프랜차이지가맹점 권한에 따른 형태	① 단일 프랜차이즈 방식
	② 복수 프랜차이즈 방식
	  • 지역 프랜차이즈
	  • 마스터 프랜차이즈

프랜차이지 제공내용 및 범위에 따른 형태	① 상품 및 상호형 프랜차이즈 방식 ② 기업형 프랜차이즈 방식
대상업종 및 업태별에 따른 형태	① 외식업 프랜차이즈 ② 소매업 프랜차이즈 ③ 서비스 프랜차이즈
계약내용에 따른 형태	① 상품판매형 프랜차이즈 ② 영업형 프랜차이즈 ③ 생산 및 공정 플랜트 프랜차이즈
기타 형태	① 결합관계형 ② 서비스 제공 형태별

이러한 형태는 주로 외국의 기업과 체인 계약을 맺은 국내의 대기업이 패스트푸드, 패밀리 레스토랑에 많이 적용하고 있다. 예를 들자면, 피자헛, 버거킹, 맥도날드, KFC, T.G.I.F, 코코스, 베니건스, 스카이락 등이 있다. 이런 브랜드의 경우, 개인이 자기만의 장사를 해볼 수 있는 기회가 주어지지 않는다.

2) 프랜차이즈 체인franchise chain

우리가 알고 있는 일반적인 체인점이다. 프랜차이즈란 특허, 특권을 지칭하는 말로서 우리나라에서는 일본에서처럼 가맹사업이라고 풀이하고 있다. 이 형태는 개인에게 사업의 기회를 주는 방식을 채용하여 정확히 정의하자면 사업지원형 가맹사업이다.

프랜차이즈 가맹사업은 가맹본부가 우선 개점 및 경영에 관한 노하우를 구축해놓고 계약을 맺은 가맹점주에게 여러 가지 노하우와 상호, 상품공급권, 지역독점권 등을 주고 영업을 지원하는 시스템으로 운영된다. 그러므로 개인은 가맹본부와 가맹계약을 맺음으로써 여러 가지 지원을 받아 손쉽게 자기 사업을 할 수 있다.

체인본부는 가맹사업자를 지원한다는 명분으로 개점시에 대가를 받으며 개점 이후에는 로열티 등을 받아 수입을 올린다. 또한 최종적으로는 자기자본을 들이지 않은 다점포에서 상품을 대량 소비하여 점주는 소매 마진을, 본부는 도매 마진을 지속적으로 확보한다. 즉, 획기적인 본부투자 절약형 유통사업 전개방식이라 할 수 있다.

우리나라 프랜차이즈 시스템하에서 점포 운영의 경우 대부분 영세규모로 전개되고 있는 것이 특징이다. 프랜차이즈 계약의 주체인 본사와 가맹점에 있어서 본사는 체인본사로서 그 기능과 역할이 부족하고, 법적·제도적인 미비로 책임 소재가 빈번하게 발생하고 있으며, 가맹점은 모든 것을 본사에 의지하려는 상호 역기능적인 갈등이 상존하고 있다. 이러한 결과 때문에 본사와 가맹점 간의 긍정적인 측면과 부정적인 측면 그리고 책임의 한계가 대두되고 있는데 쌍방 간의 관계를 정리하여 비교해 보면 다음과 같다.

(1) 프랜차이저에게 유리한 면

❶ 높은 이익발생과 재무위험 회피

프랜차이저는 직접투자 없이 상표사용 허가와 기술지원만으로도 그에 따른 급부가 있으므로 적은 자본으로 많은 이익을 얻을 수 있고, 프랜차이지가 도산한다 할지라도 재무적으로 직접 피해를 입지 않는다.

❷ 노동문제 회피

경영통제권은 가지고 있으나 종업원에 대한 직접적인 고용주가 아니기 때문에 사용문제는 프랜차이지 측이 책임을 진다.

❸ 용이한 체인화

대부분의 외식체인기업은 체인화에 필요한 노하우를 갖추었다 하더라도 자금과 인력을 충분히 갖지 못하고 있다. 그러나 프랜차이지들의 자본과 인력을 이용하여 용이하게 체인화를 시도할 수 있다.

❹ 높은 지역사회 적응성

프랜차이지는 보통 식당이 위치하고 있는 곳에 오래 거주하였기 때문에 본사의 인력이 파견된 것보다 쉽게 지역사회에 적응하여 지역사회와의 갈등을 일으키지 않는다.

┃표 4-2┃ 프랜차이즈의 장단점

구 분	본사franchisor	가맹점franchisee
장 점	• 자본과 노력이 필요 • 가맹점의 적극적인 영업활동이 가능 • 광고 등 상호 협력에 의한 규모의 실현 • 단기간에 광범위한 판매량 구축 • 가맹금과 로열티 확보로 안정된 사업 수행 가능 • 프랜차이즈 패키지 통한 고객 이미지 제고 • 다점포 전개시 상대적인 이익 증가	• 경험이 부족해도 사업가능 • 투자 리스크의 최소화 • 지속적인 연구개발R&D 지원받음 • 영업, 광고, 경영방식 등 컨설팅 지원받음 • 장소의 선정 및 상권 분석 • 교육훈련, 매뉴얼, 레이아웃 지원 및 활용 • 기타 본부의 인지도 및 노하우 활용

단 점	• 본사의 지도력 부제 및 통제의 한계 • 부실채권 발생 우려 • 지속적인 지원으로 비용과 노력이 소요 • 연구개발R&D, 투자비 증가 • 가맹점의 매뉴얼 준수규약 무시한 영업행위 • 독과점금지법 관련 소송 발생 • 가맹점의 집단 탈퇴와 압력 단체화	• 본사 위주인 가맹계약 • 책임한계의 모호성에 따른 일방적 갈등 • 본부의 기능과 역할 미흡에 대한 불신 • 계약기간 내 탈퇴가 어려움 • 물품의 일방적 고가구매 강요 • 본사의 부도나 파산 및 일방적 정책유도
책 무	• 프랜차이즈 시스템의 철학과 목적의 명확화 • 확실한 경영 이념과 목표 설정으로 경영윤리관 확립 • 본사의 기능과 역할 증대 • 가맹점에 대한 소속감, 동질성, 공감대, 신뢰도 형성	• 가맹점 주축의 계약이행 및 정직성 • 본사 의존보다는 자립적인 경영자세 • 본사 프랜차이즈 패키지로 고객에 대한 인지도 제고

(2) 프랜차이저에게 불리한 면

❶ 브랜드 이미지 손상가능성

자기자본이 투자되지 않은 경우에는 실제적으로 강력한 경영통제는 어렵다. 이러한 요인은 경영관리에 문제가 발생하는 경우 품질의 고유성을 잃어버려 브랜드 이미지를 손상할 우려가 높다. 이러한 문제점을 해소하기 위하여 프랜차이지와 종업원의 철저한 교육실시와 수시방문, 업장지도 등을 통해 성공적인 체인경영을 이끌어야 한다.

또한 프랜차이지의 경영능력부족, 자본부족, 그 밖의 실책으로 인하여 프랜차이지가 도산할 때도 역시 브랜드의 이미지에 손상을 줄 수 있다.

❷ 법적 분쟁가능성

프랜차이저의 능력이 프랜차이지가 바라는 기대수준에 미치지 못한다고 판단할 때 프랜차이지는 프랜차이저의 능력을 의심하고 최악의 경우 프랜차이즈 계약을 일방적으로 파기하는 상황까지 갈 수 있다. 이런 경우는 드물지만 소송까지 갈 수 있다.

❸ 경영정책의 변화 어려움

일단 프랜차이저가 되면 프랜차이지의 입장도 고려해야 하기 때문에 시장상황의 변동과 중요한 변화에 빠르게 대처해야 하는데, 프랜차이지 각각이 다른 의견을 가지고 있어 그들의 의견을 수렴하여 조정하는 데 많은 시간이 걸리고 과정이 어렵다.

(3) 프랜차이지에게 유리한 면

❶ 입증된 개념

성공한 체인식당의 경우 이는 이미 고객에게 충분한 상품가치를 주고 있는 개념의 식당이다. 따라서 성공가능성이 매우 높다.

❷ 브랜드의 사용권리

상표는 한 판매자 혹은 판매자 집단의 상표 또는 서비스를 표시하고 경쟁자의 그것들과 구별하기 위하여 상용되는 이름, 용어, 표시, 상징, 원형 또는 이것들의 집합체제로 상표의 출원표시기능, 상품보호기능 및 광고선전기능을 가진다. 외식산업에서 상표사용의 주목적은 고객에게 신뢰감과 친밀감을 주기 때문이다. 즉, 이미 널리 알려진 이름을 사용함으로써 고객에게 쉽게 접근할 수 있다.

❸ 공동광고효과

세계 각국에 있는 체인업소에서 표시되어 있는 상표로 인하여 얻어지는 자연적 광고효과와 프랜차이저 또는 지역 프랜차이지협회가 주체가 되어 미디어를 모체로 하여 벌이는 광고활동은 단일 업소로는 해낼 수 없는 프랜차이즈 시스템의 특성이다.

참고로 프랜차이저에게 광고비는 보통 매출액의 2~3% 정도로 지불한다.

❹ 프랜차이지 경영자 및 종업원에 대한 교육훈련

프랜차이저는 프랜차이지의 경영자 및 종업원에 대한 단계적인 교육훈련 프로그램을 가지고 있다. 교육훈련의 목적은 프랜차이저의 입장에서 볼 때 직접 경영권을 가지지 않는 데 대한 보완책으로 프랜차이저의 경영이념 및 정책을 교육시킴으로써 자사제품의 표준화를 이룰 수 있고, 프랜차이저의 입장에서는 선진 경영기법을 도입하여 경영합리화를 이룩하는 데 있다.

맥도날드 같은 프랜차이저는 햄버거대학Hamburger University을 설치하여 직원전문교육기관으로 활용하고 있다.

❺ 대량구매에 의한 원가절감

프랜차이지에게 일정의 설비와 원자재에 대하여 지정된 것을 구입 사용하게 하고 있다. 이 경우 본사에 해당 품목 특정 생산회사에 계약으로 할인구매가 가능하고 혹은 프랜차이저가 직접 자회사를 산하에 두고 싼 가격으로 공급한다. 그러나 이 지정품 구입요구는 프랜차이지 자신이 직접 구매하는 경우가 더 경제적이라고 주장하여 문제가 되기도 한다.

❻ 프랜차이지의 입지선정 서비스

외식사업에 있어서 입지문제는 사업의 성공 여부와 직결된다. 프랜차이저는 자체 내에 전문적인 타당성 조사부feasibility study team를 두고 있다. 프랜차이지 예정자가 요구할 때 자체 타당성 조사부로 하여금 가장 경제력 있는 지역을 선정하여 적정한 업소규모와 시설까지 제시하여야 한다.

❼ 기술서비스 제공

건축설계, 실내장식, 각종 장비의 설계 및 배치, 종업원의 동선, 종업원의 고용 및 교육훈련, 마케팅 전략에 이르기까지 개업 전과 개업 후 기술서비스 지원 등을 말한다.

❽ 자금조달의 용이성

일단 프랜차이지가 되면 그 자체가 또 하나의 신용신뢰도를 높이는 결과를 가져와 자금조달이 쉬워진다. 또한 프랜차이저가 자금조달의 대리자 역할을 하기도 한다.

❾ 운영경비의 최소화

프랜차이저의 경험과 지식을 바탕으로 프랜차이지가 필요로 하는 물품재고량을 정하여 적정하게 상품구매를 하도록 지도하기 때문에 상대적으로 적은 운영비용만으로도 운영이 가능하다.

(4) 프랜차이지에게 불리한 면

❶ 추가비용 발생

프랜차이지가 됨에 따라 추가경비지출이 요구되는데 가입비, 총매출액의 일정비율에 따라 지불하는 로열티, 광고비 등이 있다. 각 비용은 프랜차이저의 지원정도, 경영상태 등에 따라 일정하지 않다.

❷ 업체 간 상이한 계약서 작성

프랜차이저와 프랜차이지는 신의·성실을 바탕으로 계약서를 작성하게 되는데 이는 업체 간 당사자의 합의 및 계약조건에 따라 달리 적용하는 경우가 있다. 이는 주로 프랜차이저의 시각에 의해서 로열티, 계약기간, 계약조건 등이 결정되기 때문에 프랜차이지에게는 다소 불리한 점이 많다.

❸ 독자적인 경영권 제한

프랜차이지는 프랜차이저의 경영정책이나 방침에 따라 경영활동을 이행해야 하므로 독자적인 상품개발 및 판매, 광고활동, 직구매 등이 제한되므로 독자적인 경영활동을 수행할 수 없다.

❹ 상품표준화의 이행에 따른 부담

프랜차이저의 입장에서 상품표준화는 중요하기 때문에 반드시 중점관리할 부분이지만, 프랜차이즈의 입장에서는 국가의 문화적 특성, 그 지역의 특성 등을 고려한 상품개발이 부진한 경우 오히려 부담으로 작용할 수 있다.

│표 4-3│　세계 프랜차이즈 관련 통계(IFA 추정치)

구 분	매출액	가맹본부수	가맹점수	고용창출
북 미	1,098	3,200	401,000	9,000,000
남아메리카	15	1,569	46,890	366,650
유 럽	126.4	5,955	221,152	969,411
아시아	156.2	3,949	415,600	1,290,000
퍼시픽	60.0	1,047	63,400	768,000
아프리카	5.9	478	23,625	586,000

자료 : IFA[2002]

항 목	일반체인	임의체인	프랜차이즈 체인
주 체	기업본사	개인점포	프랜차이즈 전문기업
자 본	단일자본	가맹점본부와 별도	가맹점본부와 별도
경 영	비독립	독립	독립
점포경영	본부에서 위임한 점포경영자	독립한 오너 또는 점포경영자	독립한 오너 또는 점포경영자
시 장	새로운 점포개설과 시장 확대	기존점포의 가맹으로 점포 확대	신규점포와 기존점포의 가맹으로 확대
계약범위	없음	경영일부	경영전반
가격통제	본부통제	자유원칙	원칙은 본부추천
지도	슈퍼바이저가 순회	자유	슈퍼바이저 순회
상품공급 범위	본부경유 혹은 지시	본부구입	본부경유, 지시추천
본부통제	완전통제	약함	강함
본부와의 관계	전부동일	임의공동체	경영이념 공동체
점포이미지	전부동일	기본적으로는 동일 이미지 유지	전부동일
원 조	경영매뉴얼을 통해 실시	다양한 형태가 있지만 중요 점포에만 실시	경영매뉴얼을 통해 실시본부의 강력한 지도

|표 4-4| 각 체인형태의 비교

자료 : 산업자원부, 한국프랜차이즈 총람 [2002. 12]

(5) 소비자 측면에서의 장단점

❶ 소비자 측면의 장점은 우수한 메뉴나 제품들이 표준화되어 균질의 서비스로 언제 어디서든 이용하거나 혜택을 받을 수 있으며 우수한 경영기법의 가맹본부들이 보다 효율적인 시스템을 개발하고 지원하여 상품판매에 대한 원가절감을 억제하여 주므로 염가의 품질 상품들을 제공받을 수 있다.

❷ 단점은 가맹본부의 힘이 너무 강하게 작용하여 가맹점들이 불리한 입장에 놓이게 되면 가격, 서비스 등에 있어서 결과적으로 소비자에게 불이익으로 돌아올 위험성과 영업상의 책임소재가 불명확하여 상품에 대한 문제 발생 시 그 해결처가 불분명하다는 것이다.

국가별 프랜차이즈 정의

1) 국제 프랜차이즈 협회 International Franchise Association

프랜차이즈 사업운영은 '프랜차이저와 프랜차이지 간의 계약관계인데, 프랜차이저는 프랜차이지의 사업에 대하여 자기사업에 있어서의 노하우와 교육과 같은 분야에서 계속적으로 이익을 제공하거나 지지하는 반면에, 프랜차이지는 프랜차이저가 보유하고 있거나 통제하는 유통의 상호, 양식, 절차에 따라 영업을 행하고, 자기자본으로 자기사업에 상당한 자본을 투자하는 것'이라고 정의하고 있다.

2) 미국

프랜차이저가 프랜차이지에게 부여하는 계약상의 사용허가서a contractual license에서

첫째, 프랜차이저에게 속하거나 그와 관련된 특별한 명칭specific name하에 혹은 이를 사용하여 특정한 사업을 일정기간 동안 행할 것을 프랜차이지에게 허가하거나 요구하고,

둘째, 프랜차이지가 프랜차이즈의 대상인 영업을 수행하는 방식the manner에 관하여 일정기간 동안 계속적인 통제권을 프랜차이저에게 부여하고,

셋째, 프랜차이저는 프랜차이지에게 프랜차이즈의 대상경영, 사업조직, 직무교육, 판매활동인 사업운영에 협력할 의무를 부담하며,

넷째, 프랜차이지는 계약기간 동안 정기적으로 프랜차이저에게 프랜차이즈 사용료, 기타 프랜차이저가 제공하는 재화나 서비스에 대한 대가를 지불할 의무를 부담하며,

다섯째, 모회사holding company와 자회사subsidiary, 동일한 모회사의 자회사 간 또는 개인individual과 그 개인의 지배를 받는 사회 간의 거래transaction가 아닐 것이라고 정의하고 있다.

3) 독일

프랜차이즈 제도는 "계약사는 계속적인 채무관계를 기초로 법률상 독립기업 간에 조직된 수직적 · 협동적 판매제도로서 시장에서 통일적으로 행동하고 조직당사자system-partner의 분업적 급부 프로그램 및 조직의 일정한 행동을 보장하는 지원제도와 통제제도에 의하여 특징지어 진다."고 정의하고 있다.

4) 일본

프랜차이즈란 "사업자프랜차이저가 타 사업자프랜차이지와 계약을 체결하여 자기의 상호, 상표, 서비스, 기타 영업의 상징인 표식 및 경영 노하우를 사용하여 동일한 이미지로 상품의 판매 및 기타 사업을 행할 권리를 부여하고, 반면에 프랜차이지는 그 반대급부로서 일정한 대가를 지급하며, 사업에 필요한 자금을 투자하여 프랜차이저의 지도 및 지원하에서 사업을 행하는 양자 간의 계속적 관계를 말한다."라고 정의하고 있다.

5) 이탈리아

프랜차이즈는 법적 · 재정적으로 독립된 하나의 기업프랜차이저과 하나 혹은 다수 프랜차이지 간에 상품과 서비스의 판매를 위한 계속적 활동의 형태로서 다음과 같은 계약을 체결한다.

첫째, 프랜차이저는 프랜차이지에게 자기와 동일한 이미지로 영업을 운영하는 것을 허용하는 서비스와 원조의 형태, 그리고 자기의 노하우필요한 모든 지식과 기술와 특유의 상징을 이용할 권리를 포함하는 사업상의 방법에 대한 이용을 허용하고 있다.

둘째, 프랜차이지는 완전히 합의된 계약조건the contract conditions을 존중할 뿐만 아니라, 당사자의 최종소비자의 이익을 위하여 프랜차이저에 대한 사업상의 정책과 이미지를 채택할 의무를 부담한다.

위탁경영방식은 외식산업의 경영능력이 부족하거나 없는 사람, 건물 등의 부동산을 가지고 있는 사람 또는 기업이 외식체인본부에 위탁하여 운영하는 경영방식이다.

소유와 경영이 분리된 경영방식의 하나로 소유주는 외식업소에 필요한 토지, 건물, 시설, 집기, 운영자금까지 제공하고, 외식체인본부는 업소경영에 필요한 권한을 소유주로부터 위임받아 경영한다.

법적으로는 외식체인본부에서 파견된 직원이 소유주에게 고용되어 식당을 위탁경영하는 대리인의 입장이기 때문에 경영 중에 일어나는 문제 중 고의성이 있는 것을 제외하고는 소유주가 모두 책임을 진다.

제 **3** 절

위탁경영
Management Contract
방식

1) 외식체인기업에 유리한 면

❶ 높은 수익발생과 재무위험 회피

위탁경영하에 발생하는 수익은 프랜차이즈 계약조건하에서 발생하는 수익보다 보통 높다. 위탁경영비는 총매출액의 일정비율이고, 이 외에도 경영성과급이 있다. 대부분의 경우 직접투자를 하지 않고 있으며 투자를 하는 경우도 적은 비율이기 때문에 재무적으로 별 문제가 발생하지 않는다.

❷ 경영권 장악

외식체인기업은 직접 자사의 직원을 파견하여 영업부문부터 인사, 구매, 판매 등에 있어 모든 권한을 가지고 자기소유의 업소처럼 운영하기 때

문에 자사의 경영방침을 그대로 적용함으로써 일정수준 경영권을 유지할 수 있다.

2) 외식체인기업에 불리한 면

❶ 소유주와의 분쟁

경영권이 없는 소유주는 경영실태를 하나하나 감시하며 외식체인본부가 실책을 범하였을 때 그 책임에 대하여 법적 분쟁까지 몰고 갈 수 있다.

❷ 소유주의 운영자금 의존도 높음

외식체인기업의 경영자금이 부족할 때 소유주로부터 운영자금을 지원받아야 하기 때문에 소신 있고 과감한 경영을 할 수 없다.

3) 소유주에 유리한 면

❶ 경영노하우의 전수용이

외식체인본부가 가지고 있는 모든 경영노하우와 기존 시스템을 외식체인기업 소유자는 쉽게 얻을 수 있다.

❷ 유능한 인력활용 가능

외식체인본부에서 파견한 직원의 전문성과 경험 있고 유능한 직원들이 직접 경영에 참여시킴으로써 경영성과를 높일 수 있다.

4) 소유주에 불리한 면

❶ 직접 경영참여 불가능

소유주는 계약에 의해 외식체인기업의 모든 경영권을 외식체인본부에 위임하였기 때문에 계약만료시까지 경영에 직접 참여할 수 없고 일정기간단위로 재무보고만 받는다.

❷ 위탁경비비용 과다 지불

영업 부진으로 인한 손해를 볼 때라도 총매출액의 일정비율을 지불해야 하고 외식체인기업 경영진 대부분이 외식체인본부 소속의 직원이므로 많은 인건비적 지출이 따른다.

F O O D S E R V I C E   M A N A G E M E N T

실 전 외 식 사 업 경 영 론

FOOD
SERVICE
MANAGEMENT

Chapter

05

프랜차이즈 시스템의 이해

학습목표

1. 프랜차이즈 시스템의 특성과 역할에 대하여 알아보자

2. 프랜차이즈 산업의 환경변화 및 발전 전망에 대하여 알아보자

3. 프랜차이즈 가맹절차 및 주의사항에 대하여 알아보자

4. 프랜차이즈(외식업)의 표준약관에 관하여 알아보자

제 **1** 절

프랜차이즈 시스템의 특성 및 역할

프랜차이즈 시스템은 18세기까지 영국에서 쓰이다가 중반에 미국에 도입되었다. 근세기의 프랜차이즈 개념을 최초로 도입한 회사는 1850년경 재봉기를 제조하는 The Singer Co.가 자사 제품의 판매를 위한 자본 확보를 위해 시작했다.

19세기 말엽 주정부 및 산하 지방자치단체가 선거 공약의 이행 등을 위한 기금 확보를 목적으로 일반에게 프랜차이즈 개념을 도입하여 정치적으로 사용하기도 하였다.

20세기에 들어서 농업 위주의 산업에서 제조업 위주의 산업으로 사회가 바뀌어감에 따라 프랜차이즈도 정치적 도구에서 상업적 분야로 탈바꿈하게 되었고, 많은 제조회사들이 자사의 제품을 팔기 위해 프랜차이즈 개념을 도입하게 되었다. 그러나 당시는 제조업체의 상품과 등록상표에 국한하여 프랜차이즈 권리를 부여하였으며 이런 형태의 프랜차이즈로는 자동차, 주유소 등이 있다.

그러나 경제의 급성장과 인구의 증가는 여러 종류의 상품이나 서비스를 필요로 하게 되었는데, 이러한 사회적 여건에 적응할 수 있는 비즈니스의 형태로서 프랜차이즈가 급속히 발전하게 되었다. 즉, 작은 규모의 자금 투자로써 거대한 일반 비프랜차이즈 경쟁사와의 경쟁이 가능하고,

보통 회사가 시장 점유를 하기 위해 투자하는 돈, 인력 등에 비해 아주 적은 수준으로 시장에 대한 적응이 가능하였기 때문이다.

또한 1960년대에서 1970년대 초까지 각종 형태의 다양한 프랜차이즈는 연방정부나 주정부로부터 아무런 제약 조건이나 규정이 없는 상태에서 우후죽순처럼 산재하여 악덕 프랜차이즈 회사는 열악한 회사구조나 상품으로 프랜차이즈의 개념이 잡혀 있는 않은 가맹점들로부터 자금 확보만 하고 사기를 행하는 소위 'franchising's troubled dream world'라는 사태를 야기시켰다.

이러한 문제를 해소하기 위하여 몇 명의 프랜차이즈 회사 중역으로 구성된 국제프랜차이즈협회IFA : The International Franchise Association를 창설하게 되었다.

1970년에 들어서 연방정부의 연방거래위원회FTC : The Federal Trade Commission는 프랜차이즈 거래규칙을 만들어 모든 프랜차이즈는 연방정부 차원에서 규제를 받게 되었는데, 여기에서 가장 중요한 골자는 가맹본부가 예비가맹점주에게 중요한 정보를 반드시 제공해야 한다는 것이다.

1980년대에 들어서 주정부에서도 프랜차이즈를 규제하는 각종 규정을 만들었고, 이로 인해 여론의 공신력이 회복되었으며 프랜차이즈는 제2의 도약을 하게 되었다.

2 프랜차이즈 시스템의 특성

1) 가맹점의 독립성

프랜차이즈 시스템이 단순히 본부가 체인점에 대하여 판매에 관한 어떤 권리를 주고 그것을 계약하는 것에 그치는 것이라면 별로 새삼스러운 것은 아니다. 그것은 종래부터 있었던 특약판매점제도라고 불리던 것과 크게 다를 바 없을 것이다. 또한 자본을 달리하는 많은 사업자들이 모여서 체인활동만을 하는 것이라면 자율체인과도 다른 것이 없을 것이다. 그러나 프랜차이즈 시스템이 급속도로 보급되는 데에는 이유가 있다. 그것은 자본을 달리하는 독립 사업자들이 상호 협력하면서 동일자본하에 있는 체인형태의 경우와 유사한 효과를 발휘하기 때문이다.

　프랜차이즈 시스템은 가맹본부와 가맹점의 자율성이 인정되고 각자는 독립된 이윤의 흐름을 보장받는다는 점에서 일반적인 제품이나 용역의 거래와는 다른 특징을 보인다. 거래의 빈도가 일반적으로 낮다는 점도 이 시스템이 가지는 특징 중의 하나로써 가맹본부가 가맹점에게 허가하는 상호나 기술전수, 경영기법은 계약기간 동안 언제든지 사용할 수 있으며 가맹점의 경우 가맹본부에게 지불하는 가입금이나 로열티는 보통 1년에 한 번 꼴로 이루어진다. 즉, 거래는 항상 일어나지만 거래의 결재는 드물게 일어나고 있다.

2) 제품의 동질성

　프랜차이즈 시스템은 독립적인 경영자와 사업주체들로 구성되어 있지만 소비자들은 시스템 전체를 동질적인 것으로 인식하고 있다. 소비자들이 전체 시스템을 동질적으로 인식하므로 마케팅 활동에서 얻어지는 효과 역시 일반적인 기업의 경우보다 훨씬 높다고 할 수 있으며, 본사의 능력이 이 시스템에서 중요하게 평가받는 것도 이러한 특징에서 기인한다.

　프랜차이즈 시스템의 동질성은 소비자의 구매행동에도 영향을 끼친다. 여러 지역에서 영업활동을 하지만 본사는 모든 지역에서 품질의 동질성을 유지하려는 노력을 계속적으로 기울이기 때문에 소비자들은 어느 지역에서 구매를 하든지 품질에 대한 확신을 가지고 구매행위를 할 수 있다. 원재료나 설비를 본사가 중앙집권적으로 구매해서 가맹점들에게 배분하는 경우 규모의 경제를 달성할 수 있으나 항상 그렇지는 못하다.

　그러나 일부 가맹점들의 기회주의적 행동이 프랜차이즈 시스템 전체에 미치는 악영향이 크기 때문에 가맹점이 기회주의적 행동을 하는지 여부를 항상 감독해야 하며 이러한 감시비용monitoring cost이 많이 든다. 외식산업을 예로 들면 일부 가맹점의 매장 환경이 불결하다면 소비자는 프랜차이즈 시스템을 동질적으로 인식하기 때문에 전체 시스템의 매장 환경을 불결하다고 간주하게 된다. 외식산업에 존재하는 암행 감사mystery shopper는 가맹점의 기회주의적 행동을 감시하기 위해 고안된 제도로 볼 수 있다.

3) 협동성과 공동성

다른 특징으로 프랜차이즈 시스템을 설립하고 유지하기 위해서는 거래 쌍방이 초기에 많은 자본을 투자하여야 하므로 거래 쌍방의 기회주의적 행동을 방지할 수 있다. 그러나 기회주의적인 행동의 방지만으로는 이 시스템을 유지하기가 쉽지 않다. 일반적으로 프랜차이즈 계약이 5년이나 10년의 장기계약으로 이루어지기 때문에 계약이 집행되는 동안 변화하는 환경에 적응하는 노력을 하여야 하며 쌍방 간의 행동을 항상 조정하도록 하여야 한다.

프랜차이즈 시스템은 거래 쌍방이 상호 조정과 환경 적응을 필요로 하기 때문에 본사는 항상 변화하는 환경에 알맞은 교육 프로그램이나 마케팅 프로그램의 개발에 노력을 기울여야 한다.

4) 불확실성의 감소

본사로서는 영업을 지역적으로 확장하고자 할 때 해당 지역의 시장성이나 해당 국가의 문화적 특성을 정확하게 파악하기가 어렵다. 이때 해당 지역이나 국가에서 가맹점들을 모집하여 영업활동을 허가하여 준다면 정보의 부족에서 생기는 전반적인 불확실성을 별다른 비용의 지출 없이 확실하게 감소시킬 수 있다.

5) 소자본 창업

사업 확장에 필요한 막대한 자본이 필요하지 않다. 자본의 투자면에서뿐 아니라 영업활동에 있어서도 가맹점들이 자신들의 이익을 위한 동기를 가지기 때문에 본사로서는 별다른 노력을 기울이지 않아도 된다. 또한 로열티와 같은 장기적인 수입을 확실하게 보장받을 수 있다.

6) 신뢰성

가맹본부와 가맹점 사이에 이익의 분배문제나 또는 정보를 공유하지 못함으로 발생하는 의견의 차이로 분쟁이 발생할 소지가 많다. 이를 막기 위해서는 가맹본부와 가맹사업자 간에 신뢰가 형성되어야 하며 소비자와 가맹점 간에 신뢰

성이 형성되어야 한다. 그러나 이러한 신뢰성이 없어질 때 분쟁이 발생할 소지가 많아진다.

 프랜차이즈 시스템의 역할

1) 선진유통구조 실현

프랜차이즈가 유통의 발달에 따라 확대되어 가는 것은 이제 세계적인 추세라고 할 수 있게 되었다. 체인사업의 종주국인 미국은 프랜차이즈 가맹점이 578천개로 전 소매점포의 38%를 차지하고, 1조 1640억달러의 매출액을 기록하여 GNP의 14%에 이를 만큼 강세를 보이고 있다. 지금도 해마다 연간 300여 개 정도의 가맹본부가 새로운 아이템을 갖고 동일한 시장에 뛰어들 정도이다.

또한 일본에서도 약 30년 전에 미국으로부터 도입한 프랜차이즈 시스템이 현재 유통 및 서비스업계에 지각변동을 일으킬 만큼 강하게 달아오르고 있다. 해마다 1조엔 정도의 매출액이 증가하여 소규모 개인 상점은 쇠퇴하고 체인점이 등장하는 상쇄효과trade-off effect가 일반화되고 있다.

이와 같이 프랜차이징은 국제화와 개방화시대에 있어 공동물류시스템과 공동마케팅 등으로 유통시스템을 개선시켜 유통비용을 감소시켜 제조업은 물론 서비스업의 국제경쟁력을 강화시키는 역할을 한다.

2) 창업기회 확대와 실업 감소

프랜차이징은 주로 경기가 침체시 그 수가 더욱 증가한다. 이는 소자본으로 큰 경험 없이 작은 위험으로 창업할 수 있기 때문이다. 또한 이러한 창업은 창업자뿐만 아니라 점포에 필요한 고용인력을 늘여서 실업을 줄이는 데 기여한다.

프랜차이즈 가맹점당 약 4명의 고용창출 효과가 이루어지므로 10만 가맹점 창업은 약 40만명의 고용창출 효과를 가져 올 수 있다.

3) 중소기업 비중 확대

대부분의 프랜차이즈가 소규모 가맹점의 형태를 가지므로 국민경제에서 중소기업의 비중을 높여서 경제적 집중을 감소시킨다. 그리고 프랜차이징은 완전히 통합된 수직적 체인에 대한 대안을 제공해 줌으로써 경영적 집중을 감소시킨다. 프랜차이즈 시스템은 법인적 시스템 증가에 대한 대안으로서 독립적 소기업의 보호를 위해 필요하다.

특히 프랜차이징은 개인이 독립기업인이 될 수 있는 기회를 크게 증가시켜 줄 수 있다. 가맹점주는 경영시간, 지역광고, 가격, 청결의 기준 그리고 종업원 수 등의 결정과 같은 주 경영활동에 책임을 가지게 됨으로써 그들 스스로가 독립기업인이라고 믿게 된다.

세 가지 측면에서 가맹점주는 본부로부터 도움을 받을 수 있다.

첫째, 프랜차이즈의 주요 이점 중의 하나인 상호trade mark와 상표를 사용할 수 있다.

둘째, 입지선정, 교육, 훈련 프로그램, 영업방식, 공급자 선정, 개업시 감독 등의 개업 이전에 많은 도움을 받는다.

셋째, 광고, 공급, 현지감독, 상담 등으로서 개업 후에도 계속적으로 도움을 받을 수 있다.

4) 국민후생 증대와 지역 간 격차 해소

프랜차이즈는 동질성이 있으므로 지역별로 소비자들은 동질적인 가격과 서비스를 받을 수 있어 소비의 만족도가 높아지며 이는 국민후생 증대에 기여하게 된다. 그리고 유통비용의 감소로 제품가격의 하락은 소비자의 후생을 증대시키는 역할을 한다.

또한 지역 간 소비의 품질이나 가격 격차가 없어짐에 따라 지역 간 후생의 차이가 감소하여 지방경제를 활성화시킬 수 있다.

5) 신유통기법개발 기여

프랜차이즈는 신경영기법의 창출에 큰 기여를 한다. 다수에 의한 공동사업

경영으로 아이디어 및 신경영기법의 지속적 발전을 가져올 수 있다. 또한 동 업종의 다양한 경쟁에 의한 선의의 경쟁효과도 배가시킬 수 있다.

6) 농수산품, 유통사업 연계

프랜차이즈 시스템은 모든 산업과 연계가 가능하다. 프랜차이즈 시스템은 제조업, 유통업, 서비스업 등 모든 업종과 업태에 적용이 가능하다는 점이다.

예를 들면 조리기계 등을 제조하는 회사가 자사의 제품을 가맹점에 판매하기 위해 외식업 프랜차이즈 전개가 가능하다. 또한 문구용품 유통업체가 소매판매를 목적으로 하는 각 지역별 가맹점을 모집한 후 대량구매와 박리다매 판매방식을 도입해 문구할인 마트를 프랜차이즈 방식으로 운영하는 것도 가능하다. 창업 컨설팅 회사가 부동산 중개사무소에 창업 컨설팅 기능을 접목하여 공장, 사무실 등 상업용 부동산 전문 부동산 중개사무소를 프랜차이즈 형태로 운영하는 방식 등은 프랜차이즈 시스템이 제조업, 유통업, 서비스업과 접목이 가능하다는 것을 입증하는 좋은 예들이다.

7) 수출증대에 기여

프랜차이즈 산업이 21세기 유망한 수출산업의 역할을 충분히 수행할 수 있는 산업이란 점이다. 맥도날드, 스타벅스 등 세계 우수의 프랜차이즈가 우리나라에 들어와 성업 중에 있다는 사실만 보아도 우리나라 프랜차이즈 시스템을 해외로 수출할 수 있는 가능성은 얼마든지 존재한다고 볼 수 있다.

프랜차이즈 비즈니스는 단순한 수출산업으로서의 역할뿐만 아니라 자국 내에서의 경영 노하우와 시스템을 그대로 외국에 이전하여 타국에서도 그 나라의 실정에 맞게 변형하여 비즈니스를 전개할 수 있는 글로벌 비즈니스로서의 위력은 정말 대단하다고 볼 수 있다. 즉, 유통산업의 글로벌화 전략은 프랜차이즈를 통해서 급속도로 이루어질 수 있다.

그러나 이러한 긍정적인 역할 이외에도 부정적 효과도 있다. 프랜차이지가맹점주 대다수가 일반적으로 높은 만족감을 가지나 프랜차이저가맹본부와 최초 약속대로 계약내용이 이행되지 않았을 때 분쟁이 발생할 수 있으며 이 경우 조정이 어렵다고 할 수 있다. 그리고 프랜차이즈가 독점이 되었을 때, 본부의 힘이 강력하게 행사될 때는 가맹점은 거래상 불리한 입장에 놓이게 되어 결과적으로는 가격, 서비스면에서 소비자에게 불이익이 발생할 위험이 있다. 이와 같이 거래상 부실이 일어날 경우 경영상 책임의 소재가 분명하지 않은 경우가 생겨 소비자의 후생을 감소시킬 수 있다. 이러한 역할을 하는 프랜차이즈는 경제의 발전과 더불어 소비자의 소비욕구의 다양화로 말미암아 새로운 상품의 개발, 시장확대 등의 전략을 수립해 나갈 것으로 전망된다. 따라서 이를 뒷받침하기 위한 대규모의 투자가 선행되어야 하며 사후관리 또한 요망된다고 할 수 있다.

제**2**절

프랜차이즈 산업정책

프랜차이즈 산업 환경의 변화

최근 들어 한국의 프랜차이즈 산업 환경은 크게 변화되고 있다. 프랜차이즈 업체들은 규제개혁의 진전, 유통시장의 완전개방, 유통정보화의 진전, 소비자중심사회의 도래, 소비패턴의 변화, 글로벌 시장의 출현 등으로 치열한 경쟁 환경에 직면하고 있다. 현재 한국 프랜차이즈 업계가 당면하고 있는 산업의 환경적 특성은 다음과 같다.

1) 정부규제의 완화

유통산업을 비롯한 모든 부문에서 정부규제는 불필요한 행정비용을 증대시키고 자원배분을 왜곡시켰을 뿐만 아니라 유통업체의 효율성과 생산성을 떨어뜨려 왔다. 그래서 생산 및 영업과 연관된 활동에 대한 영업·개설·입지·조세·금융규제 등이 완화되고, 제조업에 대한 차별조치가 철폐되고 있다.

2) 국내시장의 개방

IMF 이후 국내서비스 및 농산물시장이 개방되고 있고, 1989년부터 시작된 유통시장의 단계적 개방은 1996년 1월에 마무리되었다. 그 결과 외국인 투자의 허용범위가 확대되거나 점포수 및

점포망 매장면적 제한이 완전 철폐되었다.

1989년 이전에는 기술도입 및 도매업 투자 폭 확대, 외국지사에 대한 점포수 및 매장면적 제한 완화 등의 조치가 일부 시행되었다. 이로 인하여 외국업체의 국내진출이 급격히 증가하였다.

3) 정보화의 진전

컴퓨터와 통신시설의 발달로 정보망의 확대에 따른 유통정보화의 진전은 서류거래의 필요성을 약화시켰다. 정보화의 진전은 발주업무나 거래처 관리, 재고파악 및 주문처리 등의 효율성을 높이는 데 큰 기여를 하게 되었다. 이미 실용화단계에 있는 유통정보화의 수단으로는 POS, EDI, CALS, EOS 등을 들 수 있다.

4) 소비자의 권익향상

소비자중심사회가 도래하면서 소비자의 권익이나 선택권이 보호되는 영업전략이 더욱 중요시되고 있다. 그동안의 공급자 위주의 유통전략은 소비자의 권익향상이나 후생수준을 높이지 못하여 소비자를 구매력의 평가도구로만 이용하여 왔다. 그러나 이제 소비자들은 각종 의사결정에 직접 참여하게 되었고 결집된 힘을 이용하여 가격, 안정성, 품질 등에 대한 대항력을 키워나가고 있다.

또한 전 국민의 의식수준이 상향 평준화됨에 따라 각 외식업이나 소매점, 서비스업계에서는 전국 어디서나 동일한 상품을 제공하지 않으면 안 되게 되었다.

5) 전자상거래화

컴퓨터와 통신기술의 발달로 인해 상거래시스템이 변화하고 있다. 인터넷 전자상거래, TV홈쇼핑 등 사이버마켓 및 B2B 거래에 있어서도 EDI 등 전자거래가 확산 중이며, 바코드 및 POS시스템의 보급을 바탕으로 DB마케팅 등 선진경영기법을 벤치마킹하는 업체가 증가하는 추세이다.

6) 국제화

WTO의 출범에 따른 경제적 국경의 철폐화로 글로벌시장이 출현하면서 국가

간을 전산시스템으로 연결하는 국제영업시스템이 발전되고 있다. 국제유통시스템의 구축은 글로벌 정보통신네트워크의 구축, 글로벌 정보통신네트워크의 구축, 글로벌 경영전략을 더욱 강화시키는 계기가 되었다.

7) 대기업의 유통업체 진출

대기업의 신규 진입 및 기존 대형 유통업체의 지방 진출이 가속화되고 있다. 유통, 물류산업이 21세기 신산업으로 부상함에 따라 삼성, 대우 등 대기업이 유통업에 진출하고 있다. 또한 신세계, 현대 등 기존 대형 유통업체들이 유망상권을 선점하기 위한 다점포화 전략으로 지방 진출을 가속화하고 있다.

8) 가격경쟁의 심화

수직적, 수평적 경쟁이 격화되고 있다. 구매력을 가진 대형할인점이 확산되고, 중소유통업이 조직화되면서 제조업과 유통업 간의 수직적 갈등이 지속되고 있다. 주로 가격결정권을 놓고 갈등이 첨예하나 최근 open price 제도 등이 시행됨에 따라 이 갈등은 완화될 전망이다. 이러한 수직적 갈등 외에도 매장 간 경쟁에서 점차 업태 간 경쟁, 유통경로 간 경쟁, 상권 간 경쟁으로 수평적 경쟁이 확대되고 있으며 경쟁지역도 수도권에서 전국으로 확산 중이다.

9) 소비패턴의 변화

국민의 소득수준의 향상 및 소비자의 가치관 변화를 들 수 있다. 소득수준의 향상으로 필수품에 대한 지출은 감소하는 반면 교통, 레저, 통신 등 선택적 소비의 비중은 증가 추세이다. 또한 생활이 여유로워짐에 따라 감성중시 경향으로 브랜드, 디자인, 색상 등을 중시하고 창조지향형 욕구 충족을 위한 DIY 등 전문제품을 선호하는 경향을 보인다.

인구구성의 변화 및 여성의 경제활동도 증가하고 있다. 20, 30대 신세대가 사회활동에 본격 참여함에 따라 고급, 고감각 상품에 대한 선호가 증가하고, 사회의 고령화 진전에 따라 실버시설이 필요하게 되었으며 핵가족화, 맞벌이부부의 증가로 야간, 휴일 쇼핑이 증가하고 있다.

프랜차이즈 산업의 발전전망

국내에 프랜차이즈 시스템이 도입된 것은 1979년 7월 커피 전문점인 난다랑과 같은 해 10월 (주)롯데리아가 패스트푸드 체인화를 시도하여 1호점 소공점이 롯데1번가에 개점한 것이 공식적으로 확인된 우리나라 프랜차이즈 비즈니스 효시라고 볼 수 있다. 결국 우리나라 프랜차이즈 비즈니스의 역사는 38년이 되는 셈이다.

이는 근세기 최초로 미국의 더 싱거사가 프랜차이즈 비즈니스 개념을 도입한 해와 비교해 보면 약 130여 년이 뒤진 것이고, 프랜차이즈 비즈니스가 본격화되기 시작한 20세기 초와 비교해 보아도 대략 100년 늦게 우리나라에 도입되었다고 볼 수 있다.

현재 국내 프랜차이즈 시장에서는 250여 개 업종에 1,500여 개의 가맹본사가 운영되고 있으며, 가맹점수는 약 120,000개로 추정되고 있다. 본사수만 하더라도 1987년 50개 업체, 1994년 500개 업체였던데 비하면 괄목할 만큼 성장했다고 할 수 있다.

1) 시장규모 및 전망

향후 한국의 프랜차이즈 산업의 전망은 미국이나 일본의 경우를 비교하여 봄으로써 그 규모나 업종별 전망을 할 수 있다.

먼저 미국의 경우 1985년의 경우 소매업 전체 매출의 30%에 해당하는 5,000억달러가 프랜차이즈에 의한 매출이었는데 이는 그 해 GNP의 20%에 해당되는 것이었다. 이후 급속한 신장세를 기록하였다. 미국의 프랜차이즈 본사수는 지난 1996년 말 기준으로 4,000여 개, 가맹점수는 57만 8,000여 개 정도로써 미국 전체 소매업 점포수의 약 40%를 차지하고 있다. 매출액은 1조 1,640억달러로 미국 GNP의 14%, 소매업 전체의 33%를 차지하고 있으며, 1998년에는 미국 전체 소매 매출의 45%를 차지할 정도로 급성장하고 있다. 향후 수년 이내에 프랜차이즈업은 미국소매업 매출의 50% 이상을 차지할 것으로 예상하고 있다. 이렇게

미국의 프랜차이즈 산업은 그동안 매년 10% 이상의 성장을 계속해 왔으며 최근에 들어서는 증가세가 둔화되어 성숙기에 접어들었음을 알 수 있다.

일본의 경우는 1998년 체인 본사수는 923개로 1995년 말 755개에 비해 22.3%가 증가하였다. 체인점수는 19만 2,450점포로 1995년의 15만 8,000개에 비해 약 21.8%의 증가율을 보였으며, 매출액은 16조 1,900억엔을 기록하여 1995년 대비 24.0%의 높은 성장세를 실현하는 것으로 나타났다. 최근 JFA가 실시한 서베이 조사결과에 의하면 2001년 프랜차이즈 점포수는 직영점과 가맹점을 포함하여 218,812개이며, 매출은 17조6,141억7천1백만엔에 달한다. 이러한 추이는 1998년에 비하여 2001년에 업체수는 13% 늘어났다고 할 수 있다.

이렇게 보면 미국의 경우는 프랜차이즈가 활성화된 1979년 이후 매년 10% 이상 성장세를 보이고 있으며, 일본의 경우도 매년 1998년까지는 매년 10% 이상 성장세를 보였으나 그 이후 경기침체로 7~8%의 성장률을 매년 보이고 있다고 할 수 있다.

또한 프랜차이즈 산업의 업종별 구성을 보면 미국이나 일본의 경우 모두 처음에는 외식산업에서 시작하였으나 점차 서비스업이나 소매업의 비중이 증가하는 추세로 변화하고 있음을 알 수 있다. 우리나라와 비슷한 유통구조를 가지고 있는 일본 프랜차이즈 산업의 업종별 변화를 보면 이러한 추세를 알 수 있다. 즉, 업종별 변화는 외식업이 1998년 23%에서 22%로 소폭 감소하였으며, 소매업은 35%로 변화가 없으며, 서비스업은 42%에서 43%로 소폭 증가하였다. 구체적으로 일본에서 성장하고 있는 업종은 최근 벤처형 체인본사 가운데에는 자동차나 컴퓨터 관련 업종이 주종을 이룬다. 사업성은 뛰어나지만 자금 부족으로 직영 전개가 어려워서 체인사업을 벌이는 사례도 있다. 미국에서 유행하던 업종이 일본에 도입되어 현지 사정에 맞게 토착화된 곳도 많다. 최근에는 1개의 점포에 복합적인 기능을 부여하거나 1~2개 상품군에 초점을 맞춰 전문화한 체인 본사가 크게 늘어나는 추세이다.

2002년 한국 프랜차이즈협회가 조사한 프랜차이즈 산업현황 및 향후전망의 자료를 살펴보면 다음과 같다.

(1) 매출액

우리나라 프랜차이즈 산업을 전망하기 위해서는 프랜차이즈 매출액을 기준으로 보면 현재 매출액이 국민경제에서 차지하는 비중은 7.6%이다. 이는 미국의 전체 프랜차이즈 산업의 비중 14%에 비하면 낮은 수준이며, 미국 사업형 프랜차이즈 산업의 비중 3.6%에 비하면 높은 비중을 보이고 있다. 그리고 일본의 사업형 프랜차이즈 산업의 비중 3.3%에 비하여서도 높은 비중을 보이고 있다.

향후 10%의 성장률과 3%의 인플레이션을 가정할 때 경상가격으로 2005년에는 매출액이 6,063백억원으로 경상 GDP의 8.7%를 차지하고, 2010년에는 경상 GDP의 11%를 차지할 전망이다.

┃표 5-1┃　　우리나라 프랜차이즈 산업의 매출액 전망

구 분	2002	2005	2007	2010	비 고
매출액	4,169	6,063	7,783	11,319	
GDP 대비 비중	7.6	8.7	9.6	11.0	

주) 매출액은 매년 10% 성장을 그리고 3%인플레이션을 가정하였으며, GDP는 매년 5% 성장과 3%의 인플레이션을 가정하였다.

(2) 업체수

우리나라 프랜차이즈 업체수는 120,000개로 일본의 190,000개나 미국의 570,000만개에 비하여 작으나 국가규모나 시장규모가 다르므로 직접 비교하기는 어렵다. 그러나 국내의 경우 현재까지 프랜차이즈 업체수는 매년 10% 이상의 급격한 증가세를 보이고 있다. 향후에도 전체 프랜차이즈 산업의 성장률은 연평균 10%를 상회할 것이며 이 경우 사업체수는 현재의 120,000개에서 3년 뒤에는 약 160,000개가 될 것으로 전망되며 5년 뒤에는 180,000개 그리고 2010년에는 210,000개가 될 것으로 전망할 수 있다.

┃표 5-2┃　　우리나라 프랜차이즈 업체수의 성장전망　　　　　　　　　　단위 : 만개

구 분	2002	2005	2007	2010	비 고
업체수	12	16	18	21	

주) 2007년까지는 연간 10%의 성장을 가정하고, 그 이후 2010년까지는 6% 성장을 가정함.

(3) 종업원수

종사자수에서 2002년 566,094명에서 2005년에는 약 736,000명으로, 2007년에는 약 850,000명으로 그리고 2010년에는 약 1,000,000명으로 증가할 것으로 전망된다.

┃표 5-3┃   우리나라 프랜차이즈 산업 종사자수 전망   단위 : 명

구 분	2002	2005	2007	2010	비 고
종업원수	566,094	735,922	849,141	1,001,986	

주) 2007년까지는 연평균 10%의 성장을 가정하고, 그 이후 2010년까지는 6% 성장을 가정함.

(4) 업체별 구성

2002년 본 연구의 실태조사에 의하면 가맹점수를 기준으로 볼 때 업종별 구성은 외식업이 42%, 서비스업이 21% 그리고 소매업이 37%를 차지하고 있다. 이러한 구성은 미국이나 일본의 경우와 비교할 때 소매업과 서비스업의 비중이 낮고 외식업의 비중이 과도하게 높아 아직도 우리나라의 프랜차이즈 산업이 외식업을 중심으로 구성되어 있는 발전초기단계에 있다고 할 수 있다.

또한 프랜차이즈 매출액이 전체 도·소매업에서 차지하는 비중도 미국의 45%에 비하면 우리나라는 약 6% 정도로 매우 낮은 수준을 보이고 있다. 이는 우리나라 소매유통산업이 아직도 전근대화되어 있음을 나타내주는 지표 중의 하나라고 할 수 있으며 소매업의 비중이 앞으로 늘어날 것이 전망된다. 또한 우리나라 프랜차이즈 소매업의 업체수가 전체 소매점 업체수의 3% 정도를 차지하고 있기 때문에 미국의 40%와 비교하면 매우 낮은 수치이다.

업체수를 기준으로 할 때 향후 우리나라 프랜차이즈 산업의 성장 전망은 다음과 같다.

먼저 외식업의 발전단계에서 1980년대 말부터 1990년대 그리고 2000년까지를 외식산업의 도약발전기와 고성장기로 볼 수 있다. 이 시기에는 외식산업이 대중화되고 패밀리 레스토랑이 활성화되는 시기였다. 이 시기는 대개 1인당 GNP가 1만불에 해당하는 시기이며 이 시기에는 외식업종의 다양화와 프랜차

이즈가 가속화되는 시기이다.

그러나 일본이나 미국의 경우 소득이 2만불 이상으로 늘어나면 외식산업은 안정성숙기로 접어들면서 고감도화, 정보화 등이 추구되고 물류시스템이 도입되는 등의 발전을 하게 된다. 그 이후 소득이 3만불을 넘어서면 국제화시기로 프랜차이즈 산업은 안정기로 접어들어 외국에 진출하면서 외식업 이외에 다른 소매나 서비스업종에서 프랜차이즈의 비중이 높아지게 된다. 최근 이러한 변화 속도가 빨라지고 있음을 볼 때 우리나라의 경우 이러한 변화가 더 신속히 도래할 것으로 예상된다.

프랜차이즈의 업종별 구성도 변화하여 현재의 구성에서 큰 변화가 예상된다. 장기적으로는 2010년에 이르러 현재의 일본과 유사한 형태로 변화할 것으로 예상된다. 즉, 외식업의 비중이 줄고, 소매업은 현상유지, 서비스업은 증가할 것으로 전망할 수 있다. 가맹점의 업체수를 기준으로 할 때 2005년에는 현재의 구조가 외식업 36%, 서비스업 27%, 소매업이 37%를 차지할 것으로 예상이 되며, 5년 후에는 일본의 현재 경우와 비슷하게 변화하여 외식업과 서비스업의 비중이 비슷해질 것으로 전망된다. 2010년에는 현재의 일본과 유사한 형태로 외식업 26%, 서비스업 37%, 소매업 37%가 될 것으로 예상된다. 현재 미국의 소매업의 비중이 45%인 점을 고려한다면 소매업의 비중이 예상보다 다소 높을 것이라는 기대도 가능하다.

|표 5-4| 프랜차이즈 산업의 업종별 구성 변화추이(업체수 기준)   단위 : %

구 분	2002	2005	2007	2010	비 고
외식업	42	36	32	26	
소매업	37	37	37	37	
서비스업	21	27	31	37	

주) 외식업은 연평균 2% 비중의 감소를, 서비스업은 연평균 2% 증가를 가정하였음.

또한 매출액을 기준으로 향후 전망을 해 보면 일본의 경우 전체 프랜차이즈 매출에서 외식업이 21%, 서비스업이 14% 그리고 소매업이 65%를 차지하고 있다. 국내의 경우는 2002년 외식업 27%, 서비스업 11% 그리고 소매업이 62%여서 일본과 크게 다르지 않은 것으로 나타나고 있다. 이러한 비중은 앞으로 일본과

같이 외식업의 비중이 감소하고 서비스업의 비중이 다소 늘어날 것으로 예상할 수 있다.

|표 5-5| 프랜차이즈 산업의 업종별 구성 변화추이(매출액 기준)

구 분	2002	2005	2007	2010	비 고
외식업	27	24	22	19	
소매업	62	63	64	66	
서비스업	11	12	13	15	

주) 외식업은 연평균 1% 비중의 감소를, 서비스업과 소매업은 연평균 0.5% 증가를 가정하였음.

2005년에 외식업은 22%로 감소하고, 소매업이 63%, 서비스업이 12%로 증가할 것이 예상되며, 2010년에는 외식업 19%, 서비스업 15% 그리고 소매업이 66%를 차지할 것으로 예상된다.

또한 구체적인 업종으로는 벤처적인 업종보다는 전문 업종이나 일반 소매유형의 업종에서 프랜차이즈가 확대될 것으로 예상되며 제조업 위주에서 정보와 서비스업종의 진출이 클 것으로 전망된다. 그리고 대기업의 진출이 늘어날 것으로 예상되며 해외진출기업도 늘어날 것으로 전망된다.

2) 문제점

(1) 규모의 영세성

선진국의 프랜차이즈 산업은 대형화, 기업화형의 추세를 보이고 있으며 이를 통하여 국제화를 추진하고 있다. 그러나 우리나라의 경우는 자금규모가 영세한 소규모 생계형 영세 프랜차이즈가 많고 따라서 유통 및 집배송 등에서 규모의 경제를 누리지 못하고 있으며 신뢰도도 상실하는 원인이 되고 있다. 따라서 대규모 혹은 기업화는 우리나라 프랜차이즈 산업의 중요한 과제이다. 또한 이러한 영세성은 본사의 경영능력 부족으로 이어져서 가맹점과의 협력을 높이지 못하는 원인이 되고 있다.

규모의 영세성은 가맹점의 평균 종업원수가 2.4명에 불과하며, 가맹점 월 평균매출액이 1,550만원이라는 점에서도 찾아볼 수 있다.

(2) 낮은 신뢰도

프랜차이즈가맹 본부와 가맹사업자 간에 신뢰가 부족하여 분쟁이 일어날 가능성이 높아서 프랜차이즈 산업이 발전하는 데에 걸림돌이 되고 있다. 현재의 정보공개의무가 잘 지켜지지 않고 있으며 가맹금의 반환 등도 문제가 되고 있다. 그리고 가맹본부와 사업자 간 분쟁이 신속히 조정되지 않는 것도 문제이다. 이러한 문제를 해결하기 위하여 최근 공정거래위원회는 「가맹사업거래의 공정화에 관한 법률」을 제정하였으나 신뢰도를 제고시키기 위한 제도적 보완이 필요하다. 이러한 분쟁으로 소비자 역시 프랜차이즈를 신뢰하지 못하게 하고 있다.

이는 가맹점 실태조사 결과에서 보듯이 본부경영서비스에 만족하고 있는 가맹점이 전체의 29%밖에 되지 않고 있다는 점과 본부의 경영서비스 수준을 48%가 보통 정도로 평가하고 있다는 점에서도 찾아볼 수 있다.

그리고 가맹 초기 본부로부터 사업에 필요한 정보를 서면형식으로 받은 경우가 46%이었고, 54%는 받은 경험이 없었다고 답해 본부의 협조와 지원이 미흡했음을 알 수 있다.

또한 가맹점조사에서 본부와의 분쟁원인 중 본부의 영업지원 부족이 18%로 가장 많았고, 나머지는 원재료의 품질불량이었다는 점에서도 찾아볼 수 있다.

(3) 외식업 비중 과다

프랜차이즈 18개 업종별 가맹본부 분포에서 보면 외식업패스트푸드, 패스트푸드가 아닌 음식점, 제과·제빵업 비중이 전체의 51%로서 서비스업 20%, 도·소매업 29%에 비해 높다. 18개 업종의 가맹점수는 외식업이 48%, 소매업은 28%, 서비스업은 24%이며, 777개 사업형 가맹본부의 가맹점만 따지면 외식업이 63%, 도·소매업 관련 업종이 14%, 서비스관련 업종이 23%이다. 외식업의 비중이 높다는 것은 우리나라 프랜차이즈 비즈니스가 선진국과는 달리 향후 외식업 프랜차이즈의 경쟁격화로 인한 부실화 가능성이 높을 것으로 예견되어 이의 대책이 필요하다.

(4) 자금지원 및 조세상 혜택 미비

우리나라의 프랜차이즈 산업정책 중 지원정책에서 대부분의 금융지원은 중

소기업에 국한되어 있다. 따라서 프랜차이즈가 중소기업에 속해야 하나 현재 중소기업기본법 시행령에서 지정하고 있는 중소기업의 범위에 포함되지 않고 있어 자금지원의 혜택을 받지 못하는 프랜차이즈가 많다.

그리고 유통합리화자금 지원도 기존의 융자대상이 유통정보화, 물류표준화나 전문상가 및 집배송단지 건립 등에 국한되어 있으나 이는 너무 제한된 용도에만 지원이 가능하도록 되어 있어 실제 유통합리화자금이 프랜차이즈에 배정되기가 어렵다.

또한 조세혜택도 제조업 위주로 되어 있어 소매유통 및 외식업에 대한 조세감면혜택이 주어지지 않는 경우가 많으며, 외식업의 경우 세율이 다른 음식업보다 높은 것도 프랜차이즈 산업정책의 문제점이라고 할 수 있다.

가맹점조사 결과 가맹점이 사업 초기 자금지원을 받은 경우는 4%에 불과하며, 이 지원도 본부로부터 대출받은 경우가 42%로 가장 많았다. 또한 본부조사의 경우 43%가 자금부족을 가장 큰 운영상 애로요인으로 호소하고 있으며 협회나 정부의 지원요청 중 40%가 자금지원을 요청하고 있었다.

(5) 취약한 유통인프라

프랜차이즈 산업의 정보화에 대한 지원이 이루어지지 않아서 가맹사업자와 가맹본부 간의 효율적인 물류정보가 이루어지지 못하며, 공동배송 및 물류체계가 확립되어 있지 않아 프랜차이즈 산업 발전에 걸림돌이 되고 있다. 물류부지나 공동집배송단지의 구축이 이루어지지 않고 있다.

실태조사 결과 프랜차이즈 비즈니스 운영실태에서 보면 현재 도입되어 운영하고 있는 시스템은 창고 및 배송시스템이 가장 많았고72%, 다음으로는 점포관리시스템68%, 재고관리시스템66%, 회계정보시스템64% 순이었다. 반면 인적 자원관리시스템50%, POS시스템29%, CRM시스템19%, EDI시스템15%은 도입 및 운영 중인 본부가 그다지 많지 않은 실정이며 프랜차이즈 전반적으로 정보화가 낙후되어 있음을 알 수 있다.

또한 가맹본부 조사결과 공급업체가 본부창고까지 개별 납품하고 있는 형태가 51%로 가장 많았고, 검품에서도 프랜차이즈 종업원이 직접 검품하는 경우가 60%를 차지하고 있어 물류시스템의 전근대화를 보여주고 있다고 할 수 있다.

(6) 전문인력 부족

우리나라는 아직 프랜차이즈 전문인력에 대한 양성기관이 없다. 프랜차이즈 본사에서 핵심적으로 양성해야 할 분야는 핵심 기획요원, 상권분석 및 점포개발, 상담 및 영업 전문인력, 슈퍼바이저, 프랜차이즈 매뉴얼 작성 및 관리 요원 등 다양하다. 그러나 이와 같은 교육을 자체적으로 운영하는 회사는 거의 없으며 외부에서 체계적인 교육 프로그램을 개발하여 운영하는 기관도 아직 없다. 프랜차이즈 전문인력은 향후 우리나라 프랜차이즈 산업 발전을 위해 매우 중요한 요소임에 틀림없다.

교육지원을 받은 가맹점이 35%에 불과하다는 실태조사 결과가 이를 뒷받침해 주고 있다.

(7) 국제화 미흡

프랜차이즈 비즈니스는 근본적으로 글로벌 비즈니스다. 국내에서 성공한 케이스를 해외에 진출시킴으로써 더 큰 부가가치를 만드는 것이 프랜차이즈 비즈니스다. 그래서 프랜차이즈 비즈니스를 국부산업이라고도 하는 이유가 여기에 있다. 최근 우리나라도 중국 등에 진출하는 프랜차이즈 기업들이 늘어나고는 있지만 아직 많은 문제점을 가진 채 진출하고 있다. 보다 성공적인 프랜차이즈 비즈니스를 위해 국제화에 대한 더 깊은 연구가 필요하다고 본다.

가맹본부 조사결과 12%만이 해외에 지점을 개설하고 있는 것으로 나타나 앞으로 증가할 가능성을 보여주고 있다고 할 수 있다.

3 중·장기 발전전략

중·장기 발전목표로는 중기에는 국내 프랜차이즈 산업의 발전환경을 마련하면서 국내 프랜차이즈 산업을 선진국 수준으로 발전시켜 국민후생을 증대시키는 것을 목표로 한다. 그리고 장기목표는 국내 프랜차이즈 산업을 국제화

하여 프랜차이즈 산업을 수출산업화하며, 국제적인 경쟁력을 갖춘 산업으로 발전시켜 국민소득 향상에 기여할 수 있는 산업으로 육성하는 것을 목적으로 한다.

1) 발전목표

(1) 국민경제의 성장과 발전

❶ 프랜차이즈 산업의 고용증대 효과로 실업해소

프랜차이즈 산업은 연관효과가 크고 또한 고용증대효과가 크므로 이를 통하여 실업의 해소를 목표로 한다.

❷ 부가가치 창출로 경제성장에 기여

프랜차이즈 산업은 연관효과가 크고 또한 비용을 절감할 수 있으며 수출산업으로도 육성할 수 있어 부가가치가 큰 산업이므로 이를 통하여 경제성장에 기여한다.

(2) 소비자후생의 증대

❶ 지방과 도시의 후생격차 해소

프랜차이즈는 동일한 품질의 제품을 도시와 지방에 상관없이 공급하므로 소비자의 후생격차를 해소시켜 지방화시대에 큰 역할을 할 수 있다.

❷ 동일한 품질과 저렴한 가격으로 후생증대

프랜차이즈 산업은 유통비용을 절감하여 저렴한 가격에 제품을 공급하여 소비자의 후생을 증대시킬 수 있다.

(3) 유통구조의 선진화를 통한 국제경쟁력 향상

❶ 상거래질서 확립

공정거래관행을 확립시키고 또한 무자료 거래관행을 불식시켜 상거래질서를 확립할 수 있다.

❷ 유통환경 개선을 통한 물류비 절감

물류기지 및 정보화로 유통구조를 선진화하여 물류비를 절감할 수 있다.

❸ 프랜차이즈 산업의 수출산업화, 국제화

프랜차이즈 산업의 경쟁력을 향상시켜 프랜차이즈 산업을 수출산업화할 수 있다.

2) 기본 육성방향

❶ 제도 및 법률 개선, 지원정책 강화에 의한 균형 있는 산업발전
❷ 산업 자생력 배양을 위한 인프라 투자 강화
❸ 도시 농촌 간 균형발전지역경제 활성화
❹ 민간협의기구협회의 역할 제고를 통한 간접지원

3) 단기 발전계획2003년~2004년

단기 발전계획은 프랜차이즈 산업의 지속성장을 위한 기반조성 및 제도정비에 초점을 둔다. 단기 발전계획이 수행되는 기간은 국내 프랜차이즈 산업의 초기 성장기에 해당하며, 정보공개서 작성이 의무화되면서 일부 업종에서는 성장국면이 단기적으로 조정될 것으로 기대된다. 주요 정책과제는 다음과 같다.

(1) 창업투자 촉진

현재의 창업가이드 제작보급사업을 계속사업으로 수행하며 창업박람회에 대한 지원도 계속한다. 신규사업으로 해외로드쇼를 시도해보는 것도 바람직하다. 영세소매상이 프랜차이즈 업태로 전환시 금융지원을 하고, 지역사회의 관광관련 업종의 프랜차이즈화도 모색할 만하다. 협회의 기능을 강화하여 협회가 우수 프랜차이즈 기업을 지정하면 이에 대해 세제 및 금융지원을 제공하고 나아가 협회에 의한 가맹본부 경영진단 의무화도 검토할 만하다.

(2) 프랜차이즈 거래질서 기반조성

공정한 프랜차이즈 거래질서 확립은 프랜차이즈 산업의 발전을 위하여 필수

적이다. 이를 위하여 거래정보의 공개와 분쟁시 조정기능을 강화하는 제도적 장치가 필요하다. 또한 소비자 보호가 잘 이루어질 수 있도록 하여 소비자와 프랜차이즈 기업 간에 신뢰가 형성되도록 해야 한다.

(3) 물류 및 정보인프라 구축

물류기지를 건설하고 물류정보를 전산화하여 집배송을 효율화시켜 물류비용을 감소시켜야 한다. 물류단지 건설을 위한 중앙정부나 지방정부의 지원이 필요하며 물류정보를 효율적으로 구축할 수 있는 정보시스템에 대한 지원이 필요하다. 여기에 더하여 규격 등의 표준화 등의 구축이 필요하다. e-CRM, e-SCM, e-Learning을 기반으로 하는 정보인프라를 구축하여 고객데이터에 기초한 고객만족경영을 구현하고 물류비용의 절감과 인적 자원 개발에 활용하여야 한다.

(4) 프랜차이즈 인적 자원 개발

프랜차이즈 산업에 대한 교육과 연수를 위한 전문인력의 양성을 위하여 지원을 하며, 이를 위한 연수시설 건립 등에 지원이 필요하다. 그리고 사업본부에서 정기적으로 연수를 할 수 있도록 지원을 하며, 외식업, 서비스업과 소매업 등의 프랜차이즈 산업에 대한 연구와 통계구축을 위한 지원이 필요하다.

(5) 프랜차이즈 법률 및 제도 정비

프랜차이즈 산업관련 법률 및 제도를 정비하여 산업육성의 기반을 구축하고, 프랜차이즈 산업이 자율적으로 발전할 수 있는 기반을 조성하여야 한다. 그리고 조세제도를 개선하고, 무자료 관행을 축소하기 위한 제도개선에 나서야 한다.

(6) 프랜차이즈 산업구조 개선

프랜차이즈 산업을 발전시키기 위해서는 프랜차이즈 산업의 외형을 성장시키는 것도 중요하지만 먼저 프랜차이즈 내의 업종구성을 개선할 필요가 있다. 현재 외식업 위주의 구조에서 소매업과 서비스업 위주로 유통구조를 개선해야 한다. 이러한 구조의 개선과 더불어 현재 외식업 위주와 벤처성향의 프랜차이즈 산업을 위험도가 낮은 산업으로 유도하여 프랜차이즈에 대한 투자를 늘림으로써 프랜차이즈 산업의 외형을 늘릴 수 있다. 그리고 소매업 유통구조를 개선하여 유통비용을 줄이는 등 유통을 효율화할 수 있다.

그리고 이러한 업종구조의 변화로 서비스업의 비중이 증대될 경우 서비스산업의 질 향상을 통하여 국민후생을 증대시킬 수 있음은 물론 지방과 도시 간의 소비의 질과 가격격차를 해소시켜 균형적인 발전을 기할 수 있다.

(7) 지역경제 활성화 지원

프랜차이즈 산업이 지역경제개발에 기여할 수 있도록 협회와 지방자치단체, 중앙정부가 협력하여 지역사업으로 프랜차이즈 산업을 적극 도입한다. 지역특산품의 프랜차이즈 사업화, 프랜차이즈 시스템에 대한 납품확대, 업태전환 유도와 전환시 지원, 관광관련 업종 프랜차이즈 시스템 도입, 지역토지와 인력의 활용도 제고를 위한 프랜차이즈화도 시도할 만하다.

(8) 프랜차이즈 실태조사와 연구지원

현재 실시 중인 프랜차이즈 산업 실태조사를 향후에도 계속 실시하여 통계적 기반을 구축하고 이론적 토대를 구축하기 위해 연구지원사업을 계속한다.

(9) 국제화 기반조성 및 국제경쟁력 제고

프랜차이즈 산업의 해외진출을 위해 프랜차이즈협회의 기능을 강화한다. 여기에는 파트너십 프로그램 개발, 무역중개사절단 구성, 잠재투자자 소개, 가상 프로그램 운영, 국제 심포지엄 개최 지원, 웹사이트 운영지원 등이 포함된다. 또한, 우수 중소 프랜차이즈 산업을 수출산업으로 육성하기 위해 협회가 선정한 우수 프랜차이즈 기업에 대해 금융 및 세제지원을 강화한다.

4) 중기 발전계획 2005년~2007년

중기 발전계획은 프랜차이즈 산업이 고도 성장기를 맞이함에 따라 국내외 시장에서의 경쟁력을 제고하는 것을 목표로 육성한다. 세부정책과제는 앞서의 단

기 정책과제를 지속적으로 수행하고 투자를 확대하면서 추가로 프랜차이즈 국제화 연구를 지원한다.

- 창업투자 촉진
- 프랜차이즈 거래질서 기반조성
- 물류 및 정보인프라 구축
- 프랜차이즈 인적 자원 개발
- 프랜차이즈 법률 및 제도 정비
- 프랜차이즈 산업구조 개선
- 지역경제 활성화 지원
- 프랜차이즈 실태조사와 연구지원
- 국제화 기반조성 및 국제경쟁력 제고

해외시장으로의 본격적인 진출에 앞서 국내시장에서 외국기업과의 경쟁에서 우위를 확보하는 것도 중요하다. 정부의 입장에서는 외국기업과의 공정한 경쟁 분위기를 조성하고, 지적 재산권에 대한 보호를 강화하면서, 외국기업이 제품 및 운영 노하우를 국내기업에 이전할 경우에는 이에 대한 지원을 제공하는 것도 중요하다. 협회 차원에서는 업종별 표준매뉴얼을 개발하고, 가맹본부가 직영점을 설립할 때는 별도의 지원방안도 강구해야 한다.

5) 장기 발전계획 2008년~2010년

장기 발전계획은 프랜차이즈 산업의 국제경쟁력을 강화시켜 수출산업화하는 데에 목적을 둔다.

(1) 국제경쟁력의 확보로 해외진출 강화

국내 프랜차이즈 산업발전 여건을 중기계획에서 마련한 후 이를 통하여 유통비용을 효율화하여 국제경쟁력을 제고시켜 프랜차이즈 산업을 수출산업화해야 한다. 제조업 위주의 수출산업을 서비스업이나 유통업 위주로 수출산업화해야 한다. 중소기업의 수출지원화와 더불어 대기업도 프랜차이즈 형태로 수출 산업화할 수 있도록 지원을 강화한다. 개별기업에 대해서는 현지국의 위험관리능력을 개발하고, 현지 가맹점에 대한 감시감독능력을 강화하는 방향으로 투자가 이루어지도록 경영·지도한다.

(2) 물류 및 정보체제의 국제화 추진

그동안 추진해온 국내의 물류 및 정보체제 구축을 더욱 강화하고 지역별 물류단지 구축을 계속하여 물류비용 감소를 구축한다. 또한 국내물류 및 정보체제를 지속적으로 현대화하고, 세계를 연결하는 물류, 창고, 운송시스템을 개발하며, 세계 물류시스템의 정보화를 통하여 수출 및 수입물류비용을 감소시키고 국제 물류표준화를 추진한다. 아울러 선진 물류 및 정보화 기법을 도입하기 위하여 외국기업의 외국인 직접 투자를 적극 유치하는 노력도 기울여야 한다.

(3) 관련 지원제도의 개선

이러한 프랜차이즈 산업을 국제화하고, 국내 프랜차이즈 산업을 육성하기 위하여 관련 법률과 조직을 재정비할 필요가 있다. 그리고 프랜차이즈 전문교육기관의 육성도 필요하다.

제**3**절

프랜차이즈 가맹절차 및 주의사항과 표준약관

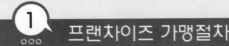

① 프랜차이즈 가맹절차

1) 가맹상담

체인 외식사업 본사에 가맹하기에 앞서 가맹조건, 입지선정, 운영, 조직관리, 시설, 서비스 등 궁금한 사항에 대해 충분한 상담과 실사를 거친 후 결정한다.

2) 시장조사

개점 후 입지 및 경합상황 등을 여러 각도에서 조사하여 가장 적합한 계획을 세우는 것이 중요하다. 정확한 시장조사를 할 수 없는 경우에는 다른 시장조사 매체를 이용하거나 본점에 의뢰한다.

3) 가맹계약

체인본사와 충분한 대화와 실사를 거친 후 쌍방이 계약서에 서명함으로써 계약이 이루어진다.

4) 점포 설계·시공

체인본사에서 전문가가 직접 방문하여 인테리어, 디자인, 이미지, 서비스 등에 관한 제반적인 시설문제를 통일되게 꾸며준다.

5) 연수교육

접객 서비스, 조회 연습, 회계, 광고, 종업원 관리 등 제반적인 사항에 대해 체인본사에서 교육을 실시한다.

6) 개업준비

개업에 따른 인허가 문제 등은 체인본사에서 직접 도와주고, 개업에 따른 내외 고객 초청장 발송, 집기, 비품 확보, 광고 등에 대한 개업의 사전준비를 시작한다.

2 프랜차이즈 가맹계약체결 전·체결시 주의사항

프랜차이즈 가맹사업의 참여결정은 계약서 작성 시점이 된다. 특히 가맹계약서가 프랜차이즈외식업 표준약관을 참고하여 작성되었는지를 살펴보아야 한다.

계약서를 작성할 때는 꼼꼼히 내용을 읽어보고 서명하기 전에 최종점검을 하는 것이 좋다.

1) 계약체결 전 확인사항

① 프랜차이즈는 매뉴얼 사업이므로 매뉴얼이 있는지 확인하였는가?

② 외식업 표준약관을 적용한 계약서와 정보공개서를 사전에 확인하고 충분한 검토를 하였는가?

③ 상표나 서비스표 등 특허관련 등록이나 출원이 되었는지 확인했는가?

④ 가맹본부가 직영점을 운영하고 있으며 가맹점에 대한 지속적인 교육을 하고 있는지 확인을 했는가?

⑤ 가맹본부 조직구조와 슈퍼바이저의 활동 여부를 확인했는가?

⑥ 영업 중인 기존 가맹점을 세 곳 이상 방문해 본 결과 가맹본부와의 상담내용이 일치하는지 확인을 하였는가?

2) 계약체결시 주의사항

(1) 계약서 작성시 확인사항

❶ 가맹시 내야 하는 가맹비, 보증금, 기타 비용에 관한 사항은?
　　점포임차비용, 인테리어비용, 초도상품비, 마케팅, 광고 등에 투자해야 할 비용

❷ 개점 전 필요한 자금 및 운영 규모는 파악되었는가?

❸ 비용의 규모 또는 산정방법에 타당성은 있는가?

❹ 가맹본부가 지원하는 항목의 비용은 누가 지불하고 있는가?

❺ 입지선택, 계약지원, 점포 임차에 관한 선택권과 인테리어 서비스 및
　유지보수에 관한 구체적인 항목은?

❻ 가맹점 점포임차 및 시설설치 등에 대해 프랜차이즈 가맹본부의 금융
　지원은?

❼ 비용이 반환되는 것일 경우, 반환조건은?

❽ 가맹점의 예상수익의 산출근거 및 타당성은?

❾ 매스컴을 통한 광고 횟수와 슈퍼바이저의 점포방문 주기는?

(2) 상품을 판매하는 조건에 관한 사항

❶ 가맹사업자에게 판매하는 식재료나 관련상품의 종류는?

❷ 가맹점이 판매할 상품 구매가격의 경쟁력과 상품대금 결제방법은?

❸ 가맹점이 제공받는 상품 및 서비스에 대한 일정지역의 독점권의
　보장은?

(3) 경영지도에 관한 사항

❶ 서비스, 조리 등에 대한 전반적인 교육의 충분한 인지와 가맹점 운영
　전반의 이해에 대하여 실질적인 도움이 되는가?

❷ 지속적인 경영지도와 가맹점에 대한 지원 항목은?
　　정기적인 매장방문 및 지도, 매뉴얼제공, 신메뉴개발, 각종 양식제공, 고객관리 매뉴얼제공 등

❸ 가맹본부가 상품정보, 회사경영방침, 시장정보 등을 지속적으로 가맹

점에 제공하고 있는가?

④ 우수가맹점 포상제도나 지원하는 보험화재보험, 교통사고 관련보험, 식중독예방, 제조물책임법 관련보험 등은 있는가?

⑤ 프랜차이즈 가맹본부 차원의 정기적인 회의 및 다른 가맹점과의 정보 공유 및 의견교환은 가능한가?

(4) 가맹사업자가 사용할 상표, 상호 표시에 관한 사항

① 가맹점사업자가 사용할 상표, 상호, 캐릭터 등 표지사용에 관한 규정이 합리적인가?

② 상표, 상호, 기타 표시에 관한 사용조건에 관한 내용은?

③ 상표등록이나 서비스표, 의장 등 보호장치에 관한 사항은?

(5) 계약기간, 갱신, 해제에 관한 사항

① 계약기간은 몇 년이며 규정의 명시는?

② 가맹점 양도 및 매매시에 가맹본부의 거부권에 관한 사항은?

③ 계약당사자의 직접 운영에 관한 사항 및 계약의 갱신, 해제의 조건 및 절차는?

④ 계약해제로 인하여 발생하는 손해배상금의 지급 여부와 기타 의무사항은?

⑤ 계약서에 서명날인 후부터 실제 사업 개시까지의 소요되는 비용과 시간은?

(6) 정기적인 납입금액의 징수와 기존 가맹점을 방문하여 체크해야 할 사항

① 정기납입금의 부과 여부와 비용 산정방식, 징수시기, 징수방법은?

② 상표사용료, 경영지도료, 기타 비용의 성격과 징수시기, 징수방법은?

③ 로열티는 지속적으로 지불해야 하는가?

④ 기존 가맹점을 방문하여 투자비 내역과 점포운영에 필요한 직원수는?

⑤ 실제 매출액 및 이익률은?

⑥ 브랜드 및 가맹본부에 대한 신뢰도는?

3 프랜차이즈외식업 표준약관

제1조(목적)

이 표준약관은 가맹사업자와 가맹계약자 간의 공정한 가맹사업프랜차이즈 계약 체결을 위해 그 계약조건을 제시함을 목적으로 한다.

※ 중간가맹사업자sub franchisor가 가맹사업자로부터 대리권을 얻어 가맹계약자를 모집할 경우 이는 별도의 가맹사업계약으로 이 약관이 표준이 될 수 있음.

제2조(용어의 정의)

① 가맹사업자(franchisor)라 함은 가맹계약자에게 자기의 상호, 상표, 서비스표, 휘장 등을 사용하여 자기와 동일한 이미지로 상품판매의 영업활동을 하도록 허용하고 그 영업을 위하여 교육·지원·통제를 하며, 이에 대한 대가로 가입비franchise fee, 정기납입경비royalty 등을 수령하는 자를 말한다.

② 가맹계약자franchisee라 함은 가맹사업자로부터 그의 상호, 상표, 서비스표, 휘장 등을 사용하여 그와 동일한 이미지로 상품판매의 영업활동을 하도록 허용받고 그 영업을 위하여 교육·지원·통제를 받으며, 이에 대한 대가로 가입비, 정기납입경비 등을 지급하는 자를 말한다.

제3조(권리의 부여)

가맹사업자는 그가 개발한 가맹사업을 영위하기 위하여 다음의 권리를 별표에 명시한 가맹계약자에게 부여한다.

1. 상호, 상표, 서비스표, 휘장 등의 사용권
2. 가맹사업과 관련하여 등기·등록된 권리
3. 각종 기기를 대여받을 권리
4. 상품 또는 원·부자재이하 '상품·자재'라 함의 공급을 받을 권리
5. 기술know-how의 이전 등 경영지원을 받을 권리
6. 기타 가맹사업자가 정당하게 보유하는 권리로서 당사자가 협의하여 정한 사항

● 가맹계약자의 표시

　(1) 점포명 :

　(2) 상호 및 대표자 :

　(3) 점포 소재지 :

　(4) 점포 규모 :　　　　　　　㎡(　　　평)

　(5) 영업지역 : 첨부에 표시된 지역

제4조(영업지역)

① 가맹사업자는 영업지역을 구분하고 이를 가맹계약자가 선택한다.

② 가맹사업자는 가맹계약자의 동의를 얻어 영업지역을 변경할 수 있으며, 가맹계약자의 동의를 얻지 않고 한 영업지역의 변경은 효력이 없다.

③ 가맹사업자가 가맹계약자의 점포가 설치되어 있는 영업지역 내에 직영매장을 설치하거나 다른 가맹계약자의 점포의 설치를 허용하고자 하는 때에는 기존 가맹계약자의 동의를 얻어야 한다. 이 경우 가맹사업자는 기존 가맹계약자의 매출감소가 초래되지 않는다는 객관적 자료를 제시하여야 하며, 가맹계약자도 합리적인 사유 없이 그 동의를 거부하여서는 아니 된다.

제5조(계약기간)

① 계약기간은 특약이 없는 한 3년 이상으로 한다.

② 가맹사업자 또는 가맹계약자가 계약을 종료하고자 하는 때에는 기간 만료 2개월 전에 상대방에 대하여 계약의 종료를 통지하여야 한다.

③ 제2항의 계약종료의 통지 없이 계약기간을 경과한 때에는 계약이 전과 같은 조건으로 갱신된 것으로 본다.

제6조(계약의 해지)

① 가맹사업자 또는 가맹계약자는 다음의 경우에는 2주일 이상의 기간을 정하여 서면으로 이행 또는 시정을 최고하고 그 이행 또는 시정이 이루어지지 아니하면 계약을 해지할 수 있다.

　1. 가맹계약자에게 제25조 제1항 각 호의 사유가 있는 경우

　2. 가맹사업자가 약정한 상품·자재의 공급, 경영지원 등을 정당한 이유 없이 하지 않거나 지체하는 경우

② 가맹사업자 또는 가맹계약자는 다음의 경우에는 즉시 계약을 해지할 수 있다.

    1. 가맹계약자에게 제25조 제2항 제1호 내지 제3호의 사유가 있는 경우

    2. 가맹계약자가 영업을 계속할 수 없는 객관적인 불가피한 사유가 있는 경우

    3. 가맹사업자가 파산하는 경우

    4. 가맹사업자가 발행한 어음·수표가 부도처리되는 경우

    5. 가맹사업자가 강제집행을 당하는 경우

    6. 천재지변이 있는 경우

제7조(계약의 종료와 조치)

① 계약이 기간만료 또는 해지로 종료된 때에는 가맹계약자는 계약이행보증금을 지급한 경우 가맹사업자로부터 제10조 제2항의 정산잔액과 정산서를 받은 때로부터(정산잔액이 없는 경우에는 정산서를 받은 때부터), 계약이행보증보험증권이나 물적 담보를 제공한 경우 잔존 채무·손해배상액의 통지서를 받은 때로부터 즉시 상호·상표·서비스표·휘장·간판 등의 사용을 중단하고 이를 철거하여 원상으로 복구한다.

② 가맹사업자가 제8조 제3항에 의하여 가입비의 일부를 반환해야 하는 경우 가맹계약자가 제1항의 상호 등의 사용중단·원상복구를 하기 위해서 그 반환도 있어야 한다.

③ 제1항의 철거·원상복구의 비용은 계약이 가맹계약자의 귀책사유로 인해 종료되는 경우에는 가맹계약자가, 가맹사업자의 귀책사유로 인해 종료되는 경우에는 가맹사업자가 부담한다.

제8조(가입비)

① 가맹계약자는 계약체결시에 가입비를 일시급으로 지급한다. 다만, 가맹사업자의 동의를 얻어 분할 지급할 수 있으며 이 경우에는 (   )%의 이자를 가산한다.

② 가입비에는 점포개설에 따른 최초 훈련비, 장소선정 지원비, 가맹사업 운영매뉴얼 제공비, 부가가치세 등을 포함하며 가입비에 포함되는 사항은 가맹사업자와 가맹계약자가 협의하여 정한다.

③ 가맹계약자가 그의 책임 없는 사유로 최초 계약기간 내에 영업을 중단하는 경우 가맹사업자는 가입비를 최초 계약기간 중의 미경과일수에 따라 일괄 계산하여 반환한다.

④ 가맹사업자가 제3항에 의해 가입비의 일부를 반환해야 하는 경우 가맹계약자의 청구가 있는 날로부터 10일 이내에 반환해야 한다.

제9조(정기납입경비[로열티])

① 가맹계약자는 가맹사업자의 상호·상표·서비스표·휘장 등의 사용 및 경영지원에 대한 대가로 정기납입경비를 매 분기마다 가맹사업자에게 지급하며 그 금액은 당해 분기 동안의 총매출액의 (   )%로 한다.

② 제1항의 분기는 (   )개월로 한다.

※ (   )개월은 3개월 이상이어야 함.

③ 가맹계약자는 다음 분기의 첫달의 말일까지 직전 분기의 총매출액을 가맹사업자에게 서면으로 통지하고 정기납입경비를 지급한다.

제10조(계약이행보증금)

① 가맹계약자는 상품·자재의 대금, 정기납입경비, 광고·판촉비가맹계약자가 책임지기로 약정한 금액에 한함 등의 채무액 또는 손해배상액의 지급을 담보하기 위하여 계약체결시에 계약이행보증금으로 (   )원을 가맹사업자에게 지급하거나 이에 상당하는 계약이행보증보험증권 또는 물적 담보를 제공한다.

② 계약이 기간만료 또는 해지로 종료된 때에는 가맹사업자는 기간만료일 또는 해지일로부터 10일 이내에 계약이행보증금으로 잔존 채무·손해배상액을 정산하여 잔액을 상환하고 정산서를 교부한다.

③ 물적 담보가 제공된 경우에는 가맹사업자는 가맹계약자가 잔존 채무·손해배상액을 지급하는 즉시 물적 담보의 말소에 필요한 서류를 교부하여야 한다.

제11조(교육 및 훈련)

① 가맹사업자가 정한 교육 및 훈련과정을 이수하지 아니하는 자는 가맹계약자의 점포 관리자로 근무할 수 없다.

② 교육은 개업시 교육, 정기교육, 특별교육으로 구분한다.

③ 정기교육은 이를 실시하기 1개월 전에 그 교육계획을 수립하여 가맹계약자에게 서면으로 통지한다.

④ 비정기교육은 이를 실시하기 1주일 전에 장소와 시간을 정하여 서면으로 통지한다.

⑤ 교육비용은 가맹사업자가 책정하고 가맹계약자에게 그 산출근거를 서면으로 통지한다.

⑥ 가맹계약자는 필요시 자신의 비용부담으로 가맹사업자에게 교육 및 훈련요원의 파견을 요청할 수 있다.

🔍 제12조(경영지도)

① 가맹사업자는 가맹계약자의 경영활성화를 위하여 경영지도를 할 수 있다.

② 가맹계약자는 자신의 비용부담으로 가맹사업자에게 경영지도를 요청할 수 있다.

③ 제2항의 요청을 받은 가맹사업자는 경영지도계획서를 가맹계약자에 제시하여야 한다.

④ 경영지도계획서에는 지도할 내용, 기간, 경영진단 및 지도할 자의 성명, 소요비용 등을 기재하여야 한다.

⑤ 가맹사업자는 경영지도결과 및 개선방안을 가맹계약자에게 서면으로 제시하여야 한다.

🔍 제13조(감독 · 시정권)

① 가맹사업자는 가맹계약자의 점포 경영상태를 파악하기 위하여 월(주) (   )회 점포를 점검하고 기준에 위반하는 결과에 대해 시정을 요구할 수 있다.

② 점포의 점검은 위생, 회계처리, 각종 설비관리, 원 · 부자재관리 등의 상태를 점검한다.

③ 가맹사업자는 점포의 노후시설의 교체 · 보수를 명할 수 있다. 이 경우 가맹사업자는 가맹계약자와 협의하여 직접 교체 · 보수하거나 제3자에게 의뢰할 수 있다.

④ 가맹사업자는 첨부한 것과 같은 관리기준을 서면으로 가맹계약자에 제시해야 하고, 제시 후 (   )일 후부터 이 기준에 의거하여 점검한다. 기준을

변경하는 경우에도 같다.

🔍 제14조(점포의 설치장소의 선정)

① 가맹사업자는 가맹계약자와 협의하여 점포를 설치할 장소를 선정한다.

② 장소의 선정은 통행인의 수, 교통량 및 질, 시장특성, 통행인의 구매습성, 주요한 근린시설, 업종별 특성에 따른 매출성향 등을 항목별로 구분하여 종합적으로 판단한다.

③ 가맹사업자는 제2항의 분석결과에 대한 의견과 예상오차를 서면으로 가맹계약자에게 제시하여야 한다.

🔍 제15조(점포의 설비)

① 가맹계약자의 점포설비인테리어는 가맹사업 전체의 통일성과 독창성을 유지할 수 있도록 가맹사업자가 정한 사양에 따라 설계·시공한다.

② 가맹사업자는 가맹계약자의 의뢰가 있는 경우에 직접 시공할 수 있다.

③ 가맹계약자는 가맹사업자가 정한 사양에 따라 직접 시공하거나 가맹사업자가 지정한 업체를 선정하여 시공할 수 있다. 이 경우 가맹사업자는 공사의 원활한 진행을 위하여 직원을 파견할 수 있다.

④ 점포설비에 따른 제반 인·허가는 이 계약체결일로부터 (   )일 이내에 가맹계약자가 자신의 책임과 비용으로 취득하는 것으로 한다.

⑤ 가맹계약자는 청결한 점포환경을 유지하기 위하여 노후된 시설을 교체·보수한다.

⑥ 가맹사업자는 가맹사업의 개선을 위하여 필요한 때에는 점포의 실내장식, 시설, 각종의 기기를 교체·보수할 것을 요구할 수 있다. 이 경우 가맹사업자는 비용분담에 관해 가맹계약자와 협의하여야 한다.

🔍 제16조(주방기기의 설치 및 유지)

① 가맹계약자는 가맹사업자가 제시한 모델과 동일한 주방기기를 사용하여야 한다.

② 가맹사업자는 직접 주방기기를 공급할 수 있다.

③ 가맹계약자가 주방기기를 설치하는 경우에 공사의 원활한 진행을 위하여 가맹사업자는 직원을 파견할 수 있다.

④ 가맹계약자는 가맹사업자가 공급한 주방기기의 수리를 가맹사업자에 의뢰할 수 있다.

⑤ 제4항의 경우 가맹사업자는 수리비의 견적 및 수리에 소요되는 기간을 즉시 통지하여야 하고, 수리가 불가능한 때에는 이유를 명시하여 소정기일 내에 회수하여야 하며 이유 없이 신품의 교체를 강요할 수 없다.

제17조(설비 및 기기의 대여)

① 가맹사업자는 가맹계약자의 요청이 있는 경우 설비·기기의 전부 또는 일부를 대여할 수 있다.

② 가맹사업자로부터 대여받은 설비·기기의 소유권은 그에게 있다.

③ 가맹계약자는 대여받은 각종의 설비·기기를 매매, 담보제공 또는 질권설정의 목적으로 할 수 없다.

④ 가맹계약자는 대여받은 설비·기기를 자신의 비용으로 보존·관리한다.

⑤ 가맹계약자는 대여받은 설비·기기에 대하여 가맹사업자의 반환요구가 있으면 현물로 반환할 수 있다.

⑥ 가맹계약자가 대여받은 설비·기기를 분실·훼손한 경우에는 구입가격에서 감가상각한 잔액으로 배상한다.

⑦ 가맹계약자는 월 (   )원의 사용료를 지급한다. 단, 면제의 합의가 있으면 그에 따른다.

제18조(광고)

① 가맹사업자는 가맹사업의 활성화를 위하여 전국규모 및 지역단위의 광고를 할 수 있다.

② 광고의 횟수, 시기, 매체 등에 관한 세부적 사항은 가맹사업 운영매뉴얼에서 정하는 바에 의한다. 단, 가맹사업자는 가맹사업의 원활한 운영과 필요에 따라 이를 조정할 수 있다.

③ 광고에 소요되는 비용은 가맹사업자가 (   )%, 가맹계약자 측전국규모의 광고의 경우에는 전국의 가맹계약자들, 지역단위의 광고의 경우에는 해당 지역의 가맹계약자들이 (   )%씩 분담한다. 각 가맹계약자 간의 비용부담의 배분은 각각의 총매출액에 따른 비율에 의한다.

④ 가맹사업자는 매 분기 지출한 광고비 중에서 각 가맹계약자가 부담해야 할 광고비를 다음 분기 첫 달의 말일까지 그 명세서를 첨부하여 통지하고, 가맹계약자는 그 통지를 받은 날로부터 2주일 이내에 지급한다.

제19조(판촉)

① 가맹사업자는 가맹사업의 활성화를 위하여 전국규모 및 지역단위의 할인 판매, 경품제공, 시식회, 이벤트 등과 같은 판촉활동을 할 수 있다.

② 판촉활동의 횟수, 시기, 방법, 내용 등에 관한 세부적 사항은 가맹사업 운영매뉴얼에서 정하는 바에 의한다. 단, 가맹사업자는 가맹사업의 원활한 운영과 필요에 따라 이를 조정할 수 있다.

③ 가맹계약자가 직접 판매하는 상품의 할인비용이나 직접 제공하는 경품, 기념품 등의 비용은 당해 가맹계약자가 부담하며 판촉활동을 위한 통일적 팸플렛, 전단, 리플릿, 카탈로그의 제작비용 등은 가맹사업자가 부담한다.

④ 제3항에서 규정하지 아니하는 그 밖의 판촉행위에 소요되는 비용은 가맹사업자와 가맹계약자가 분담한다. 이 경우 가맹사업자는 산출근거를 서면으로 제시하여 가맹계약자의 동의를 얻어야 한다.

⑤ 가맹계약자는 자기의 비용으로 자기 지역 내에서 판촉활동을 할 수 있다. 이 경우 가맹계약자는 가맹사업자와 협의하여야 한다.

제20조(영업양도 및 담보제공)

① 가맹계약자는 가맹사업자의 승인을 얻어 점포의 영업을 양도, 전대하거나 영업재산을 담보로 제공할 수 있다.

② 제1항의 승인은 2개월 전에 가맹사업자에 대하여 서면으로 청구하여야 한다.

③ 가맹사업자는 승인청구를 받은 날로부터 1개월 이내에 서면으로 승인 또는 거절을 하여야 한다. 단, 거절을 하는 경우에는 그 사유를 구체적으로 명시하여야 한다.

④ 양수인, 전차인은 가맹계약자의 가맹사업자에 대한 권리와 의무를 승계한다.

⑤ 양수인, 전차인에 대하여는 가입비가 면제된다. 단, 소정의 교육비는 부담한다.

⑥ 양수인이 요청하는 경우에는 가맹계약자의 잔여 계약기간 대신에 완전한

계약기간을 부여할 수 있다. 이 경우에는 신규계약으로 한다.

제21조(영업의 상속)

① 가맹계약자의 상속인은 가맹계약자의 영업을 상속할 수 있다.

② 상속인이 영업을 상속할 경우에는 가맹사업자에게 상속개시일로부터 3개월 이내에 상속사실을 통지하여야 한다.

③ 상속인에 대해서는 가입비를 면제한다. 단, 소정의 교육비는 부담한다.

제22조(지적소유권의 확보)

① 가맹사업자는 상호, 상표, 휘장 등에 대한 배타적 독점권을 확보하는 데 필요한 절차를 갖춘다.

② 가맹사업자는 가맹계약자에게 상호, 상표, 휘장 등을 사용할 정당한 권한을 부여하였음을 증명하는 증서를 교부한다.

③ 가맹사업자는 가맹계약자에게 사용을 허가한 각종의 권리에 대하여 책임을 진다.

제23조(상품의 조달과 관리)

① 가맹사업자는 브랜드의 동일성을 유지하는 데 필요한 상품·자재를 가맹계약자에게 공급한다. 단, 상품·자재 범위에 이견이 있는 경우에는 가맹사업자와 가맹계약자가 협의하여 결정한다.

② 가맹사업자가 정당한 사유 없이 공급을 중단하거나 공급하지 않는 상품·자재는 이를 가맹계약자가 직접 조달하고 판매할 수 있다. 이 경우 가맹계약자는 브랜드의 동일성을 해치지 않도록 하여야 한다.

③ 가맹계약자가 제2항에 의해 직접 조달하는 상품·자재에 대해서는 가맹사업자는 품질관리기준을 제시하고 그 품질을 검사할 수 있다. 이 경우 가맹계약자는 가맹사업자의 품질검사에 협조하여야 한다.

④ 가맹사업자와 가맹계약자는 식품위생법과 기타 관련 법률의 규정에서 정한 설비와 장비를 갖추어 상품·자재의 성질에 적합한 방법으로 상품·자재를 운반·보관하여야 한다.

⑤ 가맹사업자는 가맹사업의 목적달성을 위한 필요한 범위를 벗어나서 가맹계약자에게 상품·자재를 자기 또는 자기가 지정한 자로부터만 구입하게

할 수 없다.

⑥ 가맹계약자는 가맹사업자의 허락 없이는 공급받은 상품·자재를 타인에게 제공하거나 대여할 수 없다.

🔍 제24조(상품의 하자와 검사)

① 가맹계약자는 상품·자재를 공급받는 즉시 수량 및 품질을 검사한 후 그 하자 유무를 서면으로 가맹사업자에 통지하여야 한다.

② 상품·자재의 성질상 수령 즉시 하자를 발견할 수 없는 경우에는 6개월 이내에 이를 발견하여 통지하고 완전물로 교환을 청구할 수 있다.

③ 가맹계약자가 검사를 태만히 하여 손해가 발생한 경우에는 반품, 수량보충, 손해배상을 청구할 수 없다. 단, 가맹사업자가 하자 있음을 알면서 공급한 경우에는 가맹계약자는 제2항의 기간과 상관없이 가맹사업자에게 손해배상 등을 청구할 수 있다.

④ 가맹사업자는 그의 상표를 사용하여 공급한 상품·자재의 하자로 인하여 소비자나 제3자가 입은 손해에 대하여 책임을 진다. 그러나 가맹사업자는 그가 공급하지 않은 상품·자재를 가맹계약자가 판매하여 제3자에게 손해를 가한 경우에는 책임을 지지 않는다.

⑤ 계약이 기간만료, 해지로 인해 종료한 때에는 가맹계약자는 공급된 상품·자재 중에서 완전물을 가맹사업자에 반환하여야 하며 이 경우 가맹사업자는 출고가격으로 상환한다. 그러나 하자물에 대해서는 그 상태를 감안하여 가맹사업자와 가맹계약자의 협의로 상환가격을 정한다.

🔍 제25조(상품공급의 중단)

① 가맹사업자는 다음의 경우에 1주일 전에 서면으로 예고한 후 가맹계약자에 대한 상품·자재의 공급을 중단할 수 있다. 이 경우 재공급조건을 지체 없이 가맹계약자에게 통지하여야 한다.

1. 가맹계약자가 (   )개월에 걸쳐 3회 이상 상품·자재의 대금지급을 연체하는 경우
2. 가맹계약자가 2회 이상 정기납입경비의 지급을 연체하는 경우
3. 가맹계약자가 정기납입경비의 산정을 위한 총매출액 또는 매출액 증가

비율을 3회 이상 허위로 통지하는 경우

4. 가맹사업자의 품질관리기준을 3개월에 3회 이상 위반하는 경우
5. 가맹계약자의 채무액이 계약에서 정한 한도액을 초과하는 경우
6. 가맹계약자가 가맹사업자와의 협의 없이 점포 운영을 5일 이상 방치하는 경우
7. 가맹계약자가 가맹사업자와 약정한 판매촉진활동을 이행하지 않는 경우
8. 가맹계약자가 노후된 점포설비의 교체·보수의 요청에 따르지 않는 경우
9. 가맹계약자의 종업원이 규정된 복장을 착용하지 않는 경우

② 가맹사업자는 다음의 경우에는 즉시 상품의 공급을 중단할 수 있다.

1. 가맹계약자가 파산하는 경우
2. 가맹계약자가 발행한 어음·수표가 부도처리되는 경우
3. 가맹계약자가 강제집행을 당하는 경우
4. 천재지변이 있는 경우

제26조(영업)

① 가맹계약자는 주 (　　)일 이상 월 (　　)일 이상 개장하여야 하고 연속하여 (　　)일 이상 휴업할 수 없다.
② 가맹계약자가 휴업할 경우에는 사전에 가맹사업자에 사유를 기재한 서면으로 통지하여야 한다.

제27조(복장)

① 가맹계약자 및 종업원은 가맹사업자가 지정한 복장을 착용한다.
② 가맹사업자는 종업원의 복장을 지정한 경우에는 복장의 색깔, 규격을 서면으로 통지한다.
③ 가맹사업자는 가맹계약자의 청구에 따라 종업원의 복장을 공급할 수 있다.

제28조(보고의무)

① 가맹계약자는 연 (　　)회 매출상황과 회계원장 등을 가맹사업자에 서면으로 보고하여야 한다.
② 가맹계약자는 가맹사업자가 파견한 경영지도위원의 서면에 의한 요구가 있을 때에는 장부 등 서류를 제시하여야 한다.

③ 가맹계약자는 가맹사업자로부터 사용허가를 받은 상호, 상표, 서비스표, 특허권 등에 대한 침해를 이유로 제3자가 소를 제기한 경우에는 이를 가맹사업자에 보고하여야 한다.

제29조(보험)

① 가맹사업자는 가맹계약자에게 그의 영업상의 과실, 상품의 하자, 점포의 화재로 인하여 소비자나 제3자가 입은 손해를 배상하기 위하여 보험가입을 권유할 수 있다.

② 가맹계약자는 자신의 책임으로 보험업자, 보험의 종류, 피보험자를 정한다.

제30조(가맹계약자의 의무)

① 가맹계약자는 계약 및 경영상 알게 된 가맹사업자의 영업상의 비밀을 계약기간은 물론이고 계약종료 후에도 제3자에게 누설해서는 안 된다.

② 가맹계약자는 가맹사업자의 허락 없이 교육과 세미나자료, 편람의 내용 등을 인쇄 또는 복사할 수 없다.

③ 가맹계약자는 계약의 존속 중에 가맹사업자의 허락 없이 자기 또는 제3자의 명의로 가맹사업자의 영업과 동종의 영업을 하지 않는다.

제31조(가맹사업자의 의무)

① 가맹사업자는 가맹사업계약을 체결하는 과정에서 가맹희망자들이 가맹 여부를 적정하게 판단할 수 있도록 필요한 자료 및 정보를 충분히 공개하여야 한다.

② 가맹사업자는 가맹희망자들의 요구가 있을 때에는 다음의 자료 및 정보를 서면으로 제공하여야 한다.

1. 가맹사업자의 재무상황, 등기부등본, 최근 5년간의 사업경력, 가맹사업과 관련하여 진행 중인 소송

2. 계약체결시 또는 계약체결 후 부담해야 할 가입비, 정기납입경비(로열티) 계약이행보증금, 기타 공과금 등의 금전에 관한 내용

3. 상품·자재의 공급조건, 경영지원과 이에 대한 대가지급방법, 영업의 통제사항, 계약의 해제·해지

4. 가맹희망자가 운영할 점포 인근지역의 가맹계약자현황, 가맹사업자가 제시한 예상매출액 산정내역

📑 제32조(지연이자)

제8조 제4항, 제10조 제2항 등에 의해 가맹사업자가 가맹계약자에게 금전을 지급해야 하는 경우나, 제9조 제3항, 제18조 제4항 등에 의해 가맹계약자가 가맹사업자에게 금전을 지급해야 하는 경우 그 지급기간을 경과하면 미지급액에 대하여 지급기간 경과일의 다음날로부터 지급하는 날까지 연 이율 (   )%의 지연이자를 가산한다.

📑 제33조(재판의 관할)

이 계약에 관한 소송은 가맹계약자의 주소지나 점포소재지를 관할하는 법원으로 한다. 다만, 가맹사업자와 가맹계약자가 합의하여 관할법원을 달리 정할 수 있다.

FOODSERVICE MANAGEMENT

실 전 외 식 사 업 경 영 론

FOOD

SERVICE

MANAGEMENT

06

외식산업 조직과 인적자원관리

 학습목표

1. 레스토랑의 어원과 개념에 대하여 알아보자

2. 식당의 분류와 종류에 대하여 알아 보자

3. 외식산업의 인적자원관리에 대하여 알아보자

4. 외식산업체의 채용관리와 채용 후의 교육훈련에 대하여 알아보자

제 **1** 절

레스토랑의
이해

1 레스토랑의 어원과 개념

레스토랑restaurant의 어원은 불어의 'De restaurer'라는 동사에서 유래되었는데 이 말은 영어의 Restore에 해당된다. 즉, 기력을 회복시킨다, 부흥한다라는 뜻으로 피로한 심신을 원상으로 회복시킨다는 의미를 지니고 있다.

이와 같이 Restore의 뜻을 거슬러 올라가 보면 음식물을 섭취함으로써 기력을 되찾는다는 의미로 볼 수 있는데 이것이 발전하여 오늘날처럼 일정한 장소, 시설, 식음료, 서비스, 교환과 같은 의미로 통용되게 되었다.

식당의 개념을 정리하면 다음과 같다.

첫째, 식당은 영리를 목적으로 하는 기업이어야 한다.

둘째, 식당은 인적 서비스와 물적 서비스가 수반되어야 한다.

셋째, 식당은 일정한 장소의 시설이어야 한다. 따라서 식당이란 영리를 목적으로 일정한 장소에서 일정한 시설을 갖추고 물적 서비스인 식음료와 인적 서비스를 제공하는 사업체라고 할 수 있다.

식당restaurant의 어원적 의미를 각국 사전에서 요약해 보면 다음과 같다.

┃표 6-1┃ 식당의 사전적 정의

구 분	정 의
프랑스 백과사전 Larouse duxxe siecle	Etablishement pubic ou I'onpeut marger, Restaurant apric fixe, Restaurant a la carte. 인간에게 음식을 제공하는 공중의 시설, 정가, 판매점, 일품요리점
미국 Webster 사전	An establishment where refreshments or meals may be procured by the public; a public eating house. 대중에게 음식이나 음료를 제공하는 시설물, 즉 대중들이 식사하는 집
영국 Oxford 사전	An establishment where refreshment or meals may be obtained. 음식을 판매하여 심신을 회복시켜 주는 기력회복의 장소
우리나라 국어사전	식사하기에 편리하도록 갖추어 놓은 방, 또는 식사 · 요리 등 식사를 주로 만들어 손님에게 파는 집

최근 구미선진국에서는 식당을 eats 상품이라고 부르고 있다. 즉, 따뜻한 분위기entertainment, 안락한 환경atmosphere, 맛taste, 위생 · 청결sanitation이 골고루 갖추어진 인적 · 물적 서비스의 복합산업이라 할 수 있다.

최근 레스토랑은 날로 증가하는 고객과 시장세분화에 따라 수용에 대처하기 위한 적절한 마케팅 전략이 요구된다. 그 중 하나가 이용고객의 취향이 다양하고 맛과 분위기에 대한 반응이 각기 다르다는 점이다.

레스토랑은 단지 음식을 먹는 공공장소가 아니며 맛과 분위기, 서비스를 즐기고 대화와 여가, 레저의 장소로 그 의미가 변하고 있다.

수요 측면고객의 변화에 대처하고 식당업으로서의 영리적 목적을 달성해 나가기 위해서는 공급 측면경영주에서의 경영환경변화, 식음료의 상품개발, 서비스기술 개선, 마케팅 개념의 도입 등 적절한 경영 노하우를 축적해 나가지 않으면 안 되게 되었다. 더욱이 UR협상과 시장개방의 여파로 음식업도 국제화 · 세계화되어 가는 추세에 있기 때문에 자기업소의 경영을 위해서뿐만 아니라 국제경쟁력에 대처해 나갈 수 있는 맛과 서비스 개발로 사회 · 경제에 기여해 나가야 한다. 식당의 이 같은 개념변화는 국민소득의 증가와 식생활패턴의 변화, 외식인구의 증가에 따라 변천되어 왔다.

2 레스토랑의 종류

1) 명칭에 의한 분류

(1) 레스토랑restaurant

가장 일반적인 식당의 개념인데 정식의 식사와 서비스가 제공되고 식당 내에는 식탁과 의자가 테이블 세팅table setting된 식당이다. 고객의 주문에 의하여 웨이터 또는 웨이트리스가 음식을 제공하며, 고급요리와 정중한 서비스가 제공되는 식당이다.

(2) 그릴grill

일반적으로 일품요리a la carte를 주메뉴로 취급하는 식당이다. 이 식당의 특성은 1일 특별요리daily special menu를 제공하는 식당으로서 아침, 점심, 저녁식사가 주어진다.

(3) 다이닝룸dining room

식당의 영업시간이 주로 제한되어 있으며 정식table d'hote을 취급한다. 호텔의 경우는 아침시간에는 영업을 하지 않고 점심과 저녁식사만 제공하는 경우가 많다.

(4) 카페테리아cafeteria

셀프서비스의 한 형태로 이는 음식물이 준비되어 있는 진열대에서 고객이 직접 음식을 선택하여 가져다 먹고 카운터에서 요금을 계산하는 식당이다.

(5) 커피숍

커피숍coffee shop은 고객이 많이 왕래하는 장소에서 커피와 음료수 또는 간단한 식사를 판매하는 식당이다. 호텔의 부대시설로 커피숍은 다양한 용도로 이용되고 있다.

(6) 뷔페식당

뷔페식당buffet restaurant은 준비해 놓은 요리에피타이저, 찬 요리, 더운 요리, 디저트, 한식, 일식, 중식 등를 균일한 요금을 지불하고 자기 기호에 맞게 몇 번이고 선택하여 먹을 수 있는 셀프서비스 식당이다.

(7) 런치 카운터

런치 카운터lunch counter는 식탁 대신 조리과정을 직접 볼 수 있는 카운터 테이블에 앉아 조리사에 직접 주문하여 식사를 제공받는 식당이다. 고객은 직접 조리과정을 지켜 볼 수 있기 때문에 기다리는 시간의 지루함을 덜 수 있고, 식욕을 촉진시킬 수 있다.

(8) 드라이브 인drive-in

고속도로변에 위치하며 자동차 이용객을 대상으로 영업하는 식당이다. 이 식당에는 자동차를 이용한 가족단위나 마이 카my car족들이 주류를 이루기 때문에 넓은 주차시설이 요구된다. 미국의 존슨Haward Johnson사가 운영하는 식당이 전형적인 드라이브 인drive-in 형태의 식당이다.

(9) 스낵 바snack bar

가벼운 식사가 주메뉴로 취급되는 간이식당으로 식사서브의 형태는 카운터서비스counter service와 셀프서비스self service 형태를 취하게 된다.

(10) 다이닝 카dining car

열차 이용객을 위한 열차식당인데 메뉴가 다양하지 못하나 값이 저렴한 특성을 갖고 있다.

(11) 디파트먼트 스토어 레스토랑department store restaurant

백화점에 위치한 식당으로 쇼핑객들을 대상으로 영업하는데 좌석회전율이

빠른 패스트푸드fast food류의 메뉴가 주종을 이룬다. 외국의 경우는 대개 셀프서비스의 형식을 취하지만 국내 백화점 식당은 테이블 서비스table service가 제공되는 특성을 갖고 있다.

(12) 인더스트리얼 레스토랑industrial restaurant

회사나 병원, 학교, 군대 등에서 비영리적으로 운영하는 구내식당인데 급식사업식당 또는 구내식당이라 부른다.

대표적으로 학교급식school feeding, 산업급식industrial feeding, 직원급식employee feeding, 병원급식hospital & nursing home feeding, 노인급식elderly feeding, 고아원급식orphan feeding, 장애인급식mentally & physically handicapped feeding, 양로원 급식community center 등이 있는데 대개 셀프서비스 형식을 취한다.

(13) 리프레시먼트 스탠드refreshment stand

바쁜 고객을 위하여 간단히 이용할 수 있는 간이음식을 준비하여 놓고 손님의 요구에 의하여 판매하는 식당이다. 열차 역이나 고속도로 휴게소에서 운영하는 식당이 이에 속한다.

2) 서비스 형식에 의한 분류

식음료 서비스의 방식에 따라 식당을 분류할 때에는 테이블 서비스table service와 카운터 서비스counter service, 셀프서비스self service로 대별된다.

어떤 방식을 취하든 식당경영방침에 따라 다르나 전통적인 식당에서 취하던 테이블 서비스 대신 최근에는 바쁜 도시인을 대상으로 자기 취향에 따라 음식을 선택할 수 있게 하는 패스트푸드가 주류를 이루면서 셀프서비스 형태를 취하는 식당이 늘고 있다.

셀프서비스 식당은 식당경영 측면에서 보면 인건비를 절약하고, 고객 측면에서는 값이 저렴한 특성을 갖는다. 한국에는 테이블 식당의 경우 팁제도가 제도적으로 정착되지는 않았지만, 부담을 안고 있어 식당 선택에 신중을 기하는 경우가 있다.

(1) 테이블 서비스table service

테이블 서비스는 우리가 말하는 일반식당의 서비스를 말한다. 식당 내에 식탁과 의자를 갖추고 테이블 세팅setting한 식당으로 고객의 주문에 의하여 웨이터나 웨이트리스가 식음료를 서브하는 방식으로서 가장 오래 지속되어온 전형적인 서비스방식이다.

고객은 가정에서처럼 편안한 자세로 서비스를 받을 수 있으며, 여가가 충분한 고객이 즐기는 방식이다. 구미에서는 팁을 지불하는 관습이 있어 음식가격이 비싼 단점이 있다.

(2) 셀프서비스self service

웨이터의 서비스 없이 고객이 직접 기호에 따라 메뉴를 선택하여 스스로 서비스하는 방식이다. 최근 프랜차이즈 시스템franchise system이나 체인 시스템chain system의 식당에서 패스트푸드 계열의 음식을 취급하면서 그 수가 급증하고 있다. 고객이 직접 서비스함으로써 식당 측에서는 인건비를 절감하는 효과를 얻을 수 있으며, 음식가격을 저렴하게 제공함으로써 고객의 서비스 향상을 기할 수 있다. 복잡한 도심에서 바쁜 직장인들에게 인기가 있다.

|표 6-2| 셀프서비스의 이점

공급자경영주	수요자고객
• 식당회전율이 높다. • 인건비 절감 • 빠른 좌석 회전율 • 매상고 증진 • 원가절감 • 다양한 서비스 • 위생사고 방지	• 기호에 따라 메뉴선택 • 서비스 시간 단축 • 선불제도 • 저렴한 가격 • 팁봉사료의 불필요 • 청결한 음식 • 고객의 선택권 • 위생적

(3) 카운터 서비스counter service

카운터 서비스는 주방을 고객에게 개방하여 요리과정을 직접 보면서 서비스 받는 방식이다. 조리사가 조리하는 과정을 직접 볼 수 있기 때문에 위생적이며 고객의 입장에서는 자기 취향에 맞게 요리를 주문할 수도 있다.

넓은 공간이 요구되지 않으며 경제적으로 업소를 경영하는 이점이 있다. 고객이 기다리는 시간이 줄고 서비스 과정이 짧기 때문에 고객의 불평도 적다. 스낵 바snack bar는 전형적인 카운터 서비스의 형태라고 볼 수 있다.

(4) 급식식당

급식식당feeding은 최근 국내에서도 급속히 증가되고 있는 식당형태이다. 급식사업으로써 비영리적이며 셀프서비스 형식의 식당이다. 일반회사급식industrial feeding, 학교급식school feeding, 병원급식hospital feeding, 군대, 교도소에서의 급식이 있으며, 일시에 많은 인원을 수용하여 식사를 제공할 수 있으나, 일정한 메뉴에 의한 식사이기 때문에 자기의 기호에 맞는 음식을 선택할 수 없는 단점이 있다.

(5) 자동차식당

자동차식당auto restaurant은 버스형 자동차나 트레일러trailer 등에 간단한 음식을 싣고 다니면서 판매하는 이동식 식당이다.

3) 제공품목에 의한 분류

제공품목에 의한 분류로는 어떤 업종의 요리를 제공하느냐에 따라 분류하는 형태로 크게 서양요리를 제공하는 프랑스식, 이탈리아식, 미국식 식당과 동양요리를 제공하는 한식, 중식, 일식 등의 식당으로 구분할 수 있다.

(1) 양식당

양식당western style restaurant은 미국식american과 유럽식european이 대표적이다. 이탈리아식당은 면을 재료로 하는 마카로니macaroni와 스파게티spaghetti가 대표적인 요리인데, 이를 총칭하여 파스타pasta라 한다.

프랑스식당은 뛰어난 예술적 감각과 수백 종류에 이르는 소스sauce 및 바다가재 요리 등으로 세계적인 요리로 인정받고 있다. 미국식당은 곡물과 육류, 야채 등의 풍부한 원료를 이용한 비프 스테이크beef steak, 바비큐barbecue, 햄버거hamburger 가 대표적이라 할 수 있다.

❶ 이탈리아식당

이탈리아식당italian restaurant의 이탈리아요리는 14세기 초에 "마르코 폴로"가 중국 원나라에서 배워온 면류麵類가 지금의 이탈리아요리의 고유한 마카로니 macaroni와 스파게티spaghetti의 원조라고 할 수 있다. 이런 면류를 총칭하여 파스타 라 하고 이를 먹는 시기는 수프를 대신하여 주요리 전에 먹는다. 이탈리아의 점심식사는 세 시간 정도로 즐기면서 먹는다.

❷ 프랑스식당

프랑스식당french restaurant은 서양요리 중에서도 가장 유명하다. 프랑스 요리는 프랑스에서 유래되어 6세기 '앙리4세' 때부터 이어져 지금에 이르고 있으며, 샤 또브리앙chateaubriand, 바다가재요리, 생굴요리, 오드블Hors d'oeuvre요리뿐만 아니 라 각종 소스sauce가 500여 종이 넘는다.

❸ 미국식당

미국식당american restaurant은 비프 스테이크beef steak와 바비큐barbecue 및 햄버거 hamburger 등을 대표적인 요리로 말할 수 있다.

미국식당의 주요한 재료는 고기, 계란, 곡물, 과일, 야채 등으로 이를 이용한 간소하고 경제적인 식생활을 하고 있다.

(2) 한식당

한식당koran style restaurant은 궁중요리를 비롯한 불고기, 비빔밥, 삼계탕, 갈비구 이 등이 우리나라 특유의 요리로 세계에 소개되어 있다. 그러나 대규모의 외식 업체나 호텔 등에서 서양요리는 활발하고 충분하게 제공되고 있는 데 반하여, 한식은 체계적인 표준식단의 부족과 매뉴얼의 부족, 높은 인건비 등으로 인하

여 호텔에서는 영업에 어려움을 겪기도 하지만, 외식업체에서는 꾸준한 성장을 하고 있다.

한국음식은 주식과 부식이 뚜렷하게 구분되어지는 특징이 있다.

(3) 중식당

중식당chinese style restaurant은 오랜 역사와 다양한 재료 및 메뉴개발로 세계적인 요리로 자리 잡고 있다. 중국음식을 크게 남방요리와 북경요리로 구분하기도 하지만, 일반적으로 지역의 기후와 생활 형태에 따라 북경요리, 남경요리, 광동요리, 사천요리 등으로 나눈다.

북경요리는 중국의 정치, 경제, 문화의 중심지로 튀김요리, 볶음요리 등의 고급요리가 발달하였다. 남경요리는 상해요리라고도 하는데 양쯔강 유역의 풍부한 해산물과 곡물을 이용한 음식이 발달했으며, 조미료로 설탕과 간장을 많이 사용하여 맛이 달고 농후한 것이 특징이다. 광동요리는 서구의 영향으로 서양요리를 받아들여 재료와 조미료에 쇠고기, 토마토케첩 등을 이용한 요리가 많고, 자연의 맛을 살리는 특징이 있다. 사천요리는 산악지방으로 추운 지역을 대표하는 요리이며 고추와 마늘을 많이 사용하고, 저장식품이 발달하였다.

(4) 일식당

일식당japanese style restaurant은 계절의 변화에 따른 재료와 재료의 신선도를 중요시하며, 시각적인 아름다움을 추구한다. 일본요리는 관동지방과 관서지방의 특징이 뚜렷하다. 관동지방은 맛이 진하고 달며 국물이 적은 것이 특징이며, 관서지방의 요리는 자연의 맛을 살리기 위하여 간을 연하게 하며, 국물이 다소 많다. 대표적인 요리로는 회, 초밥, 튀김 등이 있다.

조직의 원리

제**2**절

조직관리

과거와는 달리 외식산업이 전문화·세분화되어 가면서 다양한 고객수요를 충족시키고, 원활한 경영기능을 유지하기 위해서는 합리적인 조직체로서의 역할이 요구된다. 여기서 말하는 식당의 조직이라 함은 조직원 각자의 능력을 최대한 발휘하여 식당서비스업의 기능을 유지하고 고객의 욕구를 충족시키며 효율적인 경영관리를 통하여 수익성을 확보할 수 있도록 조직화되어야 함을 말한다.

외식산업이 규모의 경제원리를 적용·관리해야 할 만큼 그 규모가 성장하고 사회·경제적으로 차지하는 비중이 증대되고 있어 조직의 기능·유지·발전이 경영관리의 중요부문으로 부각되고 있다. 더욱이 원활한 식음료 서비스 제공은 체계적인 조직관리 없이는 불가능한 만큼 외식산업 경영에서의 조직관리는 서비스와 고객창조가 직결됨을 명심하여야 한다.

외식산업에서의 조직관리는 다음과 같은 원리가 적용된다.

1) 조직목표의 명확화

조직은 공동의 목적을 달성하기 위하여 존재하므로 그 조직이 추구하고 있는 목적·목표를 명확히 밝혀야 하며, 이를 모든 구성원들이 공유하

여 각기 자신들의 협력으로 달성해야 함을 인식하여야 한다.

외식업체는 사업 특성상 고객과의 밀착 정도가 높을수록 좋으므로 가능한 고객들에게 공개하여 공유할 수 있도록 하는 것도 좋다.

2) 전문화 원칙

조직은 각 종사원이 가능한 특수화된 업무를 전문적으로 담당함으로써 경영활동 능률을 증진시킨다고 한다. 특히 이 전문화의 원칙에 따라 부문화가 이루어지고, 업무가 분장되어 각 종사원들의 담당직무의 종류와 범위가 합리적으로 정해진다. 따라서 전문화에 의해서 각 종사원의 직무에 필요한 전문적인 지식과 기술을 교육을 통하여 습득하며 경영능률을 촉진시키는 것이다.

3) 직능화 원칙

경영조직의 합리화를 위하여 특정한 구성원의 능력에 의존하지 않고, 해야 할 일to work ought to be done을 중심으로 조직화하여야 한다. 즉 자재 구입, 메뉴 계획, 조리, 서비스 등 식당 식음료 서비스에서 수행되는 각 기능은 조직구조의 일부가 되어야 하며, 그 기능은 분명한 목적과 직무에 따라 설정해야 한다.

4) 명령일원화 원칙

조직구성은 불필요한 직위가 없도록 간단하게 해야 한다. 그리고 라인에 따라 한 부하직원은 한 상사에게만 명령을 받아야 한다. 이러한 관계로 한 명의 간부에게 보고하는 부하직원의 수가 많은 큰 식당에서는 각 웨이터 그룹을 감독하기 위해 캡틴captain을 임명한다. 카페테리아cafeteria에서는 지배인이 직접 종사원을 관리하는 것보다 각 종사원 그룹을 지시하는 감독자를 두는 것이 합리적이다.

이는 부하의 효율적인 통제가 가능하며, 상위자가 전체적인 조정을 용이하게 할 수 있으며, 상위자는 하위자와의 명령·보고관계가 일원화됨으로써 전체적인 안정감을 가질 수 있다.

5) 책임과 권한의 원칙

조직을 구성하는 각 구성원에게 업무를 분장함에 있어 그 상호관계를 명확히 하는 것이다. 그리고 모든 직책에 대한 업무의 책임·권한 및 경제적 책임을 밝힌다. 이는 상위자가 하위자에게 업무를 분장하게 함으로써 업무수행에 필요한 권한을 부여하며 본인의 직무수행에 대한 결과에 대하여 책임을 지게 됨을 말한다.

그러므로 모든 직급에 책임과 권한을 설정하여야 하며 경영자는 책임을 위임하는 데 주저하지 말아야 한다. 특정 업무에 대한 책임을 새 간부가 맡았다면 그 업무를 수행하기 위해서 동등한 권한을 부여하여야 하다. 권한위임을 하지 않음으로써 식당의 소유주는 부하직원들을 절름발이로 만들고, 다른 사람이 하면 더 잘할 수 있는 일을 자신이 하게 되는 결과를 초래하게 된다.

6) 운영절차의 표준화 원칙

표준화는 자료처리기계화와 함께 지배인이 식당운영자에게 필요한 여러 가지 일상적인 결정에 관한 업무를 덜어 준다. 거대한 연쇄조직의 한 식당을 경영하는 문제는 단일식당이나 소규모 연쇄식당을 경영하는 문제와는 다르다. 연쇄점 조직에서의 경영자는 채용, 메뉴계획, 조리방법, 재정적인 문제의 결정, 실내장식의 계획, 판매촉진 등의 문제에 대해 거의 책임이 없다.

7) 중앙집중화 분산 원칙

식당의 운영에서는 경영을 중앙집권화할 것인가, 아니면 분산시킬 것인가 하는 문제가 발생하게 된다. 또한 권한, 업무적·경제적 책임의 위임은 관리의 효율성에 달려 있으며, 분산화된 경영의 책임을 수행하기 위해서는 필요한 인격과 기술 및 판단력을 소유한 경영자가 있어야만 한다. 광고·메뉴 및 운영절차를 표준화한 홀리데이 인과 같은 체인조직은 지역의 식당지배인으로 하여금 분산화된 운영에 필요한 많은 문제의 결정을 덜어준다. 이러한 체인시스템은 업무적 책임은 분산되어 있지만 중앙회계시스템을 통해 경제적 책임은 중앙집권화되어 있다.

중앙집권화되어 있던 하워드 존슨Howard Johnson 회사는 최근 그 기능의 일부를 분산시키는 것이 현명하다는 사실을 발견했다. 한정된 환경에서 일하던 경영자들은 여러 대학에서 실시하는 식음료 서비스 세미나에 참석하게 됨으로써 새로운 견문을 얻게 되었다.

2 조직의 구조

1) 레스토랑의 조직

레스토랑 조직의 원칙은 식음료 상품을 효율적으로 조달함과 동시에 원가절감을 통한 수익의 극대화를 꾀하는 데 있다. 조직구성은 식당의 규모나 형태에 따라 다소의 차이는 있을 수 있겠으나 가장 중요한 것은 서비스 제도로서 고객에게 원활한 서비스 제공을 위한 접객편성이 중심이 된다.

식당조직을 서비스 방식에 따라 분류하면 다음과 같다.

(1) 셰프 드 랭 시스템chef de rang system

셰프 드 랭 시스템을 국제 서비스제도, 또는 프렌치 서비스제도french service system라고도 부르는데, 고급식당의 경영에 적합한 영업방식으로서 가장 정중한 최고

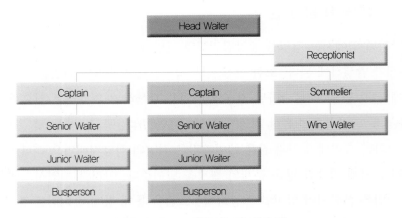

┃그림 6-1┃ 셰프 드 랭 시스템

급 서비스 제공에 알맞다. 이 제도는 식당의 총책임자 밑에 접객책임자인 헤드 웨이터head waiter가 있고 그 밑에 3~4명의 웨이터들이 각각의 근무조로 편성되어 식당의 지정된 지역테이블을 책임지는 서비스제도로서 각 조의 팀워크가 잘 이루어져야 원활한 서비스가 가능하다.

또한 이 제도의 장·단점을 보면 다음과 같다.

‖표 6-3‖　셰프 드 랭 시스템의 장단점

장 점	단 점
• 고객에 대한 정중한 서비스 제공 • 종사원의 근무조건에 대한 만족 • 충분한 휴식시간 • 영업향상에 따른 근무인원 증가	• 고급식당에만 적합 • 종사원에 대한 높은 의존도 • 인건비 지출과다

(2) 헤드 웨이터 시스템head waiter system

셰프 드 랭 시스템을 축소시킨 서비스 편성으로 대형식당이나 고급식당보다는 일반식당에 적합하다. 이 서비스 방식은 헤드 웨이터 밑에 식사담당과 음료담당의 웨이터를 각각 따로 두어 주어진 테이블을 담당하게 하는 제도이다.

‖그림 6-2‖　헤드 웨이터 시스템

(3) 스테이션 웨이터 시스템(station waiter system)

일방향 시스템one-way system이라고도 부르며, 한 계절만 영업하는 계절식당에 적합한 서비스 방식으로 한 식당에 헤드 웨이터를 두고 그 밑에 한 명의 웨이터가 일정 스테이션담당구역을 서비스는 제도이다. 즉, 1명의 웨이터가 일정한 식탁만을 주문받아 식사와 음료를 제공한다.

이 제도의 장단점을 보면 다음과 같다.

| 표 6-4 | 스테이션 웨이터 시스템의 장단점

장 점	단 점
• 서비스의 일관성을 기한다. • 책임성의 부여로 서비스의 질 개선 • 서비스 인원이 적으므로 고객의 입장에서는 팁에 대한 부담이 적다.	• 웨이터의 주방출입으로 담당구역을 이탈 • 고객을 기다리게 하는 지루함

| 그림 6-3 | 스테이션 웨이터 시스템

2) 외식체인 기업 및 업태별 조직

(1) 외식체인 기업의 조직형태

외식체인 기업의 조직은 영업부문과 관리부문으로 크게 나눌 수 있다. 영업부문은 라인조직으로 기업의 목적달성에 직접적으로 권한을 행사하고 이에 따라 책임을 지는 부서로서 직영점을 직접 경영하며, 가맹점은 경영지도를 해준다.

관리부문은 스태프조직으로 기업의 목적을 좀 더 효율적으로 이룰 수 있도록 라인조직에 조언과 서비스를 제공하는 부서로 인사·재무·기획 등의 부서가 여기에 속한다.

| 그림 6-4 | 외식체인 기업의 조직도

그리고 체인망을 통해 점포망을 확대하고 있는 패스트푸드와 패밀리 레스토랑은 그들이 추구하는 영업형태의 특성에 따라 조직을 구성하여 업무의 효율성을 기하고 있다.

특히 패스트푸드의 조직체계가 단순화되어 있는 반면, 패밀리 레스토랑은 이에 비해 좀 더 복잡한 조직형태를 띠고 있다.

(2) 패스트푸드의 조직형태

패스트푸드 업태의 조직체계는 매뉴얼화를 통해 모든 업무를 표준화시켜 매니저manager 이상의 직급에만 정규직원을 두고 그 아래의 직급에는 시간제 직원을 활용하는 조직구성으로 되어 있다.

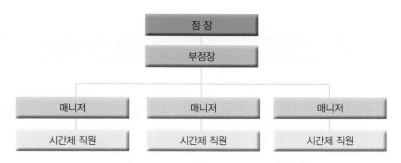

| 그림 6-5 | **패스트푸드의 조직**

(3) 패밀리 레스토랑의 조직형태

패밀리 레스토랑은 일반적으로 호텔의 레스토랑과 유사한 조직구조로 되어 있다.

다만, 호텔과 달리 조리부문이 서비스부문과 함께 단위 업소조직인 패밀리 레스토랑의 조직에 포함된 구조형태를 가지고 있으며 점장general manager에게 통제를 받는다.

|그림 6-6| 패밀리 레스토랑의 조직

3 조직구성원의 직무

  외식사업체의 구조나 크기, 유형에 관계없이 식당 구성원의 업무는 일관성과 능률성의 향상을 고려하여 책임감 있게 이루어져야 한다. 특히 대표적인 인적 서비스personal service 산업인 외식산업에서 식당구성원의 기능과 역할은 고객에 대한 서비스 수준을 나타내며 식음료 상품의 판매에 직결되기 때문이다.

1) 점주점장

- 매출분석, 휴일 및 폐점시의 안전관리, 종사자의 작업량 예측 및 작업계획 사전준비
- 고객의 반응관찰, 고객의 만족, 불만족 요인 파악, 메뉴의 인기도 측정
- 업소 내의 모든 시설과 장비의 상태 점검과 성공유지를 위한 권고
- 모든 재료와 소모품의 필요성, 공급품의 예상
- 직원, 시설, 재료의 사용을 위한 조사계획을 통해 우수한 서비스의 사전준비
- 업소 내의 상황을 수시로 검토하여 고용의 필요성을 예측하고 종사자의 모집, 선발

- 종사자 회의 소집
- 근무자 상호 간의 책임과 의무, 협동에 대한 설명
- 종사자가 모든 메뉴를 주지하도록 교육
- 자신이 근무하고 있는 점포의 사업목표, 고객 및 직원에 대한 방침 등을 직원에게 주지
- 종사원들의 고충상담
- 행동규범, 복장, 개인위생, 유니폼 등의 기준 설정
- 식사의 즐거움을 위해 진지한 감정으로 고객을 환영하고 흥미를 돋우기 위해 행동하며, 정중하게 인사하고 자리안내
- 업소의 규칙과 규범에 따라 종사원을 통제, 즉 행동 복장, 위생, 외모 등
- 사고나 사건을 예방하기 위해 모든 분야에 대해 사전연구
- '우리 업소를 방문해 주셔서 기쁩니다.', '당신에게 서비스하게 되어 영광입니다.'라고 하는 마음가짐으로 고객을 접대

2) 조리장 kitchen supervisor

- 주방종사자의 감독
- 식재료 및 주방 공급물품 구입 청구
- 메뉴 계획 및 변경
- 재고 기준량 책정
- 주방 및 설비, 기구의 청결도 및 정상가동 여부 감독
- 주방근로자의 고용 및 해고
- 각종 근무시간표 작성 및 유지
- 재고품, 저장품 공급자 분배

3) 조리사 cook

- 각종 수프, 고기, 야채, 후식 등 준비
- 음식요리 및 간
- 식재료 사전 발주

- 솥, 고기 굽는 기구, 석쇠, 스팀, 냄비 등의 화력조절
- 믹서, 그라인더, 슬라이스와 같은 주방기구와 장비 조작 및 사용
- 배합물 조정과 혼합
- 요리의 최종 맛
- 맛, 냄새 등 고객에게 서비스하기 위한 육류 등 점검
- 조리 중의 음식 관찰과 관리
- 음식 데코레이션
- 다른 종사자를 감독

4) 조리사 보조 cook helper

- 음식준비 지원
- 닭고, 껍질을 벗기고, 자르고, 야채, 과일 씨 제거
- 밀가루 분말배합 및 준비
- 조리장비 점검, 가스점검 준비
- 냉동 냉장고 온도 유지 및 상태점검
- 물품, 기구 그리고 제반 준비

5) 주방 근로자 kitchen helper

- 주방의 각종 집기와 비품 청결히 유지·정돈
- 작업대, 벽, 냉장고, 각종 식재료의 사전 세척
- 쓰레기 분리수거 준비
- 용기 및 병 종류 사전 분류
- 끓이는 기구 및 냄비류, 쟁반 등의 세척
- 육류를 굽는 석쇠는 세제를 사용하여 원래 광택이 나도록 준비
- 세척된 잔은 대부분 부드러운 천으로 닦아 물기가 없도록 준비
- 식재료를 저장고에서 필요한 수량만큼 조리 준비대 옆에 준비
- 칼이나 껍질 벗기는 기계로 야채나 식재료를 준비

6) 카운터 종사자 counterman

- 지불에 따른 수납
- 카운터 테이블 및 장비 청소 및 정리
- 커피 및 끓이는 차 종류 준비
- 음료수 컵 준비와 음료수 공급

7) 홀객장장

- 고객의 영접 및 안내
- 고객 착석 안내 및 주문
- 예약석 관리
- 불평처리를 위한 업무
- 청결감과 정리정돈 점검
- 테이블 시트와 소모품 준비
- 업소의 특별서비스 준비

8) 홀 종사자

- 식사를 위한 음식 공급
- 메뉴 소개와 주문업무
- 전표 기록 및 주방주문
- 추가 주문받을 준비
- 계산서 교부
- 고객 지불 처리 및 회계원에게 인계
- 식탁의 재배치 및 정리
- 테이블 집기류 청소 및 운반
- 테이블 세팅 준비
- 식음료 서브

제**3**절

인적자원관리의 이해

① 인적자원관리의 개념

기업은 한마디로 '성과를 지향하는 이익집단'으로 정의할 수 있다. 만약 기업이 성과를 내지 못하여 계속해서 적자상태에 있게 되면 그 기업은 이미 존재할 가치가 없다고 할 수 있다.

기업은 성과를 창출하기 위해서 자본으로 대표되는 물적 자원과 사람으로 지칭하는 인적 자원을 활용하게 된다. 기업의 최고경영자는 이러한 두 가지 자원을 효율적으로 활용하여 우수한 조직성과를 창출하는 데 일차적인 경영목표를 두게 된다. 경영이 뛰어난 기업은 같은 양의 자원을 사용하고도 더 많은 성과를 창출하기 때문에 차별화된다. 기업에 따라 다소 차이가 있겠지만 외식산업의 경우 미래의 경영에 있어서는 물적 자원보다 인적 자원의 우수성이 기업의 성패를 좌우할 것으로 믿고 있다.

외식산업은 제조업과는 달리 사업의 본질상 상품의 생산과 소비가 동시에 이루어지고, 무형의 서비스를 판매하는 서비스산업으로서의 특징 때문에 무엇보다 인적 자원의 관리가 강조되고 있다.

인적 자원human resource이란 외식업체에서 생산할 수 있는 상품의 유·무형적 가치를 창출하고 또한, 생산성을 결정하는 기본적인 요소의 특성으로서 용역잠재력service potential을 의미한다.

인적자원관리human resource management는 물적자

원관리와 달리 동기부여시스템을 가지고 있다. 물적 자원은 객체로서의 성격만을 가지고 있기 때문에 스스로 의사결정을 할 수 있는 능력을 가지고 있지 못하다.

그러나 인적 자원은 계량화하여 평가하기가 어렵다. 그러므로 인적자원관리를 개선하고자 할 때 개인의 수용과 참여 여부가 중요한 관건이 되며 의사결정 과정을 거쳐 일정기간이 경과한 후 성과로 나타나는 경우가 많다. 따라서 인적자원관리를 할 때는 그들의 동기부여 수준에 초점을 두어 개개인의 직무성과를 통해 조직의 성과가 향상될 수 있도록 인적 자원을 개발할 필요가 있다.

또한 인적자원개발HRD : Human Resource Development이란 일련의 조직된 학습활동으로 일정한 시간 범위 내에서 학습자의 행동을 변화시키도록 설계된 것이라고 정의할 수 있다. 이 같은 인적자원개발 논의는 고도로 발달하는 현대 산업사회에 있어서 물질자원과 재정지원만을 중시하는 경향으로부터 탈피하여 인간 자체의 자원개발에 비중을 두어야 한다는 점을 강조한다.

2 인적자원개발의 구성

인적자원개발은 조직개발, 경력개발, 성과측정, 교육훈련 등으로 구성되어진다.

1) 조직개발organization development

조직개발이란 조직을 상황변화에 따라서 적응력을 갖게 하여, 개인과 직무를 참된 의미로 통합하도록 함으로써 기대하는 실적을 올릴 수 있는 상태로 만드는 것을 의미한다.

2) 경력개발career development program

경력개발이란 개인으로서 종업원의 경력을 조직 내에서 적극적으로 실현시키는 것이며, 조직이 필요로 하는 인적 자원의 능력을 계속적으로 확보하고, 조직의 발전을 도모하는 종합적인 인적 프로그램이다. 평소 업무수행과정이 조직의 발

전으로 직결될 수 있도록 개개인의 잠재능력을 개발하고, 장래 성장을 촉진하며, 그것을 준비하는 과정으로서 조직적으로 설계된 체계적인 프로그램을 말한다.

이 같은 경력개발의 원칙으로는 적재적소배치의 원칙, 승진경로의 원칙, 후진 양성의 원칙, 경력기회개발의 원칙 등이 있다.

3) 성과측정evaluation of performance

성과측정이란 조직이 달성한 결과를 평가하는 것으로서 조직구성원의 달성 도를 현재적 · 잠재적 유용성 측면에서 비교 · 평가하는 것을 말한다.

4) 교육훈련training

교육훈련이란 종업원의 계속적인 능력개발을 통하여 인간자산을 유지 · 관리 하고 미래를 위하여 개발하는 활동을 말한다. 프랜차이즈 산업의 발전을 가장 확실히 보장해 주는 투자가 사람과 기술에 대한 투자라는 인식이 보편화되어야 한다. 따라서 교육훈련비를 비용적 지출로 보기보다는 자본적 지출로 보아야 한다. 즉, 인적 자원을 개발하기 위한 교육훈련은 기계시설에 투자하는 것과 마 찬가지로 인식되어야 한다는 것이다.

또한 교육훈련은 기능, 지식의 습득을 통한 종업원의 전문적 능력향상 이외 에 태도의 변화를 통한 종업원의 성취동기를 향상시켜서 노동의욕을 증진과 조 직의 활성화를 촉진시킨다. 따라서 신상품개발의 중요성, 기술혁신, 관리혁신, 가치관의 변화 등과 같은 교육훈련이 전체 프랜차이즈 산업에 시급히 요청되는 사항이다.

3 인적자원관리 방향

외식산업은 기술의 급격한 발전, 정보화, 세계화, 프랜차이즈화의 급속한 진 전으로 인한 경쟁 환경에서도 정규직을 대상으로 인재를 획득하고, 표준 인재를 목표로 양성하며, 활용하고 보상하는 일상적인 인사행정 역할을 수행하는 데 중점을 두고 이루어져 왔다.

그러나 미래의 외식산업은 자율성과 핵심역량 배양을 최대한 지원할 수 있는 인적자원관리와 다양한 역할과 기능을 수행하는 사업단위를 통합하여 하나의 공동체를 형성할 수 있게 하는 전략적 인적자원관리가 동시에 요구된다.

이와 같은 인적자원관리를 위해서는 전략적 인적자원관리, 기반구조관리, 종업원 기여관리, 변화관리 등 4가지 역할을 수행하여야 한다.

1) 전략적 인적자원관리

전략적 인적자원관리란 인사전략과 관행을 기업의 전략적 목표와 일치시키는 역할을 말한다. 이 역할을 수행하기 위해 인사부서는 기업의 전략적 파트너로서 사업전략의 수립에 참여함은 물론 그 실행계획의 수립과 집행을 인적자원관리의 입장에서 자문하게 된다.

또한 인사전략을 사업전략에 맞추어 수행함에 있어서 인적자원관리의 각종 기능이 기업의 전략적 목표를 달성할 수 있도록 제반 인사제도와 관행을 구체화하는 것이 핵심 기준이 된다.

2) 기반구조관리

기반구조관리란 인적자원관리 프로세스를 효과적으로 설계하고 시행함으로써 관리의 효율성을 제고하는 역할을 의미한다. 이를 위해 전통적인 인사부서의 역할인 선발, 교육, 평가, 보상, 승진 등의 인적자원관리 프로세스 자체의 효율성 제고를 도모하는 것은 말할 것도 없고, 더 나아가 기업의 전략과 종업원의 특성을 고려하여 끊임없이 관련 업무를 혁신하고 개선하는 역할까지 수행하여야 한다.

그리고 인적 자원과 관련된 조직의 프로세스의 효율성을 제고하는 것도 역시 기반구조관리의 한 역할이다.

3) 종업원 기여관리

종업원의 기여관리란 일상의 업무수행에서 종업원이 자신의 역량을 최대한

발휘하여 성과를 높이고 업무에 몰두할 수 있도록 지원하는 역할을 말한다. 이를 위해 종업원 개개인의 욕구를 이해하고 충족시키도록 노력하며, 직원 간에 원만한 관계가 형성·유지될 수 있도록 지원해야 한다.

4) 변화관리

변화관리란 사업체 내의 근본적인 조직문화 변화를 통해 기업의 가치를 높이는 역할을 말한다. 여기에는 조직에 내재하고 있는 문제를 구체화하여 규명하고 변화 프로세스를 정의하고 적용한다. 또한 문제해결을 위한 실행계획을 수립함은 물론 조직구성원들이 새로운 문화를 받아들이고 적응하도록 유도하며, 조직구성원들의 적극적인 참여와 헌신을 이끌어내는 기능이 포함된다.

제**4**절

채용관리

채용관리란 인사관리의 기점으로 종래의 무계획적이고 경험적인 관점에서 채용하는 것이 아니라 기업활동에 필요한 직무에 요구되는 자격요건을 기준으로 적격자를 계획적으로 인력수급계획에 따라 일정 수를 채용하는 조직적 조치이다. 따라서 외식업체는 채용계획과 방법에 따라 경영상 직무에 가장 적합한 자질을 갖춘 인력을 선발하는 과정으로 입사지원서, 면접, 시험 등의 채용절차를 거친다. 지원자 가운데 조직이 필요로 하는 직원을 채용업무에 필요한 직무교육을 시켜서 배치하고, 일정제도에 의해 임금을 지불하는 것으로 외식산업체에서는 업종과 업태 또는 업소의 영업전략에 따라 정규직원과 시간제 직원을 적절한 비율로 채용하여 인적 자원을 관리하고 있다.

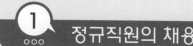

① 정규직원의 채용

정규직원의 채용은 외식산업의 주체로서 장기적으로 기업의 목표달성에 기여하고 외식산업의 발전에 중추적인 역할을 담당할 서비스 자질을 갖춘 우수한 인재를 확보하는 것이다.

외식업체에서 조직구성원을 채용할 때는 대체로 공개채용과 비공개채용의 방법을 이용하고 있다. 공개채용이란 신문, 방송, 잡지 등의 매체를 통해 모집공고를 게재하여 공개적으로 응시한 지원자들 중에서 엄격한 면접절차를 거쳐 선발 ·

채용하는 경우를 말한다. 비공개채용은 내부 연고자나 관련자의 소개나 추천을 통해 면접을 거쳐 채용하는 방법이다.

또한 공개채용은 신입사원을 채용할 때 주로 이용하는 방법이며, 비공개채용은 경력사원을 채용하고자 할 때 주로 활용되는 방법이다.

1) 직원채용시 확인사항

❶ 성명, 생년월일, 본적, 주소, 연락처 등 이력서 기재사항
❷ 상반신 사진
❸ 가족관계배우자 및 부양가족 내역
❹ 건강진단서
❺ 주민등록등본
❻ 신원보증인
❼ 희망직종 및 급료
❽ 학력 및 주요 경력, 포상
❾ 성격 및 취미, 기호
❿ 외국어 사용 정도와 태도 등

2) 면접자의 유의사항

❶ 친근한 인사와 부드러운 태도
❷ 대답은 간결하고 정확하게
❸ 성격책임감, 협조, 계획, 통솔력, 성실성, 명랑성 등을 표현
❹ 장단점 및 취미, 기호
❺ 회사선택 이유
❻ 장래의 희망
❼ 외국어 구사능력
❽ 요구되는 직급과 급료 정도
❾ 성장배경
❿ 근무시간과 복리후생 등

시간제 직원 채용

오늘날의 외식산업은 원활한 인력수급과 인건비의 절약 차원에서 정규직원 뿐만 아니라 적정한 규모의 시간제 직원을 고용하고 있다. 패스트푸드의 경우 시간제 직원의 근무시간이 총직원 근무시간의 70% 이상을 점유하고 있으며, 패밀리 레스토랑도 서비스의 질이 떨어지지 않는 범위에서 시간제 직원의 수를 늘리고 있다. 또한 시간제 직원의 채용에 있어서도 면접방법으로 선발되며 신문광고나 각 대학에 추천을 받아 채용하는 경우가 대부분이다. 대부분이 학생이고 아직까지 이들의 직업 서비스마인드가 약한 편으로 다양한 교육 프로그램과 서비스 강화 교육으로 숙련도를 높여 고객 서비스에 만전을 기해야 한다.

1) 시간제 직원의 면접 시 질문 및 확인사항

❶ 통근시 이용 교통편 및 소요시간
❷ 일과 관련하여 가족의 동의 여부
❸ 예측 불가능한 휴무의 예상 여부
❹ 휴일 출근 가능 여부
❺ 미성년자의 경우에는 부모의 허락 여부

이들 항목을 기재한 면접표를 준비하여 모든 응시자에게 같은 질문을 하는 것이 중요하며, 시간이 없고 바쁘다는 이유로 생략해서는 안 된다.

2) 회사측의 조건 명시사항

❶ 시간당 급여 및 그 지급방법
❷ 직종
❸ 근무시간 및 휴식시간
❹ 식사시간과 식사대 부담
❺ 교통비 지급
❻ 휴일

⑦ 세탁물 처리

⑧ 초과근무수당

직원채용시 상기 항목들을 구체적으로 확인하고 상호 이의가 없을 때 채용이 성립되며, 서면으로 명시함으로써 발생할지도 모를 분쟁을 미연에 예방하고 원활한 고용관계를 유지해 나갈 수 있다.

채용된 종업원을 유능한 인재로 양성하기 위해서는 교육훈련이 반드시 필요하다. 이때 교육이란 외식사업의 전반적인 이론, 즉 일반지식과 기초이론 등을 가르치는 것을 말한다. 또한 훈련은 서빙이나 조리 등 특정 직무와 관련된 학문적 지식, 육체적인 기능 등을 습득시키며 숙달시키는 것을 의미한다.

교육훈련은 종업원의 능력개발을 목표로 한 것으로 그 주요 목적은

첫째, 채용된 인재를 육성·양성하여 기술을 축적하게 하고,

둘째, 원활한 의사소통을 통해서 조직 간의 협력관계를 유지하는 데 기여하며,

셋째, 자기발전의 욕구충족을 통한 동기유발을 시키는 데 그 목적이 있다.

제5절

교육훈련

① 교육훈련의 분류

고도산업사회로의 진전은 교육훈련에 있어서도 전문화 내지 다양화·특수화되지 않으면 안 된다. 하나의 외식업체가 성장·발전하기 위한 수단으로 교육훈련이 이루어지는데, 교육훈련의 분류는 크게 기초교육과 재교육훈련으로 구분하여 설명할 수 있다.

1) 기초교육 basic education

기초교육은 채용된 직원을 대상으로 행하는 오

리엔테이션으로 회사는 그들이 몸담고 일할 새로운 직장에 조직의 일원으로서 각자 회사에 대한 친근감과 업무에 대한 흥미를 가질 수 있도록 외식산업에 대한 일반적인 지식과 회사에 대한 전반적인 소개 등으로 이루어진다. 이러한 초기교육은 직무교육 이전에 수행되어지며, 신입직원에게 심리적인 안정을 줄 뿐만 아니라 회사에 대한 올바른 이해를 제공해줌으로써 이들의 근무의욕을 고취시킨다.

대부분 프랜차이즈 시스템에서는 가맹본부에서 가맹점주 등을 대상으로 종업원을 교육시키는 방법, 메뉴의 가격결정방법, 서비스와 종업원을 관리하는 방법 등에 대하여 매뉴얼화하여 정기적으로 가맹점을 순회하면서 교육을 시키고 있다.

그러나 개인이 경영하는 외식업체의 경우 업주 자신이 교육에 대한 관심이 없을 뿐 아니라 이러한 교육 없이 채용과 동시에 단순한 직무교육을 행한 후 현장에 투입하는 경우가 실제로 많다. 이는 각 외식업소의 인적 자원 손실에 따른 외식사업의 경쟁력은 물론 넓은 의미에서 외식산업의 정체성을 낳아 외식산업의 발전에 부정적인 요소로 작용된다. 그러므로 경영자 스스로가 초기교육의 중요성을 인식하여 경쟁력을 제고시켜야 하겠다.

일반적으로 외식업체의 초기교육에서 실시되는 교육내용은 다음과 같다.

(1) 업계의 현황 이해

무엇보다도 외식산업에 대한 이해와 더불어 현재 외식산업이 어느 방향으로 발전하고 있으며, 업체별 마케팅 전략, 업계 및 고객의 트렌드 등의 정확한 이해를 통해 경쟁체계 속에서 종업원의 역할을 찾을 수 있도록 하여야 한다.

(2) 경영이념과 경영방침

경영이념이란 기업이 표방하는 이념이나 창업자의 이념이 조직구성원에게 미치는 형태를 말한다. 그러므로 초기교육을 통하여 경영자의 인생관에 기초한 회사경영의 신조를 명확히 하고, 자사가 어떠한 회사가 될 것인가 하는 회사의 경영이념을 세우는 것이 중요하며 회사의 목표를 밝혀 직원이 의욕을 가지고 분발하도록 이끌어야 한다.

(3) 조직도

조직이란 공동의 목적을 가지고 있으며 이를 달성하기 위해 의도적으로 정립한 체계화된 구조에 따라 구성원들이 상호작용하며 경계를 가지고 외부환경에 적응하는 인간의 사회집단이라 정의할 수 있다.

따라서 조직구성원은 그 목적을 달성하기 위하여 노력하며 그 목적은 조직력을 통해서 달성할 수 있다. 그러므로 조직의 중요성과 조직구성의 기본개념 등을 명확히 함으로써 외식업체의 목표달성은 물론 존속·성장할 수 있다.

(4) 업무이해

각각의 조직구성원이 실제 영업상에서 실행하는 업무에 대한 특성은 물론 각자 맡은 일에 대하여 충분히 설명하여야 한다.

(5) 규정

규정이란 조직생활에서는 지켜야 하는 것으로 동료와 원만히 일하기 위해 세워진 규칙을 명문화한 것이 바로 규정이다.

여기에는 직장에서의 팀워크, 복장, 몸가짐, 출퇴근 시간, 근무수칙 등 반드시 지켜야 할 규칙, 전화받는 법과 개인전화 사용, 회사물품과 개인물품 구분, 해서는 안 되는 직장과 사생활 매너, 안전과 위생 등이 있다.

(6) 비전제시

비전이란 외식업체의 사업방향, 미래의 위치, 중요한 가치관이나 이념, 타 외식업체와의 차별화된 이미지 등을 총칭하는 것으로 가능한 명확하여야 하며 구성원 간에 합의를 통해 공유되어야 한다. 따라서 단순히 좋은 것들을 모아 나열해 놓은 것이 아니라 기업의 특수성과 구성원 및 이해자집단의 열망을 가능한 한 통합하는 것이어야 한다.

인적자원관리 측면에서 살펴볼 때 비전은 하나의 공동체로 연결하고 전체 조직구성원의 행동양식을 규정하는 틀이 되며, 비전이 구체화된 전략목표는 인적자원의 획득, 개발, 보상 등의 원천적 기준이 된다.

2) 재교육훈련

직원의 자질을 개발하고 직무에 대한 적응성을 높임으로써 보다 나은 직무와 자격을 갖출 수 있도록 조직적·체계적으로 유도하는 것이 재교육이다. 그러므로 이러한 교육훈련은 현장 또는 말단종업원에서부터 관리자, 그리고 경영자에 이르기까지 모든 구성원을 대상으로 일정시기마다 계속적으로 실시되어야 한다. 그리고 재교육을 통해서 외식산업의 경영자는 직원이 새로운 지식과 기술을 익혀 경영목표 달성을 위해 이바지할 수 있다는 견지에서 그리고 종업원은 개인이 가지고 있는 자아에 대한 인식과 생활을 통해 외식산업의 환경에 적응함으로써 능력향상의 기회를 얻게 된다는 상호 협력적인 관계에서 수행되어져야 한다.

현재 우리나라의 외식산업은 교육투자에 별로 관심을 두지 않았던 과거와는 달리 경쟁이 치열해지고, 외국의 외식산업 이론과 경영기법이 우리나라에 도입되기 시작하면서 직원교육에 대한 생각도 일대 전환을 가져오고 있다.

특히 현장교육이 중요시되는 외식산업에 있어서 교육내용은 직무수행에 필요한 지식·기능·태도가 강조되고 있다. 지식은 직무수행에 있어 기본적으로 알아야 할 이론적인 기초를 말하고, 기능은 이를 응용하여 실제로 직무에 적용하는 숙련된 기술이며, 태도는 일에 임하는 마음가짐으로서 의욕을 말한다.

재교육훈련은 형태에 따라 직무교육OJT : on the job training과 사외교육Off-JT : off the job training으로 구분된다.

(1) 직무교육OJT

직무교육이란 직장 내 현장에서 업무를 수행함에 있어 필요한 지식·태도·기능을 교육·훈련하는 것을 의미한다. 과거에는 종사원들이 현재에 담당하고 있는 업무를 수행하는 데 요구되는 능력을 분석하고 부족한 능력을 길러주는 것이 중요 목표 중의 하나였다. 그러나 최근에는 현장에서의 문제해결능력이나 미래의 업무수행에 필요한 잠재능력 배양에 더욱 치중하고 있다.

❶ 직무교육의 본질
- 상사가 부하에게 계획적으로 행하는 훈련

- 자기개발에 기초를 둔 지속적 교육훈련
- 원칙적 · 기초적인 것이 아니라 실천적 · 응용적
- 직급별 요구되는 개별적 관리
- 개인의 경험 · 능력개발을 위한 개별교육 · 개별지도
- 계속적인 동기부여
- 참여와 커뮤니케이션 최대 활용
- 업무수행 중 숙지
- 자극과 반응과정
- 협력적 기술
- 기업풍토조성
- 목표개념 명확화
- 자립성, 가치성, 협동정신 배양
- 자기실현
- 직장 내 바람직한 태도와 팀워크 형성

② 직무교육의 중요성

- 조직구성원 각자의 직무수행능력은 일(직무경험)을 통해서 그 향상을 도모할 수 있다.
- 교육 필요시점을 가장 쉽게 파악할 수 있는 사람은 그의 직속상사이다.
- 부하는 일반적으로 상사의 업무처리방법이나 행동을 본받기 마련이며, 상사는 부서 내 분위기를 형성하는 데 절대적인 영향을 미친다.
- 조직이 성장 · 발전하기 위해서는 유능한 후계자의 육성이 필요하며, 이런 의미에서 부하의 육성은 전적으로 상사의 책임이다.
- 인재가 육성되기 위해서는 본인의 의욕과 상사의 지원이 합쳐져서 비로소 이루어진다.

③ 직무교육의 장점

- 개인별 교육훈련의 필요시점을 파악하기 쉽다.
- 계속적 · 반복적으로 실시할 수 있다.
- 구체적 · 실제적으로 실시할 수 있다.

- 언제, 어디서나 실시할 수 있다.
- 결과에 대한 평가가 용이하다.
- 상사는 지도자로서 최적임자이다.
- 상사와 부하의 신뢰관계가 두터워진다.
- 직장 내 교육훈련은 상사에게도 자기개발의 기회가 된다.
- 교재가 풍부하다.
- 교육훈련비가 저렴하다.

(2) 사외교육훈련Off-JT

각 분야의 전문적인 지식이나 기술습득을 위하여 종사원들을 외부기관에 파견해서 교육훈련을 시키는 것을 통틀어서 사외교육훈련이라 칭한다. 각 연구단체의 각종 세미나에 참가시키는 교육, 해외연수 등도 모두 사외교육에 포함된다.

2 프랜차이즈 시스템 교육훈련 체계

1) 계약서상의 명시사항

가맹본부의 교육훈련 프로그램은 다음과 같은 사항을 포함하여야 한다.

- 교육훈련의 주요 내용
- 교육기간
- 강사진 구성
- 교육비
  - 교육 출장 교통비 및 숙식비 부담 관련
- 교육훈련의 강제성 여부
- 마스터 가맹점에 대한 교육 실시
- 추가적인 선택 교육 프로그램의 필요성

2) 교육훈련의 필요성

- 가맹점 측
  - 가맹점 종업원들에 대한 기본 직무 교육훈련
  - 대개의 가맹점주들은 사업경험이 전무
  - 사업관련된 제반 기술적 이해 필요
- 가맹본부 측
  - 가맹본부 측에 프랜차이즈 가치체계 및 팀워크의 강화 기회를 부여
  - 가맹점의 동기유발 등 가맹점관리기법 개발
  - 경쟁전략 등 가맹시스템의 개선을 위한 활동 필요

3) 프랜차이즈 교육훈련의 기본방향

❶ 교육대상의 구분 및 방법

구 분	본 부	가맹점 (개별 및 마스터 포함)	교육훈련방법	
			사이버교육	교실교육
점장급관리자	I	II	◑	●
종업원	III	IV	●	-

- I, II군 : 가맹본부 및 가맹점의 점포장 혹은 관리자 집단으로서 사이버 교육과 함께 교실교육을 위주로 실시
- III, IV군 : 가맹본부 및 가맹점의 근무자로서 사이버 방식으로 교육훈련을 실시

❷ 교육훈련 정책

프랜차이즈 시스템의 성공적 발전을 위해서는 반드시 체계적인 교육훈련이 수반되어야 한다는 점을 인식하여야 한다.

- 직급별 교육 세분화
- 평생교육의 관점에서 재교육 실시
- 사이버 교육을 통한 업무(일)와 교육의 병행
- 프랜차이즈 평생교육사(가칭)의 양성 등

③ 교육훈련 평가

평가란 교육훈련의 종합단계에 속하는 것으로 실시에 따른 그 결과에 대한 평가라 하겠다. 잘 훈련된 종사원은 외식업체의 입장에서는 자산이기 때문에 실제적으로 자산가치로서의 개별적인 평가가 필요하다.

일반적으로 기술의 숙련도와 지식수준 및 종사원의 직무수행능력 등에 관점을 두고 교육훈련의 결과를 평가하게 된다.

또한 올바른 평가를 위해서는 타당성, 신뢰도, 객관도, 변별도, 실용도의 5가지 도구를 사용하여 엄격하게 평가하여야 한다.

1) 평가대상

교육훈련의 평가는 피교육자 개개인을 대상으로 하여 실시하는 개별적인 평가와 교육훈련이 기업경영성과에 미친 영향 등을 평가하는 전체적인 평가, 즉 업적평가로 구분하여 생각할 수 있다.

개별평가는 교육훈련 종료시 피교육자의 지식, 기능의 습득도 및 태도의 반응 등에 대하여 시험을 실시함으로써 과업을 확정하여 소기의 교육훈련목적을 달성하였는가를 판정할 수 있다. 그러나 이 평가는 평가결과를 종사원 개개인의 인사고과에 반영함으로써 교육훈련에 보다 적극적인 자세로 참여할 수 있도록 제도적 장치를 마련하여야 한다.

업적평가는 교육훈련이 기업의 경영성과에 미치는 영향을 평가하는 것으로 생산성, 품질, 원가, 사기, 재해, 약정 등의 업적면에서 그 훈련이 어느 정도 효과를 발휘하였는가, 프로그램의 실시는 어떤 방법과 제도로 실시하였는가, 그것이 적당하였는가 등을 측정·검토하는 것이다.

2) 평가방법

합리적인 평가시스템은 사원의 노력과 그 성과에 대한 충분한 보상을 위해서뿐 아니라 사원에 대한 동기부여 방법으로서도 매우 중요하다.

평가의 기준 및 항목은 피평가자의 신분임시, 정규사원, 관리, 감독자 등, 외식업소의 주고객, 입지, 규모, 경영방침 등에 따라 상이하게 구성할 수 있다. 외식업체의 실정에 맞도록 평가표를 미리 만들어 두고 사원들에게도 사전에 알려주면 효과가 있을 것이다. 여기서는 피평가자의 신분에 따른 평가항목을 제시한다.

우선 시간제 직원을 능력, 실적, 사기의 세 부분으로 나누어 평가하는데, 능력평가는 서비스에 관한 지식, 기능, 접객 수준, 실적평가는 서비스의 신속성, 정확성, 달성도, 사기평가는 의욕, 근무태도, 협조성을 각기 포함시키는 것이 좋다.

정규사원에 대한 평가는 근무태도, 적극성, 근태, 협조성, 예절, 지속성, 책임감, 정확성, 숙련도, 발전성 등을 포함하며, 감독자에 대한 평가는 QSC에 대한 열의, 상사에 대한 보좌역할, 후배 부하에 대한 감독활동, 탐구심, 자기계발 의욕 등을 추가할 수 있다. 관리자에 대하여는 관리능력, 성과(매출신장률, 목표달성도), 리더십, 계획성, 부하육성, 창의성 등을 평가한다.

평가방법은 각 항목별로 5점 또는 10으로 배점하여 합산한 다음 백분율로 환산하거나 A, B, C, D의 등급으로 분류할 수 있으며, 평가기간은 일정한 원칙은 없으나 임금 조정시기에 맞추면 좋을 것이다. 시간제 직원은 비교적 단기1~3개월 평가를 하는 경우가 많고, 정규직원과 감독자는 1년에 1~2회, 관리자는 연간 실적을 평가할 수 있는 사업연도 말에 실시하는 것이 보통이다.

제**6**절

배치관리

배치관리란 종사원이 채용되어 특정한 직무에 배치하거나 종사원이 새로 담당할 직무가 임금수준이나 지위·위치·소요·기능 및 책임에 있어서 종전의 직무와 별 다른 차이가 없는 수준에서 수평적으로 이동하는 것을 말한다.

특히 엄격한 선발과정을 거쳐 채용된 직원은 직무분석에 따라 적재적소에 배치하여야 한다. 그러나 어떤 직무에 배치된 직원이라도 일정기간이 지나면 그들의 근무태도와 능력에 변화가 일어난다. 그러므로 일정기간마다 공정한 인사고과를 실시하여 직원의 성격, 능력, 근무상태 등을 재평가해서 전직, 승진, 강등 등의 이동을 시킬 필요가 있다.

외식산업체의 경우 대부분 소규모의 영업조직 단위로 운영되고 있어 일반기업과는 달리 승진이나 전직의 이동 폭이 그리 넓지 않아 직원의 사기저하와 이직률이 높은 편으로 이들의 인적 능력을 효율적으로 활용하고 직원의 사기앙양과 근무의욕을 고취할 수 있는 다양한 배치계획이 필요하다.

① 배치관리의 목적

1) 생산적 목적

❶ 직무요건의 변동에 적응하기 위해서 이루어진다.

❷ 융통성 있는 직무수행을 위한 능력을 배양하기 위해서 이루어진다.

2) 개인적 목적

❶ 부적절한 배치를 시정하기 위하여 이루어진다.

❷ 작업의 단조로움으로부터 해방되기 위하여 이루어진다.

❸ 종사원 상호 간의 마찰을 해소하기 위하여 이루어진다.

❹ 종사원의 연령 및 건강상태에 대한 배려를 위하여 이루어진다.

❺ 전반관리자로의 능력을 육성하기 위하여 이루어진다.

2 배치관리의 원칙

1) 적재적소의 배치원칙

기업은 조직의 효율성을 존중하고 이것을 통하여 기업의 목적을 달성해야 하므로 조직구성원들의 능력과 성격을 고려하여 최적의 지위에 배치함으로써 최고도의 능력을 발휘할 수 있도록 인력관리가 이루어져야 한다.

따라서 적재적소에 직원을 배치하기 위해서는 직무를 합리적으로 편성하고 이들의 직무수행에 필요한 능력요건의 명확화는 물론 직무수행능력과 적성에 관한 조사분석자료를 가지고 처리해야 한다.

2) 실력 위주의 원칙

실력 위주의 원칙이란 능력을 발휘할 수 있는 업무영역을 제공하며, 그 일에 대하여 올바르게 평가하고 평가된 업적과 실적에 대하여 만족할 수 있는 대우를 하는 원칙을 말한다.

무엇보다 능력이란 매우 추상적인 개념이며 그 측정에 있어 문제가 있으나 대체로 다음과 같은 성격을 가지고 있다.

첫째, 능력은 기업의 조직구성원으로서 기업목적달성을 위한 직무수행능력이다.

둘째, 능력은 실천을 결정짓는 기초로서 업적과 밀접한 관계를 가지고 있다.

셋째, 능력은 기업 환경의 급격한 변화로 인하여 계속 개발되지 못하면 퇴보할 수 있는 유동적인 측면이 있다.

따라서 종사원의 능력과 실력을 공정하게 평가·측정·개발하여 이동시켜야 한다.

3) 인재육성의 원칙

사람을 사용하는 방법에는 사람을 소모적으로 사용하는 방법과 사람을 성장시키면서 사용하는 방법이 있다. 특히 최근에 와서는 성취동기의 중요성이 강조되고 있기 때문에 인재육성의 원칙은 더욱 중요하다.

여기서 중요한 것은 상사가 부하를 육성하는 것뿐만 아니라 종사원 자신의 의지와 의욕, 욕망에 따라 자기육성이나 자기개발이 중요시되고 있다.

일반적으로 신규직원은 초기교육을 받게 되는데 외식산업체의 고급인력 확보와 회사조직에 정착을 유도하기 위해 지속적인 교육훈련으로 인재를 육성하여 궁극적으로 외식산업의 발전에 이바지할 수 있는 계획을 수립해 나가야 한다.

4) 균형주의의 원칙

조직이란 인간과 인간관계로 형성된 하나의 사회이기 때문에 기업조직의 인사이동에 있어서도 단순히 종사원 개인의 적재적소만을 고려하여 이루어지는 것만이 중요한 것이 아니다.

조직구성원 모두에 대하여 평등하고 공평하며 균형 있게 이동이 이루어져야 한다. 직장 전체의 실력증진과 사기앙양 등을 고려하여 전체와 개인의 조화가 이루어지는 이동·배치가 바람직하다.

실전외식사업경영론

FOOD
SERVICE
MANAGEMENT

외식산업
서비스 전략

 학습목표

1. 외식접객서비스의 개념과 특성을 알
   아보자

2. 서비스종사원의 기본요건에 대하여
   알아보자

3. 고객만족경영의 원칙에 대하여 알아
   보자

4. 식음료서비스의 순서에 대하여 알아
   보자

제 **1** 절

접객서비스의 개요

① 접객서비스의 개념

현대인은 서비스의 연속선상에서 살고 있다. 서비스 사회service society 또는 서비스 경제 service economy에서 벗어날 수 없는 사회·문화구조를 갖고 있는 것이다.

서비스산업 영역에 속하는 외식산업은 고객과 밀접히 상대하는 산업임에도 불구하고 오랫동안 서비스의 필요성을 과소평가하거나 서비스 자체를 상품가치로써 받아들이지 못하였다. 미국 코넬대학의 벤스 크리스찬V. Christian 교수는 외식산업의 본질을 '고객에게 식음료를 제공한다는 것은 음식만을 판매하는 것이 아니라 무형적인 다양한 서비스를 판매하는 것'이라고 하였다. 그것은 현대의 고객들이 외식을 할 때 저렴하고 양이 많은 외식업소만 찾는 것이 아니라 무엇인가 새롭고 안락한 분위기를 즐기고자 하는 한편 쾌적하고 깨끗한 환경과 수준 높은 서비스를 기대하고 있기 때문이다.

이제까지 외식산업에 종사하는 책임자들은 호텔이나 고급 외식업소에서 근무하고 있는 접객직원들에게 복장, 몸가짐, 접객, 태도, 언어사용법 등의 기본적인 선에서 접객서비스 교육을 하는 정도였다. 그러나 서비스 자체를 제2의 상품으로 생각하고 적극적인 품질관리나 고객관리의 차원에서 적용하려는 의식과 고객만족을 지향하는 경

영혁신이 어느 여타 산업보다 절실한 산업이 바로 외식산업이라 말할 수 있다. 최근 어느 외식전문잡지에서 시행한 설문조사를 참고해보면 경영주들이 생각하는 고객의 외식업소 선택기준은 분위기로 나타났으며, 그 다음으로 고급 서비스, 다양한 메뉴, 가격, 지리적 인접 순이었다. 고객들이 이전에 중시하던 음식의 양, 맛, 가격은 기본적으로 순위에 있되 예전에는 소홀히 여기던 접객서비스와 업소의 분위기가 최근 고객의 중요한 관심요소가 되고 있다는 것을 알 수가 있다. 뿐만 아니라 일반 외식업소에 대한 불만사항을 조사해 본 결과도 서비스의 불친절이 비중 높게 나타나는 등 서비스의 질은 또한 고객이 가장 빈번하게 불평하는 요소 중 하나로 분석되고 있는 실정이다.

외식산업은 서비스산업 중에서도 대표적인 인적 서비스산업이다. 단지 메뉴보다는 업소에서 제공하는 눈에 보이지 않는 무형의 서비스에 따라 업소의 품위와 평가가 달라지게 된다. 그렇다면 진정한 서비스란 무엇인가 라는 물음에 딱 잘라 말하기는 힘들다. 왜냐하면 서비스는 상황적 환경에 지배를 받게 되고 서비스 제공자의 의도와는 달리 그것을 받아들이는 수혜자의 견해와 개성, 환경, 관여도 등 개인적 속성에 크게 지배받기 때문이다.

‖표 7-1‖　서비스 경제의 성장이유

환경변화	성장분야
소비자 욕구의 다양화	오락, 관광, 스포츠
급속한 기술의 진보	CATV, 컴퓨터 통신망, 이동전화
기업의 생산활동에 필요	경영컨설팅, 시장조사, 디자인, 상품개발, 종업원 연수
부의 증대	종래에는 소비자들이 스스로 하던 서비스에 대한 수요 증가
여가시간 증가	여행사, 성인교육 프로그램, 레저산업에 대한 수요 증가
여성의 취업 증가	탁아소, 유아원, 파출부, 외식 등에 대한 수요 증가
평균수명의 증가	양로시설 및 건강 서비스 증가
제품의 복잡화 증가	자동차, 컴퓨터와 같은 복잡한 제품의 수선·유지를 담당할 전문가의 필요
삶의 복잡화	세무상담, 결혼상담, 법률상담, 취업상담 등의 서비스 필요
신제품의 수 증가	컴퓨터의 등장으로 프로그래밍, 수선 등 관련 서비스 창출

우선 미국 마케팅협회AMA : America Marketing Association에서 정의하고 있는 서비스의 개념을 보면 서비스란 판매를 위해서 제공된 또는 제품의 판매와 관련된 '활동, 편익, 만족'이라고 정의하고 있다.

스탠톤Stanton은 "서비스란 소비자나 업무상의 이용자에게 판매될 경우에 욕망에 대한 만족을 가져오는 무형의 활동이며, 반드시 유형재나 타 서비스의 판매와는 결부하지 않고 독립적으로 인식되어지는 것"이라고 정의하고 있다.

코틀러P. Kotler는 "서비스란 어느 한쪽이 다른 한쪽에 제공할 수 있는 행위 또는 편익으로 그것은 무형적이며 사물의 소유가 수반되지 않는다."라고 말하였다.

그러므로 서비스의 평가를 어렵게 만들고 기준설정이 곤란한 것은 서비스만이 갖고 있는 특성 때문이다. 서비스는 눈에 보이지 않는 무형성, 생산과 소비가 동시제공자와 수혜자의 동시공존에 일어나는 비분리성, 제품처럼 표준화가 불가능한 점, 판매되지 않는 서비스의 소멸성 등의 특성을 갖고 있다.

 접객서비스의 특성 및 서비스 전략

1) 접객서비스의 특성

접객서비스의 가치 구성은 기계화 서비스 측면과 인간적 서비스 측면으로 이루어진다. 고객의 만족, 필요를 충족시키기 위한 쾌적, 여유, 청결함, 편리, 재미, 리듬, 안전, 즐거움, 밝기, 안심, 스피드, 생기감 등의 요인들은 거의가 기계화 쪽으로 방향을 돌려 서비스의 질을 높일 수 있도록 한 서비스의 요인들이다.

이에 반해 인간적 서비스는 사람이 아니면 절대로 실현할 수 없는 서비스로서 인간적 서비스의 질을 높이는 구성요인들은 그 내용 전부가 동시 만족 지향이 되어야 한다. 우선 인간적 서비스는 다음과 같은 특성을 갖는다.

- 직원의 성의, 스피드, 스마일이 없으면 안 된다.
- 생동감 있는 힘이 넘치지 않으면 안 된다.
- 진부하지 않은 신선하고 혁신적인 서비스가 되어야 한다.
- 고객에게 감명을 줄 수 있어야 한다.

- 가치 있는 서비스가 되어야 한다.
- 항상 고객들이 무엇을 원하는지를 알 수 있도록 의사소통이 원활해야 한다.
- 고객들에 대한 인간적 대우의 배려가 있어야 한다.

그러므로 수준 높은 서비스의 공급이 가능하다. 또한 외식업소가 고객에게 서비스를 제공할 때 고객의 서비스 만족도를 결정하는 요소는 다음과 같다.

- 신뢰성
- 신속성
- 정확성
- 커뮤니케이션
- 태도성
- 안전성
- 고객 이해
- 편의성
- 환경성

이상의 서비스 개념과 특성을 이해하면서 풀어보면 다음과 같이 정의할 수 있을 것이다.

- Sincerity, speed & smile

   서비스에는 성의, 스피드, 스마일이 있어야 한다. 이는 오랫동안 판매의 3S'로 중시되어 왔다. 성의 있고 신속하게 제공되는 것이 중요할 뿐만 아니라 상냥한 미소가 좋은 서비스를 결정한다.

- Energy

   서비스에는 활기찬 힘이 넘쳐야 한다. 종사원의 걸음걸이나 표정이 밝을 때 고객과의 대화나 접촉이 활기를 띨 수 있다. 즉, 활기찬 대응이 고객의 인상에 큰 영향을 미친다.

- Revolutionary

   서비스는 신선하고 혁신적이어야 한다. 천편일률적인 서비스를 제공하는 것이 아니라 언제나 조금씩이라도 신선하고 혁신적인 요소가 부가되는 것이 중요하다.

- Valuable

   서비스는 가치 있는 것이어야 한다. 서비스는 한쪽에는 가치 있고 다른 한쪽에는 일방적인 희생을 강요하는 것이 아니다. 어느 한쪽의 희생이 아니라 서로에게 이익이 되고 가치 있는 것이어야 한다.

● Impressive

서비스는 감명 깊은 것이야 한다. 기쁨·감동·감명이 없으면 서비스가 아니다.

● Communication

서비스에는 커뮤니케이션이 있어야 한다. 일방적으로 하는 것은 허용되지 않고 상호 커뮤니케이션이 필요하다.

● Entertainment

서비스는 고객을 환대하는 것이어야 한다. 이는 겉으로만 번지르르한 인사치레나 예절준수가 아니라 언제나 진심으로 고객을 환대하는 것이어야 한다.

2) 외식사업 서비스 전략

사회가 점차 고도화되고 소비자의 생활방식, 의식구조, 레저패턴 및 가치관이 달라지면서 서비스 행위는 점차 고도화·세련화되어야 함은 물론이다.

외식산업은 서비스가 차지하는 비중이 절대적이다. 서비스의 평가기준이 그 업소의 성패를 좌우한다. 왜냐하면 고객이 그만큼 세련되고 까다로워지고 있으며 하루가 다르게 변하고 있기 때문이다. 과거에는 10인 1색, 100인 1색이었으나, 현재는 10인 10색, 아니 10인 100색의 가치관과 의식구조를 갖고 있다. 그러나 문제는 고객만이 변하는 것이 아니고 외식시장, 외식업 자체가 변하고 있다는 것이다. 대기업이 외식시장에 진출을 서두르고 있으며 외국 유명 브랜드의 국내진출이 눈에 띄게 늘어나고 있다. 이들은 막대한 자금과 조직력 및 서비스 기법을 무기로 삼고 있어 한국의 전통적인 외식업소에 막대한 영향을 주고 있다.

앞으로 외식업체 경영주가 살아남기 위해서는 고객을 만족시키고 고객과 공유할 수 있는 서비스를 개발해야 한다.

고객의 만족이 없는 서비스는 가치가 없고, 고객과 함께 할 수 있는 공감대 없는 서비스는 의미가 없다. 그리고 서비스의 질을 향상시키고 서비스의 품질을 개선하기 위해서 부단한 노력이 요구된다.

외식업소에서 효과적인 서비스의 질을 제공하기 위해서는 서비스 마케팅 구조인 조직업체, 종업원, 고객을 잘 관리해야 한다. 왜냐하면 외식업체에서는 이들 세 가지 요소의 상호작용적 관계가 중요하기 때문이다.

외식업체의 서비스 전략은 크게 세 차원으로 이루어진다.

첫째, 외부 시스템을 최종고객을 대상으로 설정된 개념이다. 서비스기업에서는 사외고객의 기대창조와 참여촉진 및 그 통제활동이 외부 시스템의 기능이다.

둘째, 상호작용 시스템으로 이는 고객과 종업원 간의 상호작용관계를 대상으로 하는 개념이다. 서비스기업에서는 서비스 종업원의 태도 및 능력의 개발이 서비스기업의 성패를 좌우하며, 종업원과 고객의 역할이 중요한 설정대상이 된다.

셋째, 내부관계 시스템으로 이는 고객 및 서비스 지향적이고 종업원의 태도와 능력발휘를 대상으로 하고 있다. 내부관계 시스템의 목적은 종업원의 만족 없이 고객의 만족이 없다는 철학을 실천하는 것이다. 종업원이란 단지 고용된 대상이 아니라 내부고객 중 1차 고객으로 파악하는 개념이다. 따라서 서비스의 질을 향상시키기 위해서는 내부고객에 대한 서비스의 질, 즉 종업원의 복리증진부터 개선해야 한다.

3 접객서비스의 활동영역

서비스의 품질은 외식업소의 평판을 좌우하는 주요 요인이다. 접객요원의 서비스가 그 역할을 다하지 못한다면 훌륭한 음식 자체만으로는 고객을 그 업소의 주요 고객으로 만들기가 힘들다. 보통 훌륭한 서비스라고 하는 것은 손님이 편안함을 느낄 수 있는 분위기를 창출해내는 서비스라고 할 수 있다. 직접적인 접객서비스의 활동과 무관하더라도 업장 내에서 수행되는 모든 작업은 이 점을 목표로 하여 이루어져야 한다. 비록 고객들이 직접적인 접객서비스와 관련이 없는 음식준비작업 등을 직접 보지는 못한다고 할지라도 반복되는 업소 방문을 통하여 끊임없이 노력하는 업소의 노력을 무의식적으로 감지할 것이며 고객의

서비스 만족도도 높아진다.

　접객서비스직은 준비작업preparatory work, 손님접객guest service, 영업·판매sales의 세 가지 활동영역으로 구분될 수 있다. 서비스 작업에서 성공하기 위해서는 이 중 어떠한 영역도 간과되어질 수 없다.

1) 준비작업

　준비작업 과정은 순조로운 서비스가 가능하도록 분위기를 창출해내는 역할을 한다. 이 과정은 테이블을 차리는 과정부터 테이블 위의 조미료 통을 채워놓는 일까지 접객직원들에 의해 수행되어지는 객장 뒤의 보이지 않는 모든 업무들을 포함한다. 모든 준비작업 과정에서는 정리정돈과 청결이 아주 중요한 역할을 하는데 이렇듯 완벽한 준비작업은 수준 높은 서비스의 필수조건이다.

2) 손님접객

　손님접객 영역은 접객직원에게 가장 많은 노력을 요구하는 부문이며, 고객의 복리를 위한 마음을 통하여 서비스 종사자의 직업의식을 가장 명확히 나타내어 줄 수 있는 부분이다. 수준 높은 서비스를 공급하기 위해서는 고객들의 식사 경험에 즐거움을 부여해야 한다는 책임감을 인식해야 한다. 외식업소의 특성상 실행 성과를 판단할 장본인들과 직접 상대해야 하므로 접객직원들의 노력의 결과는 즉시 명백하게 나타낸다. 그러므로 접객 종사자들에게는 고객을 기쁘게 하려는 노력이 항상 주된 관심영역으로 인식되어야 한다.

3) 영업·판매

　외식업소의 영업, 판매활동은 고객들이 업소가 어떠한 상품들을 판매하고 있는지의 정보를 얻도록 지침 역할을 해준다. 또한 영업, 판매활동 영역은 주방에서 생산을 담당하는 직원들이나 경영관리 직원들 중 그 누구도 직접적인 영향력을 행사할 수 없는 영역이며 접객서비스 직원들이 가장 큰 임무를 수행할 수 있는 영역이다.

　판매활동시 접객서비스 직원들은 자신들의 광범위한 지식을 잘 이용해서 해당 업소가 제공할 수 있는 식음료의 각 정보들을 고객들에게 효율적으로 추진할 수 있도록 한다. 그러므로 어떠한 유리잔에 어떤 특별한 음료가 제공되며, 각각의 음료에 가장 적합한 제공온도는 얼마이며, 특정 요리마다 어떤 종류의 주류가 추천될 수 있는지 등의 세세한 부분에도 정통하여서 주문시에 효과적인 판매가 이루어질 수 있도록 한다. 그 외에도 각 메뉴가 제공되기까지의 준비시간과 조리방법 등은 주문시 손님으로부터 문의받을 수 있는 사항들이므로 숙지해 두고 있어야 한다.

제 **2** 절

고객만족경영

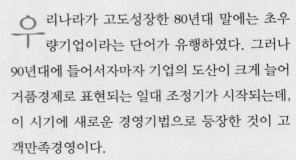

우리나라가 고도성장한 80년대 말에는 초우량기업이라는 단어가 유행하였다. 그러나 90년대에 들어서자마자 기업의 도산이 크게 늘어 거품경제로 표현되는 일대 조정기가 시작되는데, 이 시기에 새로운 경영기법으로 등장한 것이 고객만족경영이다.

미국 기업들은 이미 80년대 초반부터 고객중시 사상을 경영의 기본으로 삼는 고객만족경영을 도입하였으나, 우리나라의 경우는 1992년도가 고객만족의 원년이라 할 정도로 많은 기업들이 고객만족에 대해 관심을 보였다.

고객만족경영의 선택은 고객에 있다고 할 수 있다. 그동안 우리 기업들은 고객에 대한 중요성을 별로 인식하지 못하였다. 70년대 공업화 초기에는 항상 수요가 공급보다 많았기 때문에 대부분의 기업들이 대량생산에 의한 원가우위를 찾으려고 대중소비에 의한 시장점유율에 집착하게 된다. 80년대 들어 점차 경쟁이 늘어나고 상품의 품질이 경쟁요소로 부각하게 되는데, 이러한 시기에 기업들은 기술우위전략에 의한 차별적인 상품개발과 서비스우위전략을 추진하게 되었다.

그러나 90년대 들어 이러한 기업활동의 최종 평가자가 기업이 아닌 고객이라는 점이 인식되면서 고객의 의사를 경영의 기본으로 삼는 고객우위전략을 채택하게 되는데 이것이 고객만족경영이다.

1 고객만족경영 개념

고객만족경영을 최초의 도입한 기업은 미국의 SAS^{Scandinavian Air Systems}로 1년 동안 10억달러 매출달성 및 8백만달러의 적자를 7천1백만 달러의 흑자로 전환시킴으로써 많은 기업으로부터 관심을 갖게 되었다.

구드먼^{J. A. Goodman}은 '고객만족이란 고객의 욕구^{needs}와 기대^{expectation}에 부응하여 그 결과로 상품과 서비스의 재구매가 이루어지고, 고객의 신뢰감이 연속되는 상태'로 정의하였다.

즉, 고객지향 사고를 가지고 있을 때 고객으로부터 고객만족을 이끌어낼 수 있으므로 고객만족은 고객지향 사고의 산물이라 볼 수 있다.

2 고객만족경영의 의의

고객만족경영의 의의를 살펴보면 크게 기업환경의 변화, 소비자 형태의 변화, 마케팅 패러다임의 변화로 구분하여 설명할 수 있다.

1) 기업환경의 변화

국제화, 개방화시대, 무한경쟁시대를 맞이하여 세계시장은 커다란 하나의 시장으로 변모하여 소위 글로벌 경쟁체제로 바뀌었다. 소비시장 역시 생산자 위주의 시장에서 소비자 위주의 시장으로 이전되면서 소비자와 생산자 간의 유통시스템의 필요성이 강조되고 있다. 더욱이 경쟁사 간의 차별화에 어려움이 야기되면서 가격 · 품질이 차별화와 더불어 고객에게 보다 나은 서비스를 제공하기 위해서 최상의 품질과 서비스를 전제로 하는 고객만족경영의 필요성이 요구되고 있다.

2) 소비자 행태의 변화

소비자의 욕구가 빠른 속도로 다양해짐에 따라 제품의 수명주기가 단축되고 제품이 다양화될 뿐 아니라 소득증대에 따른 시간가치의 중시와 여가시간의 증대 등 소비자의 욕구와 가치가 변하고 있다.

소비행위 역시 생존차원의 필수적인 소비에서 즐기기 위한 선택적 소비행태로 변화하고 있으며, 기성세대와는 상당히 다른 가치관과 행동을 보이는 새로운 세대들이 소비자로 등장하는 등 새로운 소비층의 등장도 예상된다.

또한 소비자의 주권의식 확산도 중요한 변수 중의 하나인데 소비자의 정보부족, 과점적 시장구조, 환경의식 확산, 사회적 욕구와 자아실현 욕구의 증대 등 기업과 대등한 관계에서의 소비자 주권의식의 확산을 들 수 있다.

3) 마케팅 패러다임의 확산

오늘날과 같이 치열한 경쟁하에서는 기업이 임의로 개발·생산한 제품과 서비스를 판매하는 것보다 그 기업이 대상으로 하는 목표시장의 욕구를 철저히 파악하고, 그것을 만족시키려는 사고인 시장지향성 기업경영이 요구된다. 이러한 측면에서 고객만족을 위한 전사적인 노력과 고객만족을 통한 이익실현 측면에서 마케팅지향적인 패러다임의 변화와 확산이 필요하다 하겠다.

---

3 고객의 개념

고객이란 '기업이 생산할 상품을 결정하는 사람'이라고 한마디로 표현할 수 있다. 즉, 기업의 가치 제고에 기여하는 사람을 의미한다. 우리는 고객을 최종소비자만을 주로 이야기해 왔다. 그러나 최종고객을 만족시켜야 된다는 개념에서 보면, 최종고객이 만족하기 위해서는 그 전 단계의 고객이 만족해야 한다. 그러므로 고객만족경영이란 최종고객에게 만족을 주는 것을 목표로 하지만 그렇게 되기 위해서는 중간고객과 내부고객의 만족이 선행되어야 함을 의미한다.

고객을 확대적 개념으로 보면 다음과 같이 세 분류로 세분화할 수 있다.

1) 내부고객가치생산고객

불만족한 사원이 좋은 서비스를 제공하여 고객을 만족시키기가 힘들므로 내부고객이 고객만족의 출발점이다. 이 기업 내부에 있는 사람들이 제대로의 가치를 생산해 주어야 그 가치가 전달될 수 있고, 고객이 구매할 수 있기 때문에 내부고객을 가치생산고객이라 한다.

2) 중간고객가치전달고객

소비재 생산기업은 최종고객을 직접 상대하기보다는 대부분 판매점을 두고 거래를 한다. 따라서 이들을 만족시키지 못하면 결국 최종소비자를 만족시킬 수 없다.

3) 최종고객가치사용고객

최종고객소비자은 소비자혁명의 시기에서 기업을 변화시키는 원천이 되며, 원-원win-win의 관계, 즉 파트너십의 구축이 필요하다.

 고객만족의 3요소

고객만족의 3요소를 보면 직접적인 요소로 상품과 서비스, 간접적인 요소로 기업 이미지의 총화에 의해 고객만족이 결정된다 할 수 있다.

1) 상품

종전에 고객만족이라 하면 상품의 품질이 전부인 것으로 생각하였다. 상품의 하드웨어적 가치로서 품질, 기능, 성능, 효율, 가격 등이 어느 정도 고객에게 흡족하게 영향을 주면 나름대로 성공기업이라 하였다. 그러나 오늘날 상품의 하드웨어적 가치보다 소프트웨어적 가치인 포장, 컬러, 편리성 등이 점점 더 중요한 부분으로 자리 잡고 있다.

2) 서비스

상품에 부가된 부가적 서비스도 큰 영향을 미친다 하겠다. 직접적인 요소로서의 서비스에는 업장, 업장 내의 분위기, 판매원의 접객서비스, 애프터 정보서비스 등이 있다. 구매시 점포의 분위기나 쾌적한 쇼핑환경 등이 제대로 갖추어 있지 않으면 고객만족을 얻을 수 없다.

결국 판매시 접객서비스가 기업의 성공에 큰 영향을 미치는데 판매원의 접객매너, 복장, 언어, 미소, 상품지식, 신속하고 융통성이 있는 대응능력 등이 고객에게 큰 감동을 줄 수 있다. 또한 애프터서비스나 라이프스타일에 대한 정보제공 서비스 등 신속한 고객정보의 제공도 고객만족에 중요한 요소이다.

3) 기업 이미지

간접적인 요소로서의 기업 이미지도 차츰 중요한 고객만족의 요소로 자리 잡고 있다. 이는 사회의 공헌활동이나 요즘 관심을 보이는 환경보호활동 등이 그 예이다. 기업 이미지는 고객에게 오랫동안 영향을 준다는 점에서 소홀하게 여길 부분이 아니며, 만일 상품이나 서비스가 아무리 훌륭하다 해도 사회나 환경에 악영향을 끼친다면 고객이 그 기업을 평가하는 데 치명적인 요소로 작용할 수 있다.

5 고객만족의 5대 혁신

고객만족이란 몇 사람이 한두 가지만을 개선한다고 이룩되는 것이 아니다. 기업 전체의 전원이 혁신되는 전사적인 혁신이 있어야 한다.

1) 기업문화혁신

고객지향적인 마인드를 전 직원이 갖고 내가 고객을 위해 무엇을 할 것인가 하는 고객지향적 개념과 내부고객과 중간고객들을 우대하는 기업풍토를 만들어 가야 한다.

2) 상품혁신

근본적으로 고객만족형의 상품이 개발되어야 경쟁력을 갖게 된다. 상품을 개발하는 전문가들은 고객의 니즈에 부합된 콘셉트를 추출하고 이를 상품화하여야 차별화가 될 수 있다.

3) 생산혁신

대량생산을 한다고 반드시 저원가가 실현되는 것은 아니다. 아무리 저원가를 실현한 제품이라도 소비자가 원하지 않으면 재고가 되고 만다. 그러므로 고객의 욕구의 변화와 시장의 수요를 유연하게 적응할 수 있는 생산체제에서 무 결점을 찾는 것이 어려운 숙제이다.

4) 영업혁신

고객의 접점에서 고객만족에 결정적인 영향을 미치는 것이 사람들의 의식개혁과 태도변화이다. 고객밀착형의 영업과 판매점 운영, 고객에게 감동을 주는 서비스에 의해 경쟁사를 압도해 고객을 만족시켜야 한다.

5) 관리혁신

기업은 사람의 힘에 의하여 운영되기 때문에 종업원의 만족을 위한 관리제도의 혁신과 업무처리방법의 개선이 필요하다.

 고객만족경영 3원칙

고객만족경영을 실천하기 위해서는 기존 경영체계의 모든 부문에서 고객만족개념을 접목시켜야 한다. 이를 위해서는 고객만족경영의 3대 원칙이 필요하다.

첫째, 경영활동 중에 고객만족이 최우선되어야 한다. 기존에는 시장점유율이

나 비용지향적인 경영이 우선되었으나 고객만족경영에서는 반드시 고객 위주로 생각하는 발상이 필요하다.

둘째, 고객과 가까이에 있는 현장요원을 중시하고 그들을 우선해 주는 관리체제로의 전환이 필요하다.

셋째, 고객만족도를 정기적으로 측정하여, 그 결과에서 문제점을 찾아내고 이를 개선하기 위한 활동에 주력하여야 한다. 이 같은 고객만족경영의 사이클이 반복 활용됨으로써 고객의 만족도가 높아지는 것이다.

7 고객만족경영의 효과

1) 재구매고객 창출

성숙시장에서는 신규고객의 확보보다는 기존고객이 재구매하여 반복구매 할 때에 이익의 극대화가 가능하므로 상표충성도brand loyalty가 중요하며, 관계마케팅 구축을 통한 전환비용switch cost 극대화에 기여할 수 있다.

2) 비용의 절감

기존고객의 재구매시 설득할 필요가 없으므로 판매비·광고비 절감 및 고객설득에 소요되는 시간을 A/S에 집중시킬 수 있다. 또한 기존고객을 관리하는 데 드는 비용은 신규고객 창출비용의 1/5이면 가능하므로 비용의 절감은 물론, 욕구와 기대치의 예측이 가능하므로 불필요한 지출을 감소시킬 수 있다.

3) 최대의 광고효과

만족한 고객은 돌아다니는 광고매체로, 구전mouth to mouth효과야말로 어떤 대중매체보다도 가장 뛰어난 광고효과이다.

서비스업에 종사하는 이는 항상 긍정적인 사고와 적극적인 자세를 가지고 서비스에 임해야 한다. 외식산업에서 접객서비스가 차지하는 비중은 절대적이라 할 수 있으며, 자기 자신이 직장을 대표한다는 마음가짐으로 밝은 표정과 맑은 목소리 및 환한 웃음을 머금을 수 있는 기본적인 마음가짐이 있어야 한다. 서비스는 그 마음을 어떻게 갖느냐 에서 출발한다. 그 때문에 마음은 예절의 뿌리이며 샘이라고 한다. 따라서 고객의 마음의 문을 열려면 무엇보다도 호감을 주는 표정과 선한 마음가짐을 지니도록 하는 것이 중요한 과제이다.

제3절 서비스종사원의 마음가짐

 서비스종사원의 마음가짐

접객서비스맨의 마음가짐은 다음과 같다.

① 모든 일에 정성스런 마음을 가져야 한다.

② 모든 것을 사랑하는 어진 마음을 갖는다.

③ 모든 일에 공경하고 너그러움을 앞세운다.

④ 모든 일에 조심하고 삼가는 마음을 갖는다.

⑤ 욕심을 버리고 사양하는 마음을 가져야 한다.

⑥ 스스로 잘잘못을 가려 부끄러워 할 줄을 알아야 한다.

⑦ 항상 감사하고 넉넉한 마음을 가져야 한다.

⑧ 믿음을 앞세워 의심을 품지 않는다.

⑨ 모든 일을 예절에 맞게 해야겠다는 마음을 간직한다.

2 서비스종사원의 기본요건

서비스종사원으로서 갖추어야 할 기본적인 요건은 투철한 직업관과 접객서비스 업무를 원활하게 수행할 수 있는 전문지식을 습득해야 할 것이며, 이에 따라 봉사성, 청결성, 능률성, 경제성, 정직성, 예절성, 환대성 등을 두루 갖추어야 한다.

1) 봉사성service

봉사성은 환대산업hospitality industry business의 가장 기본적이며, 주 전략상품으로 부담감을 주지 말고 진심에서 우러나오는 순수한 서비스로 최상의 서비스를 제공해야 한다.

2) 청결성cleanness

청결성은 공공위생public sanitation과 개인위생private sanitation으로 나눌 수 있다. 공공위생의 청결은 고객이 이용하는 공공장소의 청결과 그곳에서 사용되는 집기류를 고객이 이용하는 데 불편함이 없도록 철저하게 청결을 유지하는 것이다. 개인위생은 자기 자신의 청결을 의미하는데, 철저한 자기관리로 건강과 위생에 철저해야 하고, 복장에도 세심한 주위를 기울여야 한다.

3) 능률성efficiency

능률성은 서비스가 주요 상품으로 이루어진 외식산업에서 피동적이 아닌 능동적으로 일을 수행함으로써 능률을 올릴 수 있다. 서비스종사원은 고객의 인사에서 서비스에 이르기까지 적극적이고 능동적인 자세로 정확하게 숙지하여 일을 처리함으로써 같은 기간 내에 이루어질 수 있는 일의 능률을 향상시켜야 한다.

4) 경제성economy

경제성은 모든 서비스종사원이 주인의식을 갖고 절약하여 최소의 경비로 최대의 효과를 얻는 데 있다. 수도, 전기뿐만 아니라 각종 기물류를 소중하고 조심스럽게 다루어 최소한의 경비지출을 줄여 이익증대에 이바지하여야 한다. 그러나 외식산업에서 수준 높은 서비스와 질 좋은 상품의 유지는 절대적이라 할 수 있다.

5) 예절성 courtesy

예절성은 서비스종사원의 가장 기본적인 덕목이다. 외식산업은 기본적으로 사람을 대상으로 영업을 해야 하기 때문에 친절한 예절은 절대적이라 할 수 있으며, 고객이 외식업체에 올 때부터 정중히 인사하고, 좌석으로 안내하여 서비스를 제공하며, 다시 찾을 수 있도록 끝까지 최선을 다해 환송해야 한다.

6) 정직성 honesty

정직성은 인간의 근본정신에서 가장 참된 것이다. 회사와 종업원, 종업원과 고객과의 신뢰관계는 서비스산업에서 기본이다. 서로 믿음으로써 신뢰하고, 신뢰함으로써 실제적인 도움을 주고받으므로 회사의 명예와 영업이익에도 커다란 도움이 된다.

7) 환대성 hospitality

환대성은 서비스종사원의 자질에서 으뜸이다. 언제 어디서나 고객을 친절하고 적극적이며 정중하고 환한 웃음으로 맞이할 준비와 자세를 갖추어야 한다. 예의 바른 접객태도와 최선의 접객서비스는 고객으로부터 아낌없는 칭찬과 서비스의 가치를 인정받을 뿐만 아니라, 파급되는 효과는 회사발전은 물론, 자신의 발전과도 직결되므로 차별하거나 경시해서는 안 된다.

제4절

접객서비스의 실제

외식업체 접객 종사원은 고객을 맞이하기 전에 업장에서 책임지고 준비해야 할 일들이 많다. 먼저 책임지고 서비스할 테이블들을 배정받고 부수적인 일sidework을 수행한다. 부수적인 일이란 고객들에게 제공될 음식과 직접적으로 관련되는 일 외에 따로 수행해야 할 나머지 모든 임무를 나타내는 용어이다.

부수적인 일에는 다음 근무자에게 빠짐없이 업무를 인계하는 것뿐만 아니라 종사원의 위치배정, 업장준비, 메뉴암기 등이 포함된다.

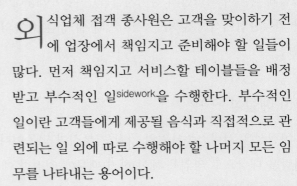

1 고객맞이 서비스

1) 위치배정

스테이션station은 한 명의 종사원이 일하는 업무 담당구역으로서 배정되는 업장dinning room의 한 부분이다. 각각의 스테이션을 구분할 때는 좌석 수, 사이드 스탠드sidestands, 주방으로부터의 거리, 고객이 선호하는 좌석 등을 고려해 서로 동등하게 나눠져야 한다.

스테이션은 테이블과 서빙serving이라는 견지에서 똑같이 만족할 수 있는 것은 아니다. 그렇기 때문에 업장 매니저는 교대원칙에 입각해 종사원들이 골고루 스테이션이 돌아갈 수 있도록 배정해 주어야 한다.

또한 업장의 업무 편의를 도모하기 위해 각각의 테이블에 번호를 매긴다. 그리고 한 명의 종사원에게 그 테이블에 매겨진 번호로 스테이션을 배정한다. 그리고 종사원은 주문서와 계산서에 이 테이블번호를 사용하여 음식을 제공받는 고객들을 편리하게 확인할 수 있다.

2) 사전 업장 준비

(1) 테이블 준비

종사원이 업무 개시 전 가장 먼저 해야 할 일은 식당 전체에 별 문제가 없는가와 자신의 스테이션에 사용될 기물들은 모두 준비되었는가를 점검하고, 사전에 예약된 테이블과 이러한 예약 없이 식당을 방문하는 평균 예상고객들을 수용할 테이블 기물배치를 철저하게 준비하는 것이다.

테이블 기물배치를 시작하기 전에는 항상 깨끗한 천이나 소독제에 헹군 스펀지로 테이블을 깨끗이 닦고, 좌석을 점검하면서 더러운 좌석은 깨끗하게 하도록 한다. 만약 테이블 보를 사용하는 경우는 네 모서리가 모두 똑같이 늘어지도록 맞추며, 좌석에 맞닿을 정도의 길이로 준비한다.

테이블 정리가 끝나면 조미료, 양념통 그리고 다른 물품 등을 정리한다. 만약 식당용 매트placemats를 사용한다면 테이블 위에 올라갈 것들은 그냥 깨끗한 테이블 위에서 깔끔하게 정리하도록 한다.

(2) 사이드 스탠드sidestands 준비

사이드 스탠드는 서브하는 곳에 가까이 위치한 저장고이자 서비스 단위이다. 이는 종사원이 주방과 고객이 이용하는 테이블 사이를 자주 왔다갔다 하는 번거로움을 줄여주기 위한 것이다.

종사원이 업무 개시 전에 해야 할 일 중의 하나는 자신의 업무영역에서 가장 가까운 사이드 스탠드에 테이블용 식기류 등 다양한 비품들을 정리하는 것이다. 그러나 비치되어 있는 품목들은 업장마다 다양하며, 전형적인 사이드 스탠드의 품목들은 다음과 같다.

- 커피 보온기
- 얼음 집게
- 재떨이와 성냥
- 음료 밑받침과 냅킨
- 스펀지와 손수건
- 주문표, 고객점검표, 여분의 필기구 등
- 소금, 후추, 스테이크 소스, 케첩, 겨자, 양념소금seasoning salt과 같은 조미료의 내용물
- 당일 메뉴에 따른 레몬웨지, 커피크림, 홀스래디시, 젤리 등과 같이 식사에 함께 내는 내용물
- 식당매트
- 어린이용 식당매트, 메뉴, 턱받이, 향신료 등
- 은식기류, 레몬 압축기, 빨대, 냉차스푼, 해산물 포크 등과 같은 특별한 음식을 위한 식기
- 1인분의 식기covers를 준비하기 위한 도자기, 은식기, 유리잔 등

(3) 메뉴의 암기

접객작업을 정확히 수행하기 위해서는 접객작업의 우선순위를 명확히 해두는 것과 동시에 메뉴의 암기가 필수적이다. 메뉴의 암기는 접객서비스 훈련 이전의 문제로 입사한지 3일이나 4일 이내에 반드시 숙지되어야 할 사항이다.

또한 외식업체 종사원이 매일매일 해야 하는 의무 중의 하나로 그날그날 제공되는 음식의 종류와 가격변화를 알기 위해 메뉴에 대하여 숙지하는 것이다. 고객에게 제공될 메뉴 항목 모두를 정확히 숙지하여야만 단골고객들에게 좋은 메뉴를 권하기도 하고 부수적인 음식side dish을 제안할 수도 있다.

메뉴를 익혀두어야 하는 이유는 다음과 같다.

첫째, 메뉴는 자주 바뀔 수 있다. 그러므로 새로운 특별메뉴나 음식항목을 보게 되면 반드시 주방장에게 물어서 확인하도록 한다.

둘째, 종사원은 메뉴를 판매하는 판매원으로서 새로운 메뉴를 고객에게 판매하기 위해서이다. 그러므로 그 메뉴에 나타나 있는 음식을 정확하게 설명하여 고객들이 만족스런 선택을 할 수 있도록 돕는다.

셋째, 메뉴판에 적혀 있지 않은 메뉴에 대한 정보를 물어오는 고객들의 질문에 대답할 수 있어야 한다.

종사원과 손님 간에 발생가능한 마찰요인 중의 하나가 주문이 틀린 경우, 혹은 주문을 정확히 들어도 주문전표에 쓴 것이 부정확하게 조리사에게 전달되어 손님이 주문한 것과는 다른 요리가 고객에게 제공되는 경우이다. 메뉴를 정확히 암기하고 정확히 전달하지 않으면 주문이 틀리는 경우가 당연히 발생하므로 접객 작업시 종사원이 메뉴를 100% 암기하는 것은 필수적이다.

암기해야 할 사항은 메뉴 품목명, 메뉴의 약자표기, 메뉴의 가격 등이다. 특히 약자표기는 품목명의 약자뿐만 아니라 특별기호나 불요기호, 또는 대체선택기호 등의 경우에도 표기가 가능하도록 수칙을 만들어야 한다.

 2 고객안내 및 주문 서비스

1) 고객안내

외식업체는 고객들이 쾌적하고 즐겁게 외식을 즐길 수 있도록 하는 것을 경영원칙으로 삼아야 한다. 고객은 마음을 터놓고 친구 혹은 마음이 맞는 사람과 즐겁게 식사할 수 있는 것을 기대하고 업소를 방문할 것이다. 이를 위해 같은 테이블에 다른 고객을 동석시키는 경우는 삼가도록 하여야 한다.

종업원 중 웨이트리스에 의한 안내방법에는 여러 가지 이점이 있는데, 그 중하나는 여러 명의 고객이 웨이팅 서클에 있을 경우 선착 순번을 웨이트리스가 확인하여 선착순으로 객석으로 유도할 수 있다는 것이다. 또한 한가한 시간에 적은 수의 웨이트리스라도 서비스의 질을 낮추지 않고 웨이트리스의 원활한 작업이 유지될 수 있도록 손님이 유도할 수 있다.

피크 타임에는 두 사람 이상의 고객이 몇 조인지 파악해서 비어 있는 테이블을 배당할 수 있다. 이 경우에는 먼저 온 고객에게 양해를 구해야 하겠지만 이러한 방법으로 피크 타임시 좌석회전율을 높일 수 있을 뿐만 아니라 결과적으로 고객들에게 효율적인 서비스를 제공할 수 있다.

호스티스를 배치하여 전문적으로 테이블에 안내시킴으로써 다른 웨이트리스의 서비스 범위를 한정시켜 줌으로써 서비스 수준을 높게 유지시킬 수도 있다. 대체적으로 호스티스는 고객에 대한 인사, 테이블 안내, 계산대 업무를 분담한다.

최근 들어 업장에서 필요한 작업표준을 유지하기 위해 영업시간에 맞춰 호스티스를 배치하는 외식업소가 늘고 있다. 호스티스가 없을 때 웨이트리스 작업의 우선순위는 완성된 요리를 운반제공, 주문을 받는 작업, 계산대 작업, 손님의 안내작업 순이다. 여기서 말하는 작업의 우선순위란 한 사람의 웨이트리스가 여러 작업을 동시에 행하지 않으면 안 될 상황에서의 우선순위를 말한다. 가령 우선순위에 착수해야 하는 웨이트리스의 경우, 입구에 서있는 고객에 대한 인사와 안내를 사인을 통해 우선순위에 걸려 있지 않은 웨이트리스에게 바로 이행시켜 주어야 한다.

인사할 때 다음의 사항에 주의하여야 한다.

첫 번째 작업은 스마일이다. 업소의 쾌적함, 즐거움, 친절 등은 전부 접객원의 스마일에 의해 강조된다. 스마일이야말로 서비스 작업의 처음이자 마지막을 장식한다.

두 번째는 고객에게 말을 건네는 것이다. 외식업소의 인사말은 호스티스와 웨이트리스들 자신이 자기 집에서 손님을 맞을 때와 동일하게 정중하고 자연스럽게 해야 한다.

고객을 바로 테이블로 안내하지 못할 때 "몇 분 후에 손님을 안내하도록 하겠습니다."라든지, 빈자리가 있으나 아직 테이블 정리가 끝나지 않은 경우 "조금만 기다려 주십시오. 테이블 정리가 끝나는 대로 바로 안내해 드리겠습니다."와 같이 인사말을 곁들여 양해를 구하는 것이 좋다.

안내담당자인 호스티스인 경우에는 지정 웨이트리스에게 신속한 테이블 정리를 명령한다. 안내작업 담당자가 웨이트리스이고 그 순간에 수행해야 할 우선순위 작업이 없는 경우는 자신의 지정 테이블이 아니더라도 테이블을 빨리 치워야 한다. 그 지정 테이블의 웨이트리스가 아무 작업을 행하지 않고 있을 때는 신호를 보내고 자신의 본래의 작업으로 되돌아가야 한다.

안내를 기다리지 않고 자리에 가려는 고객에게 호스티스 등의 안내작업 담당자는 고객의 앞으로 나아가 "죄송합니다. 제가 안내하겠습니다."라든지 "안내하겠습니다. 조금만 기다려 주십시오."라고 해야 한다.

호스티스는 고객을 객석으로 안내하기 전에 "몇 분이십니까?"라고 동석을 희망하는 고객의 수를 확인해 두어야 한다. 한가한 시간대에는 룸 테이블을 제외하고 빈 테이블이 많으므로 호스테스가 지정하는 자리 외의 다른 자리를 요구할 때는 고객수만큼의 메뉴판을 가져가서 고객 한 분 한 분에게 건네어야 한다. 어린이 메뉴가 준비되어 있는 업소의 경우에는 동반한 어린이 손님에게 별도의 어린이 메뉴판을 제공한다.

2) 고객주문

(1) 주문요령

웨이트리스는 근무할 때 반드시 볼펜과 함께 전표를 주머니에 넣어 둔다. 고객을 좌석에 안내한 후 사람들에게 하나씩 메뉴판을 건네준다. 메뉴판은 한 사람에게 하나씩 주어야 하며, 여러 사람에게 하나씩 건네주는 것을 금하도록 한다. 그 이유는 고객이 업소에 들어와서 착석한 후 메뉴판을 볼 때야말로 업소가 제공할 수 있는 전 메뉴품목에 관해 선전할 수 있는 절호의 기회가 되기 때문이다.

메뉴판에서 고객이 시선을 뗀다든지 메뉴판을 테이블 모서리에 둔다든지 하면 재빨리 가서 주문을 받는다. 시간이 경과했는데도 고객이 주문을 주저한다면 웨이트리스는 테이블에 가서 "주문하시겠습니까?"라든지 "오늘은 무엇으로 하시겠습니까?" 등으로 질문을 던지며 도움을 시도해 본다.

고객이 결정내리기 어려워한다면 웨이트리스는 그날의 특별요리나 업소의 대표적인 요리를 두 품목 정도 골라 권해 본다. 이 경우 웨이트리스가 그 업소에 권할 만한 요리들에 대한 세부사항들을 숙지하고 있어야 하는 것은 기본이다. 고객이 웨이트리스에게 권하고 싶은 요리가 없냐고 물을 경우에는 "무엇이든 맛있습니다."라고 하든지 "손님들의 기호에 따라서....."라는 등의 언급은 삼가야 한다. 이와 같은 대답은 그 업소에는 특별히 맛이 있거나 내세울 만한 메뉴가 없다는 소리로 들리기 쉬우므로 웨이트리스는 업장에 나오기 전에 그날의 특

별요리 품목명과 그 특성 등을 주문전표 뒷장에 메모해 두는 습관을 가지도록 한다.

(2) 주문을 받는 순서

주문작업은 주문품목을 주문한 고객에게 정확히 제공할 수 있도록, 또는 담당 구역 이외의 다른 웨이트리스가 가져와도 주문품목과 주문한 고객을 명확히 연결시킬 수 있도록 처리되어야 한다. 간혹 인사와 안내작업 담당 호스티스가 전임되어 있지 않거나 호스티스가 자리에 없을 경우가 있다. 이럴 경우에 웨이트리스의 인사, 안내작업, 주문받는 작업, 운반작업, 그리고 계산대 작업 등의 우선순위를 원활히 진행시키기 위해서는 주문작업시 웨이트리스가 서 있어야 할 위치를 명확히 정해두어 지키도록 해야 한다. 그 위치는 다음과 같이 정해질 수 있다.

❶ 카운터 석

가능한 한 정면입구를 향한 의자의 옆에 위치한다. 입구에 가깝고 가장 빨리 고객과 대응할 수 있는 자리이기 때문이다.

❷ 플로어의 테이블 석

웨이트리스 콜 사인을 향한 의자의 옆에 위치한다. 최우선의 작업순위는 카운터에 주문메뉴가 완성되면 그것을 고객 테이블로 즉각 운반하는 것이다. 주문작업 때는 주문위치에서 원래의 우선 업무인 웨이트리스 작업위치로 즉각 대응이 될 수 있도록 서 있는 위치가 정해져야 한다.

이상과 같이 웨이트리스가 주문을 받을 때는 이 같은 위치에 서야 하며, 이에 따른 주문전표의 기입순서도 통일되어야 한다. 웨이트리스의 옆에 앉아 있는 고객으로부터 시계방향으로 주문을 받고 그 순서대로 주문전표에 수량, 품목명, 금액단위의 순으로 기입하면 된다. 결국 맨 윗줄에 품목이 웨이트리스의 바로 왼쪽에 앉은 고객의 주문품목이고 그 다음부터는 시계방향의 순이다. 이러한 순서로 전표의 윗줄부터 밑으로 고객의 품목명을 대응시키도록 한다. 잘 숙련된 웨이트리스라도 어떤 고객이 어떤 품목을 주문시켰는가를 잘 파악하지 못하고 하나하나 고객에게 확인해 가면서 주문메뉴를 테이블에 올리는 경우가 많다. 지속적인 교육을 통해 주문을 받게 한다면 어떤 웨이트리스라도 정확하게 주문한 고객에게 주문한 품목을 정확하게 제공할 수 있을 것이다.

어린이와 노인이 있는 테이블에는 착석의 순서에 상관없이 어린이와 노인부터 먼저 주문받고 이럴 경우에는 웨이트리스의 바로 왼쪽 고객부터 어린이가 앉은 자리가 몇 번째인지 혹은 노인이 앉은 자리가 몇 번째인지를 확인하여 그 순서에 해당하는 전표줄에 주문을 쓴다. 추가 주문은 전표의 뒷면에 기입한다.

후식 메뉴가 별도로 있으면 식사가 끝날 때까지 웨이트리스는 주문이 끝난 전표를 갖고 있다가 식사가 끝난 후 고객에게 한번 더 후식 메뉴판을 보인다. 추가 주문받은 후식 메뉴품목을 뒷면에 기입한 후 합계를 산출하고 후식 품목을 테이블에 운반한 후 전표를 갖다 놓는다.

주문이 끝난 후 메뉴판을 회수한 뒤 주문을 복창한다. 잘못된 부분이 있는지 확인하기 위해서다. 마지막으로 미소와 함께 "감사합니다."라고 인사한 후 자리를 뜬다.

 3 식음료 서비스

1) 식음료 서빙

웨이트리스의 테이블 작업 중 가장 중요한 것은 음식과 음료를 고객 테이블에 서빙하는 것과 그것을 통해 고객의 욕구를 충족시키는 것이다. 이는 시간의 경과와 함께 저하될 수 있는 식음료 품질을 가능한 저하시키지 않기 위한 노력이다. 웨이트리스는 자신의 콜 사인이 점등한지 10초 이내에 고객 테이블로 음식과 음료를 운반하는 것을 규칙으로 삼고 있는데 이를 위해서 다음의 몇 가지 방법을 사용하고 있다.

첫째, 웨이트리스의 스테이션 구분제이다. 스테이션 구분제는 각 웨이트리스마다 담당 테이블을 명확히 하는 제도이다. 이러한 구분제가 없는 경우에는 완성된 요리가 그대로 주방 테이블에 방치된다든지 아니면 제일 먼저 발견한 웨이트리스가 그것을 운반하게 된다. 이럴 경우에는 웨이트리스끼리 운반 일을

서로 양보하려는 상황도 초래될 수 있으며, 한가한 시간대에 가장 성실한 웨이트리스가 혼자서 운반 작업에 종사하는 폐단까지 발생될 수 있다.

둘째, 콜 사인 방법이다. 웨이트리스가 자신의 콜 사인에 즉각 반응할 수 있도록 하는 것이다. 따라서 콜 사인은 어떠한 업소든 어느 방향에서 보든지 확실히 보이는 위치에 서서 일을 하도록 해야 한다. 자신의 콜 사인 번호를 확인한 웨이트리스는 어떠한 작업을 하고 있든지 완성된 요리를 객석으로 운반하는 일에 우선순위를 둔다. 콜 사인이 나가면 웨이트리스는 우선 주방 카운터로 가서 자신의 콜 사인을 우선 끈다. 따라서 콜 사인 버튼을 주방과 웨이트리스 접객장의 양측에 전부 설치해야 하며, 조리사와 웨이트리스가 공용할 수 있는 버튼을 카운터 위에 설치하는 방법도 고려할 수 있다.

셋째, 동선의 최소화이다. 고객에게 서빙할 때 걸리는 시간은 중요하다. 그리고 빈손으로 주방에 되돌아가지 않는 방법으로 언제든지 최소화의 단계로 서빙함으로써 시간을 절약할 수 있다. 그리고 고객에게 서빙하는 데 소요되는 시간을 절약함으로써 서브할 수 있는 사람의 수가 증가할 뿐만 아니라 일의 능률도 증가한다.

2) 주문요리의 확인

웨이트리스가 주방에서 음식과 음료를 가져올 때에는 몇 가지 사항을 확인하여야 한다.

첫째, 주문요리들이 한 테이블에 동시에 제공될 수 있는지를 확인한다. 식사의 즐거움이 배가 될 수 있도록 한 테이블에 위치한 손님들의 주문은 주문전표마다 거의 동시에 제공되어져야 한다. 한 사람의 주문요리가 늦어지게 되면 그만큼 객석회전율도 떨어지게 되므로 주문요리의 테이블 동시 제공은 고객과 업소 모두에 이익이 된다.

둘째, 주문메뉴와 완성메뉴가 동일한가를 웨이트리스는 주방카운터에서 확인하고 다를 경우 조리사에게 그 사실을 알리도록 한다. 주문메뉴를 서빙할 때 한번에 들 수 있는 접시의 수에 대한 수칙을 만들도록 하고, 서빙방법 등도 매뉴얼 해 둘 필요가 있다.

3) 중간정리 작업

웨이트리스의 주요 작업 중 하나가 중간정리 작업이다. 중간정리 작업은 고객의 식사가 끝난 후 천천히 하는 것이 아니라 고객의 식사 도중 각 단계마다 청결한 기분에서 새롭게 식사할 수 있도록 식사가 전부 끝나기 전에 치우는 작업이다.

보통 전체 식사 과정은 음료수나 전체요리 등이 제공되는 1단계, 주요리가 제공되는 2단계, 후식류가 제공되는 3단계로 나눈다. 이러한 각 단계마다 식사를 즐겁게 할 수 있도록 접시나 식기류 등을 치우도록 하면 고객은 새로운 기분으로 다음 단계의 식사를 즐길 수 있다. 테이블 정리가 빨라짐으로 인해 테이블 회전율이 높아지며, 이는 업소의 매상고 증가와 웨이트리스 작업시간의 절약을 가져오므로 업소와 고객 양측 모두에게 이익을 가져올 수 있다.

중간정리의 기본작업은 웨이트리스의 객석 왕복 이동시 실시된다. 고객이 어떤 특정요리의 식사를 모두 끝냈는지 식사 중인지를 판단하기 어려울 때 "이 접시를 치워도 되겠습니까?"라든지 혹은 "식사가 끝나셨습니까?"라고 질문을 하여 확신을 하도록 한다.

중간정리 작업이란 완전히 비운 접시를 치우는 업무뿐만 아니라 거의 손이 가지 않은 채로 방치되어 있는 경우의 처리도 의미한다. 업소 측의 실수로 인해 고객이 음식을 먹지 않는 경우도 있으므로 웨이트리스가 직접 고객에게 애로사항이 있는지 확인하여 그 내용을 보고하여 점장이 직접 고객의 불만을 들은 후 그 대책을 웨이트리스에게 지시하게끔 한다.

부수적인 음식과 음료수 주문이 있었던 경우 웨이트리스는 그 접시와 컵이 비었을 때 곧바로 치울 수 있도록 늘 객석에 주의를 기울여야 한다. 음료수의 추가 주문이 있는 경우는 전에 사용하였던 컵은 추가 주문의 음료수를 가져갈 때 치우도록 한다. 이 외에 재떨이의 교환이나 조미료 용기나 냅킨 등의 보충도 중간정리 작업의 일부가 된다.

고객이 특별한 여타 요망사항을 가지고 있는지 확인하면서 별도의 판매촉진 작업도 시도해 본다. 주 메뉴표와 후식 메뉴표가 별도로 준비되어 있는 업소의 경우, 주된 요리가 놓인 테이블의 중간정리 작업을 하는 시점과 후식 메뉴표를 고객에게 가져가서 주문을 받는 시점의 타이밍을 일치하도록 노력한다.

4) 식사 후의 정리작업

고객이 식사를 모두 끝낸 후 자리를 떠났을 때부터 정리작업은 원칙적으로 웨이트리스의 업무이다. 정리작업과 청소작업 담당을 하는 버스보이가 따로 있을 경우 버스보이가 좌석마다 배치되어 있는지 웨이트리스는 잘 확인해야 한다. 버스보이가 있다 하더라도 웨이트리스가 우선순위의 작업이 없을 경우 적극적으로 테이블 정리작업을 도와주어야 하고, 정리작업할 때의 운반방법은 다음과 같다.

(1) 쌓아 올라가는 운반방식

정리할 물건들을 하나, 둘 산처럼 포개어 운반하는 방법이다. 큰 접시는 밑으로 작은 접시는 위로 포갠다. 컵, 유리컵, 냅킨, 나이프, 포크, 스푼 등은 제일 위에 놓여진 접시에 얹는다. 쌓인 접시를 양손에 들고 웨이트리스 스테이션까지 운반한다. 이때 접시수가 많아서 접시가 깨지는 경우는 물론 고객의 의복을 더럽히거나 소음을 동반할 가능성이 크므로 업소에서 사용하고 있는 접시의 크기와 무게를 감안해 한번에 운반하는 양을 한정시켜야 한다. 접시가 많을 때에는 두 번 이상 나누어 운반하는데 웨이트리스 스테이션에 유리컵 박스, 은식기류 박스, 도자기류 박스 등의 식기에 따른 운반용 박스를 준비해두어 이용하도록 한다. 그 필요 수는 중간정리 작업의 빈도와 객석수, 객석회전율에 의해 결정하는데 박스의 사이즈와 사이즈별 필요 개수를 업소 설계 전에 미리 정해둔다.

중간작업의 제도가 있다고 하더라고 중간정리물을 보관할 충분한 공간이 웨이트리스 스테이션에 확보되지 못했다면 작업 담당자는 정리물 하나하나를 안쪽의 세면장까지 운반하는 비능률적인 상황에 봉착하게 된다. 운반용 박스를 하나하나 세면장까지 운반할 경우 인건비 증가와 작업 담당자의 심한 노동이 뒤따르게 된다. 중간정리 작업의 부재는 철저한 테이블의 청결이나 고객의 쾌적한 식사를 불가능하게 만들 뿐 아니라 나중에 한꺼번에 치우려고 할 때 정리작업을 지연시키게 된다. 따라서 고객들의 대기시간이 늘어나고 고객수가 줄게 되며 원활한 업소 운영이 이루어지지 않게 될 것이다.

정리물건은 세 종류의 상자에 분류하여 넣는다. 이때 점장은 웨이트리스에게 업소의 쾌적한 식사분위기를 위해 물건들을 조용하게 상자에 넣도록 교육시켜야 한다. 그런 후 테이블이나 그 위에 놓인 각종 양념통, 의자, 테이블 밑바닥 등 깨끗하게 만드는 작업을 한다.

(2) 부채꼴형 운영방식

이 운반방식은 한쪽 손만으로 운반을 하는 방법이므로 나머지 한 손은 다른 작업이 가능하다. 그러나 양손으로 드는 방식보다는 안전성이 떨어진다. 행주를 들고 가서 테이블에 두고 한쪽 손에 정리물들을 올려놓는다.

(3) 버스 박스 방식

객석에 운반용 박스를 직접 갖고 가서 접시 등을 운반해 오는 방식으로 식기류의 파손원인이 될 수도 있다. 재떨이의 재를 버릴 때에는 접시나 컵 등에 버려서는 안 되며, 식기 세척시 들어 있던 재가 거꾸로 식기에 붙어버릴 소지가 있기 때문에 주의하여야 한다.

고객의 분실물을 발견했을 경우에 고객이 아직 업소를 떠나지 않았을 경우 소리를 크게 하여 불러 세울 수 있다. 만일 업소를 떠난 후에는 계산대 직원이나 상사에게 맡긴다. 이때 분실물 담당자는 분실물에 이름표를 꼭 부착해 그 물건을 발견한 일시, 테이블 번호, 웨이트리스 성명 등을 기재한다. 테이블의 청결 여부는 웨이트리스가 자신의 임의대로 판단하지 말고 외관상 별로 더럽지 않아도 고객이 사용한 테이블은 반드시 청소하도록 한다.

테이블 정리가 끝나지 않았는데도 고객이 테이블 가까이 왔을 때는 "곧 치워드리겠습니다."라고 말한 후 계속해서 정리작업을 실시한다. 정리작업이 끝나는 대로 메뉴판을 가지고온 후 손님이 메뉴판을 보고 있는 동안 테이블 세팅을 하도록 한다. 호스티스가 안내하는 경우에는 이런 불편함이 없다.

5) 테이블 세팅

테이블 세팅의 양식은 각 업소의 메뉴품목 구성에 따라 정해지는데 일반적으로 카운터석, 테이블석, 부스석 등의 3종류의 세팅 형식을 들 수 있다. 보통 테이블에 세팅해 두는 물품들은 소금. 후추. 설탕 등의 양념, 냅킨통, 재떨이 등이 있으며 테이블 객 수에 따라서 스푼, 나이프, 포크, 냅킨 등이 세팅된다.

실 전 외 식 사 업 경 영 론

FOOD SERVICE MANAGEMENT

외식마케팅의
이해

 학습목표

1. 마케팅의 개념과 본질에 대하여 알아
   보자

2. 마케팅 믹스와 구성요소에 대하여 알
   아보자

3. 외식마케팅 전략수립 절차에 대하여
   알아보자

4. 외식시장세분화와 표적시장 결정시
   고려사항에 대하여 알아보자

제 **1** 절

마케팅의 개념

마케팅의 발생과정

마케팅의 유래는 인류역사와 함께 잉여재화를 가진 사람들끼리 교환을 통하여 필요를 만족시키기 시작했을 때부터 발생하였다고 해도 과언이 아니다. 대량생산체계를 갖추지 못하였던 초기 자본주의사회에 있어서는 상품의 생산이 수요를 쫓아가지 못하는 과소생산과 과잉수요현상이 일어나서 공급이 수요 그 자체를 생산한다는 세이Say의 법칙이 그대로 작용하였다.

그러나 1930년대를 전후한 대공황을 겪고 나면서부터 자본주의경제는 과잉생산과 과소비라는 생산과 소비 간의 불균형을 해소하는 방법을 모색하기에 이르렀다. 생산은 별로 염려할 것이 없었으나 대량생산된 제품의 판매가 기업의 성패를 좌우할 만큼 커다란 문제로 대두되어 마침내 기업의 경영이념은 종래의 생산 중심에서 '판매 없이 기업 없다no sales, no business'라는 시장 중심market orientation으로 질적인 변화를 가져온 것이다.

여기서 시장 중심의 이념은 단순한 판매기술의 개선이나 향상만으로서 기업의 목적과 성과를 달성하는 것이 아니라, 판매 이외의 모든 기업활동을 통일적으로 전개함으로써 가능할 수 있었다. 따라서 공급이 수요를 결정했던 판매시장seller's market으로부터 수요가 공급을 결정함으로써 구매자, 즉 소비자가 시장을 지배하는 구매자시장buyer's mar-

ket으로 시장체제가 바뀌어졌다. 그리고 어떻게 하면 수요를 보다 많이 창조하여 대량생산된 재화를 대량으로 소비시키느냐 하는 과제를 해결하기 위하여 마케팅이 대두되게 된 것이다.

이와 같이 소비자지향적인 마케팅 이념을 갖게 된 것은 시장 환경과 경쟁에 대처하고, 더욱 합리적으로 이윤을 추구하기 위한 기업의 객관적인 요청과 필요성에서 나온 시장에 대한 이론과 기술이 융합된 경영기법이다.

2 마케팅의 개념

마케팅에 대한 견해는 시대와 학자에 따라 달리 정의하고 있으며, 시대의 변천과 사회 및 기업의 발전에 따라 크게 변하여 왔다.

마케팅은 미국에서 20세기 초반부터 경제학의 한 분야로 논의되었으며, 1930년에 와서 하나의 독립된 학문으로 인정되었으며, 주로 유통기능의 관점에서 다루었다.

❶ 베일R. S. Vail

마케팅은 상품에 대한 소유권의 변화change in ownership로 보았는데, 이때까지 마케팅을 보는 관점은 기본적으로 경제학적 관점을 벗어나지 못하였다.

❷ 앨더슨W. Alderson

마케팅은 다양한 생산자들이 생산한 이질적인 상품들을 이질적인 소비자들에게 공급해주는 역할을 담당해야 한다고 하여 처음으로 경제학적 관점과는 다른 마케팅 관점에서 다루었다.

❸ 미국 마케팅협회

마케팅에 대한 공식적인 정의는 1960년대 미국 마케팅협회AMA : American Marketing Association에 의해 마케팅은 생산자로부터 소비자 또는 사용자에 이르는 제품 및 서비스의 흐름을 통제하는 기업활동으로 설명하였다.

1960년대에 들어서면서 기업들은 한정된 소비자들의 가처분소득을 놓고 경

쟁하지 않을 수 없게 되었으며, 소비자의 교육 및 소득의 향상이 불러온 소비자 욕구의 다양화 내지는 고차원화를 경험하게 되었다. 이러한 향상은 필연적으로 마케팅의 소비자 욕구충족을 강조하는 정의를 요구하게 되었다.

1985년 개최된 미국 마케팅협회의 연례총회에서는 새로운 마케팅 정의를 채택하기에 이르렀으며, 마케팅이란 '개인이나 조직의 목표를 달성할 가격결정과 촉진 및 분배에 대한 계획을 수립하고 이를 수행하는 과정'이라고 정의하였다.

④ 미국 오하이오주 주립대학

1965년 오하이오주 주립대학의 마케팅 교수들은 '사회에서 개념화, 촉진, 교환 그리고 물적 유통을 통하여 경제적 재화와 서비스에 대한 수요구조를 예상하고, 확대하며 만족시키는 과정'이라고 정의하였다.

이때의 시대적 배경을 살펴보면 기업들이 한정된 소비자의 가처분소득을 놓고 경쟁하였다. 그리고 소비자의 교육 및 소득의 향상이 소비자 욕구 다양화로 발전하던 시기로서 마케팅 활동의 영역을 세분화하여 개념화, 촉진, 교환, 물적 유통으로 나누어 마케팅의 구체적인 활동영역을 제시하였다. 맥카시J. McCarthy가 개념화한 마케팅의 4P's 개념을 포함하고 있다.

1960년대 말에 이르러서는 소비자의 욕구를 충족시키는 마케팅 기능 이외에 사회적 기능을 다해야 한다는 주장이 높아졌다. 특히 1970년대 접어들면서 환경보전의 이슈가 사회의 중심적인 논의대상이 되었는데, 그 결과 마케팅 학자들과 기업의 마케팅 실무자들 간에는 마케팅의 사회성에 대한 인식이 높아졌다.

⑤ 코틀러P. Kotler

마케팅이 경제적인 활동을 하는 기업 이외에 사회적인 조직체들에도 적용될 수 있고 사회적 문제를 해결하는 데 도움이 되며 기업과 기업, 기업과 소비자 등 거래를 수행하는 당사자들 간의 교환개념에서 출발하여 마케팅을 이론화하는 노력이 필요하다고 강조하였다. 이는 '마케팅이란 선택된 고객층의 필요와 욕구를 이득취득의 목표하에서 고객에 투입한 기업의 자원 · 정책 · 제 활동을 분석 · 계획 · 조직 · 통제하는 것'으로 정의하였다.

⑥ 바고지R. Bagozzi

교환이론을 통하여 마케팅을 재정립하였으며, 그 이후 오늘날에 이르기까지 마케팅학자들은 교환이론을 통하여 마케팅을 재정립하려는 노력을 계속하고 있다.

⑦ 맥네어M. P. McNair

마케팅이란 생활수준의 창조와 배달이다.

⑧ 넬슨E. W. Nelson

마케팅이란 소비자 만족이라는 궁극적인 목적을 향하여 모든 노력과 주의를 지향하는 것으로 설명하였다.

따라서 마케팅이란 소비자의 욕구를 조사·탐지하여 그것을 신제품 계획에 반영시켜 소비자가 원하는 제품을 개발하여 시장에 적정한 가격으로 유통시키고 판매촉진을 일으켜 소비자의 만족과 기업의 소득증대를 일으키는 활동으로서 소비자 중심적으로 소비자만족을 위한 기업활동의 총체라고 할 수 있다.

3. 마케팅의 본질

마케팅관리철학marketing management philosophy이란 마케팅관리 계층에 속하는 여러 마케팅 경영자가 마케팅활동을 관리할 때 의거하는 이상적이라고 생각하는 행동의 신념을 말하는데 시장지향적 경영, 사회지향적 경영, 유기체적 경영으로 분류하여 설명할 수 있다.

1) 시장지향적 경영marketing concept

시장지향경영은 고객 중심의 경영방침 또는 철학을 의미하며, 이는 현대적 기업경영의 가장 중요한 특징 중의 하나이다.

1776년 스미스A. Smith는 모든 생산활동의 유일하고 최종적인 목표는 소비하는데 있다고 하였으며, 생산자의 이익은 소비자의 이익을 증진하기 위하여 필요한 경우에 한해서만 존중되어져야 한다고 강조하고 있다.

코틀러P. Kotler는 시장지향적 경영이란 조직의 중요한 임무는 목표고객의 욕구를 찾고, 이 욕구를 충족시키기 위한 수단을 경쟁자보다 효과적이며, 효율적으로 배달될 수 있도록 조직을 적응시키는 것이라는 믿음을 고수하는 경영방법상의 한 경향이라고 설명하고 있다.

이렇게 시장지향적 경영이 현대경영의 원칙처럼 되어진 이유는,

첫째, 소비자 자신들의 변화에 의한 소비자 욕구 중심적 경영 불가피

둘째, 현대사회가 길러낸 전문경영인이 합리적 경영을 추진하는 과정에서 마케팅 콘셉트의 당위성 자각

셋째, 오늘날의 기업 환경은 기업으로 하여금 소비자를 의식하고 소비자의 이익을 저해하지 않는 범위 안에서 기업활동을 하도록 강요받는데서 비롯된다 할 수 있다.

시장지향경영과 대조적 개념은 생산지향적 경영이다. 마케팅관리자는 생산을 잘하고 그것을 소비자가 손쉽게 이용할 수 있도록 유통시키기만 하면 된다고 보는 관리 철학이다. 이는 공급이 수요를 창조하는 단계로서 경제의 주요 과제는 생산문제에 치중되고, 시장문제는 사실상 존재할 수 없으며 오로지 생산에 관한 경제 제 자원의 동원이 그 중심을 이룬 관리 철학인 것이다.

그러므로 생산지향적 경영을 중시하는 기업은 우수한 생산직 인력을 확보하고, 생산설비 수준을 높여 생산효율을 증진시키는 데 주력하는 반면, 생산된 제품의 마케팅에 대하여는 지극히 소홀히 하는 경향이 있다. 즉, 만들면 팔 수 있다는 사고방식에서 출발한다고 할 수 있다.

또한 기업이 수행하는 마케팅활동의 결과는 기업, 고객, 사회의 세 부분으로 영향을 미치며, 기업의 시장지향성이 어느 정도이냐에 따라 세 가지 지향성 중 하나에 소속되게 된다.

(1) 제품지향성

소비자들은 품질·성능·특성이 가장 뛰어난 제품을 선호하기 때문에 기업은 제품 품질의 개선에 주력하여야 한다고 보는 관리 철학이다. 이는 현재 생산하고 있는 제품의 질만을 개선하려는 경향이 생기기 쉬우며 소비자의 욕구에 알맞은 제품을 개발하려는 노력은 하지 않게 되어 마케팅 근시marketing myopia를 초래하게 되는 결점이 있다.

따라서 이 지향성은 제품과 서비스에 대한 수요가 공급을 초과하는 상황에서는 효과적일지 모르나, 과당경쟁이 뚜렷한 오늘날에는 부적절한 지향성이자 잘못된 관리 철학이다.

(2) 판매지향성

어떤 조직은 소비자의 관심을 유발하기 위한 촉진노력을 하지 않는다. 그러므로 소비자들은 그 조직의 제품을 구매하지 않을 것이라는 관리 철학으로 미국에서는 1929년 대공황으로부터 제2차 세계대전까지의 시기로 수요가 공급을 규제하였기 때문에 종전의 생산문제보다 수요개발 및 창조를 위한 판매문제가 그 중심을 이루게 되었다.

공급이 수요를 초과하는 구매자 시장에서 기업이 고객들로 하여금 경쟁기업의 제품과 서비스보다 자사의 것을 그리고 더 많은 양을 구매하도록 설득해야 하며, 이를 위해 이용가능한 모든 효과적인 판매활동과 촉진도구를 활용해야 한다고 보는 것이다.

한때 서비스조직에는 판매 또는 광고가 마케팅의 전부 또는 마케팅인 것처럼 강조된 시절도 있었다.

║표 8-1║ 시장지향적 경영과 생산지향적 경영의 차이

경영요소 및 기능	시장지향적 경영	생산지향적 경영
사고중심	고객	기업
제품라인	넓음	좁음
조 사	시장조사	기술조사
가격결정	시장 중심적 가격결정	원가 중심적 가격결정
상품개발	고객의 욕구와 필요에 근거	상품 자체의 기술적 향상 및 원가개선에 중시
상품디자인	스타일과 외모 중시	상품의 기능 및 활용 중시
포 장	판매의 수단으로 간주	상품의 배달 및 보호수단으로 간주
추구하는 기업 이미지	스타일과 시장 선도자로서의 이미지	생산 기술면에서의 선도적 이미지

(3) 마케팅지향성

기업의 목표달성은 목표시장이 되는 소비자의 필요와 욕구를 확인하고, 이에 적응하여 경쟁자보다 효과적이고 효율적인 방법으로 요구되는 만족을 제공함으로써 가능하다고 보는 관리 철학이다. 이는 과거의 일방적인 판매와 광고로부터 소비자 주권의 중시로 필요와 욕구에 적응하는 재화·생산 및 전달의 방향으로 전환된 시기로 경영자적 관점에 입각한 마케팅체계가 형성되어 기업경영의 행동원리로서 마케팅 기능의 통합화가 요구된다.

오늘날처럼 치열한 경쟁에 직면한 기업이 시장에 대처하는 방법은 기업이 임의로 개발, 생산한 제품과 서비스를 판매하려는 것보다 그 기업이 대상으로 하는 목표시장의 욕구를 철저히 파악하고 그것을 만족시키려는 사고인 시장지향성 기업경영이 요구된다. 마케팅지향성의 요체는 고객만족을 위한 전사적 노력과 고객만족을 통한 이익실현이라 할 수 있다.

코틀러P. Kotler와 터너R. E. Turner의 마케팅지향성에 대한 정의를 살펴보면 '시장지향성 기업경영은 경영지향성으로서 조직의 주요 임무는 목표시장의 요구와 욕구를 결정하고 경쟁자보다 더 효율적으로 그들이 원하는 만족을 전달할 수 있도록 조직을 적응시키는 것'으로 정의하고 있다.

여기서 생산·제품 또는 판매 콘셉트를 중심으로 마케팅을 관리하는 기업을 생산지향적 기업체라 하며, 마케팅 또는 사회지향적 마케팅 콘셉트를 중심으로 마케팅을 관리하는 기업을 마케팅지향적 기업체라 할 수 있다.

2) 사회지향적 societal concept 경영

기업을 내포하고 있는 환경으로서의 사회에 대한 기업의 의존적인 관계를 이해하며, 사회의 중요성을 의식한 데서부터 연유되는 기업경영방식으로 시장지향적 기업경영과 상호 보완적인 개념이다.

3) 유기체적 경영 systems concept

마케팅 활동은 그 자체의 내부기능인 제품관리, 가격관리, 유통관리, 촉진관리들과 기업 밖에 있으면서 이 회사의 마케팅 기능을 지원하고 대행해주는 외부기능으로 구성되는 대형 유기체라 볼 수 있다. 즉, 기업 내적 기능과 기업 외적 기능의 조화 있는 결합으로서 마케팅 시스템이라 표현할 수 있다.

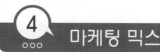

4 마케팅 믹스

1) 마케팅 믹스의 개념

마케팅 믹스marketing mix란 표적시장에 영향을 주기 위해 회사가 사용하는 통제 가능한 변수의 집합으로 마케팅 목표의 관점에서 최선의 효과를 가지기 위해 마케팅관리자에게 주어진 전체 마케팅 시스템의 제 하위 시스템의 배열상태이다.

회사가 성공적으로 관리하기 위해서는 인사·재무·마케팅·기술·구매·생산 등 기업 내의 모든 기능이 적절히 조정되어야 하는 것과 마찬가지로 마케팅 활동이 적절히 수행되기 위해서는 그 하위기능인 제품계획·가격·촉진·유통 등의 제반 마케팅 기능이 최적으로 배합되지 않으면 안 된다.

마케팅 믹스란 하버드대학의 볼든N. Bordon교수에 의해 개발되어 잇따른 변화를 거쳐 오늘날에는 이른바 4P's라고 알려지게 된 것이다.

볼든N. Bolden교수는 효과적이고 수익성 있는 마케팅이 되게 하는 모든 요인들의 결합이라고 정의하고 제품계획product planning, 가격pricing, 유통distribution, 촉진promotion, 서비스servicing, 시장조사marketing research 등 6가지를 제시하였다.

결국은 맥카시E. J. McCarthy에 의해 제품product, 가격price, 유통place, 촉진promotion으로 구성하였다. 개념적 정의로 마케팅 믹스란 '제품, 가격, 유통, 촉진 등에 투입된 회사자원이 기업의 산업분류에 따라, 시장에서의 위치에 따라, 경쟁적 상황에 따라 여러 가지 비율로 혼합되어야 함을 제시하는 것'으로 설명하고 있다.

2) 마케팅 믹스의 구성요소

(1) 상품product

유형재를 생산·판매하는 제조기업이든 무형재를 생산·판매하는 서비스 기

업이든 소비자에게 공급하게 되는 판매대상물을 갖게 마련이다.

기업체에서 소유하고 있는 판매대상물, 즉 상품을 관리한다 함은 회사가 판매할 적절한 상품이나 서비스를 계획·개발함을 말하는 것으로서 기존상품을 수정하고, 새로운 상품품목을 추가하며, 기타 최적의 상품믹스 결정에 필요한 어떠한 지침과 브랜딩branding, 포장packaging, 제품의 특성화와 관련된 의사결정도 필요하다.

상품을 정의하는 방법은 두 가지가 있는데, 좁은 의미에서의 상품이란 구매자에게 제공되는 재화의 물리적이고 기능적인 실체를 말한다. 또한 넓은 의미에서의 상품은 판매되는 물리적이고 기능적인 실체는 물론, 포장, 상표, 배달서비스, 쇼핑카드의 편리함, 쇼핑분위기의 쾌적함 등도 포함된다. 즉, 고객을 만족시키기 위한 물리적 재화, 이에 부수되는 서비스 및 상징적 가치의 총체적인 것이다.

유형의 실체를 가진 상품과는 달리 외식산업의 경우 상품을 명확하게 정의하기가 쉽지 않다. 이는 서비스와 관련된 상품개념은 보다 종합적인 측면에서 고객에게 제공되는 편익의 관점에서 정의되어야 하기 때문이다.

따라서 외식산업에 있어 상품이란 메뉴와 서비스로 고객의 생리적·심리적·사회적 필요와 욕구를 충족시킴으로써 그들의 생활을 유지·향상시키는 필수생활자원이라 할 수 있다.

(2) 가격price

가격이란 소비자구매자의 관점에서 보면 일종의 비용cost이다. 그러므로 가격이란 소비자가 재화나 서비스를 획득 또는 사용을 통해 얻게 되는 가치에 대해 지불하는 대가라고 할 수 있다.

판매자의 관점에서 보면 가격은 제품의 수익성을 결정하고 A/S 등을 보장하는 필수적인 마진을 가져다주는 것이다. 즉, 이윤profit적 개념이다. 그런데 가격을 결정하는 과정을 살펴보면 소비자와 생산자가 제품과 화폐를 교환하는 활동이 필수적으로 일어남을 알 수 있다.

생산자는 제품을 소비자에게 제공하고 소비자는 생산자에게 화폐를 지불하는 교환이 있어야 가격이 결정될 수 있는 것이다. 자기가 생산하고 자기가 소비하는 자급자족의 생활에서는 가격이라는 개념이 있을 수 없다.

가격 정의는 생산자와 소비자 간의 교환에서 생산자가 생산한 제품의 가치와 소비자가 지불하려는 화폐의 가치가 동일하다고 상호 간에 의견이 일치되는 교환비율이라고 할 수 있다. 여기서 말하는 교환비율이란 제품의 가치를 화폐 또는 물건과 물건 간의 교환으로 나타낸 것으로 해석할 수 있다.

외식산업에 있어 가격이란 서비스의 효용과 가치로서 소비자가 외식사업체에 지불하는 대가이다. 그러므로 가격 믹스란 가격정책과 관련된 판매조건 믹스로서 가격조건과 지불조건면에서 고려되는 모든 대안요소의 최적결합을 뜻한다. 따라서 가격 믹스는 마케팅에서 중요한 전략적 도구로 활용될 수 있으며, 수익창출을 위한 중요한 조건인 것이다.

(3) 촉진promotion

미국 마케팅학회의 정의를 살펴보면 촉진이란 소비자 구매 및 거래유도를 자극하는 마케팅 활동으로 명확히 분류될 수 없는 촉진활동의 총체로 정의하고 있다.

또한 판매촉진은 재빠른 시장반응이나 더 강한 시장반응을 자극하기 위해 고안된 여러 가지 촉진도구로 정의할 수 있다.

이는 회사와 회사의 제품에 관해 소비자들에게 정보를 제공하고, 그들을 설득시키기 위해 사용되는 각종의 수단을 말하는데 광고 · 인적 판매 · 판매촉진 · 홍보가 이에 속한다.

효과적인 마케팅을 수행하기 위해서는 자사상품의 우수성을 현재 혹은 잠재고객에게 전달하기 위한 촉진자promotor로서의 역할이 필요한데 이것이 촉진 믹스이다.

촉진 믹스란 외식업체의 서비스 및 상품을 잠재고객에게 구매하도록 요구할 목적으로 서비스 상품의 효능과 가치에 대하여 정보를 제공하거나 설득하는 마케팅 노력의 일체이다.

이렇게 촉진 믹스의 핵심을 고객과의 의사소통communication이라고 볼 때 이는 단계별로 다음과 같은 목표를 지향하게 된다.

첫째, 고지적 역할informative role로서 이는 잠재고객의 기본적 수요창출기능을 한다.

둘째, 설득적 역할persuasive role로서 자사상품의 성장기에 자사상품의 긍정적

이미지를 형성하여 타 기업과의 차별화를 통해 가까운 미래에 자기 기업의 상품과 서비스를 구매하도록 하는 데 그 목적이 있다.

셋째, 상기적 역할reminder role로서 자사상품의 성숙단계에 돌입하면서 잠재고객의 마음 속에 기업 이름이나 상표를 오래 기억시키는 데 그 목적이 있다.

넷째, 행동수정적 역할behavior modification로서 이는 쇠퇴기에 접어들면서 고객의 행동과 생각을 수정할 때 사용하는 의사소통수단이다.

(4) 유통place

유통경로란 상품이나 서비스가 생산업자로부터 소비자 및 최종사용자에게 이전되는 과정에 참여하는 모든 개인 및 회사 등 일체의 상호 의존적 조직을 의미한다.

지금까지는 마케팅관리자가 통제할 수 없는 환경요소로 간주되어온 것이 사실이다. 실은 그들의 선택·통제에 있어서 상당한 재량권을 가지고 있어야 하는데, 이는 고용의 욕구를 충족시키기 위해서는 제품이 적시·적소에 구매자에게 도달되어야 하고 유통기관에 대한 통제력이 미칠 때만이 가능하다.

외식산업에 있어 유통 믹스 역시 외식업체의 서비스 및 상품의 생산과 소비과정을 연결해 주는 조직구조로서 외식업체와 소비자를 연결해 주는 일련의 과정을 말한다.

이러한 유통시스템의 목적을 효율적으로 달성하기 위해서는 총비용분석 등을 통하여 이윤, 비용, 고객서비스 수준 등의 목표를 설정하고 달성하여야 한다.

구체적으로 외식산업에서의 유통시스템은 주문처리과정, 제고관리 및 통제, 배달시스템, 정보관리시스템 등을 결정하지 않으면 안 된다.

첫째, 주문처리활동은 판매주문정보를 수집하여 분석하고 활용하는 제 활동을 말한다. 이제 외식산업도 막연히 고객의 전화주문 등에 의존하는 기존방식에서 탈피하여야 한다. 그러기 위해서는 보다 적극적으로 고객을 분석하고, 고객의 기호에 맞는 상품 개발은 물론 고객의 주문에 신속성과 정확성을 기함으로써 이익의 증대, 고객만족, 외식업체의 성장 등을 실현할 수 있다.

둘째, 재고관리란 수요에 대응하기 위하여 상품의 재고를 미리 준비해 두는 것을 말한다. 이는 총재고비용을 최소화하면서 동시에 고객의 수요와 고객 서비스를 만족시키는 중요한 핵심이 된다. 즉, 외식산업에 있어서의 재고관리란 고객이 필요로 하는 상품을 고객이 원하는 시간 안에 배달될 수 있도록 재고를 통제하는 것이다.

셋째, 배달시스템의 개발이다. 이는 생산된 상품을 빠른 시간 내에 신속하게 그리고 고객이 만족하는 수준으로 최적의 상품을 전달하는 시스템을 말한다.

이의 목표 실현을 위해서는 운송수단의 개발도 중요하지만 최근에는 상품의 최적화를 위한 포장기술의 개발 등도 중요하다.

넷째, 정보관리시스템의 도입이다. 요즈음 소외식업체에서도 효율적인 업장 및 고객관리를 위하여 컴퓨터를 이용한 정보시스템을 이용하는 업체가 부쩍 늘어나고 있다. 이러한 정보관리시스템은 생산자, 소비자를 보다 밀접하게 연결시켜 줄 뿐 아니라 주문처리, 재고관리, 고객관리 등에 있어 크게 활용되고 있다.

 5 외식사업의 상품개발

1) 상품개발의 중요성

외식사업에서 상품에 대한 개발은 매우 중요하다. 우선 방문하는 고객들이 선호할 수 있는 메뉴를 개발하는 것은 물론 실내의 분위기를 고객들이 선호할 수 있는 인테리어로 꾸미는 것도 하나의 테마상품개발이다.

외식사업체의 수가 나날이 늘어만 가는 현 시장상황하에서 고객의 변화욕구에 대처하지 못하는 외식사업체는 성공하기 어렵다. 최근의 경우에 외식업체에서는 저칼로리 식품을 개발하여 고객에게 많은 호응을 얻고 있으며, 신선한 재료를 바탕으로 하여 파스타 요리나 생선요리 등 무겁지 않은 가벼운 음식을 선호하는 쪽으로 변하고 있다. 뿐만 아니라 계절에 맞는 특별음식을 만들어서 고객에게 판매하고 있으며, 이는 모두 식상해 버린 고객들에게 보다 나은 음식을 만들어 고객에게 많은 호응을 얻는 데 그 의미가 있다.

그러나 한 가지 안타까운 일은 하나의 외식업소에서 특별한 음식을 만들어

고객에게 많은 인기를 끌고 있다면 바로 옆의 외식업소에서 똑같은 메뉴를 모방하여 음식을 팔고 있다는 것이다. 외식사업에서 성공하기 위해서는 무엇보다도 타 업소에서 인기가 있다고 해서 모방할 것이 아니라 자신의 업소에서만 가능한 음식을 개발하는 것이 무엇보다도 중요하다.

2) 상품의 차별화

상품에 대한 차별화는 외식사업에서 성공할 수 있는 요인 중의 하나이다. 상품에 대한 경쟁 외식사업체와의 차별화는 여러 가지 면에서 살펴 볼 수가 있는데 주로 취급하는 메뉴에서 그 차별화를 많이 볼 수가 있다. 아마도 외식사업에서 경쟁업소와의 차별화는 음식의 맛인데, 이는 바로 고객이 많이 몰리는 이유 중 하나다.

3) 서비스의 차별화

외식사업에서 고객에 대한 서비스는 필수적이다. 고객은 외식업소를 선택하는 데 있어서 각자의 기준이 있다. 음식에 대한 맛이 좋아서 외식업소를 방문하기도 하지만, 실내 분위기가 마음에 들어서 외식업소를 찾기도 한다. 그러나 무엇보다도 고객이 가장 신경을 쓰는 부분이 있다면 아마 외식업소에서 고객에 대하는 서비스가 아닌가 싶다. 처음 외식업소를 방문한 고객에게 인상에 남을 수 있는 서비스를 제공하는 것은 매우 중요한 일이며 이는 마케팅을 몸소 실천하는 일이다. 외식업소에서는 서비스의 중요성 때문에 종업원을 채용하는 데 있어서 서비스를 얼마나 훌륭하게 해낼 수 있는지의 여부로 종업원을 선발하기도 한다. 대부분의 외식사업에서 성공한 업소들을 방문하면 거의 서비스만큼은 완벽하게 실시하고 있다.

최근에 외식업체에서는 고객에게 단지 인적인 서비스만 관심을 두는 것이 아니라 고객이 흥미를 가질 수 있는 갖가지 묘안을 짜내어 고객으로 하여금 많은 흥미를 끌고 있다.

4) 장소의 입지선정

외식사업에서 여러 번 강조해도 지나치지 않는 것이 있다면 아마 위치에 대한 중요성이 아닌가 싶다. 그만큼 외식사업에서 성공을 좌우할 수 있는 매우 중요한 항목이기 때문이다.

대부분 처음에 외식사업에 뛰어든 사람들이 가장 많이 고민하는 것 중의 하나가 바로 어디에서 외식사업을 시작해야만이 고객이 많이 올 것인가이다. 그러나 실제 위치의 중요성에도 불구하고 올바른 위치를 선정한다는 것은 매우 힘든 일이며, 전문가라고 하여도 많은 실습과 경험이 요구되는 부분으로 심도 있게 연구하지 않으면 안 되는 부문이다. 우선 위치를 선정하는 데 있어서 반드시 참고해야 할 항목이 있다. 자신이 하고자 하는 외식업체가 일단은 가시거리에서 고객이 쉽게 찾을 수 있는 곳에 위치해 있지 않으면 고객은 오지 않는다.

멀리서도 쉽게 간판을 찾을 수 있고 고객이 쉽게 외식업체에 도착할 수 있는 동선이 이루어져야 한다.

동선이라고 하면 외식업체에서는 내부동선과 외부동선을 생각하여야 한다. 외식업체의 내부동선이라고 하면 주방과 고객의 동선을 말하며, 영업장에서 필요한 동선을 말한다. 외부동선은 고객이 외식업소를 방문하기까지의 동선을 말하며 이는 차량이 통과하는 동선에서부터 외식업소를 기준으로 해서 사방 몇 km 이내의 동선을 의미한다. 처음부터 외식업소에 대한 동선을 명확히 판단해서 설정을 하여야만이 나중에 실제 영업이 이루어졌을 때 문제가 발생하지 않는다.

그러나 외식업소에서도 나름대로 위치가 중요하지만 취급하는 메뉴에 따라 위치를 달리 적용을 할 수 있다. 예를 들면 도심지 한 가운데에서 주로 비즈니스 고객을 대상으로 1인분의 가격이 만원까지 하는 고가의 메뉴라고 하면 반드시 주차장 시설을 갖추고 있어야 한다. 또한 위치선정에 있어서도 근처 주변에는 무역회사나 비즈니스를 전문으로 하는 업체들이 많이 들어서 있는 곳을 선택하여야 한다. 그러나 이와 반대로 주로 가족단위의 고객들이나 라이브 무대를 즐기는 연인들을 위한 외식업체라면 복잡한 도심지를 벗어나 한적한 곳에서 주차장 시설이 넓은 곳을 선정하여 주변의 경관이 매우 수려하다면 이보다 더 좋은 위치는 없다. 외식업체뿐만 아니라 다른 종류의 외식사업도 마찬가지로, 취급하는 메뉴와 주목표로 하는 고객이 누구이냐에 따라서 외식사업의 입지선정에 많은 영향을 미친다.

제 2 절

외식마케팅 전략

1 외식마케팅 전략의 개념

외식마케팅 전략이란 주어진 외식상품시장에서 원하는 시장위치를 확보하기 위한 외식업체의 계획을 제시해주는 기능전략으로 목표, 표적시장, 경쟁전략, 마케팅 믹스의 내용을 포함한다.

마케팅 전략은 필요에 따라 장기, 중기, 단기로 나눌 수 있는바, 마케팅 전략이 너무 단기에 치우치면 시행하는 데 오랜 시간이 소요되는 변수는 통제할 수 없게 되는 폐단을 안게 된다. 따라서 가능하면 모든 마케팅 믹스 변수를 다 통제하기에 충분한 기간을 계획기간으로 잡는 것이 요구된다.

1) 목표

목표는 주어진 계획기간 안에 외식업체가 달성하려는 양적·질적의 내용을 포함한다. 질적 목표는 '외식시장에서 리더가 된다.', '고객만족을 실현하는 외식기업 이미지를 부각한다.' 등의 다양한 내용이 될 수 있으나 반드시 양적 목표에 의해서 구체화되어야 한다.

양적 목표는 보통 시장점유율, 매출액, 수익성의 세 변수를 기준으로 설정되는 경우가 많다. 수익성과 점유율 목표는 중요하며, 점유율을 높이기 위한 전략은 마케팅 비용을 증가시키거나 마진을 낮추기 때문에 계획기간 동안에 점유율을 높일 경우 우선 수익성 악화를 초래할 것을 감안하여야 한다.

또한 점유율과 수익성은 일정기간 내에서는 상충적인 관계를 갖게 되나, 장기적으로는 높은 점유율은 수익성의 향상을 가져오게 된다. 그러므로 동일한 시장 내에 있는 여러 경쟁업체를 놓고 보면 점유율과 수익성은 비례관계를 갖는 경우가 많다.

2) 표적시장 및 시장세분화

표적시장이란 외식업체가 어떤 특징을 가진 고객을 주고객으로 하느냐를 선택하는 것이다. 마케팅 전략은 고객으로부터 출발하는데, 외식업체가 고객을 올바르게 이해하려면 고객층이 다양하다는 사실부터 인식하여야 한다.

따라서 시장세분화는 고객을 일정한 특징을 가진 집단으로 분류하는 것이며, 일단 세분화를 한 후에는 여러 세분시장 중에서 특정한 세분시장을 선택하여야 한다. 결론적으로 시장세분화는 고객을 이해하는 첫걸음이라 할 수 있다.

3) 경쟁전략

어느 제품시장이든 간에 거기서 성공하기 위해서는 갖추어야 할 요건이 있기 마련이다. 이렇게 특정시장에서 경쟁에 이기기 위해서 외식사업체가 갖추어야 할 능력을 주성공요인key success factor이라 한다.

외식업체는 가능하면 시장에서 주성공요인을 자신의 경쟁우위competitive advantage로 삼는 것이 유리하며, 경쟁적 우위의 확보를 위한 투자가 경쟁전략의 주요 내용이 된다.

외식업체는 자기의 능력과 경쟁사의 강점·약점을 비교하여 자신의 경쟁전략을 선택하게 되며, 경쟁전략은 보통 마케팅 믹스의 한 변수가 된다.

마케팅 믹스 변수는 시장의 여건에 따라서 기본적 변수와 전략적 변수, 전술적 변수로 나눌 수 있다.

(1) 기본적 변수

시장경쟁에서 최소한 갖추어야 할 조건이 되는 변수로 유통경로를 확보한다

든지, 적정가격을 책정한다든지, 경쟁사와 유사한 품질의 제품을 제공하는 것 등이 그 예이다.

(2) 전략적 변수

경쟁기업보다 유리한 시장위치를 확보하게 해주는 변수로서 뛰어난 제품, 경쟁기업이 감당할 수 없는 저가격, 월등한 광고 공세 등이 그 예이다.

(3) 전술적 변수

외식업체가 시장에서의 기본적인 위치를 바꾸지는 못하나 단기적으로 매출을 증대시키는 데 기여하는 특별세일이나 고객에게 여러 가지 인센티브를 제공하는 것 등이 이에 포함된다. 경쟁전략이란 외식업체가 자신이 최대의 무기로 삼으려는 변수를 선택하는 것으로 자신의 제한된 자원을 경쟁전략의 확보 분야에 최대한 투입하도록 의도적인 노력을 하는 것을 말한다.

마케팅 목표 설정	마케팅 목표 설정(매출, 판매, 시장점유율, 브랜드로열티, 고객만족도 등)
4Cs 분석(시장분석)	고객(Customer), 경쟁자(Competitors), 지사(Company), 채널(channel)
SWOT 분석	강점(S)/약점(W) 기회(O)/위협(T)
STPD 전략	시장세분화(S), 표적시장 선정(T), 포지셔닝(P), 차별화(D)
마케팅 Mix — 상품 전략	메뉴의 PLC관리, 포지셔닝 상품체계 관리, 신메뉴개발 및 리뉴얼, 품질관리 및 보증
마케팅 Mix — 가격 전략	개별 상품/서비스의 가격 및 가격구조 결정, 마케팅 전략과 연계한 가격변화 결정 등
마케팅 Mix — 유통 전략	생산구조 관리 및 과정상의 문제점 해결, 서비스 제공 경로관리
마케팅 Mix — 촉진 전략	매체광고, PR, 판매촉진수단, 사이버 판매촉진, 인적 판매
마케팅 Mix — 4C	Convenience, 고객가치, 가격만족도, 소비자혜택
마케팅 Mix — CRM(CS/DBM)	CS 기획/관리, 획득/유지 전략, 고객접점 커뮤니케이션 강화, 고객 · 판매/매출 연계
마케팅 통제	성과관리, 재무적 통제(매출, 수익성 등), 마케팅 통제(고객만족도 조사 등)
마케팅 정보와 조사	2차 자료의 수집, 마케팅 조사, 마케팅 정보의 관리 및 활용(마케팅정보시스템 구축 및 활용)

┃그림 8-1┃　외식업 마케팅 수립절차

4) 마케팅 믹스

마케팅 믹스는 위에 선정한 핵심변수 이외의 다른 변수에 대한 선택을 말한다. 마케팅 믹스 변수는 성공적인 전략의 수립과 집행을 위해서 모두 필요하기는 하나, 일단은 핵심변수를 중심으로 해서 이를 지원하는 성격을 갖는다.

2 외식사업 마케팅 전략의 수립방법

마케팅 전략은 시장의 여건과 관광기업의 능력을 서로 접합시키는 과정이라 할 수 있다. 외부환경 분석은 시장기회와 위협을 파악하게 되고, 내부여건 분석을 통해 조직의 강·약점과 자원 가용도를 파악하게 된다.

마케팅 전략은 이 양자의 연계matching를 통하여 수립되고, 수립된 전략은 조직을 통하여 실시되며, 실시된 결과는 다시 자체능력평가에 반영되어서 새로운 전략수립 사이클이 시작되게 된다.

1) 외부환경 분석

외부환경을 구성하는 많은 변수 중 가장 중요한 것은 고객과 경쟁사이다. 특히 고객분석은 전략수립의 출발점이 된다.

(1) 고객분석

고객분석을 통해서 알아내는 것은 충족되지 않은 고객의 필요와 욕구이다. 이를 찾아낸다면 적은 비용으로 상당한 구매를 유발시킬 수가 있다. 그렇지 못할 경우 경쟁사에 상응하는 마케팅 비용의 지출을 감수하여야 한다.

(2) 경쟁분석

경쟁분석은 외식시장 경쟁여건을 분석하고 주요 경쟁사를 파악해서 경쟁기업의 전략과 강·약점을 파악하는 내용이 된다. 특히 경쟁분석은 경쟁기업의

수가 제한되어 있는 과점시장의 경우에 중요하며, 이러한 상황에서는 경쟁기업의 강점을 무력시키거나 약점을 이용하는 전략이 중요하다. 그러므로 경쟁분석은 단순히 현재의 경쟁기업뿐 아니라 잠재경쟁기업까지도 감안하여야 한다.

(3) 산업분석

현재 외식사업의 시장영역보다 더 넓은 산업의 규모와 그 안에 있는 세부시장의 규모와 시장전망을 파악하고, 원가구조와 중간유통구조를 분석하는 과제를 포함한다. 이를 통해 해당 산업에서의 주성공요인이 무엇인지를 파악하고 산업의 구조적인 변화추세를 어느 정도 예측하여야 한다.

(4) 일반환경분석

일반환경변수로는 경기동향, 기술변화, 정부의 규제와 유인제도, 인구변동과 기타 문화·사회적 변수 등이 있다. 이들 변수 중에서 주어진 계획기간 동안에 시장에 크게 영향을 줄 변수를 파악해서 이에 대한 중점적인 분석이 필요하다.

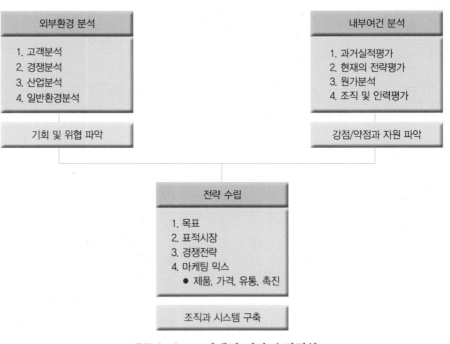

|그림 8-2| 마케팅 전략 수립절차

2) 내부여건 분석

전략이 현실적이 되기 위해서는 기업 내부의 여건과 제약조건에 대한 충분한 고려가 있어야 한다.

(1) 과거실적평가

내부능력평가의 출발점은 최근 수년간의 영업실적에 대한 분석부터 시작된다. 최근 3~5년간의 사업의 성장성, 점유율, 수익성분석 등이다. 이 분석에서는 우선 기업이나 사업부의 손익계산서와 제품, 시장, 경로별 영업실적이 참고자료가 된다.

(2) 전략분석

현재 외식업체가 선택하고 있는 마케팅 전략의 내용을 검토하고, 전략적인 질문을 던지는 일이다. 특히 아직 실적에 반영되지 않았으나 문제가 되고 있는 점들이 고려되어야 한다.

(3) 원가분석

외식업체가 가격경쟁력을 경쟁기업과 대비하여 분석하는 내용으로 경쟁기업이 자사보다 더 유리한 원가구조를 갖고 있는 경우 이에 대응하기는 상당히 어렵다.

(4) 조직과 인력에 대한 평가

마지막으로 조직과 인력에 대한 평가는 전략이 현실성을 갖기 위해서는 매우 중요하다. 여기서 조직이란 조직구조뿐만 아니라 경영시스템, 기업문화, 의사소통의 유형 등이 포함되는 것으로서 조직의 성과에 중요한 영향을 미치게 된다. 특히 인적구성은 기업이 성장하는데 궁극적인 제약조건이 된다.

제**3**절

외식시장
세분화와
표적시장

1 시장의 개념

기업의 영업활동에 초점을 두고 시장을 정의하여 보면 시장이란 '제품이나 서비스가 필요하고, 제품이나 서비스에 대한 관심이 있으며, 가지고 있는 돈을 제품이나 서비스 구입에 쓰려고 하는 사람이나 기업'을 시장이라 정의하게 된다.

또한 시장은 구매자의 구매목적에 따라 소비자시장consumer market과 산업시장industrial market으로 구분할 수 있다. 소비자시장이란 상품을 직접 사용하여 그로부터 효용을 얻으려는 개인이나 가계로 구성되며, 산업시장은 가공생산, 재판매, 혹은 영업용 자산으로 사용하려는 목적의 구매자들이 주로 기업으로 이루어진다.

2 외식시장세분화

1) 외식시장세분화의 정의

시장세분화란 보다 효과적인 마케팅 믹스의 개발을 위하여 전체시장을 상품에 대한 욕구가 비슷한 혹은 영업활동에 의미 있는 동질적 부분시장으로 나누는 작업이라고 정의할 수 있다. 그리고 이렇게 나누어진 동질적인 부분시장을 세분시장market segment이라 하고, 이 중에서 기업이 구체적인 마케팅 믹스를 개발하여 상대하려는 세분시장을 표적시장target market이라고 한다.

시장세분화의 개념이 개발되기 전에는 마케팅 담당자들은 전체시장을 단일한 실체로 보았다. 따라서 이들은 한 가지 상품만으로 한 가지 마케팅 믹스를 사용해서 시장의 전체고객을 상대하려 하는 비차별적 마케팅undifferentiated marketing을 시도하였다. 이는 시장세분화와 대립되는 개념으로 비차별적 마케팅에서는 규모의 경제를 극대화하는 데 주목적을 두고 대량생산, 대량유통, 대량광고전략을 주로 사용한다. 따라서 비차별적 마케팅이 효과를 거두기 위해서는 전체시장 속에 비슷한 욕구를 가진 고객이 상당수 있어야 한다.

또한 자신의 제품을 경쟁사의 제품 또는 서비스와 차별화시키려 하는데, 이를 제품차별화product differentiation라 한다. 그러나 이들이 실제로 제품 또는 서비스를 크게 변화시키는 것은 매우 드물다. 왜냐하면 그 제품 또는 서비스에 대한 고객의 욕구는 거의 동질적이므로 제품을 변화시키기 어렵기 때문이다.

2) 외식시장세분화의 이점

시장세분화는 이질적인 시장에 있어서 필수적인 마케팅 기법으로 다음과 같은 이점을 준다.

❶ 외식시장기회를 보다 쉽게 찾아낼 수 있다. 각각의 외식세분시장의 고객 욕구와 이들을 표적으로 하는 기존상품을 대응시켜 보면 외식세분시장에 고객 욕구는 존재하나 적절한 상품이 없는 것을 발견할 수 있다. 이것이 바로 시장기회이다. 이때 그 외식세분시장의 고객 욕구에 맞는 상품을 개발하면 비교적 손쉽게 시장을 장악할 수 있다.

❷ 외식마케팅 믹스를 보다 효율적으로 조합할 수 있다. 예를 들어 외식세분시장의 고객 욕구에 초점을 두고서 제품과 광고의 내용을 일관성 있게 조화시킬 수 있다. 이로써 고객이 자사의 상품을 분명하게 인식하고 경쟁기업의 상품과 구별하게 할 수 있다.

❸ 외식시장수요의 변화에 보다 신속하게 대처할 수 있다. 고객의 욕구가 다양하게 섞여 있는 전체 외식시장 대신 고객 욕구가 비교적 동질적인 몇몇 외식세분시장에 주목함으로써 외식수요의 변화를 쉽게 파악하고 신속하게 대처할 수 있다.

3) 효과적인 외식시장세분화를 위한 요건

외식시장세분화에는 여러 가지 방법이 있으나 어느 방법이나 유효한 것은 아니다. 외식시장세분화의 주요 목적은 외식마케팅 믹스를 효과적으로 활용하는 데 있는 만큼 외식시장세분화는 이러한 목적을 달성하는 데 가장 적절한 방법으로 행해져야 한다.

(1) 측정가능성measurability

세분시장의 인구와 구매력을 측정할 수 있어야 한다. 외식시장세분화 변수들 중에는 측정하기 어려운 변수도 있다. 따라서 2차적 자료나 시장조사를 통하여 측정할 수 있는 변수를 기준으로 삼아야 한다.

(2) 규모size

적어도 하나의 세분시장은 이익을 낼 수 있는 만큼 커야 한다. 그러므로 어떤 외식세분시장을 표적시장으로 삼아서 이에 알맞는 외식마케팅 믹스를 제공하는 데에는 상당한 비용이 따른다. 따라서 표적시장은 개별적인 외식마케팅 노력에 따른 비용을 보상하고도 기업에 이윤을 제공할 수 있는 규모를 갖추어야 한다.

(3) 접근가능성reachability

세분시장에 접근할 수 있는 적절한 수단이 존재해야 한다. 만일 충분한 규모의 세분시장이 존재해도 기업과 세분시장을 연결해 줄 매개체(유통)가 없으면 외식시장세분화는 성공할 수 없다.

(4) 방어가능성defensible

세분시장의 특성이 타 시장과는 다른 상이한 마케팅 활동의 전개와 이에 소요된 비용을 정당화시킬 만큼의 독특성을 지니고 있으며, 한두 개 이상의 목표시장으로 구획가능한가를 생각하여야 한다. 만약 경쟁자가 이 세분시장에 대해 보다 대규모적인 마케팅으로 접근해 오면 시장상황이 불리하게 변할 가능성이 있는가 등에 대하여 미리 검토하여야 한다.

(5) 지속가능성durable

시장을 개발하면 해당 세분시장의 독특성은 지속적이 되고, 이러한 특이성은 시간이 지나더라도 계속될 것인가에 대하여 고려하여야 한다.

(6) 경쟁가능성competitive

그 세분시장에 우리가 주력하면 경쟁자보다 상대적으로 유리한 입장에 설 수 있을 것인가에 대하여도 고려하여야 한다.

3 표적시장

1) 표적시장 선정

표적시장이란 외식업체가 어떤 특징을 가진 고객을 주고객으로 하느냐를 선택하는 것이다. 외식마케팅 전략은 고객으로부터 출발하는데 외식업체가 고객을 올바르게 이해하려면 고객층은 다양하다는 사실부터 인식하여야 한다.

표적시장 결정방법은 크게 둘로 구분할 수 있다. 하나는 비세분화 마케팅 전략으로서 이는 외식시장세분화의 개념을 무시하고 시장의 동질적 측면에 주목하는 방법이다. 다른 하나는 외식시장세분화의 개념을 이용하여 세분시장을 선택하는 전략으로서 복수세분시장multi-segment 전략과 집중concentration 전략이 있다.

(1) 비세분화 마케팅un-segment marketing

이 전략에서는 시장을 다양한 욕구의 집합체가 아니라 동질적인 시장이라고 본다. 따라서 소수의 다양한 욕구는 무시하고 다수의 공통되는 욕구만을 주목한다. 그러므로 가장 많은 수의 고객에게 알맞은 대표적인 상품 하나와 표준화된 외식마케팅 믹스를 개발해 내는 것이 비세분화 마케팅 전략이다.

비세분화 마케팅 전략의 장점은 비용의 경제가 적용된다는 것이며, 중요한 단점은 이 방법을 적용할 수 있는 분야가 제한되어 있다는 점이다.

(2) 세분화 마케팅 segment marketing

이 전략은 외식시장이 다양한 욕구를 가진 고객들로 구성되어 있다고 본다. 따라서 욕구가 비슷한 고객들을 찾아내고 이들 중 매력적인 고객집단을 선택하여 그들의 욕구에 가장 잘 부응할 수 있는 외식마케팅 믹스를 개발하여 대응하는 것이 세분화 마케팅 전략이다.

❶ 복수세분시장 마케팅 multi-segment marketing

이 전략은 두 개 이상의 세분시장에 대하여 각각 서로 다른 외식마케팅 믹스를 개발하는 것이다.

이 방법의 장점은 비세분화 마케팅에 비해 총매출액을 늘릴 수 있다는 점이며, 다양한 고객의 욕구에 맞추어 다양한 상품을 제공가능함으로써 보다 많은 고객들을 확보하게 된다. 그러나 이 전략을 추진하는 데는 많은 비용이 수반된다. 고객의 다양한 욕구를 골고루 충족시키는 과정에서 비용이 증가하게 된다는 점과 유통경로 관리와 촉진에 추가적인 노력이 필요하게 되는 것이 이 방법의 단점이다.

❷ 집중 마케팅 concentration marketing

이 전략은 단 하나의 세분시장만을 표적으로 삼아서 외식마케팅 믹스를 개발하는 것이다.

이 방법의 장점은 외식업체가 표적시장을 전문화할 수 있다는 것이다. 외식업체는 모든 마케팅 노력을 하나의 표적시장에만 집중하므로 표적시장 내 고객의 필요·욕구와 성격을 정밀하게 분석할 수 있다. 따라서 최적의 외식마케팅 믹스를 개발해낼 수 있다. 그리하여 표적시장에 깊이 파고 들어감으로써 그 시장 내에서의 매출액 증대를 도모할 수 있다는 장점이 있다.

반면, 시장의 불확실성에서 오는 위험이 크다는 점이 이 전략의 단점이다. 다른 전략과는 달리 이것은 모든 외식마케팅 노력을 한 세분시장에만 집중하고 모든 영업성과를 그 시장에 의존하므로 만일 그 시장에 수요의 변화가 오게 되면 기업은 엄청난 타격을 입게 된다.

2) 표적시장 결정에 고려할 사항

(1) 외식업체의 자원

복수세분시장 마케팅에는 가장 많은 자원이 요구되며, 비세분화 마케팅에도 상당한 수준 이상의 자원이 투입되어야 영업성과가 나타난다. 만일 외식업체의 자원이 매우 제한되어 있다면 그 외식업체의 선택대안은 집중 마케팅뿐이다.

(2) 상품의 동질성

차별화나 신제품 개발이 어려운 상품에는 비세분화 마케팅이 적합하다. 반면 차별화의 여지가 많은 상품은 복수세분시장 혹은 집중 마케팅이 적합하다.

(3) 상품수명주기

신상품이 도입되는 시기에는 고객의 욕구가 다양할 수 없다. 따라서 신상품은 하나 혹은 단 몇 가지로 족하다. 그러므로 비세분화 마케팅 혹은 집중 마케팅이 적합하다. 반면 상품이 성숙기에 들면 소비자의 욕구가 다양해지고, 경쟁기업도 많아지게 되므로 이 때에는 복수세분시장 혹은 집중 마케팅이 필요하게 된다.

(4) 외식시장의 동질성

고객의 취향이 비슷하고 다양한 외식마케팅 믹스에 대해서도 동일한 반응을 보일 경우에는 시장을 세분화할 필요가 없다. 따라서 비세분화 마케팅을 선택하게 된다. 그러나 시장이 이질성인 경우는 복수세분시장 마케팅을 선택한다.

(5) 경쟁기업의 전략

경쟁기업이 적극적으로 세분화에 의한 전략을 실시하게 되면 비세분화 마케팅으로는 대응이 어렵게 된다. 반면 경쟁기업이 비세분화 마케팅을 한다면 경우에 따라서는 세분화 전략을 통해 이득을 취할 수도 있다.

4 외식시장 포지셔닝

1) 포지셔닝의 이해

외식업체가 표적시장을 선택하게 되면 그 다음 과제는 원하는 표적고객들에게 회사의 상품을 어떻게 부각시키느냐 하는 것이 중요하다.

상품의 위치position란 고객들이 그 상품을 어떻게 인식하고 있느냐 하는 점이며, 고객들이 여러 경쟁상품을 비교하는 기준을 속성attribute이라 한다. 다시 말해서 제품이나 브랜드의 포지션이란 소비자들의 일정한 속성을 기준으로 해서 경쟁제품들을 어떻게 인지하고 있느냐 하는 것이다.

고객의 인상이나 경험, 정보 등을 통하여 형성하게 되는 이러한 포지션이 외식업체의 입장에서는 바람직할 수도 있고, 그렇지 않은 경우도 있다. 고객의 마음 속에 자사의 상품을 원하는 위치로 부각시키려는 노력을 포지셔닝이라고 한다.

외식업체의 포지셔닝 노력의 기준은

❶ **제품의 속성** : 가격, 장점, 품질, 스타일, 성능 등
❷ 그 외 상품이 주는 편익, 용도, 경쟁제품, 주사용 고객 등이 있다.

2) 포지셔닝에 대한 인지도perceptual map

외식마케팅 전략을 구체화하는 포지셔닝을 효과적으로 하기 위해서는 이를 뒷받침하는 몇 가지 개념에 익숙해야 하는데 이것이 인지도이다.

인지도는 동종 제품군에 대해서 고객들이 몇몇 평가기준에 따라 각 상품의 위치를 어떻게 인식하고 있는가를 나타낸 것으로 표적시장의 특성을 시각화한 것이다. 그리고 인지도의 용도는 현재 외식시장 내에 있는 경쟁상품이 침투하지 못하는 영역을 발견함으로써 그 영역에 적합한 제품을 포지셔닝할 수 있는 기회를 얻을 수 있다는 점이다.

인지도를 작성하는 방법으로는 속성평가attribute rating를 통한 요인분석과 유사성 판단similarity judgement을 이용하는 방법 등이 있다. 그러나 유사성 판단을 이용

한 방법은 요인분석보다 예측력도 떨어지고 이용상에 어려운 점도 있기 때문에 속성평가에 의한 방법을 보완하는 수단으로 사용되고 있다.

결론적으로 인지도를 중심으로 한 포지셔닝의 개념은 외식마케팅 전략에 있어 핵심이 되는 경쟁적 우위의 확보를 위한 투자전략을 선택하게 함과 동시에 다른 측면에서의 기업활동과 유기적 관계를 맺고 있으며, 그것을 구체화하는데 기여한다고 할 수 있다.

실전외식사업경영론

FOOD

SERVICE

MANAGEMENT

외식사업
메뉴 관리

 학습목표

1. 메뉴의 개념과 역할에 대하여 알아
   보자

2. 메뉴변화의 장·단점을 비교하여
   알아보자

3. 메뉴계획시 고려사항에 대하여 알아
   보자

4. 메뉴의 가격정책과 메뉴분석법에
   대하여 알아보자

제 **1** 절

메뉴의 개요

① 메뉴의 개념

서양의 레스토랑에 오늘날과 같은 형태의 메뉴menu가 등장한 것은 그리 오래 전의 일이 아니다. 서양의 초기 커피하우스나 간이음식점 등에서는 글로 작성된 메뉴 대신 직원이 모든 메뉴품목을 기억해서 고객에게 알려 주었다. 후에 프랑스 파리의 몇몇 레스토랑들에서 직원들이 조그만 판자 위에다 모든 품목을 적어 허리춤에 달고 다니며 외우거나 판에 메뉴품목을 적어서 사용하기도 하였는데, 이것은 고객을 위해서뿐만 아니라 조리사나 직원들에게도 글로 쓰여진 메뉴가 필요했기 때문이었다.

식당에서 사용하고 있는 메뉴는 그후 19세기 초에 파리에서 사용하기 시작한 것이 일반화된 것이고 크기, 소재, 명칭 등은 각 기업의 창의 혹은 연구를 통해 많은 모양으로 사용하고 있다.

오늘날 세계적으로 메뉴를 불어로 표시하는 경향이 많은데, 이는 프랑스요리가 세계적인 요리로 명성을 떨치고 있을 뿐 아니라 요리의 가짓수만도 1,500가지 이상이 넘기 때문이다.

메뉴란 단어는 우리말로 차림표 또는 식단이라고 부르며 프랑스어로 자세한 목록을 의미한다. 이 어원은 라틴어로 축소하다는 뜻인 minutus에서 유래하였다. 이상의 뜻에 근거하면 메뉴란 한마디로 작고 자세한 목록이라고 말할 수 있다. 그러나 외식업체에서 일반적으로 사용되는 메뉴라는 용어는 식단목록표bill of fare의 다른 말로 여기서 bill은 목록표란 뜻이고, fare는 음식, 식단이란 뜻으로 bill of fare나 menu 모두 식단목록이란 뜻으로 쓰이고 있다.

웹스터 사전Webster's dictionary에 의하면 메뉴란 'A detailed list of the foods served at a meal', 옥스퍼드 사전Oxford dictionary에서는 'A detailed list of the dishes to be served at banquet of meal'로 정의되고 있다. 즉, 식사로 제공되는 음식을 상세히 설명한 표를 말한다.

외식사업에서의 차림표는 단순한 가격과 품명, 그리고 구매조건의 제시에만 그치는 것이 아니라 고객과 기업체를 연결하는 친근감을 주는 판매촉진매체sales tool로서의 역할을 다하고 있으므로 현재 메뉴에 대한 연구는 세계 곳곳에서 꾸준한 연구가 계속되고 있다.

또한 메뉴란 고객이 업소에 들어와 자리에 앉았을 때 제일 먼저 제공되며, 이때 고객은 메뉴, 즉 차림표를 보고 먹고자 하는 음식을 선택하게 된다. 이렇듯 메뉴는 어느 식당에서든 고객과 업소 사이에 이루어지는 최초의 대화, 홍보의 도구로써 고객에 대한 식당의 모든 약속을 집합시켜 놓은 하나의 표이다. 그러므로 메뉴를 통하여 소비자들이 받는 이미지, 느낌, 표시된 가격, 예상되는 품질과 서비스 및 분위기 등과 일치하는 것일 때에 달성될 수 있는 개념으로 이해되어야 한다.

그러므로 좀 더 현대적인 의미에서 말한다면 메뉴는 내부적인 통제도구일 뿐만 아니라 판매, 광고, 판매촉진을 포함하는 마케팅도구marketing tool로 정의할 수 있다.

2 메뉴의 역할

1) 정보전달

메뉴는 음식을 구매하는 고객과 판매를 통해 이익을 창출하는 외식업소 간의 기능적 의사전달매체로서 업소에서 제공하는 음식의 종류와 가격은 물론 최종 선택에 앞서 알아야 할 여러 가지 정보를 제공한다.

2) 영업운영의 중심

음식을 생산·제공하는 것이 외식사업의 본업인 이상 외식업체의 모든 운영 활동은 메뉴를 중심으로 이루어진다.

원가관리, 인력의 수급은 물론 원자재와 설비의 구매, 관리방법 및 서비스 등도 메뉴에 의해 결정되므로 메뉴는 영업의 중심이다.

3) 창업의 기초

새로운 외식업체를 개점하기 위해서는 입지선정부터 여러 가지 복잡한 준비단계를 거쳐야 하는데 외식업체 운영의 기본은 바로 메뉴이다. 그러므로 메뉴에 대한 고려가 없는 창업준비는 있을 수 없다.

특히 메뉴의 특성에 따라 전체 투자액의 범위가 결정될 뿐만 아니라 업소의 디자인과 건물구조, 위생 및 조리시설의 종류, 표적시장의 선정 등 외식사업 창업의 많은 부분이 바로 메뉴에 의해 결정되기 때문이다.

고객층에 맞는 홍보 및 판촉전략의 선택에 있어서도 메뉴에 대한 이해는 필수로서 업소에 따라서는 메뉴 자체가 그 업소의 상표가 될 정도로 메뉴는 매우 중요한 역할을 한다.

3 메뉴의 분류

1) 메뉴변화 정도에 의한 분류

(1) 고정메뉴fixed menu

일정기간 메뉴품목이 변하지 않고 지속적으로 제공되는 메뉴로 이들 메뉴품목들은 메뉴판에 인쇄된 형태를 가지며, 이 메뉴에 대한 장단점은 다음와 같다.

‖표 9-1‖   고정메뉴의 장단점 비교

장 점	단 점
• 노동력이 감소된다. • 재고가 감소된다. • 통제나 조절이 용이하다. • 품목마다 품질을 높일 수 있다. • 남는 음식이 더 적다. • 식자재 비용이 더 낮아진다. • 상품에 관한 지식을 가질 수 있다. • 교육훈련이 적다.	• 메뉴에 싫증을 느낀다. • 계절별 메뉴조정이 잘 안 된다. • 시장이 제한적이다.

(2) 순환메뉴cycle menu

단체급식업체에 많이 나타나고 있으며 주별, 월별 또는 계절별로 일정한 주기를 가지고 변화하는 메뉴형태로 고객에게 보다 폭넓은 선택의 기회를 제공한다.

‖표 9-2‖   순환메뉴의 장단점 비교

장 점	단 점
• 고객에게 변화된 느낌을 줄 수 있다. • 계절적으로 메뉴조정이 가능하다.	• 메뉴가 너무 자주 순환되면 메뉴에 싫증을 느낀다. • 식자재 재고가 남을 수 있다. • 아주 숙련된 조리사가 필요하다.

(3) 가변메뉴changing menu

영업상황 또는 식자재 가격의 변동 등을 감안하여 불규칙적으로 품목이 바뀌는 메뉴형태이다.

‖표 9-3‖   가변메뉴의 장단점 비교

장 점	단 점
• 메뉴에 대한 싫증이 제거된다. • 새로운 메뉴 아이디어를 상품화시킬 수 있다. • 계절별, 월별 또는 매일 메뉴의 변화가 가능하다.	• 재고 식자재가 증가된다. • 숙련된 인력이 필요하다. • 통제력이 저하된다. • 노동비가 증가된다.

2) 식사의 제공시간에 의한 분류

(1) 조식 메뉴Breakfast

아침시간07:00~10:00에 제공되는 아침식사를 말하는데 서양식 조식은 다음과 같이 분류할 수 있다.

❶ 미국식 조정식 American Breakfast

ㄱ 주스류Juice

오렌지주스Orange Juice, 사과주스Apple Juice, 파인애플주스Pineapple Juice, 자몽주스Grapefruit Juice, 포도주스Grape Juice, 키위주스Kiwi Juice, 당근주스Carrot Juice, 토마토주스Tomato Juice, 야채주스Vegetable Juice 등이 있다.

ㄴ 곡물요리Cereal

주로 조식에만 제공되는 곡물요리로서 뜨겁게 제공되는 Oatmeal, Cream Wheat 등의 Hot Cereal과 차게 제공되는 Cornflakes, Puffed Rice 등의 Cold CerealDry Cereal이 있는데, Hot Cereal은 Hot Milk가 제공되고 Cold Cereal은 Cold Milk가 제공된다.

미국식 조정식 ▶

· **Continental Style**   **Ammerican Style**

· **Choice of Juice**   **Choice of Juice**
· **Bread(toast)**   **Bread(toast)**
· **Coffee or Tea**   **Two eggs any style**
          Ham,bacon,sausage
          Coffee or Tea

·**Cereal(cornflakes,wheat,oatmeal)**

ⓒ 달걀요리Egg Dish

달걀요리는 조리방법에 따라 요리명칭이 다르므로 주문받을 시 유의하여야 한다.

- Fried Egg : Over Easy, Over Hard, Sunny Side Up 등이 있다.
- Boiled Egg : 달걀 껍질째 끓는 물로 삶는 요리로서 Soft Boiled 또는 Hard Boiled로도 표시되나, 일반적으로 삶는 시간3분, 5분, 7분, 9분 등으로 표시되므로 주문받을 때 몇 분 삶을까를 고객에게 주문받아야 한다.
- Poached Egg : 달걀을 깨어 끓는 물에 넣어 익히는 요리로서 토스트Toast 위에 얹어 제공한다.
- Scrambled Egg : 달걀을 깨어 흰자위Egg White와 노른자Egg Yolk를 잘 섞어, 프라이팬에 버터를 넣고 휘저으면서 익히는 요리를 말한다.
- Omelette : 달걀을 깨어 잘 섞은 다음, 우유를 넣고 뜨겁게 달군 프라이팬에 달걀을 부어 익혀서 만드는 요리인데, 달걀만 사용하면 Plan Omelette, 햄을 넣으면 Ham Omelette, 시금치를 넣으면 Spinach Omelette이라고 한다.

▲ Poached Egg

▲ Scrambled Egg

ⓔ 빵Bread

Croissant, Brioche, Danish Pastry, Muffin, Melba Toast, French Toast, Pan Cake, Waffle 등이 있다.

ⓜ 음료Beverage

Coffee, Tea, Green Tea, Cocoa, Milk 등이 있다.

❷ **유럽식 조정식**Continental Breakfast

대륙식 조정식이라고도 하는 유럽에서 성행하고 있는 아침식사 형태로서 달걀요리가 제공되지 않고 주스, 빵, 커피 정도로 간단히 먹는 아침식사를 말한다.

③ 비엔나식 조식 Viennna Breakfast

달걀요리와 빵 그리고 커피 정도로 간단히 먹는 비엔나식 조식을 말한다.

④ 영국식 조식 English Breakfast

미국식 조정식에 생선요리가 포함되는 아침식사를 말한다.

(2) 브런치Brunch

아침과 점심을 겸하는 식사로서 Brunch는 Breakfast와 Lunch의 합성어이며, 주로 점심시간까지 제공하는 아침과 점심을 겸해서 먹는 가벼운 식사를 말한다.

(3) 런치와 런천

Lunch와 Luncheon은 점심을 뜻하는데, 영국사회에서는 아침과 저녁 사이에 먹는 식사를 Luncheon이라고 말하며, 미국사회에서는 정오 12시부터 아무 때나 가볍게 먹는 식사를 Lunch라고 말한다.

(4) 애프터눈 티Afternoon Tea

영국의 전통적인 식사습관으로서 Milk Tea와 Melba Toast를 함께 하여 점심과 저녁 사이에 먹는 간식을 말한다.

(5) 디너Dinner

저녁식사를 뜻하는데 저녁식사는 세계적인 식생활 습관에 따라 충분한 시간을 가지고 내용적으로 충분한 식사를 즐긴다. 일반적으로 4~6코스의 요리가 제공된다.

(6) 서퍼Supper

저녁 늦게 가볍게 먹는 밤참을 말한다.

3) 메뉴 구성에 의한 분류

메뉴 유형 중 어떠한 것을 선택하느냐 하는 정책결정은 영업장의 매출과 이윤을 증가시킬 수 있는 시장계획의 시작이므로 신중하게 결정하여야 한다. 일 반적으로 고정형과 가변형이 모두 혼용된 메뉴가 바람직하다. 어떤 양식당의 예를 보면 티본 스테이크T-bone steak를 고정적 메뉴품목으로 하고, 그 외에 다양 한 스테이크를 가변적 메뉴품목으로 제공하면서 독특한 디저트나 샐러드 메뉴 에 자주 변화를 주어 매출과 객단가를 증가시키는 경우를 들 수 있다. 마찬가지 로 많은 영업장에서 따블 도우떼 메뉴Table D'hote Menu, 알라 카르테 메뉴A La Carte Menu와 특별 메뉴Special Menu를 혼용하고 있다.

(1) 정식요리 메뉴Table D'hôte Menu : 따블 도우떼 메뉴

메뉴의 종류와 순서가 미리 짜여져 있는 정식요리를 말하는데, 이 메뉴는 대 체적으로 가격이 저렴하고 주문이 간편하지만 요리에 대한 선택의 폭이 좁다는 단점을 가지고 있으며, 전채요리Appetizer, 수프Soup, 생선요리Fish, 셔벗Sherbet, 주요 리Main Dist, 샐러드Salad, 치즈Cheese, 디저트Dessert, 커피 또는 홍차Coffee or Tea 등의 순으로 제공된다.

◀ 전채요리
(훈제연어 및 달팽이)

◀ 수프
(콘소메 및 아스파라거스 수프)

생선요리 ▶
(바닷가재 및 왕새우)

▲ 셔벗(샴페인)

샐러드 및 드레싱 ▶

▲ 주요리
(안심 스테이크 및
양고기)

후식(체리 쥬빌리 및 ▶
크레프 수제뜨)

(2) 일품요리 메뉴À La Carte Menu : 알라 카르테 메뉴

일반적으로 소규모 영업장에서 많이 사용하는 메뉴의 형태로 메뉴품목마다 개별적으로 가격이 책정된 메뉴이다. 즉, 주메뉴entree뿐만 아니라 샐러드, 수프, 애피타이저 등을 고객이 마음대로 따로따로 주문할 수 있다.

(3) 특별 메뉴Daily Special Menu, Carte de Jour : 까르뜨 뒤 주우르

특별 메뉴는 원칙적으로 매일 시장에서 입수되는 특별재료를 기초로 요리장이 그 기술을 최고로 발휘하여 고객에게 식욕을 돋우게 하여 만든 메뉴이다. 그러한 요리는 시장에서 구입하는 가장 좋은 양질의 재료로써 적절한 가격으로 때와 장소에 따라 싱싱하고 입맛과 계절감을 돋우는 것이라야 한다.

4) 요리의 제공방법과 메뉴가격에 의한 분류

(1) 정식메뉴Table D'hote Menu

풀코스의 정식메뉴로서 보통 5가지 코스, 7가지 또는 9가지 코스로 제공되며 호텔이나 대규모 레스토랑에서 많이 사용하고 있는 메뉴형태이다.

주요리를 중심으로 몇 개의 부수적인 품목과 함께 한 가격으로 제공되는 메뉴형태로 대부분의 업소에서는 정식메뉴 한 가지보다는 일품요리와 함께 세트 메뉴로 주로 제공되고 있다.

(2) 일품요리 메뉴A la Carte Menu

일품요리는 현재 각 업소에서 사용하고 있는 메뉴형태로 메뉴품목마다 개별적으로 가격이 책정된 메뉴이다. 즉, 주메뉴entree뿐만 아니라 샐러드, 수프, 후식 등을 고객이 마음대로 한 가지씩 또는 따로따로 주문하도록 되어 있어 선택의 폭이 다른 메뉴에 비해 큰 것이 특징이다.

현재 업소의 영업상태에서 보다 나은 수익을 올리고자 할 때 실시하는 메뉴 선택방법이다.

(3) 오늘특선 메뉴Daily Special Menu

매일 시장에서 구매되는 저렴한 가격의 신선하고 계절감각이 있는 양질의 재료를 이용하고, 주방장이 최고의 기술을 발휘하여 고객의 식욕을 돋게 만든 메뉴이다.

(4) 결합 메뉴

정식 메뉴와 일품 메뉴가 결합된 형태로 연회 시에도 많이 이용한다.

5) 시간대에 의한 분류

(1) 아침메뉴Breakfast Menu

❶ American Breakfast
계란요리가 곁들어진 아침식사로 커피, 주스, 시리얼, 햄, 베이컨, 소시지 등을 제공한다.

❷ Continental Breakfast
계란요리를 곁들이지 않은 아침식사로 빵 종류, 주스, 커피나 홍차를 제공한다.

❸ Vienna Breakfast
계란요리와 롤빵, 그리고 커피 정도를 먹는 아침식사를 말한다.

❹ English Breakfast
American breakfast와 같으나 간단한 생선요리가 포함된다.

(2) 브런치 메뉴Brunch Menu

브런치 메뉴는 아침과 점심의 합성어로 공휴일이나 일요일 늦게 일어난 사람들이 아침 겸 점심을 먹는 습관에서 출발하여 생겨난 메뉴이다.
브런치 메뉴는 전통적인 아침식사로서 인기가 있는 음식으로 마련되지만 과일, 빵, 육류 등 다양하게 제공된다.

(3) 점심메뉴Lunch Menu

점심식사로서 인근 직장인들이 반복적으로 이용하는 경우가 많아 특선요리의 형태로 제공되며 메뉴는 1주일에 한번씩 바꾸어 주는 탄력적인 메뉴구성이 필요하다.

(4) 정찬메뉴Dinner Menu

저녁식사로서 하루의 일과를 마치고 피로할 때 휴식을 제공하는 식사로 하루 중 가격면에서도 비싸고, 열량도 가장 많은 식사로 구성되며 다양한 아이템이 제공된다. 그러나 최근 건강과 다이어트 등의 관심으로 다소 열량이 낮은 식단을 주문하기도 하다.

(5) 서퍼메뉴Supper Menu

늦은 저녁이나 밤참으로 제공되는 메뉴로서 큰 모임이나 행사 후의 식사로 2~3가지의 코스가 제공된다.

제 **2** 절

메뉴계획

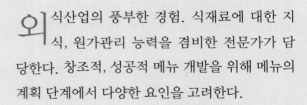

외식산업의 풍부한 경험, 식재료에 대한 지식, 원가관리 능력을 겸비한 전문가가 담당한다. 창조적, 성공적 메뉴 개발을 위해 메뉴의 계획 단계에서 다양한 요인을 고려한다.

① **고객 관점** : 욕구와 필요 / 영양 및 위생 / 방문목적(상황) / 메뉴의 질(오감만족) / 고객 수, 가격, 단가

② **경영자 관점** : 식재료 공급, 여건, 저장 / 원가 및 수익성 / 시설과 장비 / 종사원의 노력 / 생산형태와 서비스 System / PLC(메뉴의 수명주기)

1 메뉴계획의 의의

고객의 생활양식과 환경이 변화함에 따라 소비형태도 변화한다. 외식사업 역시 고객의 기호와 수요의 변화에 탄력성 있게 대응하여야 한다. 현대 외식산업에서 메뉴란 단순히 차림표 이상의 의미를 내포하고 있는데, 이는 메뉴계획이 마케팅의 개념에서 상품개발을 의미하는 것이다. 즉, 메뉴품목이 외식업소의 기본적이고 핵심적인 판매도구로서 어떠한 품목이 고객들에게 호응을 받을 수 있는지를 확인하고 이를 상품화하는 과정이다. 따라서 메뉴는 고객의 필요와 욕구를 충족시키고 조직의 목표를 달성할 수 있도록 계획하고 관리되어야 한다.

또한 메뉴계획은 외식업체 경영에 전반적으로 영향을 미치기 때문에 업소의 주방, 설비, 인원 등과 서비스를 고려하고, 입지분석과 시장동향 등 외부환경을 철저히 분석한 후 기존 메뉴품목이 성숙기나 쇠퇴기에 접어들었을 때나 새로운 외식업소를 창업하기에 앞서 고객만족이라는 경영전략 차원에서 충분한 검토를 거친 후 이루어져야 한다.

메뉴계획은 소규모 외식업체의 경우 T.F.T task force team 형태로 운영되는 것이 보통이다. 대규모 외식체인인 경우는 업체의 규모에 따라 차이는 있으나 마케팅 부서장, 객장 지배인, 주방장, 원가관리자, 식자재 구매 부서장으로 구성된다. 마케팅 부서장은 이 조직의 책임과 역할을 맡으며, 시장조사를 통한 새로운 메뉴계획의 필요성 제기부터 메뉴의 완성 후 상품화 이후의 단계까지 모든 부분을 책임지고 이끌어 나가야 한다.

객장 지배인은 고객의 욕구와 기호가 어떻게 변화하고 있는가를 가장 잘 파악하고 있어 이에 대한 조언과 메뉴계획에 따른 서비스의 변화 정도를 예측하여야 한다.

주방장은 생산성 차원에서 메뉴계획에 따른 주방의 동선이나 조리사의 적정 인력 등에 대해서 조언을 할 수 있다. 원가관리자는 원가계산으로 그 메뉴품목의 경제성 여부를 판단할 수 있으며, 식자재 구매 부서장은 식자재의 원활한 수급과 가격 안정성에 대하여 조언을 할 수 있다.

메뉴계획시 고려사항

(1) 입지성

외식업소에 있어 입지가 가장 중요한 이유는 업소를 방문하는 고객의 성별, 연령별, 경제수준 등 인구통계학적 요소에 따라 업소의 경영전략에 가장 큰 영향을 미치기 때문이다. 그러므로 이러한 고객의 유형에 따라 메뉴의 품목과 가격 등이 결정된다.

(2) 시장성

주변 경쟁업소에서 판매되고 있는 메뉴의 맛, 가격, 판매상황 등 상품가치를 면밀히 분석하여 이 업소들과의 차별화 전략으로 메뉴를 구성해 고객에게 호응을 얻을 수 있는 경쟁력을 갖춘 메뉴여야 한다.

(3) 경제성

새롭게 개발된 메뉴가 단지 고객에게 만족을 주는 것 외에 메뉴의 판매가 용이하고 적정량 이상의 판매량으로 업소에 영업이익을 줄 수 있는 수익성의 차원에서 업소의 욕구도 충족시킬 수가 있어야 한다.

(4) 원가우위

메뉴의 구성은 주변업체의 가격동향과 원가를 감안하여 업소에 목표이윤을 실현시킬 수 있는 적정한 판매가격으로 주변의 경쟁업체와 비교하여 고객에게 경쟁력을 갖춘 가격으로 고객에게도 부담감을 주지 않아야 한다.

(5) 조리기구와 조리방법

메뉴계획 준비과정에서부터 메뉴는 필요한 조리기구의 유무와 업소의 주방기기, 시설물 등의 용량과 특성 및 음식의 양과 질이 원활하게 관리될 수 있고 빠르고 정확한 서비스가 제공될 수 있도록 충분히 고려하여야 한다. 또한 조리시간의 단축과 인건비의 절감을 가져올 수 있도록 조리에 필요한 공간도 최소화시켜 주방이 효율적으로 운영되게 해야 한다.

(6) 조리와 서비스의 인력

신규 메뉴에 대한 직원들의 업무량을 정확히 계산함으로써 조리사가 맛있게 요리할 수 있고, 서비스 직원이 제대로 메뉴를 제공할 수 있는 효율적인 인력규모 및 배치와 종업원의 기술을 고려하여야 한다.

(7) 식자재 구매의 용이성

메뉴계획에 앞서 담당자는 사전에 시장조사를 통해서 해당 식자재 구매의 용이성과 가격 안정성을 고려하여 시장특성에 맞게 구매계획을 세워야 한다. 특히 가격의 변동이 큰 품목들은 그에 따른 메뉴가격의 조정도 불가피하게 되어 결과적으로 그 품목들에 대한 고객의 신뢰도가 떨어질 수 있기 때문에 주의 깊게 식자재 구입계획에 활용하도록 한다.

(8) 고객의 욕구

음식에 대한 고객의 욕구는 매우 다양하여 외형적인 메뉴의 선택 외에 또 다른 고객의 욕구를 고려하여 메뉴를 계획하여야 한다.

❶ 생리적 욕구

음식물이 사람의 생존에 있어 필수적인 만큼 생리적 욕구를 만족시키도록 영양과 건강에 직결된 음식의 역할 등에 대한 사전지식을 가지고 메뉴를 계획하여야 한다. 이러한 생리적 욕구를 충족시킬 수 있는 메뉴를 계획하기 위해서는 영양과 건강에 관련된 음식의 역할 등에 대한 사전지식이 필요하다.

❷ 심리적 욕구

개개인의 심리적·정서적 욕구에 따라 음식은 다양한 방법으로 고객을 충족시킨다. 따라서 음식의 색상이나 구성이 미식적인 측면과 조화를 고려하여 고객의 욕구를 충족시킬 수 있어야 한다.

❸ 사회적 욕구

사회적 매개체로서 음식의 역할이 다양하기 때문에 메뉴는 사회적 욕구를 다른 어떤 욕구보다 더 충족시켜 주도록 설계되어야 한다. 따라서 메뉴는 업소가 위치한 주변시장의 주고객을 면밀히 분석한 후 그 성격에 맞는 메뉴를 계획하여야 한다.

(9) 외식산업계의 동향

지향하는 운영 콘셉트에 따라 메뉴의 종류나 성격은 크게 달라진다. 다양한 품목을 취급하는 외식업체의 경우 전반적인 업계의 변화에 크게 좌우되지 않는다. 또 몇 가지 단일품목을 취급하는 전문점의 경우 고객취향의 변화가 업소의

사활을 결정짓는 문제일 수도 있으므로 메뉴를 계획하기에 앞서 업계의 변화추이 및 속도를 충분히 검토하여야 한다.

외식산업도 고객에 의해 주도되거나 업계에 의해 유발된 먹거리 유행이라는 분명한 흐름이 있다. 그러므로 전문점처럼 쉽게 영향을 받을 수 있는 업소는 개발할 때 메뉴의 수명주기를 고려해 유행이 지나고 있거나 이미 고객으로부터 관심을 끌기 어려운 종류의 메뉴는 피해야 한다.

 ## 3 메뉴계획 과정 및 절차

지금까지 외식업체는 메뉴계획의 중요성을 인지하고 있음에도 불구하고 그 과정이 주먹구구식이었다. 메뉴계획은 외식업체 경영의 시작이고, 메뉴관리는 외식업체 경영의 핵이라 부를 만큼 중요하다.

1) 표적시장 선택에 따른 메뉴범위 결정

실제 메뉴계획에 있어 가장 먼저 고려되어야 할 부분은 표적시장 선택 및 시장세분화를 통한 표적고객의 결정이다. 누구를 상대로 영업을 할 것인가가 분명하지 않으면 우선 영업 콘셉트의 수립이 어려워진다.

특히 표적고객의 결정에 따라 메뉴의 종류, 질, 가격, 서비스, 마케팅 전략 등이 달라지므로 표적고객층의 필요와 욕구에 대한 정확한 이해는 사업의 성공은 물론 메뉴계획의 첫 단계가 된다.

2) 아이디어의 창출

표적고객층의 필요와 욕구에 부응하는 시장성 있는 메뉴를 계획하기 위해서는 각종 외식관련 정보가 중요하다. 입지적 특성과 지역적 특성 등을 고려한 다양한 정보를 수집하여야 한다.

아이디어는 외식관련 정보를 포함하여 오랜 영업을 통한 영감, 기발한 착상,

고객의 요청 등에서 생겨날 수 있는데 다듬어지지 않은 상태이기 때문에 여러 사람과 자신의 아이디어에 대하여 논의를 하여 정리할 필요가 있다.

3) 메뉴 조리표 작성과 평가

아이디어의 창출 단계가 많은 아이디어를 만들어 내는 과정이라면 이 단계는 그 아이디어들을 줄여가는 단계이다. 좋지 못한 아이디어나 실현가능성이 적은 아이디어는 가능한 한 빨리 추려내는 것이다.

아이디어로 제안된 메뉴를 실제화하는 과정으로 그 메뉴품목들을 실제 만들어 보며 조리표recipe를 만드는 것이다.

조리표는 어떤 메뉴를 만들기 위한 지침서로 필요한 식자재와 그 각각의 양, 주방기기, 인력, 조리시간, 1인분 적정량, 만드는 과정, 고객에게 그 음식을 제공하는 데 필요한 각종 그릇류 등을 일목요연하게 기술해 놓은 것이다.

위의 상대적 가중치는 외식업체에 따라 다를 수 있으며, 성공요건도 가감이 있을 수 있다.

❶ 고객의 외식업소 선택기준의 첫 번째는 맛이다. 맛 없는 음식은 고객에게 절대적으로 호소력이 없다. 따라서 메뉴 성공요건의 가장 핵심적인 요소이다.

❷ 표적시장과의 적합성은 표적고객층이 과연 이 음식을 선호할 것인지를 묻는다.

❸ 자기 업소의 현 주방조리사들이 그 음식을 제대로 만들 능력을 갖추었느냐를 평가해 보아야 한다.

❹ 현재의 주방시설로 그 음식을 만들 수 있는가의 문제로 주방기기나 공간의 가능 여부를 따져보아야 한다.

❺ 이 음식이 자기 업소의 전반적인 분위기에 어울리는가 하는 문제이다.

❻ 조리시간이 길고 짧음은 테이블 회전율에 영향을 미치는 요소로서 조리하는 데 지나치게 많은 시간이 걸리면 주방에서뿐만 아니라 고객 서비스에서도 문제가 된다.

❼ 식자재 가격의 변동 폭이 너무 크면 메뉴가격 설정과 적정이윤 추구에 장애가 된다. 그러므로 가격의 변동 폭이 적을수록 식자재의 구매관리가 쉽다.

❽ 영업시간대와의 적합성 여부는 음식에 대한 사람들의 인식차이에서 발생한다.

❾ 마지막은 이 음식의 건강성이다. 고객들의 건강에 관한 관심이 갈수록 높아지고 있으므로 메뉴별 영양성을 충분히 고려해야 한다.

메뉴의 적합성을 평가하기 위하여 각 항목이 타 항목과 비교했을 때의 중요도를 나타내는 상대적 가중치와 100점을 기준으로 한다.

그 항목이 독립적으로 가지고 있는 선호도를 나타내는 점수를 기준으로 평가하며 계산방법은 '상대적 가중치(A) × 점수(B) = 가중평점'으로 개별 가중평점을 구한 후 이들을 다시 더해 총점을 구하면 된다.

총점이 50점 미만은 메뉴품목으로 적합하지 않다고 보아야 하고, 51~80점 사이면 보통이라 판단된다. 81~90점 사이면 좋다고 할 수 있고, 91점 이상이면 매우 우수한 것이다. 그리고 맛의 점수가 언제나 25점 이상일 때만 가능하다.

4) 사업성 분석

제안된 메뉴품목의 사업적 매력성을 평가하는 단계로 아이디어가 상품화되었을 때 예상되는 수요, 이것을 생산하고 마케팅하는 데 드는 비용 그리고 결과적으로 얻게 될 이윤의 폭을 예측한다.

우선 수요를 예측하려면 그 상품의 전체 시장규모를 측정하고, 그 중에서 상품이 차지할 비율을 산출하는 것이다. 이때 유의할 것은 문제의 신상품이 개발되었을 때 다른 상품의 매상에 미치는 영향도 아울러 감안해야 한다.

신상품의 생산 및 마케팅에 들어가는 비용도 이 단계에서 신상품개발 여부를 결정하는 기준이 되기도 하지만 이 수치는 앞서 예측한 수요규모와 더불어 예상이익을 산출하는 데 반드시 필요하기 때문이다.

또한, 식자재 원가는 어느 정도 되고 인력소요가 얼마만큼 되느냐를 따져 인건비도 추정해 보아야 한다. 광열비 등도 검토해 총원가에 산정하여 전체비용을 계산하여 이익액을 추정해야 한다.

5) 가격정책

외식업체에서 실제 가격결정을 하는 경우에는 대개 관리자가 알고 있는 수요나 원가, 경쟁 중 하나의 변수만을 고려해 의사결정이 이루어지는 경향이 있다.

대체적으로 가격결정방법은 기본적으로 원가중심적 접근방법, 수요중심적 접근방법, 경쟁중심적 접근방법으로 나눌 수 있다. 이들 방안은 대안이라기보다는 서로 다른 상황에서 적용되거나 동시에 적용될 수 있는 방법이라고 보아야 할 것이다.

(1) 원가중심의 가격결정

원가는 외식업체의 이익을 산출하는 기준이 되는 것으로 판매가능량을 토대로 생산 및 운영에 소요되는 제 비용을 포함한다. 물론 수요중심의 가격결정이나 경쟁중심의 가격결정의 경우에는 어느 정도 원가가 고려되고 있으나 기본적으로 원가를 중심으로 가격을 결정하는 방법에는 원가가산 가격설정법과 목표투자수익률기준 가격설정법 등이 있다.

원가가산 가격설정법cost-plus pricing은 가장 일반적으로 쓰이는 방법으로 제품의 원가에 일정률의 이익을 가산하여 가격을 설정하는 것이다.

$$
\begin{aligned}
&\text{가격 = (총평균비용) (1+m), 또는}\\
&\text{가격 = (평균변동비용) (1+m)}\\
&\text{(단, m : 원가에 가산되는 비율)}
\end{aligned}
$$

원가가산 가격설정법의 장점은 첫째, 매우 간단하다는 점이다. 수요는 정확히 측정할 수 없기 때문에 외식업체에서는 주로 원가를 중심으로 가격을 결정한다.

둘째, 원가를 보전하는 가격이므로 소비자나 타 업체에 대해서 설득력을 가질 수 있다.

그러나 원가가산 가격설정법에는 우선 원가를 정확히 계산하기가 어렵다는 단점도 갖고 있다. 이러할 경우 특정 판매량을 기준으로 제품에 원가를 할당하여 가격을 설정하게 되는데, 판매량이 기준량과 차이가 있을 때 이를 조정하기 어렵게 된다.

목표투자수익률 가격설정법target return-on-investment pricing은 목표수익을 달성할 수 있는 수준에서 가격을 설정하는 방법으로 원가와 이익수준을 결정할 수 있

는 예상판매량을 예측하여야 하며 식으로 표시하면 다음과 같다.

$$P = AVC + \frac{TFC}{Q} + \frac{r(INV)}{Q}$$

P : 가격   AVC : 평균변동비
TFC : 총고정비   INV : 투자
r : 목표수익률   Q : 예상판매량

(2) 수요중심의 가격결정

수요중심의 가격결정법이란 소비자들이 인식하는 가치에 따라 가격을 결정하는 방법이므로 인지된 가치법perceived-value pricing이라고도 한다. 이는 외식업체가 상품을 생산하는 데 들어간 원가가 아니라 소비자가 인식하는 제품의 가치에 따라 가격을 결정하는 방법이다. 가격을 업체와 소비자 간의 교환거래에서 제품과 금전의 교환비율이라고 한다면, 외식업체의 입장에서는 생산에 소요된 비용이 매우 낮더라도 소비자들이 지불할 용의가 있는 수준에서 가격을 결정하는 것이 더 이익이 될 수 있다. 그러나 반대로 제품의 원가가 소비자들이 인식하는 제품의 가치보다 높은 경우에는 수요중심적 가격결정방법을 택하기는 어렵다.

(3) 경쟁중심의 가격결정

수요중심의 가격결정이나 원가중심의 가격결정의 경우 업체 간의 경쟁을 고려하지 않는다. 가격결정에 있어 경쟁을 주로 고려하는 방법으로 가격선도제와 경쟁입찰 가격설정방법이 있으나 외식업체에 적합한 가격선도제에 대하여 살펴보기로 한다.

과점산업인 경우에는 가격 및 산업을 이끄는 업체가 있어 경쟁자의 가격을 평가하기가 비교적 용이하다. 주로 시장점유율이 높은 상위의 기업들이 가격을 올리거나 내리게 되면 타 업체도 이에 따르게 된다.

가격을 변경하는 경우 일반적으로 이를 미리 공개함으로써 의식적인 평행관계를 유지하고자 한다. 그러나 시장을 왜곡시키려는 목적으로 가격을 변경시키는 것은 불공정의 원인이 된다. 대체적으로 가격선도제는 기술혁신이 별로 없는 안정된 과점체제에서 흔히 볼 수 있다.

6) 시험 마케팅test marketing

지금까지의 과정에서 만족할 만한 결과를 얻었다면 시장시험 단계를 실행하여야 한다. 이전까지의 단계는 내부에서 내부의 판단으로 이루어진 것이라면 이 단계에서 고객의 직접적인 반응을 보는 것이다.

시험 마케팅을 통해서 대체적으로 다음과 같은 의문에 대한 신뢰도 높은 해답을 얻을 수 있다.

- 신상품이 경쟁제품들 사이에서 실제 얼마나 많이 팔리는가?
- 누가, 언제, 얼마만큼을 얼마나 사주는가?
- 몇 가지 마케팅 믹스 대안 중 어느 것이 더 효과적인가?
- 미처 고려하지 못한 상품결함은 없는가?

이러한 것에 대한 답은 이 제품을 본격적으로 상품화하느냐를 결정하는 데에는 유용하게 활용된다. 시험 마케팅을 할 때는 예상 표적시장을 가장 잘 대표하는 전형적인 부분을 선택하여야 함도 잊어서는 안 된다.

7) 상품화

시험 마케팅을 통해 얻어진 정보를 바탕으로 메뉴품목의 추가 여부를 결정짓는다. 만일 추가한다면 시험 마케팅을 통해서 문제로 나타난 점들을 개선하며 표준조리법standard recipe을 만들어 고객에게 호소력 있는 메뉴품목을 만들고, 이를 어떻게 고객에게 인지시키느냐를 마케팅 측면에서 연구하여야 하고 시설과 장비도 보완해야 한다.

 메뉴판 디자인

메뉴판이란 고객이 선택할 수 있는 품목의 내용을 특별한 재질의 판을 사용하여 인쇄하여 놓은 것으로 업소의 스타일과 분위기 및 음식의 질에 대한 심리적 기대감과 함께 음식들이 어떻게 제공되는가에 대한 설명을 하는 판매도구이다.

메뉴판은 고객에게 업소의 음식과 서비스를 판매하는 중요한 중개자의 역할을 한다. 이러한 메뉴판은 메뉴판의 글씨, 메뉴의 배열방법, 사용되는 색채와 질의 종류에 따라 업소의 성격을 나타낼 수 있으므로 호감이 가도록 아름답고, 깨끗하게 만들어 고객이 음식을 즐겁게 주문할 수 있도록 긍정적인 인상을 심어줘야 한다.

패스트푸드 메뉴처럼 알기 쉽고 빠르게 선택할 수 있도록 한정되어 있다면 문제가 없지만 보통 식당을 찾는 대부분의 고객들은 정확하게 무엇을 주문할지 모르고 있는 경우가 많다. 그러므로 메뉴판은 보기 쉽고 간단하게 원하는 메뉴를 선택할 수 있도록 정확한 문구와 적당한 배열로 만들어져야 한다. 메뉴판의 표현방법에는 여러 가지 규칙이 따를 수 있지만 선명성과 단순성으로 크게 대표하여 말할 수 있다.

1) 메뉴판의 재질

미국의 개척시대 몬타나Montana주에서는 동물의 가죽 양쪽 끝에다 나뭇가지를 대어 메뉴판을 만들었고, 고대중국에서는 비단으로 만든 두루마기를 메뉴판으로 사용하였다고 한다. 그러나 오늘날 메뉴판은 보통 종이류를 많이 사용하고 있다. 종이는 그 질에 따라 고객들에게 업소의 음식가격과 맛에 대한 느낌을 줄 수 있으므로 업소의 수준과 고객의 성격을 잘 소화해 낼 수 있는 재질로써 만들어야 한다. 겉장은 손으로 잘 구부러지지 않을 정도의 단단한 것이 좋으며, 가죽 등으로 씌우면 수명을 오래 유지시킬 수 있어 좋다.

2) 메뉴판의 활자

메뉴판 활자의 크기는 읽고 이해하기 쉽도록 인쇄하여 고객들로 하여금 빠르게 가격과 메뉴품목을 선별할 수 있도록 만든다. 메뉴판의 활자를 정할 때 다음과 같은 사항을 고려해야 한다.

❶ 글자와 글자 사이의 간격, 문장과 글자 사이의 간격, 메뉴품목 간의 간격
❷ 글자의 형태영문, 이탤릭체, 고딕체 등
❸ 외국어 사용시 전체적인 색과 크기와 내용이 맞는가 확인
❹ 강조할 부분의 품목에 대한 활자의 크기 및 밝기 조정
❺ 요란하고 다양한 글씨체 사용 배제

3) 메뉴판의 색

메뉴판의 색 또한 고객이 메뉴판을 읽기 쉽도록 도와준다. 만약 하얀 색의 종이 위에 검은 색의 활자로 인쇄되어 있다면 쉽게 메뉴판을 읽을 수 있겠지만 검은 색의 종이 위에 하얀 색의 활자로 인쇄되어 있다면 고객들의 읽는 속도가 조금은 더딜 것이다. 이것은 과학적 실험을 통해 증명된 것으로 하얀 색 바탕에 검은색 활자로 된 메뉴판을 읽는 속도가 후자의 메뉴판 읽는 속도보다 42%가 더 빠르다는 것이다.

오늘날 업소의 실내와 외관의 장식에 여러 가지 자신들 고유의 색으로써 독특한 이미지를 나타내고자 애쓰고 있으므로 메뉴판의 색 또한 업소의 이미지를 잘 표현할 수 있게끔 너무 요란스러운 색은 피하고 개성 있게 만드는 것이 좋다.

4) 메뉴북 디자인 항목

음식 준비 및 조리 방법의 표현 / 시각적 · 언어적 표현 / 브랜드 표현 / 음식의 정체성 표현 / 건강 및 영양적 요소의 표현 / 식재료 원산지와 구매의 표현 / 가격 품질의 표현

제**3**절

메뉴분석

메뉴 개발 후 그 메뉴로 얼마만큼의 매출을 올릴 것인가를 우선적으로 고려해야 한다. 메뉴가 고객들의 취향에 잘 맞고 업소의 영업성적과도 부합될 뿐 아니라 가격도 고객들이 받아들일 수 있는지를 바탕으로 분석해야 메뉴분석의 올바른 결과를 얻을 수 있다. 이런 메뉴분석을 통하여 고단가의 품목과 저단가의 품목들 간의 균형과 조화를 이룰 수 있고, 모든 품목들의 총매출에 대한 기여도를 반영하여 메뉴품목들을 적절하게 선정할 수 있다면 결과적으로 고객들의 만족 극대화와 매출의 극대화를 이룰 수 있게 된다.

 인기지수 분석법popularity index

메뉴의 한두 개 품목이 그 절대적인 인기와 호응도로 다른 품목들을 사장시키기도 하므로, 각 품목 간의 고객 호응도를 알면 메뉴를 평가하고 개발하기가 용이하다.

인기지수 분석법은 이러한 고객 호응도를 메뉴 판매량을 이용하여 분석한 후 상품력을 측정하는 것이다. 이러한 분석법은 분석기간의 길고, 짧음에 따라 분석의 객관성이 달라질 수 있으므로 분석기간은 가능한 1개월 이상 하는 것이 좋다.

다음은 외식업체들이 보통 준비하는 인기측정을 위한 자료들이다.

❶ 분석목적으로 선별한 품목들의 개별판매수

❷ 선별된 품목들의 총판매수

❸ 총 판매수에 대한 개별품목들의 판매 %

각 품목의 측정된 %는 곧 인기도의 지표로 판매비sales ratio 또는 인기지수popu-larity index라고 부른다. 다음의 예를 보기로 하자.

┃표 9-4┃   **품목별 인기지수**

품 목	판매수량(개)	인기지수(%)
설렁탕	44	24
닭도리탕	38	20
도가니탕	14	8
삼겹살	54	30
양고기 꼬치구이	32	18
전체 판매수량	182	100%

위의 자료에서 우리는 육류가 탕류보다, 도가니탕보다는 설렁탕이 인기가 높다는 것을 알 수 있다.

품목에 따라서는 처음부터 낮은 인기지수가 예상됨에도 불구하고 고정고객에 대한 서비스로 계속 판매되고 있는 경우도 있지만 특별한 근거 없이 계속되는 인기지수의 하락이나 잦은 등락은 조사를 통해 그 원인을 철저히 하여 그 대안을 마련하여야만 판매증진으로 이어질 수 있다.

한편 메뉴가격과 인기지수를 대비해서 검토하는 것도 바람직하다. 만약 저단가의 품목이 인기도에 있어서 고단가의 품목들을 상쇄한다면 이것은 고객층이 가격에 민감하다는 것을 보여주는 것이다. 따라서 매출을 늘리기 위해서는 고객의 성향에 맞는 단가의 메뉴를 개발해야 한다는 것을 의미한다.

그러나 인기지수가 때로는 오해를 일으킬 수도 있다는 것을 염두에 두어야 한다. 인기지수가 반드시 모든 요인들을 내포하는 것이 아니므로 그 지수 뒤에 감추어진 다른 상관요소들에 대해 잘 검토해야 한다.

여기서 말하는 상관요소들이란 요일, 날씨, 기온, 근처 경기장이나 극장 따위에서 벌어지는 특별행사와 그 성격, 또는 계절 등을 가리킨다.

분석의 목적으로 메뉴품목들이 전체 매상, 이익, 순이익에 차지하는 기여도를

계산하는 것은 매우 보편적이다. 그러나 다른 품목수를 갖고 있는 A, B 두 그룹이 상호 경쟁적인 입장에 있을 때에는 그 품목들의 선호 등급을 정하는데 어려움이 따른다. 예를 들어 A그룹의 품목 중에 어떤 특정 품목 a가 0.25의 선호도를 갖고 있다 하고, B그룹의 b라는 품목은 0.20의 선호도를 갖고 있을 때 우리는 쉽게 a가 더 선호도가 높다고 생각하기 쉽지만 사실은 이것과 다르다. 이러한 난점을 극복하기 위해서는 기대인기지수로 실제인기지수를 나눔으로써 얻어지는 지수로 선호도를 측정하는데, 이를 인기계수popularity factor라고 한다.

A그룹 내에 5가지 품목이 있다면 0.20의 기대인기지수를 구할 수 있고 이에 실질적으로 0.20의 인기지수를 얻었다면 인기계수는 결과적으로 1.00이 된다0.20 ÷ 0.20 = 1.00. 그러나 실제인기지수를 0.25라고 하면 인기계수는 1.25가 된다0.25 ÷ 0.20 = 1.25. 이렇듯 인기계수를 사용하면 상이한 그룹 내의 각기 다른 품목들 간의 인기지수 비교도 가능해진다.

실제인기지수는 0.15로 할 때 8가지 품목으로 구성된 한 그룹 내의 품목 a와 5가지 품목으로 구성된 다른 그룹 내의 품목 b와 비교한다면 a의 인기계수는 1.200.15 ÷ 0.125 = 1.20이고, b는 0.750.15 ÷ 0.20 = 0.75가 된다. 즉, a와 b 둘 다 동일한 인기지수popularity index, 또는 판매율sales ratio을 가지고 있지만 인기계수는 다르게 나타난다.

인기계수법을 이용한 동일한 비교바탕 위에서 a와 b의 인기도를 비교할 때 1.0 이상의 인기계수는 평균판매를 상회하는 판매실적을 나타내고, 1.0 이하는 특별히 판매실적이 낮은 품목임을 나타낸다. a품목의 인기계수가 0.68이고, b품목이 1.30일 때 우리는 a가 자신이 속한 그룹 내에서 가지는 인기보다 b가 두 배나 더 많은 인기를 자신의 그룹 내에서 누린다는 것을 알 수 있다.

[표 9-5]는 도표 형식으로 3가지 품목이 한 그룹에 속해 있을 때의 인기계수와 기타 유용한 정보를 보여준다. 이 표의 인기계수는 실제인기지수를 기대인기지수로 나눔으로써 얻어진다0.13 ÷ 0.333 = 0.39, 0.38 ÷ 0.333 = 1.14, 0.49 ÷ 0.333 = 1.47. 그러나 여기서 주지할 점은 인기계수는 다른 그룹의 메뉴와 비교할 때 사용하는 것으로 같은 그룹 내의 품목들 간의 인기도를 비교할 때에는 인기지수를 사용해야 한다는 것이다. 이와 마찬가지로 총판매액, 총이익, 총원가에 대비하여 각 품목의 기여도 또한 수치적으로 산출해낼 수 있다.

| 표 9-5 | 판매정보 | | | | | (단위 : 개, 달러) | |

품 목	판매수량	판매가	총매출	식자재원가	총원가	이 익	총이익
혀넙치	26	3.25	84.50	0.41	10.66	2.84	73.84
닭고기	76	3.60	273.60	1.09	82.84	2.51	190.76
쇠고기	98	4.50	441.00	2.57	251.86	1.93	189.14
	200		799.10		345.36 (43.25%)		453.74 (56.8%)

| 표 9-6 | 비교인기도와 이익가치 | | | | | | | (단위 : %) |

품 목	판매비	인기 계수	총매출		총식자재원가		총이익	
			지수	계수	지수	계수	지수	계수
혀넙치	0.13	0.39	0.106	0.318	0.03	0.09	0.163	0.489
닭고기	0.38	1.14	0.342	1.03	0.24	0.72	0.420	1.26
쇠고기	0.49	1.47	0.552	1.66	0.729	2.189	0.417	1.25

어떤 경영자라도 [표 9-6]을 보면 인기계수가 0.39로 혀넙치의 판매실적이 닭고기와 쇠고기에 비해 저조하고 전체이익에 기여하는 정도는 낮지만0.163 ÷0.333 = 0.489, 반면에 원가면에서는 매우 저렴하다는 것을 알 수 있다. 위의 표 내용을 자세히 검토해 본 후 경영진에서는 비록 몫이 적은 품목이라도 지속적으로 판매하기로 결정할 수도 있다. 왜냐하면 적은 원가로 다른 생선류와 함께 혀넙치도 판매가 가능하기 때문이다.

닭고기 요리는 인기도가 평균보다 높고 전체 이익과 총매출에 대한 기여도도 상대적으로 높은 것으로 나타났으므로 지속적으로 제공하는 것이 당연하다. 쇠고기는 원가가 상대적으로 높기 때문에 경영자의 관점에서 본다면 가격책정이 낮게 되었다고 보여질 수도 있다. 그러나 닭고기와 마찬가지로 총매상과 전체 이익에의 기여도가 상당히 높고 판매실적이 좋으므로 바람직한 메뉴품목이라고 결론지을 수 있다. 이 품목들은 현재와 같은 가격을 유지하기로 결정할 것이다. 일정 시간이 경과한 후 또다시 이와 같은 분석을 해 본다면 약간의 변동이 생길 수 있으므로 경영자는 그 상황에 맞추어 다른 결정을 내리고 조치를 취하게 될 것이다. 이와 같은 자료들은 경영자에게 매우 유용한 정보를 제공하므로 바람직한 상황을 유도하도록 하기 위해 지속적인 분석과 연구가 필요하다.

이렇게 세세한 분석을 하는 데 있어서 가장 주요한 점은 경영자가 반드시 메뉴품목들의 전체 매상기여도와 총이익 기여도에 대해 면밀히 알아야 한다는 점이다. 이 점을 알면 경영자는 보다 만족할 만한 평가와 결정을 내릴 수 있게 된다. 어떤 업소들은 각 메뉴품목의 가격을 일정기간마다 기록해서 보관해 두는데 이러한 기록은 원가와 더불어 판매가격, 인기계수 따위를 보여줄 뿐만 아니라 또한 다른 업소들과 비교해서 가격이 적절히 책정되었는지 여부도 알려주므로 이러한 요소들에 변동사항이 있을 때에는 반드시 기록을 함께 해둔다.

 ## 허스트의 메뉴평가법Hurst method of menu scoring

1960년에 미국 플로리다 주립대학Florida International University의 마이클 허스트 교수는 가격정책, 원가, 품목별 인기도, 이익기여도 등이 판매량에 미치는 영향을 측정하는 방법을 개발하였다. 이 평가법은 경영자가 메뉴에 주었던 변화의 결과를 분석하기 위한 것으로, 계산방법은 몇 가지 경리관련 자료만 가지고도 손쉽게 할 수 있도록 간단하다.

이 방법을 사용하기 위해서는 우선 평가기간을 설정해야 한다. 평가기간은 최소한 2주 이상의 평상적인 기간으로 변수가 작용할 수 있는 시기는 피해야 한다. 예를 들면 크리스마스와 같은 축제일이나 기후가 나빴던 기간들은 대상에서 제외시켜야 한다.

절차는 다음과 같다.

❶ 평가기간을 정하고 총매출액에 기여도가 높은 품목들을 선별한다.

❷ 선별품목의 총판매수량에 비선별품목들의 판매량을 합하여 업소 총판매수량을 계산한다.

❸ 선별품목의 품목별 매출액과 식자재원가를 구하고, 선별품목들의 총매출액과 식자재원가를 계산한다.

❹ 선별품목의 객단가(총매출액÷선별메뉴 총판매수)를 계산한다.

❺ 선별품목의 총수익(총매출액 − 총식자재원가)을 계산하고, 이들의 총매출

액에 대비한 총수익률(총수익 ÷ 선별메뉴 총매출액)을 계산한다.

⑥ 선별품목의 평균수익(객단가 ×총수익률)을 계산한다.

⑦ 업소 총메뉴품목 판매수에 대비한 선별메뉴품목의 판매율(선별메뉴 총판매수 ÷전체메뉴 총판매수)을 계산한다.

⑧ 마지막으로 메뉴 스코어(품목평균수익 ×선별메뉴 판매율)를 산출한다.

다음의 [표 9-7]과 [표 9-8]은 허스트 메뉴평가방법의 예이다.

|표 9-7| 허스트 메뉴평가방법(A)　　　　　　　　　　　　　　　　(단위 : 개, $)

품　목	판매수량	판매가격	총매출	식자재원가	총식자재원가
새우	100	6.00	600	2.00	200
쇠고기	500	8.00	4,000	3.28	1,640
칠면조	400	6.00	2,400	2.40	960
선별메뉴 총판매수	1,000		7,000		2,800
전체메뉴 총판매수	1,500				

❶ 객단가 : 총매출액 ÷ 총판매수량($7,000 ÷ 1,000 = $7.00)

❷ 총수익 : 총매출액 – 총식자재원가($7,000 – $2,800 = $4,200)

❸ 총수익률 : 총수익 ÷ 총매출액($4,200 ÷ $7,000 = 60%)

❹ 품목평균수익 : 객단가 × 총수익률($7.00 × 60% = $4.20)

❺ 업소 총판매수 : 1,500

❻ 선별메뉴 판매율 : 선별메뉴 총판매수 ÷ 전체메뉴 총판매수(1,000 ÷ 1,500 = 66.7%)

❼ 메뉴 스코어 : 품목평균수익 × 선별메뉴 판매율($4.20 × 66.7% = $2.80)

|표 9-8| 허스트 메뉴평가방법(B)　　　　　　　　　　　　　　　　(단위 : 개, $)

품　목	판매수량	판매가격	총매출	총식자재원가
새우	100	7.50	750	225
쇠고기	500	10.00	5,000	2,000
칠면조	400	6.00	2,400	600
선별메뉴 총 판매수	1,000		8,150	2,825
전체메뉴 총 판매수	1,500			

❶ 객단가 : $8,150 ÷ 1,000 = $8.15

❷ 총수익률 : $8,150 – $2,825 = $5,325 ÷ $8150 = 65%

❸ 품목평균수익 : $8.15 × 65% = $5.30

❹ 선별메뉴 판매율 : 1,000 ÷ 1,500 = 66.7%

❺ 메뉴 스코어 : 66.7% × $5.30 = $3.53

[표 9-7]과 [표 9-8]을 비교해보면 [표 9-8]의 메뉴 스코어는 $3.53으로 [표 9-7]의 스코어 $2.80보다 126% 증가했다. 이는 [표 9-8]이 말해주듯이 우선적 변화요인은 새우와 쇠고기 판매가격의 상승으로 주로 이 요인에 의해 메뉴 스코어가 높아졌다고 할 수 있다. 이런 판매가격의 상승에도 변하지 않은 품목 판매수와 함께 칠면조의 낮은 식자재의 원가도 무시할 수 없는 메뉴 스코어의 상승요인이라는 점도 기억해야 한다. 결론적으로 평가기간 동안에는 새우와 쇠고기 두 메뉴의 판매가격을 올린 것은 올바른 결정이라 할 수 있다. 그러나 앞으로 좀 더 고객의 반응을 살핌으로써 이 가격변화에 대한 확실한 결정을 내려야 한다.

하나의 메뉴 스코어는 그 자체만으로는 큰 의미를 갖지 않는다. 이것은 단지 메뉴 판매량이 가격, 판매 믹스, 식자재원가, 총이익 등의 요소들과 어떻게 상호 작용하는지 보여줄 뿐이다. 대상기간 동안 가능한 여러 개의 메뉴 스코어를 산출해서 상호 비교·검토를 통해 얻은 결론만이 진정한 분석의미를 갖는다. 여기서 고려해 두어야 할 것은 타 업소의 메뉴 스코어와 비교하는 것은 업소 나름의 특수요인들 때문에 큰 도움이 되지 않는다는 점이다.

메뉴 스코어가 높을수록 그 메뉴의 수익성이 높아지는데, 극히 미소한 차이도 이 분석법에서는 상당한 의미를 갖는다고 한다. 특히 품목교체나 가격 및 원가의 변화가 메뉴의 판매량에 미치는 영향을 실험해 볼 수 있다는 데에 허스트 평가법의 매력이 있기 때문에 가격상승의 영향을 알아보려고 하거나 새로운 품목을 소개했다면 메뉴 스코어를 계산해 보는 것이 좋다. 만약 선별품목들의 메뉴 스코어가 점진적으로 증가해 가면 이는 변화를 준 것이 옳았음을 의미하고, 스코어가 하향하거나 일정치 않으면 담당자는 가능원인에 대한 면밀한 조사를 해야 한다. 가끔 메뉴 스코어가 특별히 낮은 것을 볼 수도 있는데 이런 경우는 보통 객단가가 낮은 데서 기인한다. 객단가는 비싸면서 이익기여도는 낮은 품목도 메뉴 스코어가 낮을 수 있다. 이런 경우엔 품목을 교체하거나 이익이 높은 다른 품목에 주력함으로써 그와 같은 점을 보완할 수 있다. 인기도가 낮은 품목들로 구성된 메뉴 또한 스코어를 낮추는 요인이기 때문이다.

┃표 9-9┃ 허스트 메뉴평가법

MENU SCORING WORKSHEET

업소별 _____   작성일 _____

작성자 _____   기 간 _____

(1) 품 목	(2) 판매수량	(3) 판매가격(₩)	(4) 총매출(₩)	(5) 식자재원가(₩)	(6) 총식자재원가(%)
갈 비					
등 심					
안 심					
삼겹살					
	Total(2)	Total(3)	Total(4)	Total(5)	Total(6)

(7) 객단가 Total(4) ÷ Total(2) ₩ _____	(8) 매출이익 Toatal(4) − Total(5) ₩ _____	(9) 매출이익률 (6) ÷ Total(4) (3) _____
(10) 메뉴품목 평균수익 (7) × (9) ₩ _____	(11) 업소 총메뉴품목 판매수 ₩ _____	(12) 선별메뉴품목 판매율 Toatal(2) ÷ Total(11) _____ %
(13) 메뉴스코어 (10) × (12) ₩ _____	(14) 단평	

3 메뉴 엔지니어링 menu engineering : 공학

새로운 메뉴를 개발하기 전에 현재 업소에서 판매하고 있는 메뉴를 먼저 분석할 필요가 있을 것이다. 메뉴공학은 이렇듯 업소에서 판매하고 있는 메뉴품목을 인기도와 공헌이익에 따라 분석하고 평가하여 메뉴품목에 관한 의사결정을 하는 데 도움을 얻으려 하는 분석방법으로 1980년대 초기에 카사바나Michael Kassvana와 스미스Don Smith에 의해 정립되었다.

메뉴공학은 고객수요, 메뉴 믹스%, 품목별 공헌이익도 등의 세 가지 요소에 초점을 두고 분석한다. 여기서 말하는 고객수요란 일정기간 동안 해당 업소를 이용한 고객의 총수를 의미하며, 메뉴 믹스는 품목에 대한 고객의 선호도를 분석하는 것으로 세일즈 믹스%라고도 한다. 공헌이익, 즉 품목별 총이익은 판매가와 식재료비의 차액으로서 품목별 총이익을 분석하기 위해 사용되는 것이다.

따라서 메뉴공학은 메뉴의 내용, 가격책정, 메뉴의 설계 등의 결정을 할 수 있는 중요한 정보를 경영자에게 제공해주기 위한 도구과학이라 할 수 있는데, 그 기본적인 목적은 고객 수요의 증대와 각 메뉴의 공헌이익도를 극대화함으로써 메뉴의 총이익을 향상시키는 데 있다.

이의 분석과정을 검토해보면, ① 메뉴품목을 정하고, ② 메뉴 믹스를 산출한 다음, ③ 메뉴품목을 구분하여, ④ 그 메뉴품목에 관한 의사결정을 하게 되는 단계를 거치게 된다.

이와 같은 메뉴공학에 의한 메뉴를 분석하기 위해서는 1개월 이상의 매출을 기준으로 해야 하는데, 전혀 범주가 다른 메뉴와의 비교분석은 품목용도나 원가의 차이 등으로 인하여 무의미해지므로 주요리는 주요리와 전채는 전채와 비교해야 한다.

다음은 어느 업소의 메뉴를 한 달 동안의 영업활동을 근거로 메뉴공학법에 의하여 분석한 예이다.

┃표 9-10┃   메뉴공학 계산표

영업장:_____   날짜:_____   기간:_____

메뉴 품목	판매수	믹스 %	원가	판매 가격	품목당 이익	품목당 총원가	품목당 총매출	품목당 총이익	이익공헌 도 범위	메뉴믹스 범위	메뉴등급 구분
칼국수	420	42	880	2,000	1,120	369,600	840,000	470,400	저	고	소
육계장	360	36	1,800	3,400	1,600	648,000	1,224,000	576,000	고	고	별
갈비탕	150	15	1,760	3,800	2,040	264,000	570,000	306,000	고	저	수수께끼
곰 탕	70	7	1,600	2,600	1,000	112,000	182,000	70,000	저	저	문제아
총 계	1,000					총원가 1,393,600	총매출 2,816,000	총이익 1,422,400			
						총평균 원가% 49.5%	평균이익 1,422.4	메뉴 믹스비율 17.5%			

* 여기서 말하는 원가는 식자재원가만을 의미한다.

위 항목의 값들을 다음과 같은 방법으로 산출한다. 계산의 예는 칼국수로 한다.

❶ **메뉴믹스(%)** : 메뉴품목 판매수÷총메뉴판매수(420÷1,000 = 42%)

❷ **품목당 이익** : 판매가격 − 품목원가(칼국수 : 2,000 − 880 = 1,120)

❸ **품목총원가** : 품목원가×판매수(420×880 = 369,600)

❹ **총원가** : 모든 식자재원가를 합한다.

　(470,400 + 576,000 + 306,000 + 70,000 = 4,422,400)

❺ **총원가 비율(%)** : 총원가÷총매출(1,393,600÷2,816,600 = 49.5%)

❻ **평균이익** : 총이익÷총매출(1,393,600÷2,816,600 = 49.5%)

　– 평균이익만으로 메뉴를 평가하게 되면 매출액과 가장 밀접한 관련이 있
　는 고객수를 반영하지 못하므로 총이익과 함께 분석해야 한다.

❼ 메뉴품목은 이익공헌도에 따라 'high'와 'low'로 구분하는데, 각 품목이익
　과 평균이익을 비교하여 더 크면 'high', 적으면 'low'로 나타낸다.

　메뉴 믹스 기준 비율(%) : (1÷메뉴품목수)×70%

　– 이 비율은 메뉴공학의 특별한 규칙에 의해 정해지는 것으로 메뉴품목이
　70% 이상 판매되었을 때를 메뉴 믹스 비율에서 'high'의 위치에 있다고
　보는 것이다.

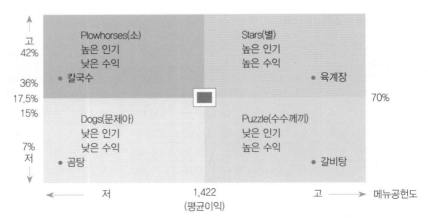

┃그림 9-1┃ 　메뉴 공학분석 결과(카사바나와 스미스의 매출양과 수익중심)

위의 보기처럼 4개의 품목수를 갖는 메뉴의 경우, 품목당 평균기대 인기도는 1/4 = 25%이지만 현실에서 성취할 수 있는 판매의 정도가 반드시 25%에 이르는 것은 아니기 때문에 현실을 반영하기 위해서 예상의 70%만 팔릴 것이라는 일반율을 적용해서 계산한 것이다25%×70%=17.5% : 항상 70%를 곱한다.

[그림 9-1]은 위의 공식들을 이용하여 얻은 정보를 분석하기 쉽도록 그림으로 나타낸 것이다.

❶ Stars(별) : 육계장 – 질과 1인분의 양을 표준화, 규격화하여 계속 유지하면서 메뉴표에서 가장 눈에 잘 띄는 곳에 배치하도록 한다. 가격탄력성을 실험해 본 후 가격의 상향조정 여부를 결정해야 하나, 현재도 이익률이 높은 편이므로 모험은 피하는 것이 좋다.

❷ Plowhorses(소) : 칼국수 – 고객의 가격인지도를 조사하여 가격탄력성이 높으면 업소의 여건에 맞는 범위에서 인상할 수 있지만, 현재의 판매량에 영향을 주지 않는 선에서 결정하는 것이 좋다. 가격상승에 따른 고객 불만을 줄일 수 있는 방법으로 대고객 서비스를 강화시키고 곁들여지는 부식의 종류나 질을 높이는 것도 고려해 볼 수 있다. 메뉴판의 위치는 고객들이 육계장 같은 이익기여도가 높은 품목을 택하도록 유도하기 위해 상대적으로 눈에 덜 띄는 곳에 배치하도록 한다.

❸ Puzzle(수수께끼) : 갈비탕 – 이익기여도가 높은 반면 판매량이 저조한 경

우이므로 가격의 하향조정과 촉진활동의 강화로 판매량을 늘릴 수 있도록 노력한다. 또한 메뉴판에서의 위치는 눈에 잘 띄는 곳에 배치하고, 갈비탕이란 이름 앞에 수식어를 붙이는 식의 변화로 고객의 시선을 끌 수 있는 방법을 모색한다.

❹ Dogs(문제아) : 곰탕 – 대부분의 고객으로부터 외면을 당하는 품목으로 메뉴에서 삭제를 하는 것이 좋다. 만약 소수나마 단골고객이 확보되어 있다면 약간의 변화를 주어 이름과 가격의 조정을 고려해 본다.

이상에서 검토해 본 것처럼 메뉴공학은 메뉴의 시장성을 평가하기 위한 좋은 방법이지만, 메뉴품목에 대한 의사결정의 방법을 모든 업소에 동일하게 적용시킬 수는 없는 것이기 때문에 경영자는 메뉴공학 이외에 음식의 질, 업소의 위치와 이미지, 서비스의 수준 등과 같은 복합적인 요소들도 함께 고려하여 메뉴분석을 해야 할 것이다.

 ## 4 손익분기점 분석 break even point

총판매액이 모든 원가와 비용만을 만족시켰을 때 우리는 손익분기점에 도달했다고 하고, 그렇지 못했을 경우에는 적자라고 말하며 모든 비용을 충당하고도 이익을 남기면 흑자경영으로 돌아섰다고 한다.

어떤 메뉴로 경영을 할 때 그 메뉴로 손익분기점에 도달했는가는 모든 원가와 비용을 합산함으로써 계산할 수 있다. 만일 100명의 손님을 접대하는데 400,000원의 원가와 비용이 들었고 400,000원의 총수입을 얻었다면 이는 손익분기점에 도달했다고 볼 수 있다.

사업을 시작하기 전에 손익분기점을 계산해 보는 것이 바람직하다. 예를 들면 메뉴설계자가 손익분기점이 되려면 몇 명분의 식사를 얼마에 판매하는가를 미리 계산해 보고 메뉴설계를 시작하면, 사업시작 이전에 합리적인 예측을 할 수 있으므로 바람직한 결과에 도달하기 쉽다. 이러한 계산에는 임대료, 관리비, 광열비, 고정직원의 월급 등 매출의 크기에 무관하게 발생하는 고정비용을 포

함해야 한다. 이와 같은 비용을 '턴키 익스펜스turn- key expense'라고 부르며, 이 말은 일단 열쇠를 돌리면 영업이 시작되기도 전에 이미 비용이 발생되기 시작한다는 의미에서 나왔다. 손익분기점을 계산하려면 고정비용의 전체매출에 대한 비율과 한 테이블당 1회 평균 매출을 알고 있어야 한다.

$$손익분기점(B.E.P.) = \frac{고정비(F)}{1 - \dfrac{변동비(V)}{매출(S)}}$$

B.E.P. : 손익분기점breakeven-point   F : 고정비fixed cost
V : 변동비variable cost   S : 매출sales

5 메뉴평가Menu Evaluation

메뉴는 수익성과 판매가능성만 기준이 되어 분석되는 것이 아니다.

그외의 다른 기능, 즉 주변의 장식과 업소의 분위기 등과 어울릴 수 있는지도 분석되어야 한다. 메뉴평가에 있어서 업소 간의 메뉴들이 서로 너무나 달라서 평가기준을 세워 놓아도 모든 업소에 적용되는 것이 아니므로 각자의 사정에 맞는 평가기준을 설정해야만 한다.

메뉴평가 목록에 여러 가지 요인을 포함시키고 각 요인들에 적절한 가중치를 주어 그것들을 합한 총점수는 각 메뉴가 얼마나 시장경쟁력이 있는지를 보여주는 지표가 된다. 85~100의 점수는 최우수, 70~84는 우수, 55~69는 보통, 55 이하는 불량 등으로 점수에 따라 메뉴의 등급을 정하기도 하는데, 만약 많은 수의 변수들을 평가하려면 1,000점 기준으로 스코어를 매기는 것이 좋다. 다음과 같은 사항들을 염두에 두고 메뉴를 평가한다.

❶ 메뉴품목들은 고객이 원하고 좋아하는 것들인가?
❷ 충분한 다양성을 가지고 있는가?
❸ 업장의 분위기 및 실내장식과는 부합되는가?

④ 가격은 적정수준으로 책정되었는가 – 각 품목의 가치와 시장상황에 맞도록 가격이 책정되었는가?

⑤ 지금의 메뉴품목이 업소에 꼭 필요한 메뉴인가?

⑥ 메뉴의 특이성은 있는가?

  이러한 판단기준들은 각각 메뉴의 전문성, 구색, 가격, 판매율 등으로 분류되어질 수 있다. 결론적으로 메뉴평가에 있어서 무엇보다 중요한 것은 업소의 특성에 맞는 의미있는 평가를 내리는 데 있고, 이를 바탕으로 다음번 메뉴를 더욱더 치밀하게 설계할 수 있도록 기존 메뉴의 장단점 등에 대한 유용한 정보를 메뉴평가를 통하여 얻는 일이다.

실 전 외 식 사 업 경 영 론

FOOD

SERVICE

MANAGEMENT

Chapter
10

외식사업
식자재 관리

 학습목표

1. 외식사업 식자재 관리 중 구매절차에 대하여 알아보자

2. 외식사업 식자재 관리 중 검수·저장·출고에 대하여 알아보자

3. 재고관리방법에 대하여 알아보자

4. 식음료 원가관리에 대하여 알아보자

제 **1** 절

식자재 관리

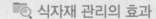

식자재 관리의 효과

① 메뉴별 원가관리가 용이해진다.

② 시장성에 따라 연동되는 식자재 가격을 쉽게 알 아볼 수 있고, 식재료별 선호도가 파악이 된다.

③ 식자재 재고 파악이 쉽고, 매일 신선한 재료를 공급 받을 수 있다.

② 관리가 곧 매출과 직결되어 관리자의 사고가 바뀐다.

① 식자재 관리의 개념

일반적으로 자재의 개념이 광범위하게 정의 되어 있는 편이나 식음료 영업장에서는 원 재료로 보통 한정한다. 원재료란 음식을 만들기 위하여 직접적으로 투입되어 소모되는 소재들을 의미한다.

호텔 식음료 영업장에서 식자재원가는 매출액 의 30~40% 정도 차지하는 만큼 식자재의 관리는 매우 중요하다. 그러므로 필요한 식자재를 알맞 게 구매하여 최선의 상태를 유지함으로써 이윤 창출에 공헌하고 낭비되는 자재를 줄이는 것이 식자재 관리의 목적이라고 할 수 있다.

식음료영업장에서는 식자재의 질 자체가 바로 상품의 질과 수명으로 연결되는 경우가 많기 때 문에 식자재 관리의 중요성은 아무리 강조해도 지나치지 않다.

2 식자재의 특성

꾸준한 생산기술과 저장방법의 발달로 식자재의 대부분을 차지하는 농산물을 살펴보면 공급의 양과 시기가 확대되고 있기는 하나 아직도 자연조건의 영향을 받는 까닭에 공산품과 비교해 볼 때 가격 및 공급량의 변화폭이 상대적으로 큰 편이다. 가격변동의 경우를 보면 농수산물의 특정품목은 연중 최저가격과 최고가격이 10배 이상 될 때도 있는데, 여기에는 사실 식자재 유통의 문제점인 복잡한 유통결과에 따른 중간상인들의 높은 이익률에 기인하는 부분도 있다. 또한 식자재의 모양, 품질, 특성 등의 다양성으로 다른 분야의 자재들처럼 균일화, 규격화시키기 어렵다는 것도 하나의 특성으로 이것들은 결국 음식의 표준화를 어렵게 하는 주원인이라고 할 수 있다. 이렇듯 식자재는 다른 자재와 달리 취급하기 어려운 측면이 너무 많아 관리에 신중을 기울여야 한다.

3 재고관리

재고관리란 생산판매에 필요한 자재를 획득하기 위해 자금을 자재로 변화시키는 과정에서 어떤 품목으로 얼마나 보유할 것인가를 결정하여 효과적인 자본효율을 달성할 수 있도록 운영하며, 구매한 자재를 적기, 적소, 적품으로 공급이 가능하도록 저장 분배하는 과학적 관리기술이다.

재고관리의 목적은 기업의 중요한 자산인 재고물품의 보관과 생산, 판매를 보조하며 최소한의 경비로 최대의 서비스를 제공하고 최후로는 재고투자를 최소로 하여 고객에게 서비스를 제공하는 것이다.

재고가 부족한 상태에서는 생산, 판매에 지장을 주는 반면에, 과잉재고시에는 자본의 사장으로 자금운용상 문제가 발생되기 때문에 영업장에서는 주문량이나 재고수준을 결정할 때에 과학적 관리기법으로 적시·정량의 재고수준을 유지하여야 한다. 즉, 재고투자가 많게 되면 자금회전이 느려 호텔의 자금이 동결될 소지가 생기고, 재고투자가 적게 되면 조업의 중단 등 고객에게 서비스활동을 만족스럽게 못하게 된다. 따라서 재고관리를 원활하게 하기 위하여 첫째, 표준재고량을 결정하고 보유할 재고량을 계획하며 둘째, 재고물품의 입출고를 기록하고 관리하며 셋째, 재고의 잔고기록과 실제 재고수량을 점검하여야 한다.

좋은 상품을 최적가격에 구매했더라도 이들 자재를 소홀히 관리하면 영업장의 운영에 매우 큰 지장을 초래하게 된다. 특히 식음료영업장에서 식자재는 가장 중요한 재고품목일 뿐만 아니라, 변질이나 부패의 위험성이 매우 크고 한꺼번에 많은 양을 오랜 기간 보존할 수 없으므로 일반자재보다 재고관리에 더 많은 주의를 기울려야 한다. 재고관리에 따르는 구체적 업무는 다음과 같다.

❶ 재고관리 방침은 어떻게 정하는가?

❷ 재고품목은 무엇을 선택하는가?

❸ 재고품의 구분은 어떻게 하는가?

❹ 재고수량은 어느 정도로 하면 좋은가?

❺ 재고통제는 어떻게 하는가?

❻ 재고기간은 어느 정도로 하면 좋은가?

❼ 보관하는 방법은 어떻게 정하는가?

❽ 관리설비는 어떻게 운용해야 하는가?

❾ 재고관리 비용은 어느 정도로 하는가?

❿ 재고관리의 운영은 어떻게 하는가?

⓫ 불량한 상태의 재고는 어떻게 관리하는가?

⓬ 재고관리의 조직은 어떻게 하는가?

⓭ 누가 재고관리를 하는가?

⓮ 재고품을 출고하는 상황은 어떠한가?

⓯ 금후의 재고관리를 어떻게 할까?

효율적인 구매 관리를 위해서

❶ 정기적이고 치밀한 시장조사를 통해서 구매 품목이 용도에 적합하도록 한다.

❷ 관련 업체를 주기별로 평가하여 우량업체를 선정, 식음료 관련 재료를 구매

❸ 필요로 하는 납품시간과 일정에 알맞도록 관리

❹ 각 식음재료의 유효기간, 포장상태 등 보존 특성을 잘 파악하여 저장기간과 구매시점을 관리

❺ 재활용의 정신과 불량품의 반품 방안 대책

제**2**절

구매관리

❶ 구매관리의 개요

구매관리purchasing는 식자재원가 관리의 기초가 되는 단계로서 단순히 필요한 물품만을 구입하는 업무가 아니라 식자재를 계획·통제·관리하는 경영활동으로 인식되어야 한다. 그러므로 구매관리란 원하는 품질의 식자재를 적당한 가격과 조건으로 필요한 시기에 공급받아 생산공정에 투입하여 우수한 제품을 필요한 시기에 공급할 수 있도록 하는 식자재 관리의 첫 단계이다.

흔히 구매는 부가적인 투자 없이도 이윤을 창출시키고 있는 사업분야로서 이해되기도 한다. 이는 효율적인 구매에 의한 원가절감을 통해서 그만큼 기업의 경제적 목적에 기여할 수 있기 때문이며, 이처럼 감소된 비용을 이윤으로 볼 때 구

매가 가져다 줄 수 있는 잠재적인 이윤의 가능성은 크다고 볼 수 있다.

식자재 구매관리의 목적은 다음과 같이 기능 또는 의무로서 요약된다.

첫째, 외식사업을 위해 필요되는 식자재를 적시에 획득하여 적량을 조달해 준다. 이는 가능한 저렴한 구매가격으로써 결정된 바의 품질요건에 맞도록 관리함으로서 식음료의 준비, 조리 등의 생산을 원활히 할 수 있도록 하여야 한다.

둘째, 경영 내적 및 외적인 인간관계 개선기능을 다하려는 것이다. 새로운 식자재를 발견하고 신제품을 개발·생산하기 위한 기술이나 설비 및 구매절차와 방법을 끊임없이 연구하여 현재의 공급자나 장래 식음료를 판매할 것으로 기대되는 잠재적인 업자나 거래처와 함께 이러한 일을 협조적으로 수행할 수 있도록 상호 도모하여야 한다.

셋째, 품질, 재료원가, 노무비 등의 요인에 대하여 경험을 토대로 제 문제를 고찰함으로써 식자재를 외부로부터 구입하여 사용할 것인가, 또는 자체 생산하여 내수에 충당할 것인가 등에 대하여 정책적인 차원에서 결정하는 데 참여한다.

이상의 제 기능은 결국 원가개선에 기여할 수 있는 요소이며 그 효율화를 위해서는 구매관리활동의 강화가 필요하다.

구매계획의 수립

구매의 능률을 다하기 위해서는 철저한 계획의 수립이 우선시 되어야 한다. 그리고 그 계획은 내용이 충실하고 정확한 것이어야 한다. 식자재 구매의 중요한 요건은 적당한 가격과 적절한 시기에 적절한 공급자로부터 적당한 양과 양질의 재료를 어떻게 구입하느냐 하는 것이다. 식자재 관리는 구매·검수·저장·상품의 준비 및 생산 등의 절차에 따라 이루어진다.

구매관리는 외식업체의 운영에서 매상고, 작업능률, 상품의 질 등에 직접적인 영향을 미친다. 따라서 구매계획을 세울 때는 다음과 같은 점을 고려하여야 한다.

첫째, 구매물품에 대한 다양한 기초정보들을 확보해야 한다.

둘째, 철저한 시장조사와 원가분석이 이루어져야 한다.

셋째, 물품의 획득과 조달상의 각종 점검사항을 고려해야 한다.

넷째, 구매한 물품의 보관 · 관리상의 원칙들을 세워 두어야 한다.

3 구매절차

구매업무는 외식업체의 규모와 소요되는 물품의 종류와 물량에 따라 다소의 차이는 있으나 일반적으로 다음과 같은 내용을 기초로 한다.

‖표 10-1‖ 식음료의 구매절차

절 차	내 용
구매의 필요성 인식	① 구매업무의 출발단계 ② 구매청구서 작성 → 특정품목이나 소요량 파악 ③ 총괄적 물품소요량에 대한 서류작성
물품요건의 기술	① 구매대상 품목에 대한 정확한 기술, 개인적 지식, 과거의 기록자료, 상품안내책자 활용 ② 오류발생 방지 → 비용발생 억제 → 영업기회 상실방지
거래처 설정	① 시장조사 → 가격, 공급시장의 여건 ② 견적서 접수
구매가격결정	① 최소비용, 최고품질 ② 생산성과 수익성 고려
발주 및 주문에 대한 사후점검	① 주문은 서류작성이 원칙 ② 주문서 사본 작성 → 검수부, 회계부, 물품사용부서, 재고관리부서 ③ 주문서 도착 확인 → 적시공급
송장의 점검	① 주문내용과 송장내용 비교 → 물품내역, 가격 등 ② 송장의 내용과 검수부의 수령내용과 비교
검수작업	① 구매주문서에 의한 현물 확인 · 대조 ② 주문내용에 대해 발생된 차질의 처리 및 반품 ③ 검수일지 작성(수령일보) ④ 입고확인
기록 및 기장관리	① 구매내용의 정리 · 보관 ② 주문서 사본, 구매청구서, 물품인수장부 검사, ③ 반품에 대한 보고기록

4 구매방법

조직과 필요에 따라 여러 가지 구매방법이 있다. 호텔 체인기업들은 동일한 곳에서 동일한 방법으로 구매한다. 결과적으로 그들은 단독호텔들이 스스로 많은 요소들을 결정할 수 있는 데 비해 선택의 자유가 없으며 구매가격도 서로 비슷하게 된다. 물품 구매방법으로는 공개경쟁방식과 임의계약방식이 있다.

1) 공개경쟁방식

공개경쟁방식은 구매자가 여러 공급업자로부터 일시에 특정품목에 대하여 견적을 받아 일정기준에 의하여 공급자를 선정하는 방법으로 가장 경쟁적인 가격에 양질의 물품을 공급받을 수 있는 장점이 있는 반면에, 구매시간이 많이 걸리고 절차가 복잡하며 구매에 따른 부대비용이 많이 드는 단점이 있다.

공개경쟁방식에는 구매명세서를 보고 필요한 것을 구매하는 방법으로 구매자가 여러 납품업자에게 전화를 하여 납품업자의 서비스와 다른 여러 요소들을 평가하고 가격표를 작성하여 조건이 좋은 납품업자로부터 구매할 것을 결정하는 전화구매방식^{call sheet}과 공식적인 방법으로 대개 세 명 이상과 접촉을 한 후 정보를 평가하고 한 명의 납품업자를 선택하는 입찰^{bid}방식이 있다.

2) 임의계약방식

임의계약방식은 특정품목에 대하여 구매자와 특정 공급업자 쌍방 간이 계약에 의하여 구매납품하는 방식으로 구매시간이 적게 걸리고 절차가 간단하다는 장점이 있지만, 정실이 개입될 우려가 있고 그에 따라 높은 물품비용이 들 가능성도 있는 단점이 있다. 급하게 필요한 물품은 주로 이 방식에 의하여 구매한다. 임의계약방식에는 일반임의계약방식과 인상구매 등의 방식이 있다.

3) 기타 구매방식

이외의 방식으로는 필요한 수량만큼 그때그때 구매하거나 재고량이 최저 수준에 이르면 구매하는 상용구매와 품종별로 분류하여 공급처를 선정하여, 필요할 때마다 납입시켜 월별로 납입금액을 모아 사후구매하는 방식인 일괄구매방식이 있다. 그리고 식자재의 가격수준이 가장 낮을 때에 많은 수량을 구매하고, 가격이 상승함에 따라 소요량 이외의 자재는 재판매함으로써 가격변동에 따른 투자이익을 얻고자 하는 투자구매방식이 있다.

 적정구매량의 결정

구매량을 결정하는데는 여러 가지 변수를 고려하여야 한다. 식자재의 경우 일반 자재와는 달리 저장상의 문제, 수요예측의 어려움, 계절성, 구매시장의 조건 등과 같은 변수가 구매하여야 할 적정량의 결정에 영향을 미치므로 현실적으로 납득할 수 있는 수치인 구매량의 결정이 어려운 것이 현실이다. 그러나 식자재 수요에 대한 정확한 예측과 이에 맞는 적정구매량의 결정은 외식업체의 수익증진에 크게 기여할 수 있는 여건임을 이해하여야 한다.

1) 적정구매량 결정요소

적정구매량을 결정하기 위해서는 다음과 같은 내용에 대한 고찰이 필요하다.

첫째, 구매담당자가 구매량을 결정하기 위하여 과거의 식자재 사용기록을 자료로 이용하여야 한다. 식자재는 그 특성으로 인하여 일시적인 대량구매방법보다는 소량단위에 의한 직접구매방식이 널리 채용되기는 하나, 식자재의 부족 없이 원활한 식료의 생산을 위해 일정기간에 대한 판매예측에 따른 식료 제조수량예산food production volume budget이 수립되어야 할 것이다. 따라서 과거의 판매기록에 의한 실적을 일 단위, 월 단위, 계정단위, 연 단위 제품 및 고객별로 분석하고 경영 내적인 요인과 함께 대외의 경제동향을 고찰하여야 한다.

둘째, 구매담당자가 생산량에 기초하여 구매량을 결정하여야 한다.

❶ 1인분 크기 및 판매될 전 분량에 대한 지식

❷ 예비적 준비단계, 조리 및 할 몫에 있어서의 손실에 대한 정확한 평가

❸ 할 몫에 대한 관리

❹ 재고관리 등

셋째, 기타 재고관리 및 유지에 필요한 경비, 저장설비 여건, 재고에 따른 위험부담률에 대한 평가도 필요하다.

2) 경제적 주문량EOQ : Economic Order Quantity

경제적 주문량이란 물품의 조달과정에서 소요되는 비용-acquisition costs과 유지비용-possession costs이 일치되는 지점에서 구해지는 구매량으로서 비용을 최소화할 수 있는 구매량을 말한다.

경제적 주문량 $= \sqrt{2FS/CP}$

F : 1회 주문에 소요되는 고정비용
S : 연간 매출액 또는 사용량
C : 관리비용보험, 이자, 저장 등 – 재고총액에 대한 백분율
P : 단위당 구매원가

예를 들어 특정 외식업체의 특정 아이템의 연간 사용량이 1,000kg이라고 하고, 관리비용이 재고가치의 15%, 단위당 구매원가는 12원, 주문에 소요되는 고정비용이 8원이라면 관리비용과 주문에 의해 소요되는 고정비용을 최소화하기 위한 경제적인 주문량은 매 주문시 94kg이라는 계산이 나온다.

여기서 1년간에 몇 회를 주문해야 하는가를 알고 싶다면 연간 사용량을 경제적인 주문량으로 나누어서 얻을 수 있다. 1,000kg ÷ 94kg = 10.6회가 된다. 이는 대략 34일365일 ÷ 10.6회마다 주문하면 된다는 계산이다.

특정 아이템에 대한 연간 수요량이 비교적 안정적이라는 전제하에서 상기의 공식에서 얻어지는 수치는 설명력이 있는 수치이다.

---

6 구매관리에서 사용되는 양식

구매관리에서 식자재의 흐름을 통제하기 위하여 사용되는 양식은 외식업체에 따라 다소 차이는 있지만 일반적으로 다음과 같은 양식들이 사용된다.

1) 구매명세서

구매명세서purchase specification란 특정품목에 대하여 요구되는 품질요건, 규격, 무게 또는 수량적인 요소 등 내용을 간략히 기술해 놓은 것이다. 이것은 구매담당자는 물론 거래처나 검수담당자가 납품이나 검수에 있어 구매물품에 대해 요구되는 내용을 잘 알고 그의 직무를 수행할 수 있도록 하기 위하여 작성한다. 그러므로 구매명세서를 작성하기 위해서는 사전에 각 식자재의 품목별로 요구되는 내용이나 외식업에 대한 철저한 연구가 뒷받침되어야 할 것이다.

구매명세서가 작성되면 그것이 올바르게 준수될 수 있도록 하기 위하여 구매담당자, 거래처, 검수담당자 등에게 배부하여야 한다. 이는 외부 거래처와 구매, 검수 등 사내의 관련 부서에서 구매관리의 대상이 되고 있는 특정 식자재에 대해 요구되는 표준품질, 규모, 수량 등에 대하여 숙지하게 될 것이다. 이것은 능률적인 구매를 위한 기초가 된다.

2) 구매청구서

구매요구서, 구매의뢰서purchase request, purchase requisition라고도 불리는 이 양식은 저장고에서 저장할 아이템들에 대한 구매를 의뢰 또는 청구할 때 구매부서에 보내는 양식이다.

3) 일일시장리스트

일일시장리스트daily market list는 생산지점주방에서 매일매일 요구되는 아이템을 주문할 때 작성하여 구매부서에 보내오는 양식이다.

4) 구매발주서

구매발주서purchase order는 구매청구서에 의해 요청된 아이템을 구매하기 위하여 구매부서에서 작성하는 양식이다.

제**3**절

검수관리

1 검수관리의 개요

검수는 주문에 따라 배달된 식자재를 검사하고 받아들이는 데 따른 관리활동이다. 구매관리에 있어 검수절차가 생략되거나 채용되지 않는다면 구매물품의 품질관리를 위해 투여된 모든 노력이 헛되이 되어 구매목적을 달성하기 어렵다.

검수의 근본적인 목적은 계약된 가격에 의해 주문된 내용과 수량에 일치되는 식자재를 획득하려는 데 있다.

그러므로 검수담당자는 무엇보다도 주문한 상품에 대한 요구품질 내용을 숙지해야 한다. 이는 배달되어온 식자재의 품질, 수량, 구매명세서, 가격 등 제 요소에 비추어 정확히 검수 및 평가를 통하여 그 물품을 받을 것인지 반품시킬 것인지를 결정하기 때문이다.

이때 가격검토는 대개 식자재와 함께 보내온 송장invoice과 견적서market list and price quotation의 내용을 비교함으로써 이루어진다.

2 검수의 목표와 필수조건

1) 검수의 목표

정확한 품질과 정량의 식자재를 최적의 공급자

로부터 최적기에 좋은 구매가격에 획득하는 것이 구매의 목표라면 검수의 주요 목표는 구매된 식자재가 이러한 기준에 맞는가 점검하고 수령된 자재를 통제하는 일이다. 일단 검수원이 자재를 수령하게 되면 그것이 어떤 것이든 간에 외식사업체의 자산이 된다.

2) 효율적인 검수의 필수요건

❶ 유능한 검수원

검수관리에는 절대적으로 유능한 직원이 필요하다. 검수원이 갖추어야 할 기본 자질로는 두뇌, 정직성, 직업에 대한 흥미와 의욕, 식자재에 대한 지식 등이 있다. 검수관리는 시간과 비용의 소모가 초래되는 작업이므로 검수원은 다양한 상품의 질에 대해 평가할 수 있는 능력을 갖추어야 하고, 필요한 서류작업과 컴퓨터를 이용한 기록관리 등을 적절히 수행할 수 있는 사무능력도 겸비해야 한다.

❷ 적절한 검수장비

식자재의 무게를 달고 길이를 잴 저울과 자 등은 가장 기본적인 검수도구이다. 또한 핸드 트럭, 지게차 등은 대형 호텔 등의 검수과에서 보유하고 있으면 매우 편리하다. 최신 장비로는 레이저 건이 있는데, 이는 포장상품의 UPC universal product code를 읽는 데 사용하여 배달된 상품들을 정확하고 편리하게 검수할 수 있게 한다.

❸ 적절한 검수시설

여기서 시설이라 함은 전체 검수지역을 일컫는다. 예를 들어 검수지역의 조명은 식자재들을 관찰할 수 있을 만큼 충분한 조도가 유지되어야 하고, 적절한 안전설비가 있어야 하며 검수원과 배달원 모두 작업하기에 편리하도록 설계되어야 한다.

❹ 적절한 검수시간

검수시간은 사전에 계획되어야 한다, 가능하다면 배달시간을 시차제로 하여 일시에 검수작업이 몰리는 것을 피하여 검수지역이 혼잡하게 되는 일을 줄인다.

⑤ 정확한 구매명세서

검수원이 항시 참조할 수 있는 각 품목마다의 분명한 기준이 명시되어 있는 구매명세서가 검수지역 내에 비치되어야 한다. 예를 들어 주문한 회사의 특정 물품이 배달됐을 때 이를 수령할 것인지 재주문할 것인지에 대한 판단근거로서 이와 같은 구매명세서가 매우 유효하게 이용될 수 있기 때문이다.

⑥ 구매주문서 사본

검수원은 배달될 자재에 대해 사전에 잘 알고 있어야 미리 검수할 준비를 용이하게 할 수 있다. 이와 같은 준비작업에 있어 구매주문서 사본은 매우 유효하게 쓰인다.

3 검수절차

식자재의 검수절차process of inspection는 외식업체의 규모 영업방침에 따라 약간의 차이는 있을 수 있으나 대체로 다음과 같은 절차에 따라 이루어진다.

❶ **1단계 확인조사** : 구매발주서대로 현물식재료을 확인 · 대조한다.

❷ **2단계 확인조사** : 구매시 적용한 구입명세서와 확인 · 대조한다.

❸ **송장확인** : 식재료의 양과 질, 가격 등을 확인한다.

❹ **검수일지 작성** : 송장을 근거로 수령일보를 작성한다.

❺ **입고확인** : 구매한 식재료가 제자리에 입고되었는지 확인하다.

4 검수시 유의사항

식자재에 대한 검수시 다음의 점을 유의하여야 한다.

첫째, 검수에 관련된 어떠한 종류의 테스트도 구매자나 판매자 양측에서 보아 공정하며 타당성을 갖는 것이라야 한다. 이는 실험이나 계량에 대한 필요성이나 요건 및 필요한 검수의 수단 등에 대하여 구매업자가 이해할 수 있어야만 능동적인 협력이나 상호 노력을 기대할 수 있기 때문이다.

둘째, 검수의 형태type of inspection나 정밀성 정도는 구매한 물품의 중요성에 따라 적절히 결정될 문제이며, 너무 소홀히 다루어지거나 혹은 검수에 너무 많은 비용을 소비해서도 안 된다.

셋째, 검수는 배달 후 즉각적으로 이루어져야 한다. 너무 많은 시간적 지연에 의해 검수를 거치지 않고 곧바로 물품을 사용 부서로 넘어가게 해서는 안 된다.

넷째, 검수결과에 대한 내용을 기록하고 검수담당자가 반드시 서명함으로써 구매에 관련된 기록을 남겨야 할 것이다.

다섯째, 검수부서에서는 구매거래에 필요한 자료를 제공해 줌으로써 구매자에 대해 협조자로서의 역할까지 수행하지 않으면 안 된다.

5 검수방법

납품된 식자재는 검수라는 첫 관문을 통과해야만 다음 행선지로 이동할 수 있다. 그러나 외식업체에 납품된 모든 아이템을 일일이 검사하는 것은 시간과 비용의 낭비일 수도 있으며 납품업자를 불신임하는 태도이기도 하다.

대체적으로 식자재 검수는 식자재의 중요도에 따라 다음과 같은 두 가지 검수방법을 이용하고 있다.

- ❶ **검수 작업 순서:** 납품서와 발주표 대로 → 수량, 크기 등 검수 → 실제량 측정(검량) → 품질 기준이 맞는 검질 → 하자시 반품처리
- ❷ **제품별 검수 순서:** 냉동제품 → 냉장제품 → 가공 품이나 건자재 → 종이와 청결제 → 소모품

1) 전수검수법

납품된 모든 아이템을 일일이 검수하는 방법으로 식자재가 소량이거나 희귀한 아이템의 경우 여기에 해당된다.

2) 발췌검수법

주로 원가면에서 아이템 하나하나에 중요도가 낮은 아이템이나, 대량으로 납품되는 아이템 등을 일일이 검수하는 것은 시간과 비용의 낭비를 초래한다. 그렇기 때문에 납품된 아이템 중에서 몇 개의 샘플만을 뽑아 사전에 설정된 그 아이템의 표준기준과 비교하는 방법을 말한다.

 6 검수관리활동

검수활동 자체에 대해서도 정기적인 점검이 이루어져야 한다. 이는 검수를 거친 물품에 대하여 표준 구매명세서에 비추어 상품을 점검하는 관리활동을 말한다.

이러한 점검에 있어서는 모든 품질의 특성이 망라되어야 하며, 수량이나 무게의 점검과 함께 받아들여진 식자재의 내용까지도 고려되어야 한다는 것이다.

검수업무에 대한 관리는 대체로 세 가지 정도로 요약할 수 있다.

첫째, 반드시 정확한 계량설비와 도구 및 척도의 사용 여부에 대한 점검이다.

둘째, 저장 및 검수 공간의 확보와 그 위생적 관리 여부이다.

셋째, 검수담당자의 직무수행 등에 대한 정기적인 점검 등이다.

또한, 검수과정에서 빈번히 제기되는 일반적인 문제는 관대화의 경향이다. 그러므로 구매와 검수는 각각 다른 사람에 의해 수행되어야 하며, 이러한 방지를 위해 근본적으로 인사관리기능을 강화하는 것이 좋다.

대체적으로 검수담당자의 자질에 대하여는 4I's로 설명하고 있다. 이는 지식 intelligence, 인품integrity, 관심interest, 정보information 등을 의미한다. 그러나 원가관리 중 최대의 원가요소가 식자재임을 감안할 때 검수업무활동에 대한 관리는 중요한 의미를 갖는다.

제 **4**절

저장관리

① 저장관리의 개념

식 자재의 저장관리storing란 검수과정을 거쳐 입고된 식자재를 손실 없이 보관하여 출고가 원활히 이루어지도록 관리하는 데 있다. 생산에 지장이 없도록 적정 재고관리가 유지되기 위해서는 도난이나 부패를 방지하고 능률적인 재고 및 출고관리가 이루어지도록 특정인에게 책임을 위임하여 관리할 수 있는 제도장치가 마련되어야 한다.

식자재 보관은 재료의 영양가와 맛 등 식품 고유의 특성을 보존하고 위생상의 위해방지, 식품의 손실방지, 식자재의 원활한 유통과 비축에 편리성을 기할 수 있도록 하여야 한다. 이를 위해 창고관리의 책임을 맡고 있는 저장관리인은 깨끗하고 적정온도를 유지하여 부패되기 전에 출고되어 사용할 수 있도록 주의해야 한다. 또한 저장시설에 대한 정기적인 점검과 관리를 통하여 정상적인 기능을 발휘하도록 하여야 한다.

저장관리의 목적은 다음과 같다.

첫째, 도난이나 폐기에 의한 식자재의 손실을 최소화함으로써 식자재의 적정 재고를 유지하는 데 있다.

둘째, 식자재의 출고가 올바르게 이루어지도록 하는 데 있다. 식자재에 대한 청구는 반드시 서식으로 작성되어 권한을 위임받은 자가 사인을 함으로써 일정의 형식을 갖춘 물품의 출고요청서에

한해서만 물품이 출고될 수 있도록 관리하려는 것이다.

셋째, 출고된 식자재에 대해서는 매일매일 그 총계를 내어 관리하도록 한다.

넷째, 물품청구서에 의한 식자재의 출고는 특별한 사유가 없는 한 그것이 사용되는 시점에서 이루어지도록 해야 한다.

 저장 중 손실요인

1) 도난으로 인한 손실

식자재 창고와 저장실의 뒷문으로 식자재가 도난당하는 행위가 그 대표적인 형태이다. 어느 분야에서든 흔히 일어나는 자재의 도난사고에 대한 안전대책은 창고의 접근을 가급적 눈에 보이게 설계하고 다른 저장시설, 즉 워크 인walk in냉장고나 냉동실의 문을 철저히 잠그는 것이다. 사용 중이 아닐 때는 저장용 냉장고와 창고 문을 잠그고 이들 시설에 접근할 수 있는 직원의 수를 최소한으로 줄이도록 한다.

2) 사내직원의 절도에 기인하는 손실

직원이나 고객들에 의한 절도는 호텔의 작은 기물이나 식자재가 누출되는 원인이 된다. 지배인이나 경영자의 허가 없이 음식을 소모하는 것도 절도의 일종으로 흔히 절도를 '재고 수축'이라고 표현하기도 한다.

미국식당협회National Restaurant Association에 따르면 전체 외식업소의 총매상의 4% 정도가 이러한 직원들의 비리로 유출되고 있다고 한다. 이를 줄이기 위해서는 영업장 내에서의 서비스과정과 조리과정에 대한 적절한 관리감독이 수행되어야 하고, 반드시 지정받은 직원만이 식자재 창고와 보관지역을 출입할 수 있게 하며, 이들에 대한 관리와 감독을 철저히 하도록 한다.

3) 식자재 변질과 부패로 인한 손실

부패와 변질에 의한 손실은 도난과 절취에 의한 손실보다는 조금만 신경을 쓴다면 잘 관리할 수도 있다. 식자재 부패와 변질의 주요 원인은 부적당한 저장조건에 있고 그 결과는 곧 원가상승으로 나타나기 때문에 저장온도, 기간, 환기, 저장시 재료 간의 간격, 위생 등 적당한 저장조건의 조성과 유지는 저장관리의 본질적인 기능이며 원가관리의 기초가 된다.

3 저장관리시 유의사항

첫째, 물자의 저장위치를 명확히 하기 위하여 재고위치제도를 적용, 물품별 카드에 의거하여 물자의 소재를 언제든지 손쉽게 찾아 쓸 수 있도록 하여야 한다.

둘째, 재료의 명칭, 규격, 용도 및 기능별로 그 종류를 분류하여 저장해야 한다.

셋째, 품질보존의 차원에서 최적의 상태로 사용가능하도록 저장해야 한다.

넷째, 저장기간을 단축할 수 있는 저장시스템선입선출법을 도입하여 재고자산의 회전율을 높이도록 하여야 한다.

다섯째, 식음재료의 저장공간을 효율적으로 활용할 수 있는 관리시스템이어야 한다.

4 저장관리방법

첫째, 저장공간은 식자재의 사용빈도에 맞추어 잘 배치되어 있으며, 능률적인 재고관리와 출고관리가 적당한 것인지 점검한다.

둘째, 보안관리를 위해서 권한을 위임받은 특정인만이 열쇠를 관리하며 저장고에 출입할 수 있도록 해야 한다.

셋째, 폐기의 방지는 적당한 저장공간, 저장온도, 저장기간, 환기, 철저한 위생관리 및 식품 간의 적정한 간격유지 등에 대한 연구를 통하여 알맞은 저장설비를 함으로써 가능하다.

넷째, 저장관리인은 다음과 같은 사항에 유의하여 식자재를 관리하여야 한다.

❶ 저장공간은 깨끗하고 건조한 상태로 유지되어야 한다.

❷ 상품은 폐기되기 전에 출고되어 사용될 수 있도록 관리해야 한다.

❸ 적정온도가 유지되어야 한다.

❹ 저장에 필요한 모든 시설이 항상 정상적인 기능을 발휘하며, 가동될 수 있도록 점검하고 관리하여야 한다.

1) 냉장식품의 보관방법

❶ 냉장식품은 배달 즉시 저장한다. 포장에서 꺼낸 식품은 청결하고 위생적인 용기에 뚜껑을 덮어 보관하고 보관용기에는 반드시 품목명을 붙여둔다.

│표 10-2│ 냉장식품 저장법

	식품명	적당한 저장온도(℃)	최대 저장기간	비 고
육류	불고기, 스테이크	0 ~ 22	3~5일간	
	간 것, 국거리감	0 ~ 22	1~2일간	
	햄 자른 것	0 ~ 22	3~5일간	
	햄 통조림	0 ~ 22	1년	
	베이컨	0 ~ 22	1주	
	조리된 고기	0 ~ 22	1~2일간	
	육수	0 ~ 22	1~2일간	
가금류	생닭	0 ~ 22	1~2일간	
	조리된 닭	0 ~ 22	1~2일간	
생선류	고지방 생선	−1.1 ~ 1.1	1~2일간	
	비냉동 생선	−1.1 ~ 1.1	1~2일간	
	냉동생선	−1.1 ~ 1.1	3일간	
조개류		−1.1 ~ 1.1	1~2일간	
계란		4.4 ~ 7.2	1주	
유제품류	액상우유	3.3 ~ 4.4	용기에 표시된 날짜로부터 5~7일	
	버터	3.3 ~ 4.4	2주	
	고형치즈	3.3 ~ 4.4	6개월	
	농축밀크	10 ~ 21.1	밀폐된 상태 : 1년간	
	탈지우유	10 ~ 21.1	밀폐된 상태 : 1년간	
과일류	사과	4.4 ~ 7.2	2주	
	바나나	4.4 ~ 7.2	3~5일간	
	체리, 딸기	4.4 ~ 7.2	2~5일간	
	감귤	4.4 ~ 7.2	1개월	
	포도	4.4 ~ 7.2	3~5일간	
	배	4.4 ~ 7.2	3~5일간	
	파인애플	4.4 ~ 7.2	3~5일간	

채소류	고구마, 양파, 호박	15.6	실내온도 : 1~2주	
	순무	15.0 이상	3개월간	
	감자	7.2 ~ 10	30일간	
	양배추, 근채소류	4.4 ~ 7.2	최장 2주간	
	기타 일반 채소	4.4 ~ 7.2	최장 5일	

❷ 외벽에 온도계를 부착하여 냉장고의 온도를 정기적으로 점검한다.

❸ 식품을 창고 바닥이나 지하실 바닥 위에 보관하지 않는다.

❹ 정기적으로 냉장고와 보관장비 및 창고를 청소한다.

❺ 수령한 모든 식자재에는 날짜를 표시하고 사용시 선입선출법에 의한다.

❻ 저장장비나 시설의 안전 유지를 위한 프로그램을 활용한다.

❼ 우유와 계란과 같은 냄새를 잘 흡수하는 식품은 생선이나 김치와 같은 냄새가 심한 식자재와는 함께 보관하지 않는다.

2) 냉동식품의 보관방법

❶ 냉동식품은 수령 즉시 -18℃ 또는 그 이하의 온도에 보관한다.

❷ 냉동고의 온도를 수시로 점검하고 가능한 자주 성에를 제거해준다.

❸ 모든 음식물은 뚜껑을 덮어 보관한다.

❹ 육류와 어류는 냉동고에서 건조를 막기 위해 비닐포장에서 보관한다.

❺ 출고담당자를 확실하게 정하여 필요한 물품을 한꺼번에 꺼내 온도의 잦은 변화여지를 없앤다.

❻ 모든 물품에 입고날짜를 기입하고 선입선출법 원칙에 따라 재고를 회전시킨다.

❼ 선반과 바닥은 항상 깨끗하고 청결하게 유지한다.

❽ 설비와 장비의 안전한 사용관리 지침을 수립한다.

| 표 10-3 | 냉동식품 보존기간

식품명		보존기간	비 고
육류	쇠고기 : 스테이크	6개월	
	쇠고기 : 간 것, 국거리감	3~4개월	
	돼지고기 : 로스트, 저민 것	4~8개월	
	돼지고기 : 간 것	1~3개월	
	쇠간	3~4개월	
	조리된 육류의 잉여분	2~3개월	
	육수	2~3개월	
가금류	생닭	12개월	
	조리된 닭	4개월	
생선류	고지방 생선(고등어, 연어)	3개월	
	기타	6개월	
조개류		3~4개월	
아이스크림		3개월	최적온도 −12.2℃
과일		8~12개월	
채소류		8개월	
프렌치프라이드용 감자		2~6개월	
제과류	케이크	3~4개월	
	반죽	3~4개월	
	파이	1.5~2개월	
	쿠키류	3~9개월	
	이스트를 넣은 빵류	3~9개월	
	이스트를 넣은 반죽	1~1.5개월	

3) 건류 저장물의 보관방법

❶ 선반을 부착하여 식품별로 정리하고, 식품명을 표기하여 손쉽게 찾을 수 있도록 한다.

❷ 선반의 재질은 목재나 스테인리스가 좋으며 4~5단 정도로 하고 폭은 60cm 이내가 되도록 한다. 선반 간의 간격은 1단과 5단을 제외하고는 50~60cm 간격이 적당하다.

|표 10-4| 건식자재의 보존기간

식품명		보존기간	비 고
베이킹재료	베이킹 파우더	8~12개월	
	제과용 초콜릿	6~12개월	
	고당분 초콜릿	2년	
	전분가루	2~3년	
	이스트	18개월	
	베이킹 소다	8~12개월	
음료	커피진공 포함	7~12개월	
	일반커피	2주	
	인스턴트 커피	8~12개월	
	홍차	12~18개월	
	인스턴트 차	8~12개월	
	탄산음료	무한정	
캔류	일반적인 과일 캔	1년	
	밀감, 딸기류, 체리 등	6~12개월	
	과일주스	6~9개월	
	해산물	1년	
	수프	1년	
	야채류	1년	
	토마토	7~12개월	
유제품	농축밀크	1년	
지류	마요네즈	2개월	
	샐러드 드레싱	2개월	
	식용유	6~9개월	
	쇼트닝	2~4개월	
곡류	일반곡물류	8개월	
	밀가루	9~12개월	
	마카로니, 스파게티 등 면류	3개월	
	도넛 가루	6개월	
	현미	냉장요	
양념류	향신료	무한정	
	화학조미료	무한정	
	겨자	2~6개월	
	일반소금	무한정	
	간장	2년	
	고춧가루	1년	
	식초	2년	
설탕류	알갱이 설탕	무한정	
	정제설탕	무한정	
	흑설탕	냉장요	
	꿀	1년	
기타	마른 콩	1~2년	
	마른 과일	6~8개월	
	잼	1년	
	땅콩류	1년	
	피클, 단무지	1년	
	포테이토 칩	1개월	

③ 1단에는 약 5~7cm 높이의 목재 평상을 깔아 간장, 식용유와 같이 무거운 식품을 보관하도록 하며, 2~3단은 비교적 가볍고 빈번히 사용되는 식품을 보관한다.

④ 설탕과 밀가루와 같은 흡습성 식자재는 습기를 방지하기 위해 높은 선반에 보관하며 통풍, 방충, 방수시설을 갖추도록 한다.

⑤ 물품을 바닥으로부터 떨어진 깨끗한 곳에 보관하여 바닥청소를 할 수 있는 여유를 둔다.

⑥ 노출된 하수도 근처나 물이 스며드는 벽면 근처에 물품을 두지 않는다.

⑦ 독성을 품고 있는 화학제품이나 세제, 방충제, 살균제 등은 식자재와는 구분해서 보관하도록 한다.

⑧ 일단 개폐된 용기의 식자재는 뚜껑이 있는 다른 용기로 옮겨 담아 내용물에 관한 기록을 해둔다.

⑨ 선반과 보관대 주변을 항상 깨끗이 하고 정기적으로 청소한다.

⑩ 수령 즉시 모든 물품에 날짜를 기입하고, 재고회전은 선입선출법에 의한다.

4) 곡류의 저장방법

❶ 온도, 습도, 통풍, 쥐, 기타 곤충을 유의하여 관리한다.

❷ 높이 5~10cm 정도의 목재 평상을 만들어 바닥에 깐 후 양곡을 쌓아 습기가 올라오지 않도록 한다.

❸ 장마철 양곡의 습기흡수를 방지하고, 창고 내 환기와 정확한 수량 파악을 위해 벽에서 70~100cm 정도를 떼어서 쌓는다.

❹ 입·출고시 종류별로 분류 표시하고 수량과 날짜를 명기하여 효율적으로 관리한다.

1 출고관리의 개념

제5절

출고관리

출고란 식자재 관리의 마지막 단계로 구매 나 여타의 경로를 거쳐 입고된 식자재를 조리부서나 실사용자에게 공급하는 일련의 과 정으로 식자재에 대한 통제와 관리의 업무를 수 반하며 원가관리와 재고관리에 필요한 자료를 제공한다.

식자재 출고관리의 기본은 선입선출로 이는 식 품의 품질과 고객의 안전에 중요할 뿐 아니라 냉 장고나 저장실의 구석에서 잊혀져 손실되는 식자 재량을 줄임으로써 원가관리와 재고관리를 체계 적으로 할 수 있다.

출고관리의 목적은 다음과 같다.

첫째, 출고는 반드시 물품청구서의 작성 및 제 출 등 적절한 절차에 의하여 이루어져야 한다. 이 는 저장고로부터의 식자재 인출에 필요한 청구서 는 창고에 있는 식자재의 재고와 출고된 식자재 의 계산에 사용될 뿐 아니라, 매출에 대한 원가율 을 구하는 데도 사용된다.

둘째, 매일 식자재 창고 소비량을 결정

셋째, 재고량 파악과 그 관리

넷째, 매일매일의 식자재 구매량을 결정하는데 그 목적이 있다.

2 출고관리활동

첫째, 물품청구서에 대한 신속한 처리를 위해서는 서류접수 및 처리에 대한 시간적 한계를 일정하게 정해두는 것이 바람직하다. 식자재에 대한 청구서는 대개 식자재에 대한 매출이 확실시되었을 경우 작성·제출하게 되므로 그 식자재의 청구와 사용의 시간과는 그다지 큰 간격을 두지 않는다. 그러므로 청구서를 접수하는 시간은 가능한 고정시킴으로써 물품출고에 대한 관리능률을 기할 수 있다.

둘째, 창고에서의 출고업무 담당자는 수입품목과 국산품목에 대한 청구서를 각각 구분한다.

셋째, 모든 물품청구서의 처리는 제출된 순서에 의하여야 한다. 따라서 물품의 출고도 이에 따라 이루어져야 한다. 그러나 예측하지 못했던 물품청구가 있는 경우에는 예외적 조치가 가능하다.

넷째, 출고관리자가 식자재를 취급할 때는 일의 능률을 위해서나 식자재의 위생적 취급을 위해서도 카트hand cart 등을 이용하는 것이 바람직하다.

다섯째, 청구서 내용에 따라 식자재를 출고시킨 뒤에는 그 내용을 장부에 기록으로 남김으로써 재고관리 목적에 이용하도록 한다.

여섯째, 매일 출고업무의 종료와 함께 출고된 식자재를 그 형태별 또는 품목별로 집계한다.

3 출고원가의 결정방법

만일 물품의 가격이 항시 일정하다면 어떠한 방법으로 계산하더라도 동일한 결과가 도출되지만, 대부분의 경우 식자재 가격은 그 변동이 매우 심하여 다음 기술된 방법 중 어느 한 가지 방법을 택하느냐에 따라서 그 결과는 상이하다.

1) 실제구입원가법

구매시의 단가를 그대로 자산의 출고단가로 하는 방법으로 대개 일정기간 가격변동이 적은 공산품의 경우 이 방법을 택한다.

2) 선입선출법

먼저 입고된 물품부터 차례로 출고하는 방법으로 입고할 때마다 구입원가가 다른 식자재를 임의로 출고하여 사용하는 경우 실제로 어떤 식자재를 사용하였는가에 상관하지 않고 빠른 구입일자의 것부터 사용한 것으로 간주하여 사용 식자재의 가격을 산정하는 방법이다.

3) 후입선출법

선입선출법의 반대 개념으로 나중에 입고된 물품이 먼저 출고되는 방법으로서, 선입선출과는 반대로 실제 구입원가와 상관없이 가장 최근 구입분의 단가를 사용 식자재의 가격으로 하는 방법이다.

4) 총평균법

자재를 출고할 때는 수량만을 기록하고 일정기간 말에 이월액과 구입액을 이월구매량과 매입수량의 합계수량으로 나누어 평균단가를 산출하고 이것을 그 기간 중에 출고단가로 하는 방법이다.

5) 이동평균법

자재를 구입할 때에 그 수량과 금액을 각각 그 앞의 잔액에 합산하여 새로운 평균단가를 산출하는 방법이다.

6) 최종구입원가법

최후의 자재 매입분의 단가로 재고상품을 모두 평가하는 방법이다.

7) 매매법

자재별로 원가를 붙이고 있는 소매점이나 백화점 등에서는 모든 상품에 일일이 원가를 확인하려면 복잡하므로 기말에 재고자산을 매매가에 의해 실시하거나 이를 원가로 환원하기 위하여 여기에 원가율, 즉 원가·매매가를 합하여 얻은 금액을 기말재고액으로 하는 방법이다. 따라서 원가율은 당기매입액에다 기초재고액을 합하여 당기판매액과 기말재고액을 합한 금액으로 나누면 된다.

4 선입선출관리

선입선출FIFO : First In First Out 관리란 저장된 아이템의 관리를 위해서 창고에 먼저 입고된 아이템을 먼저 출고한다는 식자재 관리법을 말한다. 즉, 먼저 구매한 아이템을 먼저 사용함으로써 저장고에서 식자재가 부패하거나 유효기간 등을 넘겨서 원래의 가치를 상실하는 것을 예방하기 위한 식자재 재고관리법이다.

선입선출의 관리가 잘 실행될 수 있게 하기 위해서는 창고 설계시 업장의 크기와 규모에 적합한 용량 그리고 보관기능이 아닌 관리기능을 고려한 설계가 지켜졌을 때에만 가능하다.

제**6**절

재고관리

1 재고관리의 개념

수요란 필요를 의미하며, 공급이란 그 필요를 만족시키기 위한 행위이다. 대개의 경우 미래의 수요는 그 수요의 발생시간과 수요의 양에 있어서 불확정적이다. 재고란 이 불확정적인 미래의 수요를 시간적으로 즉시 충족시키기 위해서 필요하다. 수요가 확정적이거나 수요예측을 정확히 할 수 있고, 수요에 맞추어 제때에 조달될 수만 있다면 재고를 보유할 필요가 없다.

재고관리란 적정량의 식자재를 항상 보유함으로써 연속적인 생산을 촉진시키고 식자재의 유통량이나 가격의 변동에서 오는 불확실성에 대비하기 위한 관리기법이다.

만약 재고가 적정량 이하가 될 때는 생산지연과 비효율성, 주문과 고객의 상실이라는 비용을 유발한다. 그러나 재고가 적정량 이상일 때 과다한 유지비용을 부담하게 되므로 업소의 영업규모에 맞는 재고량을 파악하여 차질 없는 재고관리를 하여야 한다.

특히 외식산업의 식자재는 저장기간이 비교적 짧으며, 일정 기간 내에 판매되지 않으면 상품으로서의 가치가 없어지는 음식물을 취급하므로 보유량의 결정은 매우 중요하다.

재고관리의 목적은

첫째, 재고량 및 재고품질의 상태파악

둘째, 식자재 원가비용과 미실현 비용의 파악

셋째, 유동자산 가치의 파악

넷째, 재고회전율 등을 파악하는 데 있다.

또한, 재고관리의 기능을 정리하면 다음과 같다.

첫째, 재고량에 묶여지는 투자액을 최소화하면서 최적량의 재고량을 유지한다.

둘째, 실제 재고량과 유지하고 있어야 할 재고량 사이의 차이를 알려준다.

셋째, 재무제표 작성에 필요한 재고금액을 알려준다.

넷째, 식자재별 이용정도를 알려준다.

다섯째, 재고회전이 느린 품목을 알려준다.

여섯째, 구입이 필요한 품목들에 대하여 알려준다.

 ## 재고관리방법

1) 실지재고조사법

식자재비를 정확히 계산하려면 회기 초의 기초재고량과 회기말의 재고량 그리고 당기 내 구매량을 모두 파악해 합했을 때 구할 수 있다. 여기서 말하는 기초재고량이나 기말재고량은 저장고에 있는 재고물품을 일일이 조사하는 수고를 해야 파악되는 노동집약적인 업무이다.

> 총식자재비 = 총재고량(기초재고량 + 당기구매량) − 기말재고량

일반적으로 실지재고조사법을 이용한 재고파악은 한 달에 한 번 정도로 이루어지는게 보통이며, 회기가 끝나는 때에 맞춰 행해지기도 한다.

2) 계속기록법

계속기록법은 저장고로 유입되는 식자재의 입고와 출고되는 식자재를 지속적으로 기록함으로써 항상 정확한 재고량을 파악하기 위해 사용되는 재고관리법이다.

최근에는 컴퓨터의 보급으로 정보처리 기술이 개발되면서 식자재의 관리가 구매시기나 구매량의 결정, 원가관리를 컴퓨터 프로그램을 이용해 손쉽게 할 수 있게 되었다.

계속기록법을 사용하였을 때 얻을 수 있는 이점은 다음과 같다.

첫째, 구매시기와 적정구매량을 손쉽게 알 수 있어 과잉 또는 과소구매로 인한 손실을 막을 수 있다.

둘째, 지속적인 재고상황을 알려준다.

셋째, 실지재고량과 유지하고 있어야 할 재고량 사이의 차이를 밝혀 줌으로써 비정상적인 차이를 보이는 품목을 정확히 가려낼 수 있다.

넷째, 장부만 보아도 오랫동안 사용되지 않고 있는 식자재를 파악할 수 있으므로 이들을 즉시 사용할 수 있도록 조치하여 묵은 재고의 관리를 쉽게 해준다.

계속기록법을 이해하기 위해서는 최소 · 최대 보유량, 구매소요기간, 재주문점, 재주문량에 대한 이해가 있어야 한다.

(1) 최소 · 최대보유량 par stock

par란 어떤 기준을 말하는 것으로

첫째, 항상 보유하고 있어야 할 특정 아이템에 대한 재고보유량,

둘째, 보유하고 있어야 할 특정 아이템에 대한 최대와 최소량,

셋째, 주문한 특정 아이템이 입고되었을 때 최대량으로 해석된다. 그러나 일반적으로 최대와 최소량의 뜻으로 쓰인다.

(2) 구매소요기간 lead time

특정 아이템을 주문하여 도착할 때까지 걸리는 기간을 말한다.

(3) 재주문점 reorder point

재주문점이라고 하는데, 재주문점을 결정하는 데 요구되는 정보는 구매소요기간, 기간 동안 소요되는 양, 구매주기 3가지이다.

예를 들어 특정 아이템의 구매주기가 1주일이고, 아이템의 월평균 소비량이

120kg, 구매소요기간이 1주일인 경우 재주문점은 42kg이고, 재주문량은 120kg 이며, 최대보유량은 162kg이다.

- ■ 최대보유량 : 162kg(❶ + ❷ + ❸)
    - ❶ **월평균 소비량** : 120kg
    - ❷ **7일 동안 사용할 수 있는 양** : 28kg(월 120kg ÷ 30일 = 4kg ×7일)
    - ❸ **안전재고** : 14kg(7일 동안 사용할 수 있는 양의 50%)

- ■ 최소보유량 : 42kg(❶ + ❷)
    - ❶ **7일 동안 사용할 수 있는 양** : 28kg
    - ❷ **안전재고** : 14kg

- ■ 재주문점 : 42kg(❶ + ❷)
    - ❶ **7일 동안 사용할 수 있는 양** : 28kg
    - ❷ **안전재고** : 14kg

상기의 경우 특정 아이템의 상한선은 162kg이고, 하한선은 42kg으로 하한선 이 재주문점이 된다.

 ## 재고가치 평가

식자재의 가격은 구매시점에 따라 상이할 수 있다. 이렇게 상이한 가격으로 입고된 아이템에 대해 출고가격을 입고된 가격으로 계산하는 것은 여러 가지 문제가 있다. 따라서 저장고에서 출고되는 아이템에 대한 가치평가에 일반적으 로 많이 이용되는 방식으로 선입선출법, 후입선출법 등 다양하다.

1) 선입선출법

선입선출법FIFO : First In First Out은 먼저 입고된 아이템이 먼저 출고되는 방법을 적용하는 방식으로 먼저 입고된 전량이 출고될 때까지 그 아이템의 입고가격으 로 출고원가를 적용하는 방법이다.

2) 후입선출법

후입선출법LIFO : Last In First Out은 나중 입고된 것이 먼저 출고되는 방식으로 주로 고인플레이션하에서 적용하는 방법이다.

3) 이동평균법

이동평균법moving average method은 입고되는 가격을 앞서 입고된 가격에 더하여 2로 나누어서 얻어진 가치를 출고가격으로 이용하는 방법이다.

4) 가중평균법

가중평균법weighed average method은 주로 회계 연도 초에서 회계 연도 말까지 출고, 또는 소비된 총식자재의 원가를 계산할 때 쓰는 방법이다. 대체로 재무회계의 목적으로 이용하는데 총구매가격의 합을 총구매수량으로 나누어서 얻는다.

제 **7** 절

식음료의 원가관리

① 원가관리의 개념

원가cost란 상품의 제조, 판매, 서비스제공 등을 위하여 투입된 경제가치를 의미한다. 이러한 원가는 식자재의 구입방법, 보관과정, 생산과정, 판매과정에 따라 달리할 수 있다.

어떤 외식업체에서 기회손실은 잠재적 또는 현실적으로 발생하는 것으로 기회손실의 제거나 최소화를 위해서 원가관리가 필요하다.

원가관리cost control를 광의로 해석할 때 원가수치에 의해서, 경영목적을 효과적으로 달성하기 위해서, 경영시스템 내지 이들의 하부시스템을 통하여 기회손실을 최소화하는 관리방식이라 정의할 수 있다. 따라서 식음료 원가관리의 목적은 다음과 같다.

첫째, 식자재 가격결정을 위한 기초자료의 제공

둘째, 원가절감을 위한 계수적 관리목표

셋째, 예산편성을 위한 기초자료의 제공

넷째, 재무제표 작성시의 재고품 원가산출의 자료제공에 목적이 있다.

또한, 이러한 원가관리의 목적을 달성하기 위해서는 다음과 같은 점들이 고려되어야 한다.

첫째, 식당의 고객이 어떤 요리(메뉴)를 요구할 것인가를 정확히 예측한다.

둘째, 이러한 예측을 기준으로 하여 합당한 식자재를 최적수량만큼 구입·확보한다.

셋째, 과도한 원가를 피하기 위한 각 요리별 분량규격을 알맞게(표준규격화) 배분·조절한다.

넷째, 식자재가 매입되어 제조되고 고객에게 판매되어 매출로써 회수되기까지 의 경영과정상에서의 불필요한 낭비와 손실의 발생을 제거하도록 노력해야 한다.

다섯째, 관련재료의 원가정보를 수집하고 원가변동에 대한 대책을 검토 한다.

2 원가의 구성

1) 직접원가

직접원가direct cost는 직접비인 원가요소만으로 구성된 원가로서 제품의 제조 를 위하여 소비된 직접재료비, 직접노무비, 직접경비의 세 가지를 포함한다. 이 원가는 원가구성의 기초적 구분을 형성한다는 점에서 prime cost 혹은, 기초원 가basic cost라고도 부른다.

2) 제조원가

제조원가manufacturing cost는 직접원가에다 제조간접비를 할당한 것으로서 공공 기업의 내부활동에 의하여 제기된 모든 원가요소를 포함한다. 이 원가는 또 공 장의 비용이라는 의미에서 공장원가factory cost라고도 부른다. 일반적으로 제품의 원가라 할 때에는 이 제조원가를 의미하는 것이다.

3) 총원가

총원가total cost는 제조원가에다 다시 판매비selling expense와 일반관리비administrative expense를 할당하여 계산된 원가이다. 이와 같이 총원가는 제품이 제조되어 이 것이 판매될 때까지 생긴 모든 원가요소를 포함하는 것이므로 이것을 판매원가 selling cost라고도 하며 또는 제3원가No. 3 cost라고 부르기도 한다.

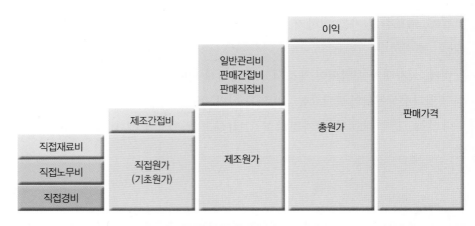

|그림 10-1| 원가의 구성

4) 판매가격

판매가격selling cost은 제품이 매각되는 가격이다. 따라서 정상적 조건하에 있어서는 총원가 외의 이익을 포함한다. 판매가격은 기업가가 자신이 이것을 결정하는 경우와 기업가의 원가에 관계없이 당 제품의 수요공급관계에 의하여 결정되는 경우가 많다.

3 표준원가관리제도

표준원가관리standard cost control란 표준조리법에 의한 재료비를 산정하여 표준원가를 계산하고, 이것을 목표로 실제원가와 비교함으로써 원가를 관리하는 방법이다. 이를 위해서는 다음 4가지 표준이 필요하다.

1) 표준 1인분standard portion size

고객에 대해 일정의 판매가격에 판매되고 서브될 때 각각의 메뉴품목별로 1인분에 대한 크기, 수량, 무게 등을 나타낸다.

2) 표준 양목표 standard recipes

요리를 만드는 데 사용되는 각 재료의 소요량이 기재되어 있어 일종의 재료 명세서이며, 조리방법 및 과정을 적어 놓은 것이다.

3) 표준 구매명세서 standard purchase specification

표준 구매명세서란 각각의 품목에 대한 질, 양, 크기, 가격 등을 간결하게 서술해 놓은 설명서이다.

4) 표준 산출량 standard yields

산출량이란 손님에게 판매하기 위한 재료를 준비하는 과정을 지난 완제품의 상태로 만들었을 때의 수량이나 중량을 말한다.

 **4** 원가계산

일반적으로 원가는 작성기간에 따라 일별 또는 월별 원가로 나눈다. 그러나 식자재의 원가는 사전에 설정된 예산에 입각하여 고수하여야 할 표준원가율이 있다. 이 표준원가가 유지되고 있느냐를 알아보기 위해서 일별 원가를 관리하고 만약 문제가 있으면 적절한 조치를 취해야 한다.

일별 식자재 원가보고서는 그 날의 매출액과 매출원가 등이 총체적으로 나타나는 자료이다. 외식업체의 매출액에 대한 원가비율을 계산한 것으로 대체적으로 원가관리부에서 산출된 총재료비를 기초로 하여 영업회계부에서 작성한 수입일보 daily revenue report에 의하여 원가율을 산정한다.

> 식자재 원가율 = 총매출원가 ÷ 총매출액 ×100

그런데 상기의 식자재 원가율의 계산은 특정기간 동안 식자재 원가와 수입이 계산되었을 때 이용하는 공식이기 때문에 먼저 식자재 원가를 계산하는 방법을

알아야 한다. 일별 식자재 원가계산의 과정을 쉽게 이해하기 위해서는 먼저 하루의 영업에 필요한 식자재의 흐름을 살펴볼 필요가 있다.

첫째, 하루의 영업이 끝나면 생산지점에서 남아 있는 식자재를 파악하고 익일 또는 2~3일 후의 생산계획을 검토한다.

둘째, 필요한 식자재 중 저장기간이 비교적 짧은 아이템, 즉 저장고에 저장하지 않고 검수지점을 거쳐 직접 각 생산지점으로 입고되는 식재료는 일일시장리스트에 작성하여 구매의뢰한다.

이러한 과정을 거쳐 하루의 영업에 필요한 식자재가 소비되고 남은 것이 재고가 되는데, 이것은 각 생산지점의 익일 기초재고가 된다. 이렇게 하여 당일 각 생산지점에서 소비된 식자재의 원가가 계산되고, 각 생산지점의 원가를 합하여 전체 원가를 계산할 수 있다.

 차이발생 요인

표준원가와 실제원가 간에는 다음의 요인에 의해 차이가 발생한다.

❶ 과도한 요리의 단위당 분량규격excessive portion size

❷ 과잉생산over production

❸ 비능률적인 구매와 출고관리inefficient purchasing and issuing

❹ 부적합한 조리방법improper cooking method

❺ 과도한 변질과 부패의 발생excessive spoilage

❻ 잔여분 식자재의 활용 미숙improper utilization of left over

❼ 도난, 절도행위의 발생pilferage and theft

실 전 외 식 사 업 경 영 론

FOOD
SERVICE
MANAGEMENT

외식사업
회계

학습목표

1. 외식업의 경영관리에 대하여 알아
   보자

2. 회계의 목적에 대하여 알아보자

3. 회계의 순환과정에 대하여 알아보자

4. 재무제표의 개념, 종류, 작성에 대하여
   알아보자

제 **1** 절

회계의 개요

1 외식업의 경영관리

외식업을 경영하는 관리자는 외식업의 관리기능을 인사관리men : 인력관리, 재무관리 money : 운전자본, 생산관리machines : 기계, 시장관리 markets : 시장, 구매관리material : 재료, 사무관리methods : 방법로 구분하는데 회계는 외식업경영에서 중요한 위치를 차지한다.

외식업을 운영하다 보면 상품을 구입하고 급료를 지급하는 등의 거래가 발생한다. 회계란 이러한 거래사실을 장부에 기록하고, 기업과 관련된 여러 사람들이해관계자에게 정보를 제공하는 일련의 과정이다. 즉, 회계란 단순히 거래사실을 장부에 기입하는 것에 그치는 것이 아니라 이를 통해 외식업과 관련된 이해관계자인 투자자, 채권자, 정부 등이 합리적으로 의사결정을 할 수 있도록 회계정보로서 제공하는 것을 의미한다.

회계정보를 통해 투자자는 어느 기업에 투자해야 높은 수익을 얻을 수 있는지를 결정할 수 있고, 채권자는 어느 기업에 돈을 빌려 주어야 잘 갚을 수 있는지를 결정할 수 있으며 또한 정부는 합리적인 세금액을 결정할 수 있다.

오늘날의 사회를 흔히 정보화사회라고 한다. 그만큼 정보가 중요시되고 정보에 의한 의사결정이 요구되고 있음을 의미하는 것이다.

우리 주위에는 정보에 대한 이해나 분석이 전

혀 없는 상태에서 주식투자를 하여 막대한 손해를 보는 사람들이 있다. 이는 기업에 관한 정보, 즉 회계에 대한 사전지식이 부족하기 때문이라고 할 수 있다. 따라서 회계는 관련업무 종사자뿐만 아니라 현대사회를 살아가는 우리 모두가 반드시 알아야 할 주요 대상임이 분명하다.

회계는 기술적 · 분석적 학문descriptive and analytical discipline이며, 서비스활동service activity이고, 정보시스템information system이다.

2 외식업과 회계와의 관련성

외식업도 한 기업으로서 사업계획에 의해 자본이 조달되고, 조달된 자본으로 식음료라는 상품을 생산하여 수요자인 고객에게 다양한 서비스를 제공하는 것을 목적으로 하고 있는 기업형태라고 할 수 있다. 외식업은 규모의 대소를 막론하고 구매, 생산과정을 거쳐 발생이 되는 재화를 판매하고 회수하는 일련의 절차가 필요하며 이러한 과정은 반복되고 순환이 되게 된다. 따라서 이러한 순환과정은 회계 특유의 방법에 의해서 계산하고 측정을 해야 하며 이것이 외식회계의 기반이 된다. 특히 외식업의 특징은 생산과 소비가 동시에 이루어지고, 최근 24시간 연중무휴의 영업 추세를 보이고 있으며, 비교적 짧은 시간 안에 신속하고 정확하게 계산이 되어야 하는 영업회계적 특징이 있다.

이와 같이 외식업도 회계의 결과를 정확 · 명료하게 표시하는 방법은 일반적으로 인정되는 기업회계원칙GAAP : Generally Accepted Accounting Principle for Business Enterprise에 의하여 손익계산서P/L : Profit and Loss Statement, I/S: Income Statement와 대차대조표B/S : Balance Sheet 등의 재무제표financial statement를 활용한다.

3 회계의 개념

회계에 대하여 보다 정확하게 이해하기 위해서는 회계학에서 연구대상이 되는 회계의 속성을 파악하는 것이 필요하다.

첫째, '회계'라는 말은 '계산하다'또는 '측정하다'라는 뜻으로 이들의 대상은 경영주체의 경영활동이다. 여기서 경영주체란 개인 또는 법인 모두를 의미하며, 기업과 같은 영리단체일 수도 있고 정부나 학교와 같은 비영리기관일 수도 있다. 이들은 재화나 용역을 생산하여 공급하거나 또는 소비하는 등의 경제활동을 수행한다. 이와 같은 활동과 관련하여 회계는 경제주체의 경영활동을 대상으로 하는 계산기구 또는 측정기구라는 것이다.

둘째, 회계가 경제현상을 계산 · 측정하는 기구로서 회계를 연구대상으로 하고 있다는 것은 회계를 과학의 객관적 인식의 대상으로 삼고 있다는 것이다. 즉, 회계가 경제현상을 객관적으로 인식하고 관찰의 대상으로 하고 있다는 것은 회계가 규범적 규칙을 가지고 있기 때문에 기업의 개별적 차원을 넘어서 사회적 존재로서 인식할 필요가 있다는 것이다.

셋째, 회계가 경제활동을 측정하는 계산기구라 하더라도 회계학의 연구대상이 되는 회계현상은 자연과학의 연구대상이 되는 자연현상과 같은 어느 한 가지 방법으로는 획일적 또는 통일적으로 이해하기 어렵다.

이상과 같은 회계의 속성 때문에 회계의 정확한 정의를 획일적으로 내리기는 곤란하다.

회계의 정의는 1966년 미국회계학회AAA : American Accounting Association가 발표한 '기초적 회계이론에 관한 보고서'ASOBAT : A Statement of Basic Accounting Theory와 1970년 미국공인회계사회AICPA : American Institute of Certified Public Accountants의 회계원칙심의회APB : Accounting Principle Board의 제4보고서에서 오늘날 회계의 역할을 광범위하게 포괄하여 회계의 정의를 내리고 있다. 회계는 정보이용자가 합리적 판단이나 경제적 의사결정을 하는 데 필요한 경제적 정보를 식별 · 측정 · 전달하는 과정으로 정의하고 있다.

이 정의는 과거의 전통적인 범위에서 벗어나 새로운 회계의 방향을 제시한 것으로 회계를 하나의 정보시스템으로 이해하고, 회계정보이용자의 의사결정에 유용한 정보를 제공한다는 점을 강조하고 있다.

종전의 회계개념은 거래사실을 단순히 기록 · 분류 · 요약하고 이를 해석하는 기술로 보는 관점이다. 그러나 오늘날에는 회계정보의 이용자가 합리적인 판단이나 경제적 의사결정을 할 수 있도록 경제실천에 관한 계량적 정보를 측정하여 전달하는 과정으로 인식되고 있다.

외식업을 경영하려면 규모에 따라서 차이가 있으나 자본이 필요하며 이러한 자본은 주주의 출자 · 사채 · 차입 등을 통해서 조달이 된다. 조달된 자본은 기업에 투자되어 이것으로 재화를 매수하고 매수한 재화를 판매하여 화폐의 형태로 회수한다. 이처럼 자본이 화폐에서 시작하여 다시 되돌아오는 것을 자본의 운동, 자본의 순환 또는 경영활동이라고 하며, 이 자본의 운동은 연속적으로 반복이 된다.

따라서 회계는 이러한 복잡한 자본의 순환과정을 회계 특유의 방법인 계정에 의해서 계수적으로 파악하여 그 성과를 명백히 표시하는 것이다. 또한 이와 같은 계정에 의한 계산과 화폐적 측정은 회계실무의 기초로서 이것이 회계이론의 성립기반이 된다. 외식업의 활동으로 인한 재산의 증감상태를 기록 · 정리하여 정확한 재산과 손익을 계산하고, 재무상태와 경영성과를 표시하는 것이라고 할 수 있다.

외식업에서의 회계란 정보이용자에게 그들의 의사결정을 도와주기 위한 경영활동의 결과를 기록하고 요약하여 전달하는 의사결정정보 시스템이라고 할 수 있다.

4 회계의 목적

경제활동에서 회계가 담당하고 있는 중요한 역할은 숫자화로 된 활동의 결과를 측정하고 이를 필요로 하는 회계정보이용자들에게 의사결정에 유용한 정보를 제공하는 것이다.

회계의 목적은 이익과 재산의 상태를 파악하는 것이다. 외식업을 운영하다가 보면 현금만을 다루는 것이 아니라 상품과 건물 및 영업활동에 필요한 갖가지 재산을 관리해야 한다.

이러한 이유는 그 현금이 상품을 판매함으로써 들어온 것이라면 그 현금 대신에 상품이라는 재산이 줄어든 것이고, 상품을 배달했다면 운송비 등의 부대

비용도 지출되었기 때문이다. 따라서 순수한 이익은 외식업에 들어온 현금액에서 이에 따른 모든 발생비용을 차감하여 계산해야 한다.

따라서 상품의 판매, 대금의 회수, 운송비의 지출 등의 사업동향을 모두 정확하게 기록하고 계산해야 비로소 이익을 어느 정도 얻었으며 재산은 어느 정도 증가했는지를 파악할 수 있다.

1) 재무회계적 목적

경영체를 둘러싸고 있는 많은 외부의 이해집단에 대해서 재무제표라는 수단으로서 경영성과와 재무상태를 주기적으로 보고할 의무가 있다. 이러한 의무를 다하기 위한 목적이 재무회계의 목적이다.

2) 관리회계적 목적

경영체를 운영하는 자에게 경영관리에 도움이 되는 정보를 제공하기 위한 것이 목적이다.

3) 세무회계적 목적

회계에서 작성한 재무제표는 국가 · 공공단체에서도 기업활동의 정보를 전달하고 정보를 제공하게 된다. 그것은 광의의 보고라고 할 수도 있으나 국가 및 공공단체에게는 의무적 또는 자발적으로 신고해야 하는 세무회계적 측면의 목적이다.

5 회계의 분류

회계의 분류는 재무 · 관리회계분류법에 의한 분류와 교과과정에 의한 분류, 일반적 회계분류로 구분할 수 있으나, 일반적으로 보고목적, 교과과정상, 연구대상, 준거기준에 따른 분류 등으로 구분할 수가 있다.

1) 보고목적에 따른 분류

회계는 보고목적에 따라 재무회계와 관리회계로 분류하고 있다. 재무회계 financial accounting란 기업이 작성·공시하는 외부 이해관계자를 위한 재무회계정보, 즉 경제적 의사결정에 유용한 재무정보를 측정·보고할 목적으로 이루어지는 외부보고를 목적으로 하는 회계이다.

관리회계management accounting, managerial accounting는 경영자가 경영활동을 계획하고 통제하는 등의 의사결정을 합리적으로 할 수 있도록 필요한 회계정보를 제공하는 내부의 보고를 목적으로 하는 회계이다. 관리회계는 대부분이 원가자료를 많이 활용하므로 원가회계와 유사하다고 할 수 있다. 원가회계 이외에도 재무적 예측기법을 이용하여 기업의 제반 문제를 해결하기 위하여 필요한 정보를 만들고 분석하므로 관리회계의 범주는 넓다.

2) 교과과정상의 분류

교과과정의 내용과 중요성에 비추어 재무회계, 관리회계, 회계감사, 기타로 분류된다. 재무회계는 원리와 실무를 다루는 회계원리, 중급회계, 고급회계, 그리고 이론을 다루는 회계이론으로 구분된다. 관리회계는 회계정보의 관리적 이용과 경영의사결정을 다루는 관리회계와 원가의 측정·계획·통제를 다루는 원가회계로 구분한다. 회계감사는 회계감사인이 재무회계에 의하여 작성된 회계자료의 적정성을 검토하여 의견을 표명하는 것이며, 기타에는 세무회계, 회계정보시스템, 비영리회계조직, 재무제표분석 등이 있다.

(1) 회계원리

회계원리principles of accounting는 재무회계라고 한다. 부기의 원리인 분개, 원장, 시산표, 결산 등과 회계장부, 계정과목별 회계처리, 재무제표의 작성 등을 말하며, 회계의 기초개념과 이론이라고 할 수 있다.

(2) 원가회계

원가회계cost accounting는 원가의 개념, 원가의 계산, 원가보고서의 작성 등 원가

계산에 필요한 내용을 취급하는 것으로서 원가의 관리적 이용과 원가배분, 원가추정의 범주도 포함이 된다.

(3) 회계이론

회계이론accounting theory의 범주에는
① 회계의 개념자산, 부채, 자본, 수익, 비용, 이익
② 회계이론의 범위
③ 자산평가와 이익측정
④ 여러 회계이론이 포함된다.

(4) 회계감사

회계감사auditing는 회계자료의 적정성을 검토하여 의견을 표명하는 것으로서
① 일반적으로 인정된 회계원칙
② 인정된 감사기준에 의해 감사하여 의견을 표명하는 것이다.

(5) 세무회계

세법에 따라 정부·지방자치단체에 대해서 납부하는 세금과 관련된 회계이다. 따라서 세액의 결정, 세무신고서의 작성, 세무계획, 세무관리 등이 있다. 세무회계tax accounting는 기업을 대상으로 하고 있기 때문에 법인세의 계산이 중요하며, 그 밖에도 개인소득세와 부가가치세 등이 있다.

3) 연구대상에 따른 분류

회계의 연구대상에 따라 미시적기업적 차원 회계와 거시적국민경제 회계로 구분할 수 있다. 미시적 회계micro accounting는 일반기업의 경제활동을 다루는 회계이다. 개별회계단위로 이루어지며 기업 이외에도 개인, 정부, 비영리조직, 가계 등이 있다.

거시적 회계macro accounting는 국민경제적 차원 또는 국제경제적 차원에서 경제활동을 다루는 것이다.

4) 준거기준에 따른 분류

준거기준에 따른 분류로 회계는 기업회계와 세무회계로 구분할 수 있다. 기업회계는 기업회계기준에 의해서 이루어지며, 세무회계는 세법에 의해서 이루어지는 회계이다.

기업회계business accounting는 기업의 유지·발전·성장을 위하여 기업회계기준에 따라 회계처리·보고를 하는 것으로 기업의 재무상태, 경영성과를 파악하고 기간손익을 확정하는 것을 목적으로 한다. 세무회계tax accounting는 국가재정의 조달을 위해서 세법의 기준에 따라 공평·타당한 조세부담의 배분기준으로서 과세소득의 계산·파악을 목적으로 하고 있다.

6 회계단위와 회계연도

1) 회계단위

기업주가 기업을 위하여 제공하는 현금, 물품, 채권, 채무 등은 기업에 속하는 것이므로 기업주 개인의 것이 아니라는 기업실체 개념이 있다. 따라서 기업주의 가계에 속하는 재무와 별도로 기록·계산을 하게 된다. 이와 같은 기록·계산의 범위가 회계단위accounting unit이다.

2) 회계연도

중세의 모험기업venture의 영업형태는 1회의 투기적 거래에 자본을 투하하여 그것이 회수될 때까지의 기간이 기업의 라이프사이클이다. 따라서 1회의 영업행위가 독점된 영업 또는 기업으로서 존재하였으며 기업의 성과도 청산이라는 관점에서 개별적으로 산정되었다.

그러나 근대적 기업에서는 여러 차례의 영업행위가 유기적으로 연속되어 영업행위가 계속되기 때문에 기업의 영업활동을 영속적으로 수행한다고 하는 계속기업going concern의 전제하에 운영되고 있다.

이와 같이 기업을 계속기업으로 파악할 때에는 기업의 전 존속기간을 인위적으로 기간 구분하여 기말에 회계기록을 마감하고, 일정기간의 경영성과와 기말의 재무상태를 파악하여 이것을 이해관계자에게 보고하게 된다.

회계기간은 회계연도fiscal year 또는 영업연도라는 말로 표현되는 것으로 근대기업의 회계업무는 이 회계기간을 전제로 하여 수행된다. 회계기간의 간격은 1년 또는 반년을 관습적으로 택하고 있으며, 이는 법률적 제도로서도 확립되어 있다.

제**2**절

회계와
부기의 이해

회계와 부기를 혼동하는 경우가 의외로 많다. 이는 부기가 회계의 한 부분인 것을 모르고 두 용어를 동일시하기 때문이다.

부기란 장부기입이라는 어원에서 만들어진 용어이며, 거래사실을 요약·정리하여 기록하는 단순한 기술을 뜻한다. 그러므로 부기란 기업의 경영활동에서 일어나는 재산과 자본의 증감변화를 일정한 원리원칙에 의하여 조직적으로 기록·계산·정리하여 그 결과를 명백히 하는 방법이다. 또한 부기는 회계의 한 과정으로 경제적 사건을 기록하고 보관하는 기법에 불과하며 반복적이고 기계적이라는 특성을 지니고 있다.

이에 반해 회계는 거래를 장부에 기록하는 부기의 차원을 넘어 이것을 회계정보로서 기업의 여러 이해관계자들에게 제공함으로써 그들이 합리적으로 의사결정을 할 수 있도록 해주는 것이다. 회계는 부기에 이와 관련된 회계이론을 접목시킴으로써 한층 범위가 넓고 전문적이라고 할 수 있다.

그러나 이렇게 했다고 해서 '그러면 부기는 중요하지 않구나'라고 생각해서는 안 된다. 사람으로 비유하자면 회계는 인체에, 부기는 인체의 뼈에 해당하며 살에 해당하는 것이 회계이론이라 할 수 있다. 따라서 회계를 이해하기 위해서는 기본적 토대가 되는 부기를 이해해야 할 것이다.

1 부기의 목적

　기업의 재무상태와 경영성과를 측정하여 보고하는 데 있으며, 주목적과 부목적으로 분류할 수 있다.

1) 주목적

❶ 경영활동의 지시적 기록계산을 유지한다.
❷ 일정시점에 있어서 기업의 재무상태를 명백히 한다대차대조표.
❸ 일정기간에 있어서 정확한 경영성과인 손익을 산출한다손익계산서.

2) 부목적

❶ 경영방침의 수립에 중요한 참고자료가 된다.
❷ 분쟁사건이 발생하였을 때 중요한 증거물이 된다.
❸ 과세신용의 표준이 된다.
❹ 채권자에게 자료를 제공하며, 투자자에게 투자의 안전을 기할 수 있다.

2 부기의 분류

1) 단식부기와 복식부기

　단식부기와 복식부기의 분류는 기록방법에 의한 분류이다. 단식부기는 일정한 원칙 없이 금전출납·채권·채무 등과 같은 내용을 간편하게 기장하며 관리하는 기록방법이다. 일반적으로 가정에서 사용하는 가계부는 대개 현금의 수입과 지출만을 기록한다. 이와 같이 현금이라는 재산의 증감만을 일정한 원칙 없이 장부에 기록하는 것을 단식부기라고 한다.

　보통부기라고 하면 복식부기를 말한다. 일반적으로 복식부기는 단식부기와 달리 일정한 원칙과 방법에 따라 기록한다. 따라서 재산과 자본의 증가와 감소를 원인과 결과의 금액으로 분류하여 수익과 비용의 발생원인과 사유를 상세하게 기록하게 된다. 예를 들어 현금을 지급하고 상품을 구입한 경우에는 현금이라는 재산이 감소한 반면, 상품이라는 재산이 증가하게 되는데, 이 경우 현금이 감소한 원인과 상품이 증가한 결과를 동시에 기록하는 것이 복식부기이다.

2) 영리부기와 비영리부기

영업의 종류에 따라 영리부기와 비영리부기로 분류한다. 영리부기는 일반적인 상점이나 회사와 같이 영리를 목적으로 하는 조직에서 행하는 부기를 말한다. 반면 비영리부기는 관청이나 공공법인 또는 가정과 같이 영리를 목적으로 하지 않는 조직에서 행하는 부기를 말한다.

3) 상업부기와 공업부기

영리부기는 업종별 업무내용에 따라 각기 다른 형태의 부기를 사용하고 있다. 상품을 구입하여 판매하는 상기업에서 행하는 부기를 상업부기라 하고, 상품을 직접 제조하여 판매하는 제조기업에서 행하는 부기를 공업부기라고 한다.

제**3**절

거래와
계정계산

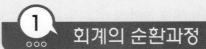

① 회계의 순환과정

회계의 순환과정accounting cycle은 회계과정 accounting process이라고도 한다. 이는 회계가 회계의 목적을 달성하기 위해 매년 반복적으로 수행하는 기술적 절차로 거래의 인식에서부터 이를 기록, 계산, 정리하고 최종적으로 재무제표를 작성하기까지의 일련의 회계절차의 전 과정을 의미한다.

　회계의 순환과정은 다음과 같다.

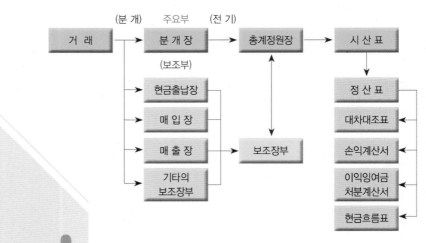

┃그림 11-1┃　회계의 순환과정

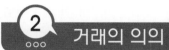 2 거래의 의의

1) 거래의 의의

회계상에서 모든 장부의 기록은 거래로부터 출발하여 기장된다. 그러므로 거래는 기장의 기초인 동시에 근거가 된다.

회계상의 거래는 기업의 경영활동과정에서 자산, 부채, 자본, 수익, 비용의 증감변화를 일으키는 모든 사항으로 회계상 기록의 대상이 되는 것을 말한다. 일상생활에서 거래란 사업 또는 업무의 추진, 수행, 협상, 해결 등 여러 가지 의미로 사용되는데, 특히 상인과 고객 사이의 상품매매 또는 금전대차를 가리킨다. 이에 비하여 회계에서 거래는 한정적 의미로 사용되어 의미상 차이가 있다. 회계상의 거래는 일상생활상의 거래와 일치할 수도 있고 일치하지 않을 수도 있다. 예를 들면 상품의 매매계약과 같이 타인과의 관계에 의하여 이루어지는 것을 일반적으로 거래라 하지만, 회계에서는 자산, 부채, 자본의 증감변화가 없으므로 거래라고 하지 않는다. 그러나 화재나 도난 등에 의해 현금이나 상품이 분실, 소실되거나 사용과 시일의 경과에 따라 비품, 건물 등의 가치가 감소될 때에는 자산의 감소가 일어나므로 회계상의 거래라고 한다.

회계상의 거래는 반드시 자산, 부채, 자본, 수익, 비용의 증감변화를 일으킨다는 사실에 유의하여야 한다.

상품가격의 하락은 결산시 상품평가손실이 발생하므로 손실이 발생하며, 매출채권 중 대손상각비, 유가증권평가손실 등도 이에 해당된다.

2) 거래요소의 결합관계

(1) 거래의 이중성

외식업에서 일어나는 거래에는 여러 가지가 있지만 회계상의 거래로서는 자산의 증가와 감소, 부채의 증가와 감소, 자본의 증가와 감소, 수익의 발생, 비용의 발생 등 여덟 가지 거래요소의 결합관계를 거래의 8요소라고 한다.

거래의 이중성은 이러한 거래의 8요소들이 서로 결합하여 2개 이상의 대립된 거래로 나타나는 것으로서 대립하는 양쪽의 거래는 서로 원인이 되고 결과도 되는 것을 말한다. 또한 이는 어떠한 거래가 발생하더라도 양쪽에 동일한 금액으로 이중기입이 행하여지는 것을 가리키는데, 복식부기는 이 양쪽의 변동을 동시에 기록하는 것에 특징이 있다. 원래 복식부기란 용어는 이와 같은 대립관계에 양쪽의 가치변동을 이중으로 기록하여 이중기입하는 것을 의미한다.

(2) 거래 8요소의 결합관계

모든 거래는 자산의 증가와 감소, 부채의 증가와 감소, 자본의 증가와 감소, 비용과 수익의 발생이라는 여덟 개의 요소로 분류할 수 있는데 이들을 거래 8요소라 한다. 이와 같이 모든 거래는 거래의 8요소가 일정한 관계에 의하여 결합된바, 이를 거래의 8요소의 결합관계라 한다.

3 거래의 종류

외식업의 자산, 부채, 자본 및 수익, 비용 중 어디에 증감변화가 발생하는가에 따라 구분하면 다음과 같다.

1) 현금수지에 따른 분류

(1) 현금거래

이는 현금의 수지를 수반하는 거래로서 현금이 기업 내부에 들어오는 입금거래와 현금이 기업 외부로 나가는 출금거래로 나누어진다.

(2) 대체거래

이 거래는 현금의 수지를 전혀 수반하지 않는 완전대체거래와 현금의 수지를 부분적으로 수반하는 일부대체거래가 있다.

2) 거래요소의 결합 수에 의한 분류

(1) 단순거래

왼쪽의 거래요소 하나와 오른쪽의 거래요소 하나끼리, 즉 2개의 거래요소로 이루지는 거래로서 상품의 현금매입, 보험료의 현금지급 등이 그 예이다.

(2) 복합거래

2개 이상의 거래로 이루어지는 거래를 말하며, 상품의 반액은 현금, 반액은 외상으로 매입한 경우 등이 그 예이다.

3) 손익관계 유무에 의한 분류

(1) 교환거래

자산, 부채, 자본의 증감변동은 일어나지만 이는 비용과 수익, 즉 손익이 발생과는 하등 관계가 없는 거래이다.

(2) 손익거래

수익이나 비용이 발생하는 거래로서 자본의 증감을 일으키면서 동시에 자산 구성부분에도 같은 금액의 증감을 일으키는 거래이다.

차변의 비용발생요소 하나와 대변의 요소가 하나 또는 둘 이상이 복합된 결합을 이루는 거래도 손익거래이다.

(3) 혼합거래

이는 자산, 부채, 자본의 상호 교환과 동시에 일부 수익, 비용의 증감을 수반하는 거래이다. 즉, 교환거래와 손익거래가 혼합된 것으로 상품을 매출하여 이익을 얻는 거래, 차입금의 원리금을 지급하는 거래 등이다.

4) 기업 외부와의 관계 유무에 의한 분류

(1) 외부거래

외식업의 외부에서 발생한 거래로 이것은 다시 구입거래와 판매거래로 나눌 수 있다. 구입거래는 재료, 상품, 설비, 자산 등을 구입하고 대가를 지급하는 거래이고, 판매거래는 제조상품 등을 판매하고 그 대가를 받는 거래이다.

(2) 내부거래

외식업 내부에서 발생한 거래로 고정자산에 대한 감가상각, 대손의 추정, 잉여금의 처분 등 결산시에 행하는 수정기입, 장부상의 대처거래, 제조원가, 계산을 위한 대처거래를 말한다.

5) 기타의 분류

(1) 실질거래

자산, 부채, 자본의 가치를 실질적으로 변동시키는 거래이다. 부기상 대부분의 거래가 이에 해당된다.

(2) 형식거래

부기에서 거래로 기록은 하지만 실질적으로 자산, 부채, 자본의 크기는 변동하지 않고 비망기록의 성격을 갖는다.

 4 **계정계산의 원리**

1) 계정의 의의

거래가 발생하면 자산, 부채, 자본이 증감변동하고 수익이 발생하거나 비용이 발생하게 된다. 이 변화를 명확히 하기 위하여 부기에서는 이를 기록하고 계산해야 한다. 그 기록과 계산은 특수한 형식으로서 현금이나 상품, 차입금과 같이 그 종류나 성질에 따라서 적당히 구분하여 개별적으로 행하여야 한다. 이와 같은 계산상의 구분단위를 계정이라고 한다. 계정의 명칭을 계정과목이라 하며, 기록을 하기 위하여 장부에 설정된 계산장소를 계정계좌 또는 계좌라고 한다.

계정을 사용해서 계산하는 계정식 계산법은 다음과 같다. 먼저 자산, 부채, 자본 및 수익, 비용에 대하여 설정된 각각의 구체적인 항목에 있어서 그 양쪽의 금액을 각각 계산하는데 이는 복식부기만이 갖는 특색이다.

2) 계정의 분류

계정은 자산, 부채, 자본 및 수익, 비용에 속하는 계정으로 분류한다. 자산, 부채, 자본은 대차대조표에 표시되는 것이므로 이들 계정을 대차대조표 계정이라 하며, 수익과 비용은 손익계산서에 표시되는 것이므로 이들 계정을 손익계산서 계정이라 한다. 계정을 분류하여 보면 다음과 같다.

| 표 11-1 | 계정의 분류

대차대조표 계정	자산계정	현금, 매출채권, 단기대여금, 상품, 건물 등
	부채계정	매입채무, 단기차입금 등
	자본계정	자본금, 잉여금 등
손익계산서 계정	수익계정	매출액, 수수료수입, 이자수익 등
	비용계정	매출원가, 급여, 광고선전비, 세금과 공과금, 접대비, 이자비용 등

3) 차변과 대변

(1) 장부기입란에는 반드시 차변과 대변이 존재

차변, 대변은 회계에서 사용되는 용어로서, 회계에서의 영업활동은 모두 장부나 전표의 기입란에 기재하며 차변과 대변으로 구분되어 있다.

차변은 거래분개시 왼쪽에 나타나는 거래로서 자산의 증가, 부채의 감소, 자본의 감소, 비용의 발생 등을 기록하며, 대변은 거래분개시 오른쪽에 나타나는 거래로서 자산의 감소, 부채의 증가, 자본의 증가, 수익의 발생 등을 기록한다.

차변과 대변의 합계금액은 분개에서 결산까지의 전 과정에서 반드시 일치해야 한다.

(2) 회계상의 계산에서 같은 측은 덧셈, 반대측은 뺄셈

회계에서는 매일의 영업활동을 기록하는 것만이 아니라 그 기록을 정리하고 계산해서 이익과 재산의 상태를 파악해야 한다. 회계의 계산은 장부의 좌측과 우측의 어느 쪽에 기입하느냐에 따라 계산이 달라진다. 즉, 같은 측에 기입하면 덧셈, 좌우측에 따로따로 기입하면 뺄셈을 하는 것이 회계의 계산원리이다.

 계정기입의 원칙

1) 계정기입의 원칙

계정기입의 원칙이란 자산, 부채, 자본, 수익, 비용을 계정에 기입할 때 각 항목의 증가, 감소가 각 계정의 차변, 대변에 어떻게 기입되는가를 나타내는 법칙이다. 이것을 분개의 법칙이라고도 하는데 거래를 분개할 때의 법칙과 동일하기 때문에 그렇게 부른다.

거래는 자산, 부채, 자본의 증감과 비용, 수익의 발생을 일으키는 것으로 거래가 발생하면 모두 해당되는 계정에 기입하고 계산한다. 각 계정계좌는 차변과 대변으로 양분되어 있기 때문에 각 항목의 증가와 감소를 어느 쪽에 기입할 것인가에 대하여 정확히 알아야 한다. 따라서 이들 각 항목의 증감과 발생이 계정의 차변과 대변에 어떻게 기입되는가를 표시하면 다음과 같다.

┃표 11-2┃ 　계정기입의 원칙

자산계정 증가는 차변에, 감소는 대변에
부채계정 증가는 대변에, 감소는 차변에
자본계정 증가는 대변에, 감소는 차변에
비용계정 발생은 차변에, 소멸은 대변에
수익계정 발생은 대변에, 소멸은 차변에

자산은 대차대조표의 차변에 그 잔액이 표시되므로 자산의 증가는 자산계정의 차변에 기입되며, 감소는 대변에 기입된다. 또한 부채와 자본은 그 잔액이 대변에 표시되므로 부채와 자본의 증가는 대변에 기입되며 감소는 차변에 기입된다.

2) 계정과목 설정시의 유의사항

어떤 계정과목을 설정하는가 하는 문제는 기장의 능률과 효과에 미치는 영향이 크므로 그 설정에 있어서 신중을 기하여야 한다. 이러한 관점에서 계정과목을 설정시 유의사항은 다음과 같다.

❶ 기업회계기준에 규정된 계정과목을 사용하여야 한다. 기업회계기준에서는 계정과목을 지정하여 특정의 계정과목을 사용하도록 요구하고 있다. 이것은 비슷하거나 동일한 성격의 계정에 대하여 다른 명칭을 사용함으로써 생길지 모르는 혼란과 오해를 줄이기 위하여 계정과목을 통일한 것이다.

❷ 계정과목은 계정의 성질을 명확히 표시하는 것이어야 한다. 일반적으로 사용되지 않거나 애매모호한 명칭은 피해야 한다.

❸ 계정과목은 내용이 단순하여야 한다. 한 계정과목의 성질, 종류가 다른 항목을 함께 기록해서는 안 된다.

❹ 거래의 빈도가 많고 금액이 큰 것은 세분하고 빈도가 적고 금액이 작은 것은 보고에 지장이 없는 한 적절하게 통합하여야 한다. 계정과목의 수가 너무 많은 경우에는 통제계정을 사용하고, 그 명세는 보조원장에 기입한다.

❺ 일단 설정한 계정과목은 특별한 사유가 없는 한 함부로 변경해서는 안 된다. 계정과목의 번번한 변경은 비교가능성의 원칙에 어긋나기 때문이다.

❻ 손익이 속하는 계정은 경영성과와 업적평가를 명백히 하기 위하여 영업손익과 영업외손익, 경상손익과 특별손익, 전기손익과 당기손익으로 구분 표시하여야 한다.

제**4**절

결 산

현대기업은 지속적인 경영활동을 전제로 하는 조직체이다. 따라서 외식업 역시 자체의 경영성과를 알기 위해 일정한 기간을 설정하고 일정기간 동안의 기업자산의 증감변동과 성과에 관해서 계산을 한다. 즉, 사업의 결과인 이익과 재무상태를 알기 위해서는 그동안 매일 기록해 온 거래내역을 통합하여 정리·계산할 필요가 있는데 이것을 결산이라 한다. 결산이란 그동안 분개나 기장장부에 기록하는 것해 온 총계정원장을 정리·요약해서 사업의 이익 정도와 재무상태를 파악하기 위해 결산보고서를 작성하는 작업을 말한다.

이처럼 일정한 기간을 회계기간이라고 하며, 회계기간을 회계연도 또는 사업연도라고 한다. 회계에서는 편의적으로 1년마다 기간을 나누어 결산한다. 보통 12월 결산법인이란 최종적으로 마감하기 이전에 정리분개 또는 수정분개를 함으로써 기업의 일상적인 거래에 대한 분개장, 원장을 보충하여 기말에 추가로 분개할 사항을 정리하는 절차이다. 이를 통해 재무제표의 작성이 가능해지고 기업의 재무상태와 경영성과가 확연히 나타나게 된다.

결산정리가 필요한 이유는 다음과 같다.

첫째, 일상적 거래가 집계되어 원장이 작성되는데, 이 원장의 계정잔액을 기초로 하여 재무제표를 작성할 경우 재무상태와 경영성과가 명확하게 표시되지 않을 수가 있다.

둘째, 일상적 거래는 아니지만 결산시에는 인식할 거래로서 추가적으로 해야 할 분개가 있기 때문이다.

2 결산정리

1) 자산의 결산정리

자산의 결산정리는 자산계정을 결산시 수정하여 정리하는 것이다. 각 계정의 잔액이 현재의 실제금액과 일치하지 않는 경우 계정의 잔액을 실제금액으로 수정하는 절차이다.

대표적인 예로는
❶ 상품계정의 정리
❷ 유가증권의 평가
❸ 대손충당금의 설정
❹ 유형자산의 감가상각
❺ 무형자산의 상각
❻ 가지급금의 처리
❼ 외화자산의 환산 등이 있다

이러한 정리에는 재고조사표를 작성하는 것이 있다. 재고조사는 결산 당시 소유하는 자산 중 상품, 유가증권, 비품, 건물 등에 관하여 실제로 그 수량 또는 감가상각의 정도를 조사하여 그 가격을 결정하고 채권의 회수 불능 등을 추정하는 절차이다. 재고조사표에 기재할 사항 및 항목으로는

❶ 기말상품 실제재고조사
❷ 건물·비품 등 고정자산의 감가상각
❸ 외상채권 및 기타 채권의 대손충당금의 설정 또는 수정

④ 유가증권 및 기타 자산의 평가
⑤ 현금과부족의 처리
⑥ 선급비용의 선수수익의 차감
⑦ 미지급비용 및 미수수익의 계산 등이 있다.

2) 수익과 비용의 결산정리

(1) 수익과 비용의 이연

현금으로 주고받아 이미 원장의 각 계정에 기입된 수익·비용이라도 차기에 속하는 부분이 있으면 이를 차기로 이월하고 당기의 수익·비용계정에서 차감을 해야 하는데, 이것을 수익과 비용의 이연이라고 한다.

(2) 수익과 비용의 예상

현금을 주고받지 않은 수익·비용이라도 당기에 발생한 것이라면 수익과 비용으로 당기에 계상해야 한다. 이 경우 미리 당기의 수익·비용에 계상하는 한편 차기의 수익·비용에 계상이 되지 않도록 하는데, 이를 수익·비용의 예상이라고 한다.

3 정산표의 작성

정산표working sheet는 결산의 본 절차를 수행하기 전에 잔액시산표와 재고조사표를 기초자료로 하여 손익계산서와 대차대조표에 기재할 금액을 계산해 두는 방법이다. 많은 외식업들이 생략을 하고 있으나, 기업의 재무상태와 경영성과를 알기 위해서 작성해야 한다.

정산표의 종류에는 구성요소의 칸수에 따라서 6위식·8위식·10위식 등이 있으며, 사기업에서는 일반적으로 8위식 정산표가 많이 이용되고, 제조기업에서는 10위식 정산표가 많이 이용이 된다.

4 계정의 마감

모든 회계처리가 끝난 뒤 총계정원장에 있는 모든 계정이 마감된다. 즉, 계정의 마감이란 결산시 회계기간에 있어서 계산상의 장소로서 임무가 일단 끝났음을 표시한 것이고, 계정의 이월이란 결산시 아직 그 계정에 잔액이 있는 경우 이 잔액은 차기 초의 계정시 잔액이 되는 것이므로 이월액을 표시하는 데 필요한 절차를 말한다.

계정의 마감은 수익·비용의 손익을 계산하기 위하여 임시로 설정한 집합손익계정에 집합·정리하여 순손익을 산출하며 자산·부채·자본계정의 마감으로 구분이 된다.

5 재무제표의 작성

결산보고서의 작성이란 재무제표를 작성하는 절차이다. 계정이 마감이 되면 한 회계연도의 경영성과를 나타내는 손익계산서와 결산일 현재 재무상태를 명백히 하는 대차대조표를 작성한다. 결산을 종료하고 난 이후 결산서를 작성하여 경영진과 주주에게 보고하는 것으로서 기업회계의 절차가 종료되게 된다. 이러한 과정 중에서 기업회계기준에 따른 회계감사와 세무사 등이 법인세 신고 전에 조정하는 세무조정신고서 등이 있다.

제**5**절

재무제표의 이해

① 재무제표의 개념

주식에 투자를 하려고 하면 투자자는 자신이 투자하려고 하는 회사의 경영성과를 조사한 후에 투자하려고 한다. 이와 반면에 기업은 투자자에게 회사의 재무상태의 건전성을 고지함으로써 투자를 유도하려고 할 것이다. 이 양자의 관계를 만족시켜 주는 것이 바로 재무제표 financial statement이다. 즉, 기업의 거래를 측정·기록·분류·요약하여 작성되는 회계보고서이다.

재무제표는 회계보고서, 재무보고서, 결산보고서라고도 한다. 회계보고서란 재무제표와 동일한 용어는 아니지만 광범위하게 사용되는 용어로서 회계보고서에는 회계상 작성되는 모든 보고서가 포함이 될 수 있으므로 재무제표도 회계보고서의 일종이다.

재무제표는 외식업의 경제적 상황, 즉 재무상태재정상태, 경영성과인 경영실적, 현금흐름을 나타내는 표로서 외식업의 경제적 활동이 최종요약되는 것이다. 또한 기업의 여러 이해관계자에게 보고되어 이용자의 경제적 의사결정을 하는 데 정보의 원천이 되며, 과세의 자료와 배당액을 결정하는 자료도 된다. 그러므로 재무제표는 외부용과 내부용으로 구분하여 그 활용 여부를 설명할 수 있다.

1) 외부용

❶ 세무서 등에 제출하여 세금을 낸다.

❷ 금융기관 등에 제출하여 돈을 빌린다.

❸ 주주총회에 제출하여 주주에게 보고한다.

2) 내부용

❶ 장래의 경영방침을 세운다.

❷ 종업원의 근로의욕 향상을 위한 목표를 세운다.

❸ 불필요한 지출을 억제한다.

❹ 제조업의 경우 가격을 결정하기 위한 원가계산을 한다.

2 재무제표의 종류

재무제표 및 부속명세서에는 대차대조표, 손익계산서, 이익잉여금처분계산서 또는 결손금처리계산서, 현금흐름표, 주기와 주석으로 한다.

대차대조표와 손익계산서를 포함한 재무제표는 회사를 판단하는 중요한 자료이다. 이는 채권자 또는 일반소비자 등 기업외부에서 기업의 재무상태나 경영실적을 알고 싶어하는 이용자에게 도움을 주는 보고수단이기도 하며, 기업의 최고경영자가 업무를 수행하는 데 필요한 의사를 결정하는 내부자료가 되기도 한다.

또한 세무서에 법인세를 신고하기 위한 증빙자료로 사용될 뿐만 아니라 금융기관에서 대출을 받을 때도 재무제표의 판단자료로 이용된다.

재무제표의 종류, 즉 재무제표 및 부속명세서에는 다음과 같은 것이 있다.

- 대차대조표 : 특정시점의 재무상태를 알려주는 표
- 손익계산서 : 일정기간의 경영성과를 알려주는 표
- 이익잉여금처분계산서 : 이익의 처분내용을 알려주는 표

- 현금흐름표 : 현금증감의 원인과 결과를 알려주는 표
- 주기와 주석 : 추가적인 회계정보와 공시

 대차대조표

1) 대차대조표의 개념

대차대조표B/S : Balance Sheet란 일정시점에 있어서 기업의 자산, 부채, 자본을 표시한 결산보고로서 기업의 재무상태를 나타내는 표이다. 즉, 회계를 이용하여 매일매일 일어난 거래를 기록했다가 일정기간마다 분류·정리하여 작성하는 것이며 기업의 자산, 부채, 자본을 표시할 뿐만 아니라 기초와 기말의 재무상태를 비교함으로써 자산의 증감 및 순손익을 파악할 수도 있다.

대차대조표의 등식에 따라 왼쪽에는 자산항목과 금액을 기입하고, 오른쪽에는 부채 및 자본항목과 금액을 기입하면 일정시점의 기업재무상태를 나타내는 대차대조표가 작성된다.

2) 대차대조표의 구성요소

(1) 자산

자산assets이란 기업이 소유하고 있는 경제적 가치가 있는 모든 자원으로서 기업의 투자자본의 운영형태로서 나타나는 것으로 여러 가지의 경제자원economic resources, 즉 재화나 채권, 신용 등을 총칭하여 자산assets이라고 한다. 예를 들어 현금, 예금, 건물, 토지, 기계, 비품 등 기업이 가지고 있는 것은 모두 자산이다.

자산은 크게 유동자산과 고정자산으로 구분한다. 유동자산이란 회전력이 빠른 자산으로 현금화하는 데 걸리는 기간이 1년 이내인 자산을 의미한다. 고정자산이란 영업활동을 위해 장기간 소유하고 있는 자산, 즉 현금화하는 데 걸리는 기간이 1년 이상인 자산을 뜻한다. 기업이 상품생산을 하기 위해 장기간 소유하고 있는 기계 등의 자산은 현금화하는 데 1년 이상 걸리므로 고정자산에 속한다.

❶ **유동자산**
- 당좌자산 : 현금 및 현금등가물, 단기금융상품, 유가증권, 매출채권, 단기대여금, 미수금, 미수수익, 선급금, 선급비용, 기타의 당좌자산
- 재고자산 : 상품, 제품, 반제품, 재공품, 원재료, 저장품, 기타의 재고자산

❷ **고정자산**
- 투자자산 : 장기금융상품, 투자유가증권, 장기성 매출채권, 투자부동산, 보증금, 이연법인세차, 기타의 투자자산
- 유형자산 : 토지, 건물, 구축물, 기계장치, 선박, 차량운반구, 건설 중인 자산, 기타의 유형자산
- 무형자산 : 영업권, 산업재산권, 광업권, 어업권입어권 포함, 차지권지상권 포함, 창업비, 개발비, 기타의 무형자산

(2) 부채

자산과 반대의 성질을 갖고 있는 것으로 장차 타인에게 반환해야 할 채무를 부채liability라고 하며, 장래에 그 돈을 상환하거나 외상대금을 지급할 것을 약속한 채무로서 회계에서는 부채라고 한다. 기업을 운영하다 보면 자금부족으로 인해 은행에서 차입하거나 상품을 외상으로 매입하는 경우가 많다.

부채는 장래에 기업의 자금이 외부로 지출되는 항목이므로 결국 기업의 자산이 감소하는 결과를 가져온다. 따라서 부채는 적을수록 유리하다. 그러나 자금조달면에서 보면 은행이나 기타 금융기관에서 돈을 많이 빌릴 수 있는 기업이 그만큼 믿을 수 있다는 것이므로 신용도가 높다고도 할 수 있다.

부채는 유동부채와 고정부채로 구분한다. 즉, 유동부채란 1년 이내에 갚아야 되는 채무를 말하며, 고정부채란 1년 이후에 갚아도 되는 채무를 말한다. 일반적으로 유동부채는 상환기간이 짧아 빨리 갚아야 하므로 유동부채가 많으면 부도가 나기 쉽다. 따라서 유동부채보다는 보다 여유 있게 사용할 수 있는 고정부채를 이용하는 것이 기업에 유리하다.

❶ 유동부채

- 매입채무 : 매입채무는 일반적으로 상거래에서 발생한 외상매입금과 지급어음
- 단기차입금 : 일반적으로 1년 이내에 상환해야 할 채무금액
- 미지급금 : 상품 이외의 물건을 외상으로 매입한 금액
- 선수금
- 예수금
- 미지급비용
- 미지급법인세
- 미지급배당금
- 유동성 자기부채
- 선수수익
- 단기부채성 충당금
- 기타의 유동부채

❷ 고정부채

- 사채증권을 발행하고 조달한 장기성 자금
- 자기차입금 : 1년 이후에 상환을 해도 되는 채무금액
- 장기성 매입채무
- 장기부채성 충당금
- 이연법인세대
- 기타의 고정부채

(3) 자본금

자산에 대한 기업소유자 또는 주주의 청구권을 의미하며, 대부분의 기업들은 자산과 부채를 동시에 갖고 있게 마련인데 회계에서는 이 두 가지를 합쳐서 재산이라고 한다. 부채를 재산이라고 하는 것은 부채도 기업이 영업활동자금으로 일시적으로는 기업의 재산이라고 할 수 있다.

자산을 적극적 재산인 플러스 재산으로 인식하고, 부채를 소극적 재산인 마이너스 재산이라고 생각하면 된다.

부채는 장래에 상환해야 할 금액이기 때문에 기업이 순수하게 소유하고 있는 재산순재산을 계산하려면 자산에서 부채를 차감해야 한다. 이렇게 자산에서 부채를 차감한 것이 순재산이 되는 것이며, 이를 회계에서는 자본이라 하고, 이것을 자본등식이라 한다.

❶ **자본금** : 기업의 출자액으로서 주식회사의 경우에는 주주들에게 발행한 주식의 액면금액에 발행주식수를 곱한 금액을 말한다.

❷ **자본잉여금** : 자본거래, 즉 주주와의 거래에서 발생한 잉여금이익이다. 자본잉여금은 주식발행초과금, 감자차익, 기타 자본잉여금으로 분류된다.

❸ **이익잉여금** : 손익거래, 즉 영업활동에서 발생한 잉여금이익으로서 이익준비금, 기타 법정적립금, 임의적립금, 차기이월이익잉여금 또는 차기이월결손금이 있다.

- 이익준비금
- 기타 법정적립금 : 기업합리화적립금, 재무구조개선적립금
- 임의적립금 : 사업확장적립금, 신축적립금, 별도적립금
- 당기말 미처분이익잉여금 : 이월이익잉여금, 당기순이익

❹ **자본조정** : 자본과는 관련성이 있으나 자본금, 자본잉여금 및 이익잉여금 이외의 임시적 성격을 갖는 자본항목으로서, 대부분 자본에 가감하거나 차감하는 성격을 갖는다.

자본조정은 다음과 같이 분류된다.

- 주식할인발행차입금
- 배당건설이자
- 자기주식
- 미교부주식배당금
- 투자유가증권평가이익또는 투자유가증권평가손실
- 해외사업환산대또는 해외사업환산차

4 손익계산서

1) 손익계산서의 개념

손익계산서P/L : Profit and Loss Statement, I/S : Income Statement란 일정기간 동안 기업이 어느 정도의 이익을 냈는지 영업성과를 표시한 회계보고서이다. 즉, 수익과 비용의 각 항목들을 집합시켜 놓은 표를 말하며, 기업의 영업성과는 이익의 양으로 측정한다. 그러나 이익은 수익에서 비용을 차감하여 계산이 되므로 손익계산서에 수익과 비용을 표시함으로써 경영성과를 평가할 수 있게 된다. 따라서 수익과 비용이 영업활동기간 동안 계속 발생이 되므로 일정한 기간, 즉 회계기간인 1년 동안 수익과 비용을 모두 표시해야 한다.

2) 손익계산서의 구성요소

(1) 수익

수익revenue이란 일정기간 동안에 있어서 기업이 창출한 재화나 용역을 고객에게 인도한 가치의 총계를 화폐액으로 표시한 것으로서 수익에는 매출액, 영업외수익, 특별이익으로 구분한다.

(2) 비용

비용expense이란 일정기간 동안 수익을 얻기 위해서 소비된 경제가치, 즉 재화 또는 용역의 소비된 가치이다. 손익계산서에 기재되는 비용은 매출원가, 판매비와 관리비, 영업외비용, 특별손실, 법인세비용으로 구분한다.

(3) 이익

이익이란 일정기간 발생한 총수익에서 총비용을 차감하여 계산이 된 금액이다. 총비용이 총수익보다 크면 순손실이 발생한다. 기업회계기준에서는 이익을 매출총이익, 영업이익, 경상이익, 법인세차감 전 순이익, 당기순이익 등으로 구분하여 표시하도록 하고 있다.

3) 손익계산서의 구조와 양식

(1) 손익계산서의 구조

손익계산서에는 수익, 비용, 순이익의 정보가 기록된다. 손익계산서는 회계기간20XX년X월X일부터 20XX년X월X일까지과 상호회사명를 반드시 명기해야 한다.

손익계산서는 정보의 상호관계에 따라 '수익-비용=순이익순손실'이라는 등식에서 이것을 변형을 시키면 '비용+순이익=수익'이 된다. 따라서 차변에는 비용을, 대변에는 수익을 기재하고 비용의 차액인 순이익을 차변에 기재함으로써 차변과 대변의 합계가 일치하도록 한다.

(2) 손익계산서의 양식

손익계산서 양식에는 계정식과 보고식이 있으나 기업회계기준에는 보고식만을 인정하고 있다. 계정식이란 차변에는 비용을, 대변에는 수익을 기재하고, 수익과 비용의 차액인 순이익은 차변에 기재하여 작성하는 방법이다. 보고식은 수익과 비용을 순서대로 나열하면서 수익에서 비용 차감한 이기 또는 손실을 나타내는 양식을 말한다.

4) 손익계산서의 작성기준

손익계산서의 작성기준은 기업회계기준에 따라 작성하도록 하고 있다.

(1) 발생주의와 실현주의 기준

모든 수익과 비용은 발생한 기간에 정당하게 배분되도록 처리해야 한다는 것이다. 이러한 의미는 손익계산은 반드시 발생주의 기준에 의하여 처리할 것을 규정하고 있다. 발생주의란 현금이 유입되면 수익으로 계상하고, 현금이 지출되면 비용으로 계상하는 현금주의와는 달리 현금 수입 및 지출에 관계없이 수익과 비용이 발생하면 발생한 기간으로 표시해야 하는 원칙이다. 그러나 수익은 실현시기를 기준으로 하고, 미실현수익은 당기의 손익계산에 산입하지 않는 것을 원칙으로 하고 있다.

(2) 수익, 비용 대응표시의 기준

수익과 비용은 발생의 원천에 따라 명확하게 분류하고 각 수익항목과 이에 관련되는 비용항목을 대응하여 표시하는 것이다. 비용은 수익을 획득하기 위해 발생한 것이므로 관련성이 있는 수익과 비용을 대응하여 표시하면 어떠한 활동이 이익을 많이 창출했는가를 쉽게 알 수 있다.

(3) 총액주의 기준

수익과 비용은 총액에 의해서 기재하는 것을 원칙으로 하며, 수익항목과 비용 항목을 직접 상계함으로써 그 전부 또는 일부를 손익계산서에서 제외해서는 안 된다는 원칙이다. 이자수익과 이자비용이 동시에 존재하는 경우 이들 금액의 차액만을 수익 또는 비용으로 계상해서는 안 되는데, 이러한 이유는 명료성·공개성의 원칙에 위배되기 때문이다.

(4) 구분표시의 기준

손익계산서는 매출총이익, 영업이익, 경상이익, 법인세차감 전 순이익, 당기 순이익 등으로 구분하여 표시해야 한다는 원칙이다. 즉, 이익의 구분표시는 손익계산서에 발생원천별로 실현된 수익과 이 수익의 표시는 미래 현금흐름의 규모, 시기 및 불확실한 원천들을 구분함으로써 정보이용자가 전반적인 예측을 하는 데 도움을 제공하기 위한 것이다.

5 이익잉여금처분계산서

1) 이익잉여금의 개념

이익잉여금이란 유보이익이라 불리는 것으로 영업활동이나 재무활동 등 기업의 이익창출에 의해서 획득된 것으로 사회에 유출되거나 또는 불입자본계정에 대체되지 않고 사내에 유보된 계정을 말한다.

이러한 이익잉여금의 구성항목에는 다음이 포함된다.

❶ 상법의 규정에 의하여 적립된 이익준비금

❷ 상법 이외의 법령에 의하여 적립된 기타 법정적립금

❸ 전관의 규정 또는 주주총회의 결의로 적립된 임의적립금

❹ 배당금

❺ 차기이월이익잉여금또는 차기이월결손금

2) 이익잉여금처분계산서

기업의 이월이익잉여금의 수정사항과 당기말 이익잉여금의 처분사항을 명확히 보고하기 위하여 이익잉여금의 총변동사항을 표시하는 재무보고서이다. 즉, 이익잉여금처분계산서statement of retained earning는 기본 재무제표의 하나로서 대차대조표와 손익계산서를 연결시키는 역할을 수행하고 기초와 기말의 처분 전 이익잉여금의 증감내역과 기말처분 전 이익잉여금의 차후변동안을 보고하고 있다.

일반적인 경우에는 이익잉여금처분계산서가 작성되겠지만, 회사에 결손이 발생한 경우에는 결손처리금계산서를 작성해야 한다.

 현금흐름표

1) 현금흐름표의 개념과 목적

현금흐름표statement of cash flows란 현금흐름을 나타내는 표로서 일정한 기간 동안의 현금의 원천, 즉 유입과 사용인 유출을 나타내는 것이다. 현금흐름을 영업활동 · 투자활동 · 재무활동으로 구분하여 표시하고 그 결과인 당기의 현금증가에 기초현금을 가산하여 기말현금을 산출하는 과정을 표시한다.

현금흐름표의 목적은 기업의 일정기간 중의 현금유입액현금수입액과 현금유출액현금지출액에 관한 정보를 제공하는 것이 주요 목적이며 기업의 영업활동, 투자활동, 재무활동에 관한 정보를 현금주의에 따라 보고하는 것이다.

2) 현금흐름표의 유용성

현금흐름표의 유용성은 다음과 같다.

❶ 기업의 미래현금 창출능력을 평가할 수 있다.

❷ 기업의 배당금지급능력과 채무상환능력을 평가할 수 있다.

❸ 당기순이익과 영업활동으로 인한 순현금흐름의 차이에 대한 이유를 설명해 준다.

❹ 일정기간 중의 기업의 현금, 비현금의 투자활동, 재무활동을 평가할 수 있다.

7 주기와 주석

정보이용자들은 재무제표의 본분의 내용을 충분히 이해할 수 있다. 그리고 재무제표상에 표시되지 못한 회계정보를 제공해야 할 뿐만 아니라 필요한 사항을 추가적으로 공시해야 한다. 추가적인 회계정보와 공시방법에는 주기와 주석이 있다.

1) 주기

주기란 재무제표상에 해당 계정과목의 아래에 특정회계사실의 내용을 간단한 자구 또는 숫자로 괄호 안에 표시하는 것을 말한다. 기업회계기준에서 규정하고 있는 주기의 예로는 당기순이익을 주기하는 것과 손익계산서상의 당기순이익에 주당 경상이익과 주당 순이익을 주기하는 것이 있다.

2) 주석

재무제표 본문 밖에 해당되는 계정과목의 내용을 간결하게 설명한 문장이나 보조적인 명세표 등을 기록하는 것을 말한다. 주석에는 주식의 총수, 1주의 금액 및 주식의 수, 회계처리방법, 자산과 부채의 평가기준 등이 있다.

실전외식사업경영론

FOOD SERVICE MANAGEMENT

외식사업
세무관리

학습목표

1. 외식사업의 세무관리에 대하여 알아
   보자

2. 소득세의 구분과 과세체계에 대하여
   알아보자

3. 법인세와 부가가치세에 대하여 알아
   보자

4. 등록세와 면허세에 대하여 알아보자

제 **1** 절

소득세

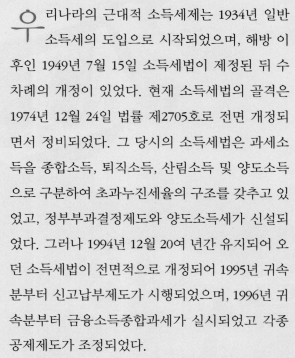

우리나라의 근대적 소득세제는 1934년 일반 소득세의 도입으로 시작되었으며, 해방 이후인 1949년 7월 15일 소득세법이 제정된 뒤 수차례의 개정이 있었다. 현재 소득세법의 골격은 1974년 12월 24일 법률 제2705호로 전면 개정되면서 정비되었다. 그 당시의 소득세법은 과세소득을 종합소득, 퇴직소득, 산림소득 및 양도소득으로 구분하여 초과누진세율의 구조를 갖추고 있었고, 정부부과결정제도와 양도소득세가 신설되었다. 그러나 1994년 12월 20여 년간 유지되어 오던 소득세법이 전면적으로 개정되어 1995년 귀속분부터 신고납부제도가 시행되었으며, 1996년 귀속분부터 금융소득종합과세가 실시되었고 각종 공제제도가 조정되었다.

현재 소득세법에서는 종합소득, 퇴직소득, 산림소득, 양도소득의 네 가지로 소득을 구분하고 있는데 이들의 과세체계는 다음과 같다.

① 종합소득

종합소득은 이자소득, 배당소득, 부동산임대소득, 사업소득, 근로소득, 일시재산소득, 연금소득 및 기타소득으로 구성된다. 이러한 총수입금액에서 필요경비, 소득공제 등을 공제한 후 종합소득세 과표를 산출하고 9~36%의 종합소득세율을 적용하여 과세한다. 여기서 이자 및 배당소득과

기타소득 중 원천분리과세되는 부분과 근로소득만 있으면서 근로소득세 연말
정산으로 소득세 납세의무가 종결되는 근로소득의 경우에는 종합소득세 신고
의무가 면제된다.

| 표 12-1 | 종합소득세 세율

1994~1995년		1996년 이후		2002년 1월 1일 이후		2014년 1월 1일 이후	
과세표준	세율(%)	과세표준	세율(%)	과세표준	세율(%)	과세표준	세율(%)
400만원 이하	5	1,000만원 이하	10	1,000만원 이하	9	1,200만원 이하	6%
800만원 이하	9	4,000만원 이하	20	4,000만원 이하	18	1,200만 원 초과~4,600만 원	15%
1,600만원 이하	18	8,000만원 이하	30	8,000만원 이하	27	4,600만 원 초과~8,800만 원	24%
3,200만원 이하	27	8,000만원 초과	40	8,000만원 초과	36	8,800만 원 초과~3억 원	35%
6,400만원 이하	36					3억 원 초과	38%
6,400만원 초과	45						

2 퇴직소득

퇴직소득이란 당해 연도에 발생한 다음의 소득을 말한다.

| 표 12-2 | 퇴직소득의 범위

구 분	퇴직소득의 범위
갑종 퇴직소득	• 갑종 근로소득이 있는 자가 퇴직으로 인하여 받는 소득 중 일시금 • 각종 공무원에게 지급되는 명예퇴직수당 • 갑종 근로소득이 있는 자가 퇴직으로 인하여 받는 퇴직보험금 중 일시금 • 국민연금법에 의하여 지급받는 반환일시금 또는 사망일시금 • 공무원연금법 · 군인연금법 · 사립학교교직원연금법 또는 법정 우체국법에 의하여 지급받는 일시금 • 기타 위와 유사한 소득으로서 대통령령이 정하는 일시금
을종 퇴직소득	• 을종 근로소득이 있는 자가 퇴직으로 인하여 받는 소득

퇴직급여액에서 퇴직소득공제를 하여 퇴직소득과표를 산출하고 여기에 종합소득세의 세율을 적용하여 산출된 퇴직소득산출세액에서 퇴직소득세액공제를 하여 결정세액을 결정한다. 그리고 퇴직소득이 있는 거주자에 대하여는 당해 연도의 퇴직급여액에서 급여비례공제와 근속연수공제를 한다. 다만, 당해 연도의 퇴직급여액의 이러한 공제금액에 미달하는 경우에는 그 퇴직급여액을 퇴직소득공제액으로 한다.

3 산림소득

산림소득은 조림한 기간이 5년 이상인 임지의 임목의 벌채 또는 양도로 인하여 발생하는 소득을 말한다. 그리고 당해 연도의 총수입금액에서 이에 소요된 필요경비를 공제하여 산출된 산림소득금액에서 연 600만원을 산림소득으로 공제하되 공제액은 산림소득금액을 한도로 한다. 여기에 종합소득세의 세율을 적용하여 산출된 산림소득산출세액에서 세액감면 및 기장세액공제, 재해손실세액공제, 조세특별제한법상 세액공제를 한다.

4 양도소득

개인이 당해 연도에 일정한 자산을 양도함으로 인하여 얻는 소득이다. 세법상 양도란 자산에 대한 등기 또는 등록에 관계없이 매도·교환·법인에 대한 현물출자 등으로 인하여 그 자산이 유상으로 사실상 이전되는 것을 말한다.

종전의 양도소득세율은 원칙적으로 20~40%의 누진세율로 되어 있었으나 최근 주택보급률이 상승하고 지가가 안정되는 등 달라진 부동산시장 여건을 감안하고 종합소득세율과 일치시켜 세율체계를 단순화하기 위하여 2002년 1월 1일부터 양도하는 분부터 양도소득세율을 인하하였다.

┃표 12-3┃　양도소득 과세대상과 적용세율

구 분	과세대상		세 율	비과세 과세대상 자산소득
• 토지와 건물 • 부동산에 관한 권리 • 기타 자산	① ②, ③ 이외의 자산		누진세율	① 파산선고에 의한 처분으로 인하여 발생하는 소득 ② 1세대 1주택의 양도로 인하여 발생하는 소득 ③ 농지의 교환 또는 분합으로 인하여 발생하는 소득 ④ 농지의 대토로 인하여 발생하는 소득
	② 토지, 건물, 부동산에 관한 권리로서 보유기간이 1년 미만의 것		36%	
	③ 미등기 양도자산 60%		60%	
• 주식 및 출자지분	① 중소기업의 주식 및 출자지분		10%	
	② 비중소기업의 주식 및 출자지분	일반	20%	
		대주주가 1년 미만 보유	30%	

┃표 12-4┃　양도소득공제(인적 공제, 특별공제)

구 분		내 용
인적공제	기본공제	• 본인, 배우자, 부양가족 1인당 100만원씩 공제
	추가공제	• 사유당 50만원씩 기본공제에 가산장애자 · 경로우대공제는 사유당 100만원 　– 장애인 · 경로우대 · 부녀자세대주 · 자녀양육비공제
	소수공제자 추가공제	• 기본공제대상인원이 당해 거주자 1인인 경우 100만원, 당해 거주자 포함 2인인 경우 50만원 추가공제
특별공제	보험료공제	• 본인 또는 소득이 없는 가족명의로 계약한 보험으로서 피보험자를 기본공제자로 한 보험료 　– 의료보험료 · 고용보험료 : 전액공제 　– 보장성보험료 : 연 70만원 한도 　– 장애인전용보험료 : 연 100만원 한도
	의료비공제	• 기본공제대상자를 위하여 지출한 의료비 　– 연급여액의 3% 초과분300만원 한도, 경로우대자 · 장애인은 한도 없음
	교육비공제	• 학생 또는 보육시설 영유아, 취학 전 아동을 위하여 지급한 입학금, 수업료, 학원수강료 　– 근로자 본인 : 대학원까지 전액공제 　– 배우자, 자녀, 형제자매 : 유치원 · 영유아는 연 100만원, 　　　　　　　　　　　　　초 · 중 · 고생은 연 150만원, 　　　　　　　　　　　　　대학생은 연 300만원 한도 　　　영유아의 경우, 취학 전 아동에는 자녀양육비공제와 선택
	주택자금공제	• 무주택자 · 국민주택규모 이하 1주택 소유자의 주택마련저축 불입금액 또는 무주택자의 주택임차 차입금상환액 : 저축불입금 또는 상환액의 40% 소득공제 • 부양가족이 있는 세대주의 주택규모 이하의 주택을 취급하기 위한 장기주택 저당차입금의 이자 전액연 300만원 한도
	기부금 특별공제	• 법정기부금 : 전액 공제 • 자기명의로 지출한 지정기부금 – 소득금액의 10% 범위 내
	표준공제	• 연 60만원근로소득자는 실액공제와 표준공제 중 선택가능, 종합소득자는 표준공제만 적용

┃표 12-5┃　세액공제

구 분	공제대상	내 용
1. 배당세액공제	종합소득세액에 배당소득금액이 합산된 경우	① 배당소득수익금액 ×19% ② 한도액 = 종합소득산출세액 × 배당소득금액/종합소득금액 　→ ①, ② 중 적은 금액
2. 기장세액공제	간편장부대상자로서 소득세 확정신고를 한 자	산출세액 ×(기장된 종합소득금액/종합소득) ×10% → 한도 : 100만원
3. 근로소득세 공제	갑종 근로소득이 있는 거주자	(1) 일반근로자의 경우 　근로소득산출세액 50만원 이하 × 45% + 근로소득산출세액 50만원 초과분 ×30%(한도 : 40만원) (2) 일용근로자의 경우 　[(일 급여액−일 6만원 ×9%]×45%
4. 재해손실 세액공제	사업자가 재해로 인하여 자산총액의 30% 이상에 상당하는 자산을 상실한 경우	(납부해야 할 소득세액 + 가산금) × 재해상실비율 ※ 재해상실비율 = 상실자산가액/ 상실 전 자산가액(토지 제외)
5. 외국납부세액 공제	종합산림소득공제액에 국외 원천소득이 합산되어 있는 경우	다음의 세액공제방법과 필요경비 산입방법 중 선택 (1) 세액공제방법 　세액공제 = ①, ② 중 적은 금액 　① 외국납부세액 　② 공제한도 = 산출세액 ×(국외 원천소득금액/종합소득금액) 　＊ 공제한도를 초과하는 외국납부세액은 5년 동안 이월 공제됨. (2) 필요경비 산입방법 　국외 원천소득에 대하여 납부하였거나 납부할 외국소득세액을 당해 연도의 소득금액 계산시 필요경비에 산입

초의 법인과세는 1916년 8월에 실시되었다. 1920년부터는 조선소득세령에 따라 소득세로 과세하다가 1934년 일반소득세가 신설되면서 제1종 소득으로 분류되었고, 해방 이후 1949년 11월 법인세법이 제정되면서 법인세에 대한 독자적인 법안이 마련되었다. 이후 경제발전과 함께 법인수가 증가함에 따라 법인세 징수액도 괄목할 만한 증가를 거듭해 왔는데, 법인세 징수액은 1982년의 경우 신고납부제도로 전환됨에 따라 급증하였다.

제 **2** 절

법인세

1 과세체계와 세율

법인세의 과세소득에는 각 사업연도의 소득과 청산소득의 2가지가 있다. 각 사업연도의 소득은 법인의 각 사업연도의 이익금총액에서 손금총액을 공제한 금액을 말한다. 그리고 청산소득은 법인이 해산(합병, 분할)에 의해 소멸할 때 그 잔여재산가액이 자기자본총액을 초과하는 금액을 말한다.

|표 12-6| 법인세 과세체계(2002년 1월 1일 이후)

과세소득	납세의무자		과세표준	세 율
각 사 업 장 연 도 소 득	내 국 법 인	일반법인	이익금총액 • 손금총액　• 이월결손금 • 비과세소득　• 소득공제액	1억원 이하 : 15% 1억원 초과 : 27%
		조합법인 등	법인세차감 전 순익	12%
	외 국 법 인	국내사업장·부동산소득 및 산림소득이 있는 외국인	국내원천소득의 종합계액 – ① 국내방생이월결손금 – ② 비과세소득 – ③ 상호 면세의 외항소득	내국법인의 세율적용
청 산 소 득	영리내국법인 및 조합법인 등	해산시	잔여재산가액– 자기자본총액	1억원 이하 : 15% 1억원 초과 : 27% 조합법인 등은 12%
		분할시	분할대가의 총합계액 – 자기자본총액	
		합병시	합병대가의 총합계액 – 자기자본총액	

2 접대비의 손금산입

　접대비란 접대비 및 교제비, 사례금, 기타 명목 여하에 불구하고 이에 유사한 성질의 비용으로서 법인이 업무와 관련하여 지출한 금액을 말한다. 이는 원칙적으로 손금한다.

|표 12-7| 접대비 규제 및 손금산입 한도

접대비에 대한 규제	손금산입한도
• 증빙누락 : 손금불산입 • 영수증 등 수취분 ① 건당 5만원 초과 : 손금불산입 ② 건당 5만원 이하	• 기초금액 :1,200만원중소기업 1,800만원 • 매출액 : 100억원 이하 0.2% 　　　　　500억원 이하 0.1% 　　　　　500억원 초과 0.03%

주) 손금산입한도 : 부동산업, 소비성 서비스업, 특수관계자 간 매출액기준 : 일반매출액의 20%
　　　정부투자기관 및 출자기관 등 : 일반법인 접대비한도의 70%

③ 기부금의 손금산입

기부금이란 특수관계가 없는 자에게 사업과 직접 관계없이 무상으로 지출하는 재산적 증여의 가액을 말한다.

┃표 12-8┃ 손금특례 및 손금산입한도

손금특례	손금산입한도
• 사립학교, 문화예술진흥기금, 사내근로 복지기금, 독립기념관, 특정연구기관 공동모금회 등에의 기부금 　→ (소득금액 − 이월결손금)의 50% 한도 내에서 손금산입 • 정치자금법에 의한 정당 등에의 기부금·후원금 　→ (소득금액 − 이월결손금) 한도 내에서 전액 손금산입	• 국가, 지방자치단체, 국방헌금과 국군장병 위문금품, 이재민 구호금품가액 　→ (소득금액 − 이월결손금) 한도 내에서 전액 손금산입 • 지정기부금(공익성 기부금) 　→ (소득금액 − 이월결손금)의 5% 한도 내에서 손금산입 　→ 손금산입한도 초과액은 3년간 이월공제 • 기타 기부금 　→ 전액 손금불산입

④ 차입금 지급이자의 손금불산입

차입금에 대한 이자는 순자산감소의 원인이 되는 손비의 금액으로 손금으로 인정하는 것이 원칙이다. 다만, 여러 가지의 이유에서 일정한 지급이자를 손금불산입하고 있다.

❶ 업무 무관 부동산, 특수관계자에 대한 업무 무관 가지급금

❷ 차입금이 자기자본의 2배소비성 서비스업의 경우는 1배, 종합무역상사·건설업·해상운송업·항공운송업의 경우는 4배를 초과하는 법인이 다른 법인의 주식 보유시

❸ 상장·협회등록법인중소기업은 제외, 대규모기업집단 소속법인이 자기자본의 4배여신전문금융회사 및 위탁회사의 경우 15배를 초과하여 차입금 보유시

제 **3** 절

부가가치세

부 가가치세 VAT : Value Added Tax는 생산 및 유통
의 각 단계에서 생성되는 부가가치에 대해
부과되는 조세이다. 부가가치세는 원칙적으로
모든 재화나 용역의 소비행위에 대하여 과세하는
일반소비세임과 동시에 그 세 부담의 전가를 예
상하는 간접세의 일종이다. 그리고 각 거래단계
에서 창출한 부가가치에 과세하는 다단계 과세방
식을 취한다.

1 과세체계

일반과세자와 간이과세자로 구분하여 다른 과
세체계를 적용한다.

2 과세기간 및 신고 · 납부

부가가치세의 과세기간은 원칙적으로 일반과
세자개인, 법인와 간이과세자의 구분 없이 1년을 1,
2기로 나누어 신고대상기간을 구분하여 기일 내
에 신고 · 납부한다.

‖표 12-9‖　**일반과세자와 간이과세자의 차이**

구 분	일반과세자	간이과세자
대 상	간이과세자가 아닌 모든 과세사업자	직전연도의 공급대가가 4천 8백만 원 미만인 개인사업자
과세표준	부가가치세가 포함되지 않은 공급가액	부가가치세가 포함된 공급대가
거래징수	세액을 별도로 거래징수	대가에 포함하여 영수
세 율	10%의 단일세율	업종별 부가가치율 ×10%
납부세액	매출세액 − 공제대상 매입세액	공급대가 ×세율
세액공제 및 환급	매출세액을 초과하는 매입세액은 환급	교부받은 매입계산서의 매입세액에 당해 업종별 부가가치율을 곱하여 계산한 금액을 공제하되 납부세액 초과시는 없는 것으로 본다.
가산세	부가가치세법상 모든 가산세 적용	미등록가산세, 신고납부 불성실가산세, 영세율과세표준 불성실가산세만 적용하며, 미등록가산세는 0.5%임.
납부의무 면제	적용대상 아님	과세기간 공급대가가 1,200만원 미만인 경우

주) 업종별 부가가치율
　　① 제조업, 전기·가스 및 수도사업, 소매업 : 20%
　　② 농업·수렵업·임업 및 어업, 건설업, 부동산임대업, 기타 서비스업 : 30%
　　③ 음식업, 숙박업, 운수·창고 및 통신업 : 40%

‖표 12-10‖　**상속세와 증여세 과세범위**

신 고	신고대상기간	신고 · 납부기한
예정신고	• 제1기분 : 1월 1일 ~ 3월 31일 • 제2기분 : 7월 1일 ~ 9월 30일	각 예정신고기간 완료 25일 이내 다만, 개인사업자는 예정신고 대신 직전기 납부세액의 1/2를 예정고지
확정신고	• 제1기분 : 1월 1일 ~ 6월 30일 • 제2기분 : 7월 1일 ~ 12월 31일	각 과세기간 종료 후 25일 이내 다만, 예정신고 및 영세율 등 조기 환급신고분으로 기신고한 내용 제외

 3 영세율제도와 면세제도

영세율제도란 일정한 재화 또는 용역의 공급에 대하여 영의 세율을 적용하는 제도를 말한다. 이론상 당해 재화와 용역의 부가가치세 부담이 완전히 없어져 거래상대방은 부가가치세를 전혀 부담하지 않게 되는 완전면세이다. 그러나 면세제도는 부가가치세법상 일정한 재화와 용역의 공급에 대한 납세의무를 면제하는 제도로 면세의 전 단계에서 이미 부과된 부가가치세는 면세재화·용역의 가격에 포함되어 남아 있게 되므로 부가가치세의 부담이 완전히 제거되지 않는 부분면세라고 할 수 있다.

2002년 1월 1일 이후부터는 그동안 세제지원을 못하였던 품목을 대폭 영세율 적용대상에 포함하여 어려움을 겪고 있는 농어민을 지원하고 새로이 포함된 품목에 대해서는 전용의 소지도 줄이고 사업자가 부가가치세가 포함된 가격으로 판매하고 농어민이 환급받을 수 있도록 사후환급제도를 도입하였다. 또한 현행 부가가치세법은 주로 기초적인 생활필수품 등에 대해 부가가치세를 면제함으로써 저소득층의 부가가치세 부담을 경감시키려고 한다.

∥표 12-11∥ 영세율과 면세 적용대상

영세율 적용대상	면세 적용대상
① 수출하는 재화	① 서민관련 기초생활필수품 및 용역
② 외국에서 제공하는 용역	• 미가공식료품과 농·수·축·임산물, 수돗물, 연탄, 국민주택 등
③ 선박, 항공기의 외국항행용역	② 국민후생용역
④ 기타 외국획득재화 및 용역	• 의료보건용역, 교육용역, 보험용역, 국민주택건설용역 등
• 국내사업장이 없는 비거주자·외국법인에게 용역을 공급하고 외화를 획득하는 경우	③ 문화관련 재화 및 용역
• 수출재화 임가공용역	• 도서, 신문, 예술창작품, 도서관 입장료 등광고는 제외
• 국내에 주재하는 외국정부기관 등에 공급하는 재화·용역	④ 생산요소용역
• 외국인 관광객에 공급하는 여행알선용역 등	• 토지, 금융, 보험용역 등
⑤ 배합사료·사료·농약·농기계, 농업용 PE필름, 하우스용 파이프, 육추기, 어망, 양어장용 비닐하우스 등 농·축산·임·어업용 기자재	⑤ 국가, 지방자치단체 및 공공기업정부업무대행단체이 제공하는 재화, 용역
	⑥ 농·어업용 석유류
	⑦ 기타 : 공중전화·복권·우편 등
	⑧ 재화의 수입에 대한 면세
	• 미가공식품료·기타 관세가 면세되거나 경감되는 물품 등

제 **4** 절

등록면허세

 ① 등록세

등 록세는 재산권 기타 권리의 취득·이전·변경 또는 소멸에 관한 사항을 공부에 등기 또는 등록하는 경우에 그 등기·등록을 받는 자에게 부과되는 도세이다.

1) 과세표준

등록세의 과세표준은 권리 등을 등기·등록할 당시의 가액이나 채권금액 또는 출자금액으로 한다. 여기서 등기·등록 당시 가액은 등기·등록자의 신고에 의한다. 다만, 신고가 없거나 신고가액이 시가표준액에 미달하는 경우에는 등기·등록 당시의 시가표준액으로 한다.

2) 세율

지방세법은 부동산등기, 선박등기, 자동차등록, 항공기등록, 법인등기, 광업권등록, 저작권등록 등에 대한 등록세의 세율을 규정하고 있다. 이 가운데 부동산등기의 세율은 표준세율로 되어 있으나 모두 일정세율로 규정되어 있다. 그러나 과밀억제권역 안에서 본점, 주사무소의 사업용 부동산을 취득하거나 공장을 신설·증설하기 위하여 사업용 과세물건을 취득할 경우에는 일반세율의 3배를 적용한다.

2 면허세

면허세는 각종 면허를 받는 자에 대하여 그 면허의 종류마다 일정액으로 부과되는 조세이다. 이 경우 면허의 유효기간이 정해져 있지 않거나 그 기간이 1년을 초과하는 면허에 대해서는 매년 1월 1일에 그 면허가 갱신되는 것으로 보아 매년 그 면허세를 부과하며, 면허의 유효기간이 1년 이하인 면허와 건축허가 기타 이와 유사한 일정한 면허에 대하여는 면허를 할 때 1회에 한하여 면허세를 부과한다.

|표 12-12| 과세표준과 세율

구 분	인구 50만명 이상 도시	군	기타 도시
1종 : 주류제조 등	45,000원	18,000원	30,000원
2종 : 청경사료 제조업 등	36,000원	12,000원	22,500원
3종 : 항만용역업 등	27,000원	8,000원	15,000원
4종 : 무역대리업 등	18,000원	6,000원	10,000원
5종 : 비디오물감상실업 등	12,000원	3,000원	5,000원

새로이 면허를 받거나 그 면허를 변경받는 자는 면허증서를 교부 또는 송달받기 전까지 납세지를 관할하는 시ㆍ군에 그 면허세를 신고ㆍ납부하여야 한다. 그리고 유효기간이 정해져 있지 않거나 그 기간이 1년을 초과하는 면허의 경우 그 갱신에 따른 면허세는 납세지를 관할하는 지방자치단체의 조례로 정하는 납기에 보통징수의 방법으로 부과ㆍ징수한다.

┃표 12-13┃ **납세절차**

구 분			과 세 표 준	세 율
부동산등기	소유권	① 상속으로 인한 취득	부동산가액	0.8% 농지는 0.3%
		② 상속 외의 무상취득	부동산가액	1.5% 비영리사업자는 0.8%
		③ 유상취득	부동산가액	3% 농지는 1%
		④ 소유권의 보전	부동산가액	0.8%
		⑤ 공유 · 합유 및 총유물의 분할	분할로 인해 받은 부동산가액	0.3%
	소유권 이외의 물권과 임차권의 설정과 이전	① 지상권	부동산가액	0.2%
		② 저당권	채권금액	
		③ 지역권	요역지가액	
		④ 전세권	전세금액	
		⑤ 임차권	월임대차금액	
		⑥ 경매신청 · 가압류 · 가처분	채권금액	
		⑦ 가등기	부동산가액	
	위의 것 외의 등기		매 1건	3,000원
법인의 설립과 합병	① 설립과 불임 ② 자본 · 출자의 증가		불입액	0.4% 비영리법인은 0.2%
재평가적립금의 자본전입 재평가일부터 3년 이내에 자본전입하는 경우는 제외			증자금액	0.1%
본점 · 주사무소의 이전 지점 · 분사무소의 설치 위의 것 외의 등기			매 1건 매 1건 매 1건	75,000원 23,000원 23,000원

실 전 외 식 사 업 경 영 론

FOOD SERVICE MANAGEMENT

외식사업
주방관리

 학습목표

1. 주방관리의 개념에 대하여 알아보자

2. 주방의 형태와 시스템에 대하여 알아
   보자

3. 주방 설계 시 고려사항에 대하여 알
   아보자

4. 주방관리 중 안전관리에 대하여 알아
   보자

제 1 절

주방관리의 개념

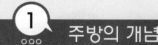

주방의 개념

외식업소는 고객에게 음식물을 제공하기 위한 공간으로 크게 업장과 주방으로 구성된다. 주방은 실질적으로 눈에 쉽게 띄지는 않지만 그 기능과 중요성은 업소를 운영하는 데 있어 심장부와도 같은 것이다.

주방이란 각종 조리기구와 저장설비를 사용하여 기능적이고 위생적인 조리작업으로 음식물을 생산하고 고객에게 서비스하는 시설을 갖춘 작업공간을 말한다.

외국 문헌인 요리사전the cook dictionary에 의하면 주방kitchen이란 음식을 만들 수 있도록 시설을 차려 놓은 일정한 장소 또는 음식을 만들기에 편리하도록 시설을 갖추어 놓은 방The room or area containing the cooking facilities also denoting the general area where food is prepared이라 정의하고 있다.

주방은 생산과 소비가 동시에 이루어질 수 있는 상황변수가 많은 독특한 특성을 갖고 있는 공간으로 외식업소의 경영성과 기능에 가장 중요한 역할을 하고 수익성을 담당하고 있는 부서가 바로 주방이다.

또한 주방은 식음료를 판매할 수 있도록 음식을 만들어 내는 생산공장이라 할 수 있으며, 반면에 업장은 주방에서 만들어 낸 상품을 판매하는 전시장이라 해도 과언이 아니다. 이처럼 주방은 고객에게 식용가능한 식자재를 이용하여 물리적 또는 화학적인 방법을 가해 상품을 제조함과 동시에 판매하는 장소라 말할 수 있다.

외식사업에서 주방이 갖는 기능은 다음과 같다.

❶ 식자재의 수령 및 검수장소

❷ 식자재의 보존온도별 저장 및 잡품류의 보관장소

❸ 다듬기 공정 및 메뉴차림 장소

❹ 각종 조리에 필요한 가열장소

❺ 취반작업장소

❻ 메뉴차림, 배선 및 식기류의 보관과 세척장소

❼ 각종 주방기기의 세척과 보관장소

❽ 쓰레기, 잔반 폐기 및 보관장소

❾ 관리사무실과 회의실

❿ 직원용 탈의실, 보관함, 샤워, 화장실 등의 후생시설

⓫ 주방 내외에 필요한 동선 및 통로

⓬ 환기장치, 보일러, 냉동기용 등에 필요한 주방기기의 장소 또는 기계실

주방설계자인 플람버트Richard Flambert는 "주방이란 창고, 공장, 분배장소, 가공장소, 실험실, 예술가들의 스튜디오, 위생업장, 쓰레기장, 그리고 때로는 소매장, 저장소, 다양한 기술과 거래의 장소, 깨진 그릇과 꿈이 있는 거리이다."라고 주방을 묘사하였다. 또한 "주방은 매일매일 상품을 구매해서 인수하고, 저장하고, 가공해서 서비스하고, 소비하는 유일한 장소"라고 말하였다. 이렇듯 외식업소의 주방은 음식물을 생산하는 작업장으로서 조리기능, 판매기능, 음식의 목적에 맞는 분위기로 효율적인 운영에 가장 큰 영향을 미치고 있다.

2 주방관리의 개념

주방관리란 주방이란 일정한 공간을 중심으로 고객에게 제공될 상품을 가장 경제적으로 생산하여 최대의 이윤을 창출하는 데 요구되는 제한된 인적 자원과

물적 자원·시설적 자원을 관리하는 과정이라 할 수 있다. 그러나 주방관리는 목적달성에 필요로 하는 충원된 자원에 대한 계획수립planning, 조직화organizing 및 충원staffing, 지휘leading, 통제controlling 등 네 가지 기본적 과정을 통해 일련의 관리적 기능을 수행함으로써 조직의 목표를 설정하고 달성할 수 있다. 그러므로 주방관리는 경제적 및 사회적 활동과정까지도 포함하여 조직목표를 달성하는 일련의 과정으로서 의의가 있다.

1) 주방의 기본구성

주방관리를 위해 기본적으로 구성하고 있는 형태는 먼저 식자재의 반입에서부터 검수공간, 저장공간, 조리공간 과정에서 필요한 장비와 시설물 및 작업동선, 서비스공간이다.

특히 조리작업 동선의 흐름을 효과적으로 처리하는 데 중점을 두고 주방의 공간이 구성되어야 한다.

(1) 면적상의 구성

주방의 모든 업무가 가장 효과적으로 진행되기 위해서는 주방의 위치와 규모에 대하여 설계단계부터 이루어져야 한다. 생산적이며 효율적인 주방의 기능을 발휘하기 위해서는 합법적인 기초자료를 근거로 하여 과학적인 설계를 추구하여야 한다. 이와 같은 합리적인 접근과 운영을 시스템화함으로써 비로소 효율적인 투자를 도모할 수 있다.

주방면적 설계계획에 필요한 기초자료를 산출할 때는 다음과 같은 사항에 대하여 자료화하여야 한다.

❶ 단위시간당 서비스할 메뉴품목의 수
❷ 주요 메뉴구성과 그 조리방법, 평균 조리목표량
❸ 주요 식자재의 보존형태별 분류
❹ 일일 식자재의 소요수량과 보존별 재고일수의 결정
❺ 재고량에 대한 기능별 저장량과 그 필요 공간면적의 산출
❻ 구입하는 식자재 형태에 따른 필요 다듬기 기능과 시간당 필요 처리능력

의 산출

❼ 가공식품 또는 조리된 식품을 사용할 경우에는 그 마무리 조리법 또는 재
  가열 방법과 시간당 필요한 처리능력 및 서비스 조건의 산출

❽ 식사 후 치우는 방법과 시간당 및 작업 피크시의 1분당 치울 수 있는 식사
  수 및 그 처리조건

❾ 사용식기의 품종과 1인당 평균 사용식기수 및 시간당 필요한 세척능력의
  산출

(2) 설비의 구성

주방시설은 식품조리과정의 다양한 작업을 합리적으로 수행하기 위한 여러
가지 조건에 따라서 고도로 특수화된 기기로 음식을 조리하며, 그에 따른 시설
과 기기의 종류는 매우 복잡하고 다양하다.

❶ 작업시간

주방 안에서 조리가 원활하게 이루어지지 못하는 이유 중의 하나가 조리과정
의 정체 때문이다. 조리의 정체는 주방의 각 조리작업이 비효율적으로 이루어
지며 전체의 작업에 시간이 필요 이상 소요된다. 그러므로 조리과정과 관련된
주방 내 작업시간을 측정해서 표준시간을 확립하여 가능한 정체가 적게 되도록
시간계획을 작성하여야 한다.

❷ 안전관리

안전이란 위험의 가능성이 없는 상태를 말한다. 안전사고에 대하여 미리 분
석·조사하고 위험요소를 미연에 제거하는 것이 최선의 방법이지만 사고의 발
생을 개개인의 주의와 인식의 정도에 따라 대처할 수 있다. 즉, 문제가 있는 기
기, 부적합한 설치와 더불어 사용자의 부주의로 인하여 안전사고와 화재가 발
생할 수 있다. 그러므로 과학적인 시설물의 배치와 설비의 선택은 안전 및 위생
을 크게 향상시킬 수 있다.

또한 주방은 세제를 사용하는 위생상의 위험도 따르기 때문에 업무의 성격에
따라 구역을 구분하여 설치하여야 한다.

2) 주방관리 기능의 세분화

주방관리 기능 중에서 가장 중요한 기능이 바로 주방에 삽입되는 식용가능한 식자재를 물리적, 화학적, 기능적으로 조리하여 고객에게 판매할 수 있도록 제공하는 관리과정이다.

주방관리 기능의 세분화를 위해서는 시설적 측면의 관리기능, 주방인적 자원의 관리기능, 위생적 측면의 관리기능, 서비스적 측면의 관리기능 등으로 관리절차를 밟아야 한다.

주방관리의 효율성과 합리적인 정도를 유지하기 위한 관리기능은 다음과 같은 측면에서 적용하여야 한다.

❶ 고객이 기대하는 시간 내 서비스를 제공할 수 있도록 주방시설 및 장비를 점검하는 기능이다.

❷ 식자재의 불필요한 낭비를 막기 위하여 정확한 수요예측이 요구되는 기능이다.

❸ 주방에서 종사하는 조리사들은 식자재를 직접 접하기 때문에 주방위생, 시설위생, 개인위생 관념을 철저히 하도록 반복적인 교육 프로그램의 개발과 활용기능을 가져야 한다.

❹ 주방의 업장별 크기와 용도에 따른 적재적소 배치의 기능을 가져야 한다.

❺ 중앙공급식 주방과 분산식 주방의 관리기능을 설정하여 각 기능별 업무분담을 세분화하여야 한다.

제**2**절

주방의 형태와
시스템

주방의 형태는 제공되어야 할 음식의 수량, 서비스의 형태, 음식가격, 음식제공에 필요한 시간 등에 의하여 결정되는데 크게 4가지 유형으로 전통형, 혼합형, 분리형, 편의형이 있다.

또한 주방시스템이란 외식업체의 주방에서 재료를 가지고 고객이 원하는 음식을 만들어서 고객에게 제공되기까지의 일련의 과정에 의한 분류를 말한다.

1 주방 형태에 의한 분류

1) 전통형 주방

다듬기 주방과 마무리 주방이 한 공간 안에서 구분되어 있지 않은 형태의 주방으로 소형 외식업소에 적합하다.

전통형	혼합형	분리형	편의형
저장고	저장고	저장고	저장고
다듬기	저장고	저장고	저장고
마무리	마무리 준비 / 마무리	마무리 준비	마무리

마무리 주방

┃그림 13-1┃ 주방의 형태

2) 혼합형 주방

다듬기 주방과 마무리 주방이 한 공간 안에서 분리된 형태의 주방으로 중대형 외식업소에 적합하다.

3) 분리형 주방

다듬기 주방과 마무리 주방이 서로 공간적으로 떨어져 운영되는 형태의 주방으로 호텔과 같이 여러 다른 개념의 식당들이 모여 있는 경우가 그 예이다. 조리하기 편리하게 만들어진 식자재를 다듬기 주방(중앙주방)으로부터 공급받아 마무리 주방에서 완제 음식을 만드는 것이다. 하나의 중앙주방을 중심으로 여러 주방이 있고 서로 유기적 관계를 맺고 있다.

4) 편의형 주방

반 조리된 또는 완전히 조리된 식자재만 구입하기 때문에 다듬기 주방은 없고 마무리 주방만 있는 형태로 작은 규모의 외식업소나 체인업소가 이에 적합하다.

2 주방시스템에 의한 분류

주방시스템은 음식의 재료에 대해서 구매 · 저장 · 요리 · 서비스 단계의 과정에 대해서 설명한 시스템이다. 일반적으로 일련의 과정을 거쳐 주방에서 음식이 만들어지는 과정은 전통적인 시스템, 주문시스템, 중앙집중 주방시스템, 중앙배급 주방시스템, 인스턴트 주방시스템으로 분류할 수 있다.

1) 전통적인 시스템

전통적인 시스템은 통상적으로 외식업체에서 음식이 만들어져 나오는 과정을 재료구입 · 입고 · 저장 · 서비스 제공 단계를 거쳐서 고객에게 음식이 제공되는 시스템을 말한다. 대부분 음식을 만드는 재료는 처음부터 전혀 요리가 되어 있지 않은 원자재를 가지고 음식을 만들어 고객에게 제공되는 시스템을 말하며, 일반적으로 대부분의 외식업체에서는 이러한 시스템을 고수하고 있다.

2) 주문시스템

주문시스템이라고 하는 것은 원자재가 어느 정도 양념이 되어 있으며, 고객이 외식업체에 들어 왔을 때 즉각적으로 요리가 가능하도록 주방의 냉장고나 기타 음식을 보관하는 장소에 보관되어져 있는 것을 말한다. 보통 이런 시스템에서는 프라이 팬이나 플라스틱 용기와 같은 주방기물에서 요리를 만들 수 있도록 하였으며 이미 한두 가지 음식만 취급하는 외식업체에서 선호하는 주방시스템이다.

3) 중앙집중 주방시스템

일시에 많은 사람들에게 음식을 만들어 제공해야 되는 외식업소에서는 주방시스템이 많은 요리를 만들 수 있도록 꾸며져야 한다. 예를 들면 규모가 제법 큰 기업체의 많은 사원들을 대상으로 점심이나 저녁식사를 판매하는 경우에는 이러한 중앙집중 주방시스템을 설치하여 일시에 많은 양의 요리를 사람들에게 제공할 수가 있다. 학교, 병원과 같은 곳에서도 중앙집중 주방시스템을 설치하는데 최근에는 규모가 큰 외식업소에서도 중앙집중 주방시스템을 도입하고 있다.

4) 중앙배급 주방시스템

기내식과 같이 장거리여행을 하는 고객들이 기내에서 음식을 먹는 경우 바로 이런 중앙배급시스템에 의해서 요리가 완전히 완성된 상태가 아니고 일부분만 요리가 되어 즉석에서 고객이 먹을 수 있도록 주방을 갖춘 시스템을 일컫는다. 음식에 대한 재료는 먼 거리까지 냉동시설이 부착되어 있는 자동차에 의해서 옮겨지기도 하며 커다란 관을 통해서 대량으로 음식의 재료가 보내지기도 한다.

대부분의 중앙배급시스템에서 취급하는 메뉴는 많지 않고 특정메뉴 몇 개만

취급하는 경우가 많다. 대표적인 메뉴라고 하면 햄버거, 파이, 수프, 양념류 종류를 취급하는 경우가 많다. 일부 항공사에서는 자체 내의 기내식 주방시스템을 위한 설비를 운영하고 있으며, 그렇지 않은 항공사에서는 시설을 갖춘 항공사와 제휴하여 음식을 공급받고 있기도 하다.

5) 인스턴트 주방시스템

고객이 음식을 즉석에서 먹을 수 있도록 음식의 재료 자체가 이미 양념이 부과되어 요리가 되어진 상태로 단지 끓는 물만 있으면 요리가 가능하도록 설비된 시스템이다. 보통 인스턴트 음식을 취급하는 기업에서는 냉동으로 음식을 보관하고, 그 보관방법도 상당한 기술을 갖고 있기 때문에 전혀 고객에게 불편함이 없다. 최근에는 고속도로 휴게소나 외식업체 등지에서도 인스턴트 요리를 만들어서 고객에게 좋은 호응을 얻고 있다.

제**3**절

주방의 설계

주방의 설계는 업소의 운영에 매우 중요한 부분으로 일반적인 주방의 기능뿐만 아니라 업소의 개성적인 분위기 창출을 위해서도 그 의미가 크다.

주방의 설계는 정해진 조건 아래에서 식자재 반입부터 음식물의 생산, 고객으로의 서비스까지 모든 과정을 고려하여 음식물의 질과 주방의 효율성을 증대시키기 위한 일련의 계획이라고 말할 수 있다. 업소의 현재조건과 상황에 따라 많은 변동이 있겠으나 오늘날의 주방설계는 무엇보다도 표준화, 능률화, 간소화의 기준에 맞추어 설계되고 있다.

주방설계의 일반적인 설계기준은 다음과 같다.

- 각종 설비를 설치하기 적합한 위치로 주방설치
- 적절한 주방기구의 선택
- 작업동선을 감안한 레이아웃
- 조리방법에 따른 작업대의 분리
- 복잡한 주방설비의 제한
- 에너지 절약을 위한 자동화설비
- 쾌적하고 위생적인 작업공간
- 식자재 반입의 용이성

또한 건축법, 소방법, 보건위생법 등의 지도지침에는 외식업소의 주방과 관련한 여러 가지 사항이 명시되어 있다.

- 주방 쓰레기의 반입출구 여부
- 차량의 출입구
- 주방의 한쪽 면이 외부에 붙어 있을 것

- 환기, 배연 등의 설비가 가능한 곳
- 식당의 홀에 인접해 있을 것
- 충분한 에너지원의 확보
- 법규제를 만족시키는 위치와 구조

주방을 설계할 때 위와 같은 조건들이 유기적인 관계로 잘 연결되어 있어야 주방의 본질적인 기능이 제대로 발휘되고 고객에 대한 서비스 역시 원활하게 이루어질 수 있다.

생산적이며 효율적인 주방의 기능이 발휘되기 위해서는 합리적인 기초자료를 근거로 하여 과학적인 설계를 추구하여야 한다. 이와 같은 합리적인 접근과 운영을 시스템화함으로써 비로소 효율적인 투자도 기대할 수 있다.

계획에 필요한 기초자료를 산출할 때는 다음과 같은 기초자료가 필요하다.

- 단위시간당 서비스할 메뉴품목의 수
- 주요 메뉴구성과 그 조리방법, 평균 조리목표량
- 주요 식자재의 보존형태 분류
- 일일 식자재의 소요수량과 보존별 재고일수의 설정
- 재고량에 대한 기능별 저장량과 그 필요 공간면적의 산출
- 구입하는 식자재 형태에 따른 다듬기 기능과 시간당 필요 처리능력의 산출
- 가공식품 또는 조리된 식품을 사용할 경우에는 그 마무리 조리법 또는 재가열방법과 시간당 필요한 처리능력 및 서비스 조건의 산출
- 식사 후의 치우는 방법과 시간당 또는 작업 피크시의 1분당 치울 수 있는 식사수 및 그 처리조건
- 사용식기의 품종과 1인당 평균 사용식기수 및 시간당 필요한 세척능력의 산출 등

이상의 내용과 같이 각 공정에서 필요한 작업내용을 계수적으로만 산출하지 않고 전체를 검토하는 과정에서 작업의 표준화와 공정의 시간관리 등을 고려한 합리적인 방법을 생각해야 한다. 또한 필요한 숙련도와 그 공정수 등을 검토하는 것도 운영의 시스템화를 추구하는 데 효과적이다.

주방의 면적과 위치

1) 주방의 면적

일반적으로 주방의 면적은 생산수단, 제공 음식의 종류와 유형에 따라 다양해지며 규모의 경제가 적용된다. 주방의 면적크기은 여유 공간의 확보를 위해서 또는 보다 많은 좌석수의 확보를 위해서 축소되는 경향이 있다. 수익의 창출이라는 관점에서는 수긍이 가는 일면도 있지만, 주방면적의 축소가 반드시 식당의 매출증대를 가져오는 것이 아니므로 주방면적은 생산성을 향상시킬 수 있는 범위 내에서 계획되어야 하며 직원들에게 맞는 작업환경이 되도록 설계되어야 한다. 비좁은 주방은 서비스 시간의 지연과 혼선을 가져오고 결국 고객의 수를 감소시키게 된다.

이러한 중요성에도 불구하고 지금까지의 흐름은 주방의 크기를 축소하는 쪽으로 진행되어 왔는데, 그 배경은 다음과 같다.

- 사전조리식품의 사용량 증가
- 기계화 설비의 사용량 증가
- 새로운 설비로 인한 생산성 증대
- 메뉴의 축소단순화
- 주방 작업환경의 개선

주방과 업장의 이상적인 면적비율은 없다. 제공하는 메뉴품목수가 많을수록, 덜 가공된 식자재를 많이 쓸수록 주방의 면적은 넓어야 한다.

┃표 13-1┃ 주방면적

주방의 명칭	조리용 면적	사무실·차고 등 부대시설 면적	조 건
학교급식	0.1㎡/아동 1명	0.03~0.04㎡/아동 1명	아동수 700~1,000명인 경우
병 원	0.8~1.0㎡/1베드	0.27~0.3㎡/1 베드	300베드 이상인 경우
기숙사	0.3㎡/원생 1명	종업원 1명에 붙는 3.0~4.0㎡ 종업원 1인당 2~3㎡	50~100명 내외의 경우
일반음식점	식당면적×1/3		정원 100~200명인 경우
다 방	식당면적×1/5~1/10		

2) 주방의 위치

외식업소 내에서의 주방의 위치는 업소의 운영에 매우 많은 영향을 미친다. 새 건물의 경우 자칫 주방의 위치에 대하여 충분한 고려를 하지 못하는 경우가 있는데 음식을 만들어서 손님에게 제공할 때까지의 합리적인 주방의 흐름을 위해 위치는 매우 중요한 것이다. 주방은 음식의 배달과 쓰레기의 반출 및 청소에 적합한 창구가 필요하며 이것들은 고객의 출입구와는 구분되어야 한다. 직원용 창구, 식자재 분출창구, 쓰레기 및 찌꺼기 처리창구, 서빙창구 등이 갖추어져 있으면 최선이지만, 사실상 이렇게 완전한 구조는 불가능하며 나름대로의 융통성이 발휘되어야 한다. 주방으로 통하는 출입구의 중요성은 안전성에 있다. 저장창고와 주방은 북쪽 혹은 북동쪽을 향하는 업소의 가장 서늘한 부분이 적당한 입지이며 일광이 잘 드는 장소여야 한다. 창문은 반드시 있어야 하며 눈부심이나 집열을 피해야 한다. 주방과 홀의 거리통행 용이성는 세심한 고려가 요구되는 부분으로 음식의 질과 서비스의 속도가 바로 이 두 곳의 원활한 의사소통과 움직임에 따라 달라진다. 리프트의 이용 등으로 층이 다른 주방과 홀의 문제점들을 얼마간 해결할 수도 있지만 리프트의 사용은 가능한 배제하는 것이 바람직하다.

2 주방 내부설계

1) 주방 바닥

주방 내에서 가장 중요한 만큼 시공하기 힘들고 복잡한 것이 바로 주방바닥이다. 바닥에는 배수관과 가스전기 등의 배관이 묻혀 있다. 또한 여러 가지 주방기구를 설치해야 하므로 내 하중이 튼튼한 것으로 시공되어야 한다.

바닥재는 주방의 안전과 위생에 있어 가장 중요하다. 바닥재의 종류는 매우 다양하며 각 재질마다 장단점이 있다. 바닥재 선택에 있어 고려할 사항은 다음과 같다.

첫째, 재질의 유공성이다. 유공성이란 얼마나 수분을 흡수할 수 있는가 하는 것이다. 바닥재로 수분이 흡수되면 바닥재 자체에 손상이 올 뿐만 아니라 미생물과 세균 번식의 온상이 되고 그것들을 제거하기가 힘들어진다. 따라서 주방과 창고의 바닥재는 반드시 유공성이 적은 재질을 써야 한다.

둘째, 바닥재의 탄성이다. 탄성은 충격에 견디는 정도를 의미한다. 유공성이 적어 흡습성이 낮은 재질은 대리석, 테라초, 자연석 타일, 아스팔트가 있다. 탄성이 좋은 바닥재료는 리놀륨, 아스팔트, 비닐계통, 목재류이다. 탄성이 거의 없는 재질로는 콘크리트, 테라초, 대리석, 자연석 타일 등이다. 근래에는 유공성이 적고 탄성이 좋은 에폭시가 바닥재로 개발되어 이용되고 있다. 이는 다른 재질에 비해 비용이 매우 저렴하고 흡습성이 적어 위생적이며 탄성이 좋아 잘 견디고 미끄럼을 방지하여 안전사고도 줄일 수 있다.

바닥과 벽 사이의 연결 틈새는 정기적으로 보수되는 것이 바람직하다. 페인트칠만으로는 충분히 틈새를 없앨 수 없으므로 타일 조각 등으로 완전히 바르는 것이 좋다. 벌어진 틈새에 세균과 해충이 서식할 가능성이 매우 높기 때문이다.

2) 주방 벽

바닥재와 마찬가지로 벽도 장식성뿐만 아니라 위생에 만전을 기할 수 있는 재질이어야 하고 유공성이 적어 흡습성이 낮아야 하며 탄성이 좋아야 한다.

벽은 쉽게 청소할 수 있어야 하고 수음을 최대한 흡수해야 한다. 색깔 또한 중요한데 특히 주방 내부 벽은 가능한 한 밝은 색이어서 조명을 일정하게 퍼지게 하고 때와 먼지를 잘 보이게 해야 한다.

세라믹 타일은 가장 인기 있는 벽재료로서 표면이 매끄럽고 방수가 되어야 하며 각 타일 사이가 꼼꼼히 메워져서 틈새가 벌어지지 않은 상태로 시공되어야 한다. 타일 새에 구멍이나 틈새가 있으면 때와 먼지가 끼고 세균과 해충이 번식하기 때문이다. 스테인리스 스틸재는 수분에 강하고 내구력이 뛰어나서 조리대 주변과 같이 습도가 높고 더러움이 쉽게 타는 곳에 사용하기에 훌륭한 재료이다.

페인트칠은 주로 습도가 낮은 곳에 사용할 만한 벽 마감재이다. 그러나 조리대 주변 등의 조리지역에는 권장할 만하지 못하다. 납성분이 들어있는 유해성 페인트는 외식업소 내부에 절대 사용을 금한다. 유독성 페인트뿐만 아니라 납이 들어 있지 않는 페인트라 할지라도 쉽게 벗겨서 각질이 일어나는 페인트는 음식물에 들어가서 음식물을 오염시키는 물리적 위험의 소지가 있으므로 사용하지 않는다.

3) 주방 천장

주방의 천장은 기름 종류의 증기와 조명기구 등이 부착되어 화재의 위험성이 높으므로 석면계통의 재료를 쓰며 비닐계의 도장 마무리를 한다. 천장의 고도는 너무 높을 필요가 없는데 이는 환기장치 등을 통해서 충분히 통기성을 유지할 수가 있기 때문이다. 그러나 너무 낮은 천장은 피한다. 이는 공기순환과 심리적 관점에서 좋지 않기 때문이다.

식품위생법에는 천장에 대하여 다음과 같이 규정하고 있다.

- 바닥면에서 2.5m 이상의 높이로 한다.
- 이중천장 구조로 평평하여 청소하기 용이하게 한다.
- 밝은 색채로 도색을 한다.

4) 주방 창문과 출입구

창문과 출입구는 다른 부분과의 상호 연락이 용이하도록 설치한다. 식품위생법에는 창문과 출입구에 대하여 다음과 같이 규정하고 있다.

- 조리장과 객실은 화장실과 격리시키고, 출입구는 자동개폐문을 설치하는 것이 좋다.
- 문의 사용 여부에 따라 방충망 설치 여부, 크기, 모양, 문여는 방법 등을 고려한다. 창문의 위치는 건물 외관상의 디자인을 참고하여 크기, 높이, 위치 등을 결정한다. 가능하면 자연광을 이용하는 것이 이상적이다.

5) 주방 조명

조명은 보다 효율적인 서비스 제공의 보조역할을 하며 청결함을 더욱 돋보이게 하고 작업능률을 향상시킨다. 조도뿐만 아니라 조명의 방향눈부심 방지, 조명의 색깔음식의 원래색상 유지도 중요하다. 일정하게 배열한 형광등의 설치로 전기비용을 줄이고 그림자도 최소화하고 통일된 분위기를 만든다.

주방은 습기가 많은 곳이므로 조명기구의 설치는 천장이나 벽에 매입형으로 하고 뚜껑을 설치한다.

식품위생법에는 조명에 대하여 다음과 같이 규정하고 있다.

- 작업대 위의 모든 면이 조도 40룩스lux, 창문면적이 바닥면적의 1/4 이상, 자연광을 충분히 받아들일 수 있는 구조일 것
- 원재료의 보관장소 안은 신문활자를 읽을 수 있는 정도의 조도로 하고, 바닥면에서 1m 정도의 높이에 50룩스 이상 되는 조명장치를 설치할 것

6) 주방 환풍장치

환풍이란 주방과 객장 내의 조리과정 중 발생한 증기, 기름기, 열 등을 외부로 배출하는 것을 말한다. 이렇게 안의 공기를 밖으로 배출함으로써 내부 공기를 정화시켜 고객과 직원 모두를 안전하고 건강하게 한다. 환풍장치는 다음의 다섯 가지 기능을 한다.

❶ 축적된 기름 때로 인한 화재를 예방한다.
❷ 천장이나 벽에 붙어있는 응축물이나 공기 중에 포함되어 있는 오염물질

등을 제거한다.

❸ 조리시설 내에 먼지가 쌓이는 것을 방지한다.

❹ 조리기구로 인해 발생하는 가스나 음식 냄새를 줄인다.

❺ 습기를 제거함으로써 곰팡이가 피는 것을 방지한다.

창문이나 문을 열어 놓은 것만으로는 충분히 위의 기능을 적절히 수행한다고 할 수 없다. 오히려 문을 열어 둠으로써 외부의 해충이나 먼지가 들어올 수 있기 때문이다. 음식물을 가열하거나 튀기고 볶는 모든 조리기구 주변에는 특히 환풍시설이 잘 갖추어져 있어야 한다.

환기량은 일정시간 동안 공기가 교체되는 비율로 측정되는데, 이때 공기가 빠져나가는 속도, 기압, 사용되는 조리기구 등에 따라 그 비율이 결정된다. 배출구를 통해서 일시에 많은 공기가 빠져나가기 때문에 그 만큼의 새 공기가 외부로부터 보충되는 데 있어 먼지를 끌어들이거나 내부에 바람을 일으키지 않도록 기계적으로 내부와 외부의 공기를 교환시키는 자동공기교환기도 있다.

 3 주방기기의 레이아웃

주방기기의 레이아웃은 주방권을 파악한 후, 식자재를 입하하여 생산, 서비스까지의 동선을 고려한다. 다음과 같은 사항을 참고하여 결정해야 한다.

- 객장과의 연락 원활성
- 출입구, 벽, 기둥 등 건물과의 관계
- 적정한 공간 확보성
- 필요한 주방기기가 작업동선에 따라 배치 여부
- 통로와 작업공간의 확보 여부
- 작업면과 물품저장 수납부분 확보 여부
- 청결부분과 불결부분의 분리 여부
- 가열기기류와 물사용기기류가 집약되어 환기설비 및 바닥의 건조와 젖음의 구분가능성 여부
- 이동기기류 이용 여부

- 안전성 및 방재면의 검토 여부
- 노동환경 및 종업원의 후생 고려 여부
- 조도의 확립 여부
- 생산성 여부 등

4 주방기기

 정해진 시간 안에 다량의 음식을 조리하고 양질의 음식을 제공한다는 것은 좋은 여건하에서도 힘든 작업이다. 따라서 주방기기를 정확하게 선택함으로써 물리적인 부분뿐 아니라 그 외의 많은 부분에서도 효율성을 기대할 수 있게 되는데 주방기기가 적절히 구비된 양호한 주방환경은 기능의 숙달, 품질관리 및 원가관리에 많은 도움을 준다. 메뉴분석을 통하여 필요한 조리기구의 형식과 용량을 결정하는 것도 한 방법이다.

 새로운 주방에서는 처음부터 너무 많은 주방기기를 배치하지 않는 것이 좋다. 이상적인 것은 최소의 기구들로 최대의 효율을 발휘하도록 하는 것인데 이것이 가능할 때 투자비와 운영비를 줄일 수 있다. 최신의 주방설비가 비록 비싸기는 하나 그것들을 적절히 사용하여 효율적인 작업을 할 수 있다면 투자비용은 충분히 만회할 수 있다. 전통적인 시스템의 주방설비에 신형 주방기기들을 임의로 혼합해서 사용하게 된다면 자본비용과 공간의 비효율화를 초래할 수 있다는 것도 명심해야 한다.

 조리작업을 하기 위한 동선은 짧을수록 좋으며 주방기기 또한 동선 외에 다음과 같이 여러 가지 요소에 따라 선택해야 한다.

- 식자재와의 관련성
- 시각적 관점
- 작업습관
- 전기 및 용수 등에 관한 경제적 관계
- 작업자의 신체적 특징

5 주방의 작업공간 구분

주방의 작업구분을 말하기 위해서는 주방을 하나의 생산공장으로 생각하면 빨리 이해할 수 있다. 식자재를 입하하여 가공작업에 의해 제품이 되는 과정은 다품종 소량생산의 공장조직과 다를 바가 없다. 만약에 기존에 생산공장이 좁으면 좁은 대로 각각의 작업효율을 증진시키기 위하여 연구를 하여야 한다. 주방은 조리가공을 하고 고객에게 요리를 제공하는 장소로서 그 주변에 필요시설이 유기적으로 연계되어야 한다.

주방의 작업공간을 크게 나누면 식자재 반입구와 검수, 다듬기, 보관장소, 주조리 구역으로 나눌 수 있다. 최근에는 직원에 동기부여에 깊은 관계가 있는 직원의 후생복지시설 확보도 중요사항으로 고려해야 한다.

1) 직원실

주방 내의 작업은 상당히 중노동이고 서서 하는 작업이 대부분이며 동시에 위생적인 면에서 유의하여야 하는 작업이다. 그러므로 신발, 위생복으로 갈아입을 수 있는 탈의실, 잠시 휴식을 취할 수 있는 휴게실과 샤워시설이 필요하며 전용 화장실이 있어야 한다. 직원관계는 인수에 비례하는 면적을 확보하고 남녀별로 구분한다.

2) 반입과 검수구역

반입지역은 외부와 직결하고 있으면서도 외부인의 눈에 잘 띄지 않는 곳으로 물품을 내리기 최적인 곳, 검수장소는 반입구와 가까운 곳이 편리하다. 반입·검수공간은 바닥과 벽이 상하기 쉬우며 더러워지기가 쉬우므로 청소하기 용이하며 청결 유지하기 쉬워야 한다. 또한 세면대나 청소도구를 씻는 대형 세면대, 청소기구함 등이 있어야 한다. 식자재의 무게를 측정할 수 있는 검품대와 저울을 준비하는 것이 좋다.

3) 주방사무실 및 회의실

주방사무실에는 식자재의 관리와 조리메뉴 등을 작성하는 사무실이 필요하다. 식품고와 검수장소에 가까운 것이 편리하고 배선을 유리너머로 볼 수 있는 위치가 적당하다.

4) 임시보관장소

검수 후의 보관을 위한 정리작업을 하는 곳이다. 일반적으로 검수하는 곳과 겸용하여 사용하기도 한다. 식자재에 따라서 직접 다듬기 지역으로 운반하는 경우도 있다. 검수지역이 다듬기실과 조리실 옆에 위치하게 되면 주방 내에 업자의 출입이 잦게 되어 위생적으로 문제가 되기 쉽다. 그러나 현실적으로 다듬기실과 조리실의 경계를 하나하나 구분하기는 어려우므로 검수공간과 창고를 명확히 구분하고 다듬기실과 조리실 사이에 창고기능을 갖춘 완충공간을 설치하여 동선을 줄이는 방법도 있다.

5) 식품보관장소

여기까지는 주방과는 완전히 구분된 준청결구역으로 외부사람도 출입가능한 구역이기도 한다. 식자재의 보관에는 상온과 저온보관대가 있어야 하고 식품의 신선도를 지키기 위해 건냉하고 햇빛이 닿지 않는 통풍이 좋은 위치를 선택한다. 식품보관용 냉장, 냉동실을 주방 내에 설치하는 경우는 가능한 한 주방 내에도 반입구에 가까운 곳으로 하고 조금씩 사용하는 냉장고와는 구별하여야만 한다.

검수가 끝난 식품은 곡류, 채소, 어육류, 건어물류, 조미료, 유제품, 반가공품, 가공제품, 냉동식품 등으로 창고를 구분하여 저장해야 하므로 저장고가 필요하다. 그 밖에 생선상자, 과일상자 등 빈 상자를 저장하는 공간도 필요하다. 각종 창고, 특히 식품고의 내부는 건냉하여야 하며, 통풍이 잘 되고 직사광선이 닿지 않아야 되며 쥐, 파리 등의 침입을 방지하는 방충망도 또한 필요하다. 또한 창고 내의 세균증식 방지를 위하여 살균 등의 설치가 필요하다. 살균 등은 종업원이 직접 닿지 않도록 설치하여야 하며, 살균 등에 조도는 일반적으로 100룩스이고, 냉장·냉동고는 150~299 룩스이다.

6) 다듬기실

이 구역부터는 청결구역으로 외부사람이 보거나 들어올 수 없는 곳으로 완전히 구분한다. 식자재를 씻거나 주방기기를 사용하는 빈도가 많고 사람 수도 많이 동원되기 때문에 충분한 공간이 요구된다. 업소의 규모가 클수록 어육류와 채소류의 다듬기실을 분리하여 위생관리를 기하여야 한다. 내부에 주방기기 배치는 작업의 순서에 따라 계획되는 것이 바람직하다.

다듬기 공간은 많은 물을 사용하게 되고, 겨울에는 상당히 추울 수도 있는 곳이다. 그러므로 이러한 상태를 방지하기 위하여 환기장치와 난방장치를 설치하고, 물의 배수를 위해 바닥에 기울기를 충분히 주며 배수 및 배수 파이프 크기는 물론 너무 각지지 않도록 고려해야 한다. 다듬기 공간은 재료의 선별, 신선도 판정 등이 요구되는 곳이므로 조명이 밝은 곳을 택하며 인공조명을 사용할 때는 될 수 있는 한 태양광선에 가까운 자연광을 이용하는 것이 바람직하다. 채소 다듬기실은 조리실과 연결되어야 하고 내부 설비 배치는 작업순서에 따라 계획되어야 한다.

7) 가열조리구역

메인주방이라 불리는 구역으로 현재 중소규모 외식업소에서의 이 구역은 냉열 혼합형으로 된 레이아웃으로서 사용되지만 원래 따로 완전하게 구분되는 것이 원칙이다. 특히 온채구역은 내열, 내수제에 의해 천장까지 백색 타일로 마감하는 것이 이상적이다.

내부마감재료는 내수성, 내습성, 내충성, 내마모성, 내화성, 내열성 등으로 쓰여야 한다. 특히 바닥재료는 청소하기 쉽고, 탄력성이 있어 걷기 쉽고 피로하지 않아야 한다. 천장재료는 내수, 내습성이며 흡음성이 있고 결로 방지가 가능한 단열성이 높은 재료를 사용하는 것이 좋다.

또한 이 공간은 열, 증기, 연기, 냄새가 많이 발생하는 곳이고 고온 다습한 공간이어서 환기설비가 필요한 곳이다. 그러므로 가능한 이러한 것들이 발생하지 않는 주방기기를 사용하여야 하며 열, 증기, 연기, 냄새가 발생하는 곳이나 주위에 집중적으로 후드hood를 설치하고 옥외 배기구 위치에 주의하여야 한다. 또한 실내 전체의 환기와 급기의 형평을 고려해야 한다.

8) 메뉴차림대

조리된 후 공용하는 메뉴차림대를 사용한다. 조리로서는 끝마침이 되므로 주방에서 구분된 독립코너로 하는 것이 일반적이며 바닥마감은 완전히 건조시키는 것이 바람직하다.

9) 식기세척지역

식기를 순회하여 사용하기 위해 꼭 필요한 이 구역은 다른 주방설비와는 달리 주방에만 있는 설비다. 식기세척지역은 다소 잡음은 피할 수 없는 부분이 있기 때문에 고객과는 완전히 구분되어야 좋으며 음식찌꺼기가 떨어지기 쉽고, 식기잡음, 증기 등이 많이 발생하는 곳이므로 배기와 환기, 흡음장치를 잘 갖추도록 해야 한다. 조도는 200룩스 정도가 적당하며 위생적인 면에서 살균 등도 필요하고 잔반처리설비로서 일시냉동처리, 잔반처리기 등이 요구되기도 한다.

제**4**절

주방관리

주방의 일반적 관리

1) 주방직원의 관리

최근에는 모든 외식업체의 주방이 개방되어 있어 주방직원의 관리가 무엇보다 중요하다. 그러므로 주방의 청결유지와 고객만족을 위하여 보다 철저한 직원관리가 필요하다.

(1) 주방직원의 복장은 항상 청결하여야 하며, 음식에 머리카락 등이 들어가지 않도록 반드시 모자를 써야 한다.

- 복장은 청결하고 모자, 스카프, 에이프런 등도 항상 착용한다.
- 앞치마, 위생모를 착용한 채 화장실과 외부출입은 삼간다.

(2) 근무시간에는 절대 잡담이나 난폭한 행동을 하지 않도록 철저히 교육한다.

(3) 주방물품은 주방직원이 쉽게 사용할 수 있도록 조리대 주변에 정리정돈하며 위생은 물론 그릇 등이 깨어져 고객을 놀라게 하는 일이 발생되어서는 안 된다.

- 칼, 도마는 어육류, 채소용으로 구분하여 사용하고, 사용 후에는 닦아서 온장고나 자외선 소독고에서 건조시킨다.
- 행주는 사용 후 세제로 삶아 건조한다.

- 고무장갑은 다듬기용, 세척용으로 구분하여 사용하며, 사용 후에는 비누로 안팎을 깨끗이 닦아 건조시킨다.
- 신발은 작업장용, 외부용, 배식용으로 구분하여 사용한다.
- 음식물 쓰레기통, 일반 쓰레기통은 반드시 뚜껑을 덮는다.

(4) 음식의 주문순서대로 조리될 수 있도록 체계적인 주방관리시스템의 개발이 필요하다.

(5) 절약정신을 기른다.
- 작업을 하지 않는 장소는 소등을 한다.
- 수도, 온수, 가스를 절약하여 사용한다.

(6) 종업원의 건강관리에도 철저를 기한다.
- 식품접객업소의 종업원은 1년에 2회 이상 보건소나 지정된 의료기관에서 건강진단을 받아야 하며, 이를 확인한 건강진단수첩을 휴대하여야 한다.
- 종업원의 질병예방을 위하여 예방 접종을 받아야 한다.

┃표 13-2┃　식품위생법상 영업에 종사하지 못하는 질병의 종류

구 분	종 류	비 고
소화기계 전염병	콜레라, 장티푸스, 파라티푸스, 세균성 임질	「감염병의 예방 및 관리에 관한 법률」제2조 제1항 제1군 감염병 중
결핵 및 성병	폐결핵 성병매독, 임질, 연성하감, 비임균성 요도염, 성병육아종, 서혜육아종	「감염병의 예방 및 관리에 관한 법률」제2조 제1항 제3군 감염병 중
피부병, 기타 화농성 질병	나병, 포도상구균, 화농증 등 세균성 피부질환	
B형 간염		감염의 염려가 없는 비활동성 간염 제외
후천성 면역결핍증		제2조 제1항 제3군 감염병 중 간헐적으로 유행할 가능성이 있어 계속 그 발생을 감시하고 방역대책의 수립이 필요한 감염병을 말한다.

2) 조리과정의 구분관리

주방에서의 조리과정은 위생 및 작업효율성 등을 고려하여 관리하여야 한다.

(1) 제1구역은 식자재 납품업자로부터 물건을 수령하는 장소를 만들어 검수하도록 하고, 출입구에는 파리, 날벌레 등이 들어오지 못하도록 방충망과 에어커튼을 설치한다.

(2) 제2구역은 위생구역으로 식자재 보관을 위한 냉동용-18℃ 이하, 육·어류용 냉장고0℃~5℃, 채소, 김치류8℃~10℃와 상온고, 잡품고, 쌀 창고로 나누어 설치한다.

(3) 제3구역은 위생적으로 처리된 음식을 적정온도로 보관하고 서비스가 가능하게 하는 온장고, 냉장고와 같은 기계 등을 설치한다.

(4) 제4구역은 식기를 세척, 소독, 보관하는 곳으로 잔반처리구역과 세척 후의 소독보관을 구별하여 작업하고 청결을 유지하도록 한다.

┃표 13-3┃　조리과정 구분

구 분	제1구역	제2구역	제3구역	제4구역
작업 내용	① 식자재 검수· 　인수 ② 전 처리	① 식자재 보관 ② 가열 조리	① 메뉴차림 배선 ② 식사서비스	① 소독 및 보관 ② 식기회수 및 세척

② 주방직원의 안전관리

주방에서 작업을 할 때 가장 중요하게 지켜야 하는 최소한의 사항은 안전을 위한 대책이다. 그것은 안전을 위해서만이 아니라 항상 질적으로 동일하게 조리작업을 하기 위해서도 중요한 사항이다. 따라서 안전대책으로는 만일의 사고가 발생했을 경우를 위한 대응책까지 미리 정해두지 않으면 안 된다.

❶ 바닥은 항상 물기가 없는 상태로 만든다. 만약 물을 바닥에 흘렸거나 엎질렀다면 즉시 닦는다. 더군다나 기름을 떨어뜨렸다면 반드시 세제를 사용

해 닦는다. 물론, 식료품과 그 밖의 쓰레기가 떨어졌으면 바로 줍는다.

❷ 신발은 미끄러지기 쉬운 가죽창, 부드러운 고무창이 아닌 견고한 고무창이어야 한다.

❸ 주방에서 전기를 사용하는 모든 기구에 대한 전원 스위치가 어디에 있는지 기억해둔다.

❹ 적정한 온도가 지정되어 있는 기구는 그것이 몇 도인가 기억해 두어야 한다. 그리고 적정온도의 범위를 벗어나면 즉시 조리장에게 보고한다. 이것은 안전을 위해서뿐만 아니라 동시에 온도 관리를 위해서도 중요하다.

❺ 기름을 넣어 튀기는 데 이용되는 용기는 특히 신중히 취급해야 한다. 그리고 특별히 주의하지 않으면 안 되는 것이 기름을 거르거나 갈아넣을 때다. 튀김할 때는 최고 상한온도를 알아두어서 그 이상의 온도가 되지 않도록 한다. 용기가 비었을 때는 완전히 청결하여 마른 상태로 해놓는다.

❻ 튀김용기를 운반할 때는 절대로 뜨거운 기름을 넣은 상태여서는 안 된다.

❼ 튀김하는 용기에는 물이 들어가지 않도록 하고, 튀김한 것을 꺼낼 때에는 약 10초 정도 기름을 털고 나서 그릇에 담는다.

❽ 날카로운 주방기기에 손을 다치지 않도록 주의한다.

❾ 칼은 반드시 정해진 장소에 둔다.

❿ 불이 붙거나 뜨거운 기름이 묻을 염려가 있기 때문에 입고 있는 의복은 반드시 단정히 하여 입는다.

⓫ 뜨거운 석쇠 위에 물을 떨어뜨린 때에는 수증기에 화상을 입지 않도록 주의한다.

⓬ 석쇠에 기름이 남아 있을 때 기름이 튀는 것을 방지하기 위해 닦아둔다.

⓭ 화력조절은 어디에서 할지, 어떤 방법으로 할지 알아둔다.

⓮ 소화기가 놓여있는 장소와 사용방법을 알아둔다.

⓯ 불과 가까운 곳에 타월을 두지 않는다.

⓰ 특히 화재와 같은 중대한 사고 발생에 대한 대응책도 마련해야 한다. 화재가 발생했을 때 그것에 대응하는 제일 중요한 점은 절대로 해서는 안 되는 일을 명확히 알아두는 일이다. 그 다음으로는 대책을 세워 신속히 행동하는 것이다. 작은 사고로 끝날 것이 대형사고가 되는 것은 하지 말아야 하는 일을 당황해서 해버리기 때문에 발생하는 것이다.

3 가스 안전관리

　최근에는 호텔 및 음식점, 다방 등에서 대부분 연료로 LP가스를 사용하고 있으며, 업소에서 가스사고가 빈번히 발생하는 이유 중 업소의 취급부주의로 인한 사고가 대부분을 차지하고 있다. 이러한 현상은 평소 가스 안전관리에 대한 올바른 지식을 가지고 주의 점검하는 자세를 가짐으로써 사고를 예방할 수 있다.

　LP가스는 본래 무색 · 무취하여 누설되어서도 쉽사리 알 수 없기 때문에 만약 누설되었을 때는 1차적 후각으로 먼저 감지할 수 있도록 인분냄새 비슷한 메갑탄을 첨가하므로 평소 조금만 주의를 기울이면 누설 여부를 확인할 수 있다. 이러한 사전의 가스사용에 대한 주의가 불성실할 경우 LP가스는 자연성 가스이므로 누설에 의한 화재 및 폭발사고가 언제든지 예상될 수가 있다. 그리고 가끔 비눗물로 확인하는 것도 잊어서는 안 된다.

　난방, 급탕, 조리기 등의 대형연소기의 보급 확대로 지금까지의 사고 형태와 다른 불완전 연소에 의한 산소결핍증, 일산화탄소 중독사고가 급격히 증가되므로 안전가스의 사용이 요구된다.

　대형연소기가스보일러, 가스온풍기, 대형조리기기 등 설치장소에는 충분한 배기와 통기가 이루어져야 하고 대형연소기 설치는 반드시 전문설치업자에게 의뢰하도록 하여야 한다. 조금만 주의하고 평소 점검하는 습관만 있으면 가스처럼 편리하고 안전한 연료는 없다. 가스 안전관리는 어느 누구에게 그 책임이 한정되어 있는 것이 아니다. 가스를 취급하는 주방직원과 그외 직원들에게 가스에 대한 안전관리를 수시로 주지시켜야 한다.

4 전열기의 사용

　주방에서는 가스나 전기를 에너지로 많은 주방기기를 사용하고 있다. 가스이외에도 전기사용의 부주의로 인한 사고 역시 많이 발생하므로 다음과 같은 사항을 지키도록 한다.

❶ 전열기 사용 중 자리를 비우지 말아야 한다.

❷ 전열기 위에 물건을 올려놓지 말아야 한다.

❸ 청소시 콘센트에 물이 들어가지 않도록 주의하여야 한다.

❹ 각종 전열기 사용수칙을 엄수하여 고장의 원인이 되지 않도록 하여야 한다.

❺ 스팀 솥을 정면으로 받거나, 부주의로 화상을 입지 않도록 주의하여야 한다.

❻ 취반기 스팀 압력이 "0"으로 내려간 후 문을 열어야 한다.

실 전 외 식 사 업 경 영 론

FOOD SERVICE MANAGEMENT

Chapter

14

외식사업
위생관리

학습목표

1. 식품위생의 중요성에 대하여 알아
보자

2. 대표적인 식이성 질병에 대하여 알아
보자

3. 식중독의 예방법에 대하여 알아보자

4. 식품위생법규에 대하여 알아보자

제 **1** 절

위생의 개요

① 식품위생의 개념

오늘날 현대인들은 맞벌이 부부의 증가와 경제수준의 향상 등으로 인하여 가족단위의 외식을 즐긴다. 외식을 즐기는 대부분의 고객들은 안전하고 깨끗한 환경 속에서 좋은 음식과 기분 좋은 서비스를 찾게 되며, 이러한 고객들의 기대를 충족시켜 주기 위해 경영자나 모든 종업원들은 음식의 안전성과 건전성 유지를 위해 최선을 다한다.

위생이란 건강한 상태를 조성하고 유지하는 것을 말하며, 위생을 뜻하는 'sanitation'의 어원은 라틴어의 'sanitas', 즉 건강이란 말에서 기원되었다.

식품위생에 대하여 살펴보면 먼저 식품은 모든 음식을 말하며, 다만 의약으로 섭취하는 것은 예외로 한다. 그리고 식품위생은 식품, 첨가물, 기구 및 용기와 포장을 대상으로 하는 음식물에 관한 위생을 말한다.

1955년 세계보건기구WHO 환경위생전문위원회에서 정의한 바에 의하면 식품위생이란 '식품 그 자체뿐만 아니라 식품의 생육, 생산, 제조, 유통, 소비까지 일관된 전 과정을 위생적으로 확보하여 최종적으로 사람에게 섭취될 때까지 모든 단계에서 식품의 안전성, 건전성 및 완전무결성을 확보하기 위한 모든 수단을 뜻한다"Food hygiene"means all measures necessary for ensuring the safety, wholesomeness, and soundness of food at all stages from its growth, production of manufacture until final consumption.'라고 하였다.

또한 우리나라 식품위생법에서도 식품위생을 '식품, 첨가물, 기구 및 용기와 포장을 대상으로 하는 음식물에 관한 위생'이라고 정의하고 있다.

결론적으로 식품위생이란 그 식품의 생산, 제조, 유통, 소비에 이르기까지 위생성을 확보하고 음식물과 기타 시설 및 용기 등에 의해 발생하는 오염으로 인한 각종 질병을 방지하기 위한 수단이라 할 수 있다.

1) 유통기한의 관리

유통기간은 제품의 제조일로부터 소비자에게 판매가 허용되는 기간을 의미하는 것으로 이 기간 내에 보관기준온도와 습도를 준수하여 보관·유통하여야 한다. 유통기한이 초과되었다고 반드시 유해한 식품은 아니나 법적으로 위반식품에 해당된다. 그러므로 유통기한이 초과된 식품을 보관하고 조리에 사용하는 것은 법적인 제재를 받게 된다.

2) 식품별 표시사항 기준

식품별 표시사항이란 식품위생법에서 정하고 있는 법적 사항이다. 식품위생법에 의하면 '표시'라고 함은 "식품, 식품첨가물, 기구 또는 용기·포장에 기재하는 문자·숫자 또는 도형"을 말한다. 표시 내용으로는 제품명, 식품의 유형, 제조연월일, 유통기간, 내용량, 원재료명, 성분 및 함량, 기타 세부표시기준보관 및 취급 주의사항, 포장재질 등이다. 식품위생법에서 정하고 있는 준수사항을 위반하였을 경우에는 다음과 같이 행정처분을 받게 된다.

┃표 14-1┃ 식재 표시사항 행정처분 기준

내 용	행정처분
표시사항이 없는 식재 사용	영업정지 1개월 및 식품 폐기
유통기한 및 제조연월일이 없는 식품 사용	영업정지 15일 및 식품 폐기
한글 표시사항이 없는 수입식품 사용	영업정지 1개월

3) 보관 및 취급방법의 준수

식품표시사항에 기재된 내용 중 '보관방법'은 '유통기한'과 마찬가지로 사용

자가 준수해야 하는 법적인 사항으로서 보관기준을 준수하지 않는 경우에도 행정처분 및 과태료가 부과된다.

 식품위생의 정의

- **세계보건기구(WHO) :** 식품위생이란 식품의 재배사육부터 생산 가공 공정을 거쳐 최종 소비에 이르기까지의 모든 단계에 있어서 식품의 안전성. 건정성 및 완전성을 유지하는 데 필요한 모든 수단을 말한다.
- 인간이 섭취하기에 알맞으며 안전하고 건전하며 완전한 식품은 확보하기 위하여 식품의 생산, 가공, 저장 및 유통과정에서 요구되는 조건 및 방법을 말한다.
- 식품으로 인하여 일어날 수 있는 모든 건강 장애 요인을 제거하고 사람의 건강을 유지 · 증진시켜 장수할 수 있는 수단과 기술이며 나아가 예술과 과학이다.

3 **식품위생의 중요성**

식생활의 급격한 변화와 각종 화학공업의 발달, 인구의 도시집중화로 인한 환경오염이 식량자원을 오염시키는 등 식품위생상 새로운 문제가 제기되고 있다. 식품을 통하여 인간의 건강을 저해하거나 생명을 위협하는 요소로는 병원미생물전염병, 식중독의 원인균, 기생충 등에 의한 오염과 함께 폐수, 농약, 방사능 오염 등이 있다.

근래 보건 3대악이란 부정식품, 부정의료, 부정의약품을 말하는데, 부정식품이 유통되지 않도록 관리하는 문제는 오늘날 더욱 중요하다.

따라서 식품위생관리는 식품위생법 시행규칙 제2조 관련 [별첨 1]에 의하여 엄격히 처리하고 있다.

➊ 식품 등을 취급하는 원료보관실, 제조가공실, 포장실 등의 내부는 항상 청결을 유지·관리하여야 한다.

➋ 식품 등의 원료 및 상품 중 부패·변질이 쉬운 것은 냉동·냉장시설에 보관·관리하여야 한다.

➌ 식품 등의 보관, 운반, 진열시에는 인정한 식품 등의 기준 및 규격이 정하고 있는 보존 및 보관기준에 적합하도록 관리하여야 하고, 이 경우 냉동·냉장시설 및 운반시설은 항상 정상적으로 작동시켜야 한다.

➍ 식품 등의 제조, 가공, 조리 또는 포장에 직접 종사하는 자는 위생모를 착용하는 등 개인위생관리를 철저히 하여야 한다.

➎ 우유 및 산양유와 같은 제조시설에서 처리·가공하거나 섞어 넣지 아니하여야 한다.

➏ 식품 등의 제조, 가공, 조리에 직접 사용되는 기계, 기구 및 음식기는 사용후에 세척·살균하는 등 항상 청결하게 유지·관리하여야 한다.

➐ 식품접객업소의 경우 냉면, 육수, 칼, 도마, 행주 등은 기준 및 규격을 정하고 있는 식품 접객 조리판매 등에 대한 미생물 권장규격에 적합하도록 관리하여야 한다.

┃그림 14-1┃ 식품위생의 범위

|표 14-2| 식성병해의 원인물질

분 류	종 류	병인물질의 예
내인성	1. 유해·유독성분	① 복어독tetrodotoxin, ciguattera독, 마비성조개독mytilotoxin ② alkaloid, 시안 배당체, 기타의 배당체, 버섯독
	2. 생리작용 성분	① 항 vitamin성 물질, 항 효소성 물질, 항 갑상선 물질 ② 식이성 allergen

외인성	1. 생물적
	  1) 미생물
	
	  2) 기생물
		① 경구전염병원
		② 세균성 식중독균
		  감염형장염 vivrio, salmonella 등
		  독소형포도상구균, botulinus균 등
		③ mycotoxinaflatoxin 등
		회충 등

	2. 인위적
	  1) 의도적
	    식품첨가물
	  2) 비의도적
	    식품첨가물
	    식품 오염물
	
	  3) 가공과오
		부정첨가물ducin 등
		
		① 잔류농약DDT, BHC 등
		② 공장배출물alky1 수은 등
		③ 방사성 물질
		④ 용기포장재 용출물
		비소, PCB 등

유기성	1. 생리적 2. 화학적 3. 생물적	조사유지, 가열유지산화유지 등 아질산염 및 amine·amide 반응물 N-nitroso 화합물 아질산염 및 amine·amide 류와의 생체 내 생성물N-nitroso 화합물

식중독이란 의학적으로 엄밀한 의미에서 특정한 질병으로 분류하지 않으므로 일정한 정의를 내리기란 극히 어렵다. 그러나 음식물에 기인하는 질병 중 가장 흔하고, 여러 종류의 원인으로 기인하는 질병이 식중독이다. 일반적으로 광의적인 해석에 따르면 음식물에 의해서 일어나는 급성위장염 증상을 주요 증상으로 하는 건강장해를 말한다. 최근에는 식품뿐만 아니라 식품과 관련 있는 첨가물, 기구 및 용기, 포장 등에 기인하여 발생하는 위생상의 위해나 사고도 일괄적으로 식중독이란 명칭으로 취급하는 경향이 있다.

여기서 위해사고라 함은 광범위한 것이 포함되는 것으로 생각되나 적어도 식중독이라 할 때는 소화기를 거쳐 음식물과 관련하여 들어오는 유독유해한 미생물이나 화학물질에 의하여 비교적 급성의 생리적 이상이 일어나거나 때로는 만성적인 축적에 의하여 일어나는 건강장해를 말한다.

제**2**절

식중독과 위생

① 식중독의 종류

식중독은 크게 세균성 식중독bacterial food poisoning과 자연독 식중독natural food poisoning, 화학성 식중독chemical food poisoning 등으로 크게 나눌 수 있다.

1) 세균성 식중독

(1) 감염형 식중독food infection

감염형 식중독은 식물과 같이 섭취된 병원 미생물이 원인이 되어 일어나는 식중독으로 이 형에 속하는 것은 살모넬라salmonella 식중독, 장염 비브리오vibrio 식중독, 병원성 대장균 식중독, 프로테우스proteus 식중독, 아리조나Arizona균 식중독 등이 있다.

이중에서 전 세계적으로 널리 발생하며 가장 먼저 발견된 식중독균의 하나인 살모넬라 식중독의 증상은 보통 12~24시간 잠복한다. 그리고 메스꺼움, 구토, 설사, 발열 등의 주증상이 나타나며 전신권태, 식욕감퇴, 두통, 구토, 현기증 등을 수반한다. 중증인 경우에는 탈수증상이 나타나고 쇼크, 혼수상태를 거쳐 사망하는 수도 있으며 치사율은 1% 이하이다. 원인 식품으로는 육류, 우유, 달걀 등과 그 가공품, 어패류와 그 가공품, 도시락, 튀김, 어육연제품 등을 들 수 있다.

이 식중독의 예방법으로는 중요한 감염원인 쥐, 파리, 바퀴 등이 침입하지 못하도록 방충 및 방서시설을 하고, 보균자에 의해 오염되지 않게 급식종사자에 대해 정기적으로 보균자 검색을 한다. 그리고 식품을 저온보존하고 섭취하기 전에 반드시 재가열하며, 달걀과 그 가공품은 특히 오염되기 쉬우므로 유의한다.

(2) 독소형 식중독food intoxication

독소형 식중독에는 포도상구균 식중독, 보틀리누스botulinus균 식중독, 세레우스cereus균 식중독 등이 있다. 음식물 중에 독소를 함유한 음식물을 섭취할 때 발생한다.

잠복기가 2~3시간으로 짧으며, 환자의 발생이 급격하게 일제히 일어나고 빨리 치유되는 특성을 갖고 있다.

(3) 알레르기성 식중독

부패로 인해서 생긴 유독 아민amine, 특히 히스타민histamine이 축적된 식품을 섭취함으로써 알레르기 증상을 나타내는 식중독이다.

2) 자연독 식중독

(1) 동·식물성 자연독

자연독 식중독에는 식물성 자연독phytotoxin 식중독과 동물성 자연독zootoxin 식중독으로 나눈다. 동·식물체 중에는 그 생존 중에 자연적으로 생산되는 독성 물질을 함유하고 있는 것이 있다. 이러한 독성 성분 중에는 사람에게 암, 돌연변이, 기형, 알레르기, 영양장애 및 급성 중독을 일으키는 것들이 있다. 동물이나 식물체의 자연독에 의하여 발생되는 식중독의 발생경위는 대체로 다음과 같다.

첫째, 유독 동·식물체를 식용 동·식물과 혼돈하여 섭취하는 경우로 독버섯 등이 있다.

둘째, 일반적으로 식용되는 동·식물이 어떤 특수한 조건에서 유독화되어 있는 것을 모르고 섭취하는 경우로 마비성 패독, 맥각 중독 등이 포함된다.

셋째, 동·식물체의 특수한 부위나 기관이 한정되게 독성 물질을 함유하고 있는데 이것을 완전히 제거하지 않고 섭취하는 경우이다. 복어의 테트로도톡신tetrodotoxin, 감자의 솔라닌solanin 중독 등이 포함된다.

(2) 곰팡이성 지연독

곰팡이독mycotoxin은 곰팡이가 생산하는 2차 대사 산물로서 사람과 가축에 질병이나 이상 생리작용을 유발하는 물질을 의미한다. 일반적으로 곰팡이의 섭취로 일어나는 질병을 곰팡이독 중독증mycotoxicosis이라고 한다. 곰팡이의 감염으로 발생하는 진균증mycosis과 구별하여 곰팡이독은 그 대부분의 저분자 화합물이고 항원성을 가지지 않는 점이 특징이다.

이러한 독 중독증의 특징을 요약하면 먼저 곡류, 목초 등의 식물 또는 사료의 섭취가 원인이고, 원인 식물이 곰팡이에 오염되어 있는 경우가 대부분이다. 그리고 계절과 관계가 깊으며 동물 또는 사람 사이에서는 전파되지 않는다.

3) 화학적 식중독

화학물질에 의한 식중독은 유독물질이 식품에 혼입되는 것으로, 유독한 것

을 알면서도 부패와 변질을 방지하기 위하여 고의 또는 잘못 사용으로 식품에 가하여지는 경우가 대부분이다. 그 예로서 농약류살균제, 살충제, 쥐약 등와 독성물질을 밀가루나 소금 등으로 혼동하여 사용하는 경우와 일본에서는 DDT를 baking powder로 오인하여 빵을 만들어 먹고 중독을 일으킨 경우도 있었다.

② 식중독의 발생

외식업소에서 가장 빈번히 발생하는 식중독의 원인은 제공하는 식품 취급상의 부주의로 발생한다. 위험성을 함유한 음식물만에 관심을 둘 것이 아니라, 음식을 다루는 과정 또한 식중독의 발생원인이 될 수 있음을 알아야 한다.

식중독 발생의 원인은 다음과 같다.

- 더운 음식을 잘못 식힐 때
- 음식을 잘못 데우거나 조리할 때
- 감염된 비위생적인 직원의 식품취급행위
- 며칠 전 미리 준비해 놓은 오염된 음식
- 이미 조리가 완료된 음식물에 오염된 날 식재료가 첨가되었을 때
- 음식물을 미생물 배양에 적절한 온도에 방치해 두는 경우
- 미생물을 박멸할 정도의 온도로 음식물을 데우지 못한 경우
- 비위생적인 조리 기구와 장비에 음식물의 오염
- 쥐, 파리, 바퀴벌레 등의 박멸 및 쓰레기를 위생적으로 관리·처리하지 못하였을 때 등이다.

|표 14-3| 대표적인 식이성 질병

박테리아 명칭	증 상	증상발생시기	원 인
보틀리늄	두통, 복통, 현기증, 마비, 시각장애, 심장마비, 호흡기 마비에 따른 치사 가능성	2~72시간	불안전하게 멸균처리되거나 용기가 손상된 가공식품, 흙이나 오물
퍼프린젠스	복통, 설사, 오한, 고열	8~24시간	요리된 뒤 뒤늦게 냉장보관된 고기가 다음날 제공된 사람의 손이나 오염된 토양이 병균을 옮김
포도상구균	복통, 구토, 설사	1~11시간	불결한 설거지, 균에 오염된 파이 껍질이나, 고기, 샐러드, 카스타드, 소스, 남긴 음식 등을 만진 손
살모넬라	두통, 구토, 고열, 복통, 설사	6~72시간	쇠고기, 돼지고기, 닭고기, 생선, 계란, 유제품 기타 단백질, 오물, 손, 파리, 도구에 의해 전염됨
연쇄구균	인두염, 설사, 구역질	2~24시간	불결한 손, 음식 주위에서의 기침, 불결한 테이블보
이질	설사, 고열, 구역질, 복통	1~7일	불결한 손, 식수오염, 파리, 먼지
전염성 간염	황달, 구역질, 복통, 고열	10~30일	불결한 손, 오물, 오염된 조개류, 씻지 않은 과일
선모충	구토, 설사	10~30일	멸균되지 않은 포크 사용

|표 14-4| 음식물 내의 박테리아 발생을 방지하거나 줄이는 방법

요 소	방 법	효 과
가열	요리, 저온살균법	질병을 유발하는 미생물을 죽인다.
냉장	냉동, 냉장	박테리아의 발생을 지연시킨다.
건조	가열건조, 냉동건조	수분을 제거하여 박테리아의 발생을 방지한다.
훈제, 화학물	훈제고기, 소금에 절이기, 질산염 처리, 곰팡이 억제제 사용, 기타 화학물질에 의한 보존방법	수분을 제거한다. (훈제향은 방부 효과제가 아님) 박테리아 발생을 지연시킨다.
자연방부제	발효	고농도의 알코올은 박테리아 및 효소의 발생을 억제한다.

명 칭	위 험	습 성	관 리
파리	음식 위에 액체 분비물을 배설, 발로 박테리아 전파, 파리 한마리가 3천만개의 박테리아 주파	음식 찌꺼기에 알을 낳음, 한마리가 2~3주 동안 1,500개의 알을 낳음	출구마다 모기장, 칸막이 설치, 쓰레기장 청소 두껑으로 덮음
바퀴벌레	살모넬라균, 포도상구균, 기타 질병 전파	몸체와 배설물로 음식 오염, 저장고, 조리실에 박테리아 전파	저장소, 조리실에 대한 정기적인 방제, 바닥과 벽의 청결유지, 노후장비, 용품, 오래된 음식 버릴것.
쥐, 생쥐	여러 가지 질병을 사람과 가축에 전파, 쥐는 종종 화재의 원인, 오염된 구역에서 쥐가 먹던 음식은 발열을 일으킴	벽이나 바닥에 서식, 사람과 같은 음식 먹음, 밤에 음식을 뒤짐, 1년에 새끼 60마리 수명은 4~5년	쥐약, 방제회사 이용, 쓰레기통에 뚜껑, 튼튼한 용기에 음식보관
개미, 날파리	단 음식과 과일오염	주로 불결한 곳에 알을 낳고 번식	청결유지, 약 뿌리고 틈새밀폐, 단, 음식이나 과일은 덮거나 냉장보관
새들비둘기, 찌르레기, 참새 등	새똥으로 불결하게 함, 질병전파	건물이나 다락에 둥지 틀고 서식	둥지 제거, 음식 찌꺼기 제거, 칸막이 설치

‖표 14-5‖ 해충에 의한 감염

 식중독의 예방

1) 예방대책

(1) 음식물관리

모든 세균이나 박테리아가 살아남기 위해서는 영양공급원을 필요로 하고 있다. 육류, 생선, 가금류 등 높은 단백질을 함유한 음식물은 세균이 번식하기 좋은 여건을 갖고 있다. 우리가 흔히 사용하고 있는 계란, 잡곡, 야채류에도 세균이 성장할 수 있는 영양분을 충분히 갖고 있기 때문에 이러한 재료로 만들어진

음식물을 완성 후에도 관리를 철저히 하여야 한다. 따라서 일단 조리된 음식은 즉시 사용함을 원칙으로 하며 불가능한 경우 밀봉냉장, 냉동 등의 적절한 조치를 취해야 한다. 그리고 음식물 관리요령은 다음과 같다.

❶ 좋은 재료를 구매하여 위생적으로 저장·관리한다.

❷ 시설의 청결상태를 유지하고, 조리기구 및 식기 등의 소독을 철저히 한다.

❸ 쥐, 파리, 바퀴벌레 등이 조리작업장이나 식품저장고에 침입하지 못하게 하고 박멸하며, 쓰레기는 위생적으로 관리·처리한다.

❹ 종업원의 개인위생을 철저히 감독한다. 위장장애환자, 화농성 질환자, 전염병 환자 및 보균자의 식품조리 및 취급을 금하며, 손이나 신체를 청결하게 한다.

❺ 유독·유해물질을 조리작업장이나 식품저장고에 보관하지 않는다.

❻ 정체불명의 어패류나 버섯은 조리하지 않으며, 계절에 따라 유독한 것은 그 시기에는 취급하지 않는다.

❼ 식품위생법을 준수한다.

❽ 식품 조리 및 취급에 종사하는 사람의 정기건강진단 및 보건교육을 철저히 한다.

(2) 온도관리

온도는 세균의 번식과 사멸에 가장 중요한 요소로 작용한다. 일반적으로 세균은 0℃ 이하와 80℃ 이상에서는 발육하지 못하며 고온보다는 저온에서 대체로 저항력이 강하다. 대부분의 세균들은 16~49℃에서 가장 빠르게 증식하는 것으로 알려져 있다. 그렇지만 세균의 증식가능 온도는 이보다 더 넓은 4~60℃로 시간에 비례하여 증식한다. 따라서 음식을 만들어 보관할 때는 60℃ 이상으로 가열하여 4℃ 이하로 냉각하여 보관하는 것이 비교적 세균의 증식을 억제하는 방법이기도 하다.

음식물 온도 관리요령은 다음과 같다.

❶ 음식물을 식히는 과정에서 자주 저어 식는 시간을 단축시킨다.

❷ 일단 한 번 냉각한 음식물을 고객에게 제공할 때는 필요한 양만큼 덜어서 데운다.

❸ 미리 데워야 하는 음식은 일단 100℃ 이상 가열한 후 보관한다.

❹ 냉각한 음식을 보관하는 냉장고의 온도는 4℃ 이하를 유지할 수 있도록 한다.

(3) 수분관리

세균의 발육증식은 수분을 필요로 하므로 건조식품에서는 발육증식이 어렵다. 수분 중에서도 미생물이 이용할 수 있는 물은 자유수 혹은 유리수이다. 결합수의 경우 단백질이나 당질과 단단히 결합되어 있어 이용하지 못한다. 총 수분 중에서도 미생물의 이용성을 중심으로 하여 자유수만으로 표시된 수분활성도water activity, Aw가 통용되고 있다.

세균증식에 적합한 수분활성도는 0.85 이상인 경우가 보통이다. 수분활성도가 0.85 이하인 경우에는 식품에서 미생물의 증식은 억제되지만 건조상태에서 사멸되는 것은 아니다. 이것은 식품저장의 원리가 되기 때문에 많은 식품이 건조상태의 제품으로 생산되며 유통과정에서 수분의 흡수를 차단하여 식품의 안전성을 확보하여야 한다.

(4) pH 관리

일반적으로 세균은 중성 혹은 알칼리성에서 잘 번식되고, 효모나 곰팡이는 산성에서 잘 번식된다. 따라서 pH의 범위 안에서는 세균의 증식이 사멸되지 않고 존재하며, pH 6.6~7.5 사이에서 증식이 왕성하지만, pH 4.6 이하로 떨어지면 증식이 정지된다. 따라서 적정한 pH 관리가 요구된다 하겠다.

2) 발생시 대책

식품, 첨가물, 기구, 용기·포장으로 인하여 식중독을 일으킨 환자 또는, 그 의심이 있는 자를 진단하거나 사체를 검안하는 의사는 지체 없이 관할보건소 또는 보건지소장에 보고하여야 한다.

또한 보건소장 또는 보건지소장은 식중독 발생을 보고받은 때에는 그 원인물질을 찾아내기 위한 역학적 조사와 중독된 자 또는 중독된 환자로 의심되는 자의 혈액·분뇨와 토사물 또는 중독의 원인이라고 생각되는 식품, 첨가물, 기구,

용기·포장 등에 대한 세균학적, 이학적 실험을 하고 시·도지사에게 보고하여야 한다.

시·도지사는 식중독에 대하여 조사를 하였거나 보고를 받은 때에는 지체 없이 보건복지부장관에게 보고하여야 한다.

제**3**절

종업원의 개인위생

식품의 위생적 관리를 위하여 훌륭한 계획이나 규정이 설립되어 있을 지라도 계속적으로 지도·감독이 없으면 성공할 수 없다. 위생에 관한 훈련이나 계획의 집행에는 효율적인 지도·감독이 있어야만 효과를 거둘 수 있다. 또한 휴게소나 주방입구에 규칙이나 방침을 부착하여 평소 생활화하도록 지원하여야 한다.

① 개인의 청결유지

(1) 머리

기름이 끼고 더러운 머리는 세균의 좋은 증식장소가 된다. 그리고 비듬이 음식에 들어가지 않도록 자주 감아야 한다.

(2) 목욕

체취나 더러운 피부는 고객을 불쾌하게 한다. 피부는 세균 증식에 가장 중요한 장소이기도 하다.

(3) 수세

개인위생의 가장 중요한 요소는 손을 자주 청결히 씻는 것이다. 더러운 손은 오염물질이나 세균을 옮겨 주는 데 결정적인 역할을 한다.

다음과 같은 경우 철저히 손을 씻어야 한다.

- 귀, 코, 입, 머리와 같은 신체의 어떤 부분을

접촉한 후

- 손수건이나 휴지를 사용한 후
- 더러운 장치 및 작업장의 표면을 접촉한 후
- 원재료 식품을 취급한 후
- 돈을 만진 후
- 담배를 피운 후
- 사용한 식기를 세척한 후
- 식사 후
- 화장실에 다녀온 후 등이다.

식품의 취급과 관련하여 일반시민이나 작업장의 근무자 손에서도 10% 내외의 대장균이 검출되며, 식품관계영업자의 경우 50% 가량, 생선초밥을 만드는 조리사의 손에서는 80% 이상의 대장균이 검출된다고 한다.

손을 씻을 때는 대체로 담아 놓은 물보다 흐르는 물, 찬 물보다는 더운 물, 비누를 사용하거나 3% 크레졸을 사용하면 효과가 크다고 할 수 있다.

(4) 손톱

손톱은 잘 정리되고 깨끗하여야 한다. 더러운 손톱, 긴 손톱은 세균의 서식처를 제공하게 된다. 한 조사결과에 의하면 손톱의 길이가 길면 길수록 0.01g당 세균수가 증가하는 것으로 나타났다.

(5) 외상

손에 생긴 자상이나 찰과상과 같은 개방된 상처는 여러 사람에게 위생상 나쁜 인상을 주고 실제 세균의 오염이 된다. 상처가 있는 사람이 작업을 계속하고자 하는 경우는 항균 반창고를 붙이고 물에 들어가지 않도록 보호대를 감싸주어야 한다.

(6) 흡연과 껌

흡연은 식품취급시설에서는 허용되지 않는다. 식품의 준비, 조리, 저장, 급·

배식의 과정에서뿐 아니라 식품취급기구의 준비실, 세정시설에서도 담배를 피워서는 안 된다.

껌을 씹는 것도 또 다른 오염원이 될 수 있다. 껌을 씹는 사람의 습관에 따라 입을 벌리고 소리를 낸다거나 손으로 만지는 행위는 직접 또는 간접적으로 식품을 오염시키게 된다.

2 개인의 복장

(1) 위생복

위생복은 식품에 오염을 차단시켜 주는 중요한 역할을 한다. 그러므로 복장에 대하여는 엄격한 규정을 정하여 준수하도록 요구하고 있다. 더러운 위생복은 고객들에게 크게 불쾌감을 주고 거부감을 줄 뿐 아니라 병원성 세균의 서식처가 될 수 있다.

또한 위생복은 식품을 취급하거나 음식을 만들 때만 입어야 하며, 위생복에 손을 닦는 습관이 생기지 않도록 철저히 감독·지도하여야 한다.

(2) 위생모

머리카락은 세균의 증식처로 식품위생에 있어 중요한 관리요소가 된다. 식사 도중 머리카락이 발견되면 그 외식업체는 고객으로부터 나쁜 인상을 받을 것이다. 그러므로 식품오염의 방지를 위하여 위생모자나 머리 망 등의 착용을 강제화하여야 한다.

(3) 신발

종업원들의 신발은 샌들, 굽이 높은 구두 또는 신발의 밑창이 흡수성이 있는 것은 좋지 않으며, 작업용 신발은 발을 완전히 가려야 한다. 이런 신발을 신었을 때 미끄러지거나 넘어지는 것을 방지할 수 있다. 업장에 들어오기 전에 신을 닦

을 수 있게 신발털이개패드식, 브러시 등를 문 앞에 두어 신을 닦고 들어오게 하여야
한다.

(4) 귀금속

반지, 시계, 팔찌 등은 식품취급시 음식 찌꺼기가 끼기 쉽고, 손과 귀금속 사
이에 남아 있는 음식 찌꺼기는 세균증식의 온상 역할을 한다. 표면이 복잡하거
나 늘어뜨려진 장신구의 경우 다른 기구나 장치의 취급시 안전사고의 위험도
크다.

제**4**절

식품의
위생관리

① 식품 중의 미생물

자연계에서 식품에 미생물을 오염시킬 수 있는 기회는 너무나 많고 다양하다. 인간이나 동물 자신도 오염원이 될 수 있으며 그들을 둘러싸고 있는 환경, 즉 토양, 공기, 물도 식품을 오염시키는 데 큰 역할을 한다.

1) 식품 중 미생물량

식품 중의 생균수는 정상 시판 식품 중에도 꽤 많다. 식품에 따라 저장·보관조건에 따라 크게 다르지만 통상 1g당 103~106 정도이며, 개중에는 106~107 정도의 것도 있다.

식품의 세균수가 상상 이상으로 많기 때문에 식품 간의 미생물 오염도 용이하게 일어나 조리·가공의 단계를 지나면서 오염도가 높아져 간다.

❶ **토양의 미생물** : 토양의 미생물 종류와 양은 토양의 수분량, 산소함량, pH, 유기물량, 온도 등에 따라 다르지만 대체로 1g당 108~109 마리의 미생물을 함유하고 있다. 미생물 중에 세균이 가장 많고 그 외에 곰팡이, 효모 등의 진균류, 조류, 원생동물 등도 볼 수 있다.

❷ **물속의 미생물** : 하수에는 토양, 대변, 다양한 폐기물 등이 혼합되어 많은 세균의 오염을 받고 있다. 또 유기물의 혼합이 많아 영

양이 풍부하기 때문에 세균증식도 왕성하여 일반세균이 많을 때는 1ml당 104~106마리에 달하는 경우도 있다.

❸ **공기 중의 미생물** : 공기 중에는 특유한 미생물은 별도로 존재하지 않는다. 단지 토양과 함께 공기 중에 비산된 미생물 중 건조, 추위, 자외선 등에 강한 미생물의 일부가 공기 중에 부유하고 있다.

2) 식품 중의 미생물 특징

보통 식품은 처음부터 특정한 미생물에만 오염되는 것이 아니라 많은 종류의 미생물에 오염되어 있다. 그러나 식품의 성분이나 수분활성도, pH, 보존온도, 산화환원전위 등에 의하여 생존에 적합한 세균만 생존하여 각 식품의 고유한 미생물상을 형성하고 그 다음의 환경변화에 따라 균종이 변화하게 된다. 이 현상을 미생물상의 경시적 추이라 한다.

일반 식품 중 미생물상의 특징은 다음과 같다.

❶ 해산어패류는 생산지역의 해수, 유입된 하천수 등의 미생물상의 영향을 받는다.

❷ 야채류, 과일, 곡류 등은 토양미생물의 오염을 받아 미생물상이 형성된다.

❸ 가공식품에서는 원료 중의 미생물에 따라 가열처리한 식품에 남아 있는 내열성 세균이나 기구, 공중낙하 세균에 의한 미생물상을 보인다.

❹ 표면적이 넓어 통기성이 있는 식품에는 호기성균이, 산소가 적은 식품에서는 통성혐기성균이나 편기혐기성균에 의한 미생물상이 형성된다.

❺ 수분이 많은 식품에는 세균이 우선적으로 발육증식하며, 수분함량이 적은 건조식품이나 과일류에는 곰팡이가 우선적으로 발육한다.

❷ 식품의 지표세균

식품을 미생물 오염으로부터 방지하는 것은 함께 혼입될 우려가 있는 병원성 미생물의 오염을 차단하고 보존성을 확보하는 데 극히 중요하다. 여기에서 미생물의 관리가 효과적으로 실시되고 있는지 여부를 알기 위하여 특정의 지표세균을 정하고 세균학적 검사를 통하여 이들 지표세균의 유무와 양을 평가의 기초로 한다.

1) 일반 세균수

일반 세균수란 식품 중의 잡균의 수를 말한다. 보통 32-35℃에서 배양하여 검출된 식품 1g 또는 1ml당 세균수를 일반 세균수라 부르며 그 식품의 미생물학적 품질의 지표가 된다.

2) 분변 오염지표균

(1) 대장균군coliforms

대장균군은 식물, 토양, 물, 분변 등 그 유래가 다양하기 때문에 오염원을 찾기가 어렵다. 만일 대장균이 검출되었다면 가열공정이 불충분하였거나 제품의 취급, 보관방법에 문제가 있는지를 살펴보아야 한다. 그러므로 대장균군은 식품의 취급에서 위생적 관심도를 나타내는 척도로 보는 것이 타당할 것이다.

(2) 분변 대장균군fecal coliforms

분변 대장균군이 검출되면 직접 사람이나 동물의 분변에서 유래된 것으로 판단된다. 분변 대장균군이 검출되었어도 병원균이 있다고 단정할 수 없지만 장관계 병원세균의 오염가능성이 높기 때문에 안전하지 않은 식품 또는 불결한 식품의 의미를 갖고 있다고 하겠다.

(3) 대장균escherichia coli

분변오염의 지표로 널리 사용되고 있다. 동물성 생식품에서 소량 검출되는 것은 충분히 예상되나 다량이 검출되었다면 도살과정에서 취급불량이나 비위생적인 처리로 판단한다. 열처리 식품은 대장균이 검출되어서는 안 된다. 만약 검출되면 재오염된 것으로 판단한다.

(4) 장구균enterococci

장구균은 대장균과 마찬가지로 단일 세균을 지칭하는 것이 아니라 일군의 세균군을 지칭한다. 60℃에서 30분 가열하여도 견디는 장구균은 조악한 원료의 사용이나 조잡한 제조환경에서 생산된 제품을 검사할 때 유효한 수단이다.

화학물질

1) 식품첨가물

식생활 수준의 향상과 소비자 기호의 다양화, 식품의 제조기술의 발달 등으로 식품의 형태나 종류가 다양화되고 있다. 이러한 변화는 첨가물의 도움이 없이는 이루어지기 힘든 과정이다.

국가나 기관에 따라 다양한 정의를 내리고 있으나 대체로 의도적으로 첨가한 것, 간접적으로 식품의 구성성분이 되거나 식품의 특성에 영향을 주는 것, 생산, 가공, 저장, 수송, 포장단계 중에 첨가하는 식품의 기본성분이 아닌 물질이나 그 물질의 복합체로 볼 수 있다.

첨가물은 사용방법에 따라 다르게 규정하고 있다.

❶ **사용대상 식품과 사용량이 규정되어 있는 것** : 보존료, 발색제 등
❷ **사용해서는 안 되는 식품만 규정하고 있는 것** : 인공감미료, 착색료 등
❸ **대상 식품은 규정되어 있지 않고 사용량만 규정되어 있는 것** : 탄산칼슘 등
❹ **사용규정이 전혀 없는 것** : 착향료 등

또한 첨가물 사용의 이점을 보면 다음과 같다.

- 영양강화
- 자원의 유효 이용
- 식품제조에 필요
- 부패, 변패의 방지
- 기호의 향상
- 경제적 효과

- 제조과정의 합리화
- 품질의 개량 등이 있다.

2) 항생제 및 호르몬제

항생제나 호르몬제와 같은 약품은 육류생산을 위한 가축의 건강관리와 성장률을 높이는 데 유용한 역할을 하고 있다. 축산업이 대형화, 기업화된 구미에서는 수육이나 가금육에서 이들 물질을 발견할 수 있는데 이는 사료에 첨가한 것이 나타난 것으로 볼 수 있다.

3) 농약

1940년에 DDT가 살충효과가 있다는 사실이 알려지기까지는 농업용 화학물질은 비소, 구리, 수은, 유황과 같은 무기화합물에 한정되었다. 그러나 제2차 세계대전 후 농화학공업의 발달로 수많은 살충제, 제초제, 항곰팡이제 등이 합성 생산되었다. 그 결과 이런 농약들이 생태계에 오래 잔류하면서 생태계를 파괴하고 먹이사슬에 의하여 사람에게까지 그 피해가 파급되었다.

농약이 식품에 들어오는 과정은 다음과 같다.

- 성장 중에 있는 농산물을 곤충이나 곰팡이, 미생물로부터 보호하기 위하여 직접 살포한 경우
- 직접 투여하지는 않았으나 성장과정에서 뿌리로부터 흡수한 경우
- 조리, 가공, 저장, 유통 등의 단계에서 오염될 수 있는 가능성 등으로 나눌 수 있다.

4) 유해금속류

유해금속류는 그 성격에 따라 산성과 결합하면 화학적 오염물질을 생성하기도 한다. 납 성분이 함유된 에나멜이나 아연코팅 용기, 안티몬 코팅 용기에 강산성을 띤 주스나 과일 등의 음식물을 보관하면 음식물이 변질된다.

철, 아연, 구리 등은 식사 중에 섭취되어야 할 무기물이나 그 양이 지나치면 인체의 중독증상을 일으킨다. 예를 들어 구리줄을 댄 컵에 탄산음료를 담으면

화학중독증상을 일으킬 수 있다. 구리중독증상은 급격한 구토증이 특징이다.

육류를 뚜껑을 덮지 않고 냉장고에 보관할 때 카드륨 성분이 들어있는 냉장고 선반에 부주의하게 닿으면 육류가 오염된다. 따라서 금속재질의 냉장고용 선반의 사용은 피하고 음식은 반드시 랩wrap으로 싸거나 뚜껑 있는 용기에 보관한다. 주방이나 저장실 등 음식물이 직·간접으로 노출되는 곳에는 이러한 금속의 사용을 피한다.

5) 세제, 소독제 등의 화학약품

일부 세척제, 은제품 광택제, 부식제 등 외식업소에서 흔히 사용되는 이러한 화학약품 등은 인체에 해롭다. 이러한 화학약품들은 절대 음식물과 접촉되어서는 안 되고, 사용은 물론 용기 표면에 반드시 약품명을 기입하는 등 보관에도 세심한 주의를 기울여야 한다. 이외에도 하수도 청소제나 소독제 등이 부주의로 인해 음식물에 섞여 들어가서 식품오염을 유발할 수가 있다.

물로 전파될 수 있는 전염병은 수계 전염병이라 하며 이질, 콜레라, 장티푸스, 파라티푸스가 대표적이다. 이 외에도 급성회백수염소아마비, 유행성간염도 물에 의해 전파된다.

1) 수인성 전염병의 특징

❶ 발생 양상이 폭발적이다. 즉, 오염된 물을 마시거나 사용한 사람이 감염되어 단시간 다수의 환자가 발생하고 그후 차츰 감소하는 추세를 보이고 있다.
❷ 급수지역과 환자발생지역이 일치한다.
❸ 병원체에 대한 저항의 차이를 제외하고 성, 연령, 인종, 직업에 관계없이 발병한다.

❹ 물 속에서 병원균의 증식이 일어나지 않고 또 대량의 물로 희석하면 병원균의 농도가 떨어진다. 그리고 잠복기가 음식물의 전염에 비하여 길어지는 경향이 있고 치명률도 낮다.

❺ 환자에게 검출된 병원체의 형이 모두 동일하다.

❻ 오염원인을 제거하거나 개선하고 소독하면 질병은 급격히 줄어든다.

2) 물의 오염과 소독

수도의 수원으로 쓰이는 종류에는 하천수, 호수, 지하수, 천수 등이 있고, 지하수를 수원으로 하는 소규모의 수도가 있다.

지하수나 지표수를 불문하고 음료수는 늘 전염병균에 의하여 오염될 우려가 있기 때문에 반드시 살균할 필요가 있다. 특히 식품관계시설에서 사용하는 물은 상수도를 이용하든지 이를 이용할 수 없는 경우 다른 음용에 적합한 물을 쓸 수 있지만 언제나 살균된 것을 사용하지 않으면 안 된다.

음용수의 염소살균은 일반적으로 액체염소, 차아염소산나트륨 등으로 행한다. 염소주입량은 급수전에서 0.2ppm 이상 유지하도록 하지 않으면 안 된다. 또 음용수 중 잔유염소량이 규정량에 적합한지 항상 확인하고 물을 쓰는 것이 중요하다.

부적절하게 설계 제작된 조리기구와 모든 설비 및 시설에서 제반 위생규정을 지킨다는 것은 많은 시간과 노력을 허비하고도 좋은 결과를 얻기가 어렵다. 외식업소의 조리시설과 설비를 하고자 할 때는 우선 위생적인 관점에서 검토하여야 한다. 위생적 관점에서의 검토 중 가장 우선적으로 고려하여야 할 사항이 청소의 용이성이다. 일반적으로 청소방법으로 쉽게 청소할 수 있으며 흙이나 먼지, 곤충, 미생물 등이 부착하거나 침투하기 어렵게 만들어야만 청결을 유지할 수 있다.

시설을 위생적으로 유지하기 위한 또 하나의 요인은 기구·기물의 배치이다. 기구의 적절한 배치는 작업의 편의성 외에도 일관된 청결작업의 흐름을 원활하게 하고 쓰레기의 처리도 용이하게 한다.

제5절

시설과 설비의 위생관리

1 시설 및 설비의 위생관리

1) 배관과 하수설비

하수관 시설이 파손되면 지하수나 파손된 수도관을 통하여 음용수를 오염시켜 결국은 장티푸스, 콜레라, 이질, 간염과 같은 수인성 전염병의 위험에 노출되게 된다. 또한 외식업소는 영업으로 인해 발생한 모든 하수를 충분히 배출시킬 수 있을 만큼의 하수도 시설을 갖추어야 한다. 하

수도는 오물이 넘치지 않고 바닥에 물이 고이지 않도록 잘 빠져야 한다. 하수도 물은 세균과 먼지, 유해한 화학물 등의 불순물이 많이 섞여 있어 음식물이나 집기류와 철저히 분리해야 한다. 하수도관과 하수도 주변은 적어도 1주일에 한 번 솔로 잘 닦고 암모니아나 염소계 소독제로 소독해야 한다.

그리고 역류현상을 방지하기 위해 공간을 두는 것도 중요하다. 상수도는 수도꼭지와 세척조의 최고수위 사이에 공간을 두어 오염원을 상수도로부터 떼어 놓는다. 이때 공간은 수도꼭지의 직경 2배 이상은 되어야 한다.

2) 급수시설

도시 상수에 대한 안전성과 위생적인 문제가 사회문제화되면서 식품취급시설에서도 안전한 물을 충분히 공급받는 일에 관심을 갖게 되었다.

업소 스스로가 지하수를 개발하여 사용하거나 지하수를 상수의 보조수단으로 쓸 때에는 그 수질의 안전성 확보를 위하여 주기적으로 공인기관에 검사를 받아야 한다. 만일 생수를 공급받는다 하여도 주기적으로 수질검사성적을 청구해야만 한다. 그리고 허가 여부, 용기의 위생 및 파손 여부를 확인하고 경우에 따라 납품된 생수의 검사도 업체 스스로가 하여 위생관리에 철저를 기해야 한다.

온수공급시설은 수량과 수온을 충분히 확보하여야 한다. 이는 세척의 효율성을 높이고 살균력을 가지고 있기 때문이다.

3) 화장실과 수세시설

화장실과 변기 등의 시설과 숫자는 건축법규나 보건법 등의 관련법규상에 의거하나 대개 업소의 규모나 수준에 따른다. 화장실의 위치는 접근이 용이해야 하고 일반인뿐 아니라 노약자나 장애자도 손쉽게 사용할 수 있도록 기능적이어야 하며, 손님과 직원용 화장실을 별도로 분리하는 것이 바람직하다. 어떠한 경우에라도 손님이 화장실을 가기 위해 조리구역을 통과하는 일이 있어서는 절대로 안 된다. 통행하는 손님으로부터 음식물이나 식기류에 나쁜 균이 전염될 수 있기 때문이다.

수세시설은 깨끗하고 위생적으로 관리되어 화장실에 가깝게 있는 것이 좋다.

세제나 비누는 오물이나 미생물을 외부로부터 제거하는 기능은 있으나 살균의 가능성은 없기 때문에 간단한 수세과정은 진정한 청결과는 일치하지 않는다. 수세 후 건조장치는 종이타월이나 전기건조기, 1회용 타월장치를 사용하며, 보통 타월은 다수인이 공동으로 사용하기 때문이 비위생적이다.

4) 흡입 및 배기장치

대부분 조리시설에는 미립체가 비산하고, 굽는 데 따른 발열, 삶고 가열하는 데 따른 수증기 발생 등으로 여러 형태의 공기오염을 일으킨다. 이 때문에 흡입구와 배기구를 설계하여 환기하고 청정공기를 들여보낼 필요가 있다.

후드면의 흡입속도는 0.25~0.5m/sec, 전체의 환기량은 20~40㎥/hr로 하는 것이 일반적이다. 시설 내 온도는 25℃ 이하, 습도 60% 전후로 조정하는 것이 이상적이지만 여름철에는 온도 25~30℃, 습도 50~70%로 조절하는 것이 좋다.

환기가 불충분하면 비위생적인 식품이 만들어지며, 자주 청결을 유지하여 실내 온도 및 습도를 적정수준으로 관리하는 것이 중요하다.

 쓰레기처리시설

주방쓰레기는 쥐나 해충이 꼬이게 하고 다른 식품이나 기구, 장치를 오염시키기 때문에 외식업체에서는 아주 위험한 것들이다.

음식물 찌꺼기를 다루는 데 기본적인 수칙은 다음과 같다.

❶ 쓰레기통은 물기가 새지 않아야 하고 방수가 되는 소재로 청소가 용이해야 하며 견고해야 한다. 아연도금물이나 플라스틱 제품이 가장 추천할 만하고 쓰레기통 내부에는 비닐주머니 또는 물에 잘 찢어지지 않는 종이 주머니를 사용한다.

❷ 쓰레기는 쓰레기통 이외의 다른 곳에 쌓아두어서는 안 된다.

❸ 쓰레기 하치장은 주방과 객장으로부터 떨어져 있는 널찍한 곳이어야 하

며, 쉽게 청소할 수 있도록 설치되어야 한다.

❹ 주방에서 발생되는 오물과 쓰레기는 가급적 재빨리 제거하여 악취와 세균이 발생하지 못하도록 해야 한다. 쓰레기통은 항상 꼭 맞는 뚜껑으로 덮어 둔다.

❺ 쓰레기 하치장에는 뜨거운 물과 찬 물을 쉽게 공급할 수 있는 시설이 되어 있어야 하고, 바닥에는 오물이 빠져나갈 수 있도록 하수구가 설치되어야 한다.

❻ 쓰레기통은 내·외를 자주 청소하고 소독하여 냄새가 나거나 쥐, 고양이, 곤충의 접근을 막도록 한다.

또한 요즘 심각하게 대두되고 있는 환경오염문제로 인해 외식업소의 1회용 용기의 사용이 크게 제재를 받고 있다. 실제로 많은 외식업소에서 배출되는 1회용 수저, 접시, 컵들이 쾌적한 환경을 해치는 주범으로 지적을 받은 지 이미 오래이다. 대개 1회용 쓰레기는 부피가 크고 양이 많아 처리가 쉽지 않으나, 외식업소에서 사용할 만한 건폐기물 분쇄기 등 처리용 기계가 있으므로 이들을 사용하면 쉽게 처리할 수 있다. 건폐기물 분쇄기는 펄프소재의 1회용 제품을 물에 불려서 분쇄한 후 부피가 줄어든 펄프찌꺼기를 물과 분리해 처리한다. 그러나 무엇보다 중요한 것은 어떻게 쓰레기를 처리하느냐보다 근원적으로 쓰레기를 덜 배출할 방법을 모색해야 한다.

3 용기·포장의 위생관리

식품공업의 발달과 간편지향적인 생활, 배달시스템의 발전은 단위포장화를 촉진시키고 포장술과 포장의 종류를 다양하게 발전시켰다. 음식물의 용기·포장은 일반적으로 천연재료와 합성재료로 이루어지는 것으로 구분할 수 있다.

용기·포장은 그 재질에 따라 각각의 종류와 문제점이 많으며, 조리와 위생적 항목을 살펴보면 다음과 같다.

|표 14-6| 용기·포장재료의 종류

재 질	종 류
종이류	● 판지골판지원지, 백판지 ● 양지kraft paper, rolled paper, glassine paper ● 가공지황산지, 파라핀지 ● 셀로판보통/방습셀로판
합성수지	● polyethylene^{PE} ● polyepropylene^{PP} ● polyvinychloride^{PVC} ● polyvinylidene chloride^{PVDC}
목제	● 나무상자, 합판상자, 나무통
금속제	● 금속관양철, tinplate ● 알루미늄합성수지 혹은 laminate가중
유리제	● 보통유리, 착색유리
도자기	● 도자기, 자기, 옹기
가식필름	● oblate film ● amylose film

|표 14-7| 주요 용기·포장재료의 위생적인 주요 항목

재 질	위생문제가 되는 주요 항목
금속제	유해중금속납, 안티몬, 카드뮴, 구리 등
도자기	유해중금속납, 카드뮴, 비소 등
유리	납, 비소, 유해알칼리
종이	PCB, 형광증백제, 불량 wax
합성수지	첨가제, 미반응물질포름알데히드, monomer

제**6**절

청소와 소독

음 식물 오염과 식중독의 발생을 막는 최선의
방법은 청결과 예방이다. 특히 국민건강을
책임져야 하는 외식사업체에서의 청결과 위생은
일반가정에서보다 더욱 철저히 지켜지지 않으면
대량의 식중독 사고 등 예측할 수 없는 사고가 발
생할 뿐 아니라 이는 결국 그 외식사업체의 존속
을 불가능하게 하는 재난이 될 수 있기 때문이다.
외식업종사자 및 모든 직원들은 평소 개인위생에
만전을 기해야 하며 업소 내·외부의 청결을 유
지하기 위한 노력을 아끼지 말아야 한다. 외식업
소에서 주의해야 할 위생 대상물은 음식 자체뿐
만 아니라 음식을 담는 식품과 조리기구 또한 매
우 중요한 대상이다.

1 세 제

세제는 식품 오염물과 무기물을 제거할 목적의
화학 합성물을 말한다. 세제는 대체로 다음의 4
가지 종류로 분류된다.

1) 합성세제

모든 합성세제는 표면 활성제를 포함하고 있
다. 이것의 작용은 세제가 오염 표면에 남을 때의
긴장을 완화시키고 쉽게 오염물 속으로 세제의
화학성분이 스며들도록 하는 것이다. 외식업소
에서 사용하는 대부분의 합성세제는 알칼리성인

데 음식물 찌꺼기들이 알칼리 세제에 잘 제거되기 때문이다. 다용도 세제는 약알칼리성이며 조리기구나 바닥, 천장, 벽 등의 오염물을 제거하는 데 효과적이다. 세척력이 강한 세제는 강알칼리성이며 왁스, 오래된 기름때, 눌거나 탄 음식의 찌꺼기 등을 효율적으로 제거한다.

2) 솔벤트 용제

오븐이나 그릴 등 오염 정도가 심한 조리기구를 닦는 데는 솔벤트 용제가 매우 효과적이다. 특히 솔벤트 용제는 기름때 제거에 탁월한 효과를 보이는데 이것은 부틸에테르 성분이 들어 있기 때문이다.

3) 산성계 세척제

오염물 중 어떤 것들은 알칼리계 세제에 용해되지 않는 것도 있다. 식기세척기 안에 끼인 물때, 철로 된 집기에 슨 녹, 구리나 청동의 때 등은 산성계 세척제에 잘 닦인다. 세제의 종류와 강도는 세제의 사용목적에 따라 다르다. 강도가 세든 약하든 간에 산성세제를 선택할 때에는 주의를 기울여야 사용자의 건강을 해치거나 기물을 훼손시키는 사고가 없다.

4) 스크러브용 세제

오염물이 딱딱하게 굳어 있어서 알칼리계와 산성계 세제로 오염제거에 실패한 경우에 스크러브제가 함유되어 있는 세제를 사용해 보는 것이 바람직하다. 특히 오염이 심한 부엌 바닥이나 객장의 바닥에 사용하면 효과적으로 때를 제거할 수 있다. 스크러브용 세제 사용시 식기나 기구의 표면을 얽게 하여 훼손시킬 수 있으므로 주의하여 사용한다. 특히 플라스틱류나 플렉시 유리plexiglass 등의 기구와 용기의 세척에는 사용하지 않는다.

2 소독

식기류 등의 안팎의 표면이 깨끗이 닦여지고 헹군 다음 반드시 소독한다. 특히 음식물과 직접 접촉된 그릇 등에 주의를 기울여 소독한다. 소독은 세척의 대체작업이 아니다. 깨끗이 세척이 완료된 후에야 소독의 효과가 커진다. 소독은 세척 후의 잔여 박테리아에 대한 보다 적극적인 대책이다.

소독은 일반적으로 다음의 두 가지 방식으로 행해진다. 첫째 방법은 최소 77℃ 이상의 물에 식기나 용기를 완전히 잠기게 하는 자불소독법이며, 둘째 방법은 화학적 소독법이다. 중요한 점은 반드시 먼저 식기를 깨끗이 씻고 헹군 후에 소독한다는 점이다.

1) 자불소독

대부분의 위험한 세균들은 72~74℃에서 죽는다. 식기 표면에 붙어있는 세균들이 뜨거운 물 속에 잠기게 되면 죽는데, 기계를 사용하지 않고 손으로 자불 소독하는 경우 최상의 방법은 물체를 완전히 물 속에 잠기게 하여 물의 온도를 최소 77℃ 이상, 90℃ 이하에서 최소한 30초 이상을 담구어 두는 것이다.

외식업소에서 사용할 수 있는 가장 좋은 자불소독방법은 82℃ 이상의 고온 식기세척기를 사용하는 것이다. 식기세척기에 들어가지 않는 커다란 용기나 기구는 뜨거운 증기에 쏘여 소독하는 것이 좋다.

2) 화학소독

화학물로서 자불소독과 같은 소독효과를 얻을 수 있다. 에너지 절감의 효과와 사용이 간편하여 외식업소에서 가장 흔히 사용하는 소독법이기도 하다. 화학소독법은 대개 2가지 방법으로 행해진다. 화학물 희석액 속에 1분간 넣었다 빼는 방법과 화학물을 묻힌 행주로 훔쳐내거나 스프레이로 뿌리는 방법이 그것이다. 화학소독의 주목표는 살균하는 것이므로 수시로 화학용액의 살균력을 시험해야만 한다.

화학소독제는 24℃ 내지 49℃ 사이에 가장 소독력이 좋으며 이 범위 내에서 온도가 낮을수록 용액의 생명이 길다. 가장 널리 쓰이는 화학 소독제는 크게 세 종류인데, 차아염소산염hypo-chrorite의 클로린chlorine, 요오드iokine, 4기 암모니아이다.

| 표 14-8 | 소독약품

구 분	염소제재	요오드 제재	암모늄 제재
최저농도 • 완전히 담그는 경우 • 분무기로 분사하는 경우	50ppm 50ppm	12.5ppm 12.5ppm	200ppm 200ppm
용액의 온도	23.9℃	23.9~48.9℃	23.9
소독시간 • 완전히 담그는 경우 • 분무기로 분사하는 경우	1분 제조자의 지시를 따를 것	1분 좌동	1분제품에 따라 1분을 초과하는 경우가 있으므로 용기의 지시를 따를 것
pH농도세제잔여물이 남지 않도록 충분히 행군 후 사용	pH 10 이하	pH 5.5 이하	pH7에서 최상의 효과
부식력	용기에 따라 부식정도 차이	부식력 없음	부식력 없음
수중 유기오염물에 대한 반응	즉시 소독력 상실	소독력 약화	영향받지 않음
센물에 대한 반응	반응 없음	반응 없음	제재에 따라 차이물의 경도가 500ppm 이상인 경우 효력 약화

또한, 화학소독제의 특징은 다음과 같다.

❶ 이들 용제들을 적절한 방법으로 사용할 경우 대부분의 박테리아를 죽일 수 있다.

❷ 세제의 알칼리 성분이 남아 있는 상태에서는 효과를 덜 발휘한다.

❸ 지시된 용량을 준수할 경우 비교적 피부에 손상을 주지 않는다.

❹ 염소계 소독제는 알미늄, 주석, 은, 스테인리스 스틸 등의 용기를 녹슬게 손상을 입힐 수 있다.

❺ 염소계 소독제는 희석 농도가 너무 높으면 그 냄새를 남기는 수가 있다.

❻ 요오드계 소독제는 제조회사에 의한 특별지시사항이 없는 한 pH 5.0 이하의 용매에 사용해야 한다.

제 **7** 절

식품위생법규

❶ 식품위생행정의 목적

식품위생행정은 공중위생의 한 부분으로 식품위생법을 바탕으로 식품위생의 보급과 향상을 꾀하고 국민의 식생활을 청결하고도 안전하게 확보함으로써 불량식품의 섭취로 인한 각종 위해를 방지하는 동시에 식생활을 쾌적하게 하며 나아가서는 공중위생의 증진 발전에 기여하는 것을 목적으로 하는 행정이다.

식품위생행정의 목적을 달성하기 위한 중심과제는 다음과 같다.

❶ 식품에 의하여 매개될 수 있는 병원 미생물에 의한 식품의 오염을 방지한다. 이미 오염되었거나 인체의 건강을 해칠 우려가 있는 식품을 국민이 섭취하지 않도록 적절한 수단을 강구한다.

❷ 유독, 유해한 물질을 함유하거나 부착하여 인체의 건강을 해칠 우려가 있는 식품을 배제한다. 또 이런 물질이 식품의 제조나 가공과정에서 혼입되는 것을 방지한다.

❸ 부패 또는 변질되었거나 미숙하여 인체의 건강을 해칠 우려가 있는 식품을 배제한다.

❹ 위조식품 또는 변조식품을 배제한다.

이러한 식품위생행정의 과제를 해결하기 위하여 식품위생법에 구체적인 시책을 명시하여 운영하고 있다.

2 **식품위생법령의 종류**

식품위생법령은 식품위생법을 바탕으로 대통령령인 식품위생법 시행령과 총리령인 식품위생법 시행규칙, 보건복지부장관 또는 식품의약품안전처장 고시, 훈령, 예규, 행정지침으로 구분할 수 있다.

1) 식품위생법

식품위생법은 식품으로 인한 위생상의 위해를 방지하고 식품영양의 질적 향상을 도모함으로써 국민보건의 증진에 이바지함을 목적으로 하는 법령이다.

2) 식품위생법 시행령

식품위생법 시행령은 식품위생법에서 위임받은 사항과 식품위생법을 집행하는 데 필요한 구체적인 사항을 규정하며, 식품위생법 시행령의 개정은 입법예고를 한 후 공청회, 관계부처 협의, 관계장관회의, 국무회의를 거쳐 공포하는 절차를 밟는다.

3) 식품위생법 시행규칙

식품위생 법시행규칙은 식품위생법이나 식품위생법 시행령에서 위임받은 사항과 구체적인 집행에 관한 사항을 규정하며, 식품위생법 시행규칙의 개정은 입법예고를 한 후 공청회, 관계부처 협의를 거쳐 공포하는 절차를 밟는다.

 3 **식품위생법의 개요**

식품위생법은 1962년 1월 20일 법률 제1007호로 제정 공포되었다. 그 이전까지는 일제 시대나 미군정시의 법령이나 규정을 근거로 하여 식품위생행정을 집

행하였으나, 5 · 16 후 구법 정리의 일환으로 식품위생법이 마련되었다.

1986년 5월 10일 법률 제3823호에 의해 전문개정과 그 이후 일부가 개정되었다.

2000년 1월 12일 법률 제6154호에 의해 전문 및 일부개정을 거쳐 현재 13장, 80조, 부칙으로 구성되어 있으며 그 내용은 대략 다음과 같다.

제1장 총칙

법의 목적과 용어의 정의, 식품 등의 취급을 규정하고 있다. 식품위생법은 식품으로 인한 위생상의 위해를 방지하고 식품영양의 질적 향상을 도모함으로써 국민보건의 증진에 이바지함을 목적으로 하고 있다.

제2장 식품과 식품첨가물

위해식품들의 판매금지, 병육 등의 판매금지, 기준 · 규격이 고시되지 아니한 화학적 합성품 등의 판매금지 등에 관한 규정과 식품 및 첨가물의 기준과 규격의 제정과 그 적용을 규정하고 있다.

제3장 기구와 용기 · 포장

유독기구 등의 판매 · 사용금지와 기구와 용기 포장의 기준과 규격 등에 대하여 규정하고 있다.

제4장 표시

규격기준이 정하여진 식품, 첨가물 및 기구와 용기, 포장 등에 대한 표시기준의 제정과 그 적용, 허위표시나 과대광고, 과대포장 등의 범위와 금지에 대하여 규정하고 있다.

제5장 식품 등의 공전

식품 · 식품첨가물과 용기 · 포장의 기준 · 규격 규정에 의하여 정하여진 식품 등의 표시기준을 수록한 식품 등의 공전을 작성 · 보급하도록 규정하고 있다.

제6장 검사 등

판매를 목적으로 하거나 영업상 사용하는 수입식품 등의 신고와 출입 · 검사 · 수거 등 책임자를 명시하고 있다. 또한 식품 등의 기준 및 규격에 적합하지 아니하는 경우 식품 등의 재검사도 규정하고 있다. 식품위생검사의 기관지정과

자가 품질검사의 의무도 명시하고 있다. 그리고 식품위생검사원과 명예식품위생검사원에 관하여 규정하고 있다.

제7장 **영업**

영업의 허가 및 제한, 시설기준, 영업의 승계, 영업자나 종사자의 건강진단, 위생교육 및 준수사항, 품질관리 및 보고, 영업자 등의 준수사항에 관하여 규정하고 있다. 또한 식품 등의 자진회수, 식품접객업소의 위생등급, 위해요소 중점관리기준 등에 관하여 규정하고 있다.

제8장 **조리사 등**

특정 영업장소나 집단급식소 등에 대한 조리사 및 영양사의 배치의무와 이들의 자격요건 및 면허관리제도, 보수교육, 권한의 위임과 위탁 등에 관한 사항을 규정하고 있다.

제9장 **식품위생심의위원회**

보건복지부장관의 자문기관인 식품위생심의위원회의 설치와 운영 및 그 임무에 관하여 규정하고 있다.

식품위생심의위원회는 보건복지부장관·식품의약품안전처장의 자문에 응하여 다음 사항을 조사·심의한다.

1. 식중독방지에 관한 사항
2. 농약·중금속 등 유독·유해물질의 잔류허용기준에 관한 사항
3. 식품 등의 기준과 규격에 관한 사항
4. 그 밖에 식품위생에 관한 중요사항

제10장 **식품위생단체 등**

식품관계영업의 동업자조합의 설립, 관리 및 운영 등과 식품공업협회 및 한국식품위생연구원의 설립 및 사업 등에 관하여 규정하고 있다.

식품산업협회는 다음 사업을 행한다.

1. 식품산업에 관한 조사·연구
2. 식품 및 식품첨가물과 그 원재료에 대한 시험·검사업무
3. 식품위생과 관련한 교육

4. 영업자 중 식품이나 식품첨가물을 제조·가공·운반·판매 및 보존하는
　자의 영업시설 개선에 관한 지도

5. 회원을 위한 경영지도

6. 식품안전과 식품산업 진흥 및 지원·육성에 관한 사업

7. 제1호 내지 제5호까지에 규정된 사업의 부대사업

제11장 **시정명령과 허가취소 등 행정제재**

식품관계영업의 허가조건의 불이행이나 위반에 따른 시정명령, 폐기처분, 시설의 개수명령, 허가취소 등 여러 가지 행정조치나 제재와 이에 따른 처분에 관한 규정과 과징금 처분에 관하여 규정하고 있다.

제12장 **보칙**

식품위생행정상 필요한 활동에 소요되는 경비의 국고보조, 식중독의 조사보고, 집단급식소의 설치 운영, 국민영양 조사와 지도, 식품진흥기금의 설치, 관리, 운영 등에 관한 사항과 식품위생법의 위임규정 등에 관하여 규정하고 있다.

제13장 **벌칙**

식품위생법의 각 조항의 위반사항에 대한 벌칙과 과태료 등을 규정하고 있다.

이와 같은 내용으로 구성된 식품위생법의 각 조에 관한 세부적인 규정은 식품위생법 시행령과 동 시행규칙에서 각각 구체적으로 규정하고 있다.

F O O D S E R V I C E M A N A G E M E N T

실 전 외 식 사 업 경 영 론

FOOD
SERVICE
MANAGEMENT

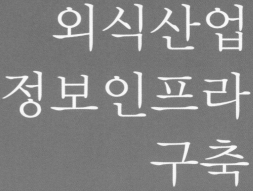

Chapter

15

외식산업
정보인프라
구축

 학습목표

1. 외식산업의 정보인프라 구축현황에
   대하여 알아보자

2. POS시스템의 특징과 기능에 대하여
   알아보자

3. e-CRM시스템에 대하여 알아보자

4. e-learning시스템의 장점과 필요성에
   대하여 알아보자.

제**1**절

외식산업 정보인프라 구축 현황

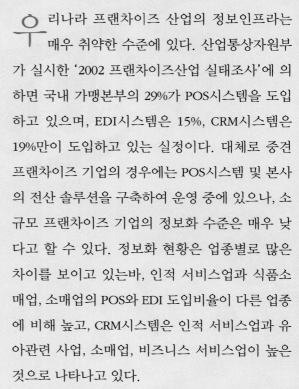

우리나라 프랜차이즈 산업의 정보인프라는 매우 취약한 수준에 있다. 산업통상자원부가 실시한 '2002 프랜차이즈산업 실태조사'에 의하면 국내 가맹본부의 29%가 POS시스템을 도입하고 있으며, EDI시스템은 15%, CRM시스템은 19%만이 도입하고 있는 실정이다. 대체로 중견 프랜차이즈 기업의 경우에는 POS시스템 및 본사의 전산 솔루션을 구축하여 운영 중에 있으나, 소규모 프랜차이즈 기업의 정보화 수준은 매우 낮다고 할 수 있다. 정보화 현황은 업종별로 많은 차이를 보이고 있는바, 인적 서비스업과 식품소매업, 소매업의 POS와 EDI 도입비율이 다른 업종에 비해 높고, CRM시스템은 인적 서비스업과 유아관련 사업, 소매업, 비즈니스 서비스업이 높은 것으로 나타나고 있다.

국내에 진출하고 있는 외국계 프랜차이즈 기업의 경우 POS시스템을 기본적으로 운영하고 있고 공급망관리SCM시스템을 구축하여 운영 중에 있음에도 불구하고 국내 프랜차이즈 산업의 정보인프라가 취약한 이유는 무엇보다 이를 도입하는데 소요되는 비용이 과다하기 때문인 것으로 밝혀지고 있다산자부 '2002 프랜차이즈 산업 실태조사'. 더구나 상당수 가맹본부의 정보화 마인드가 부족하여 정보화의 필요성을 느끼지 못하고 있다는 점은 큰 문제라고 할 수 있다. 자칫 영세한 가맹본부나 가맹점은 정보화의 사각지대로 계속 남을 가능성이 있다. 이는 프랜차이즈 산업의 입장에서는 비효

율적인 유통구조와 투명하지 못한 거래가 지속되고, 소비자 입장에서는 고객가치를 극대화하여 고객만족을 실현할 수 있는 기회를 활용하지 못해 궁극적으로는 경쟁력을 상실하게 됨을 의미한다.

프랜차이즈 산업의 정보화 전략은 기본적으로 급속히 발전하고 있는 정보기술IT을 활용하여 고객과의 지속적 관계유지를 위한 고객관계관리e-CRM, 가맹점의 효율적 관리를 위한 공급망관리e-SCM, 가맹점주와 종업원, 가맹본부 관리자와 최고경영자를 대상으로 한 지속적인 정보화 교육을 위한 사이버 학습e-Learning을 구축하는 방향으로 이루어져야 한다.

제 **2** 절

POS시스템

① 업장관리시스템

업장관리시스템은 외식사업체 내에 설치되어 있는 다양한 레스토랑, 바bar에서 사용되는 매출을 관리하는 시스템으로서 일반적으로 POSPoint of Sales시스템이라고 하며 한글로 해석하면 판매시점관리라고도 하나, 여기서는 업장outlet경영관리시스템으로 칭한다. POS기기의 종류는 사용용도에 따라 백화점용, 호텔용, 외식사업용 등으로 구분할 수 있으며, 사용하는 업체의 경영방식에 따라 적절한 기기의 도입이 필요한 아주 민감한 시스템이라고도 할 수 있다. 업장경영관리시스템을 그림으로 도식하면 [그림 15-1]과 같다.

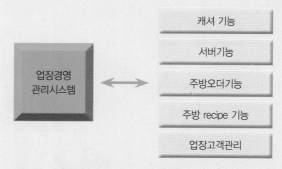

|그림 15-1| 업장경영관리시스템 모듈

식음료 관리를 위한 하드웨어 시스템 🍽

식음료를 관리하는 컴퓨터시스템으로 대표적으로 POS시스템을 사용한다. POS시스템이란 Point of Sales System의 약어로서 각 영업장에서 발생하는 모든 판매현황을 일정한 시점에서 화면, 보고서 형식으로 파악 분석할 수 있도록 구성된 외식산업의 식음료 영업장 및 유통관련 업소의 경영관리를 위한 정보기기 시스템으로서, 상품별 매상금액을 고객에게 제시하고 전산을 하는 기능뿐만이 아니라, 식당경영에서 필요로 하는 각종 정보를 신속하고 정확하게 수집하고 처리하는 시스템이다.

1) POS 기기의 주요 기능

❶ 호텔 메인 컴퓨터의 조회기능

POS 기기와 호텔에서 사용하고 있는 메인 컴퓨터가 연결되어 영업장 POS기기를 통하여 객실 투숙 고객에 관한 정보를 파악하여 서비스를 할 수 있고 업장에서 사용된 요금이 메인 컴퓨터의 고객계정으로 자동 이체 되므로 요금을 지불하지 않는 사고의 발생을 사전에 막을 수 있어 영업의 누수가 방지된다.

❷ 항목별, 그룹별, 영업장별 등으로 다양한 메뉴관리가 가능하다.

❸ 주방 프린터와 서버용 단말기가 연결되어 있어 고객이 주문시 자동으로 주방에 주문 내용이 출력되어 편리한 기능을 가지고 있다.

❹ 달러, 엔화 등 다른 나라 지폐 지불시 자동으로 환전할 수 있는 기능이 있다.

❺ 주차장 등의 유·무료 이용쿠폰이 자동 발행된다.

❻ 각 업장별로 수십만 개의 메뉴관리가 가능하며 항목별, 그룹별, 식·음료 별, 시간대별, 직원별, 테이블 등의 매출집계분석이 즉시 처리되므로 매출 현황 파악 및 각종 분석자료를 신속하게 제공한다.

❼ 캐셔, 서버, 주방 등 각 부문에서 자료의 상호 비교 체크를 통한 감사업무 의 기능이 있다.

이외에도 대 고객 서비스 차원의 신속하고 정확한 계산, 깨끗하고 보기 좋은 영수증 발행, 고객이 기다리는 시간을 대폭 단축하며, 기기의 에러 발생시 간단한 회복기능도 다양하다.

2) POS시스템의 종류

일반적으로 POS의 종류를 크게 두 종류로 분류하면 ECRelectric cash register형과 PCpersonal computer형 POS이다. PC-POS를 디스플레이display POS 또는 인텔리전트intelligent POS라고 부르기도 한다. 두 종류의 POS 기기 차이점은 여러 가지가 있으나, 가장 큰 근본적인 차이는 ECR POS는 그 설계 자체가 거의 백 년 전에 등장한 금전등록기를 원형으로 하고 있으며 아직 그 기본 테두리를 벗어나지 못하는 숫자관리와 계산지향적인 장비란 것이다. 그에 반해 PC-POS는 금세기 최고의 문명의 이기라고 하는 퍼스널 컴퓨터를 근간으로 하고 있어 정보화된 사회가 요구하고 있는 기본적인 요건, 즉 정보의 효과적인 처리 및 가공과 상호 교환을 위해 어떠한 사용자 형태의 요구라도 대응할 수 있는 처리능력과 다양한 통신기능을 갖고 사용자의 환경에 접근하므로 ECR POS 개념에서 비교하면 가히 충격적이라 할 것이다.

PC-POS의 대표적인 기능을 나열하면 다음과 같다.

(1) 업무처리의 범용성과 유연성이 우수하다.

ECR POS시스템은 내부에 기 프로그래밍이 되어 있는 기본적인 업무처리 범위 내에서만 사용이 가능하며 사용자 고유 환경에 맞게 수정하여 고객화할 수 있는 능력이 거의 없고 내부에 축적시킬 수 있는 프로그램 및 자료의 양도 제한을 둔다.

따라서 각 사용자의 특수한 업무여건과 처리형태에 관계없이 생산자가 장비 설계시 예측한 모델화된 업무한계 내에서만 운용이 가능하다. 그러나 PC-POS는 동일한 하드웨어에 사용자의 업무 프로그램을 어떻게 하느냐에 따라 업종에 관계없이 사용이 가능하며 업무의 변화에 따라 퍼스널 컴퓨터에서와 같이 프로그램만 수정하거나 추가하면 얼마든지 손쉽게 바꿀 수 있어 가까운 장래에 사

용자의 업무 변경이나 수년 후의 유통 환경과 새로운 영업방침에도 하드웨어의
교체 없이 능동적으로 대응할 수 있다.

(2) 통신기능 및 확장성이 우수하다.

ECR POS시스템은 생산자가 장비 설계시 접속할 수 있는 장비를 정하고 그것
을 처리할 수 있는 기능을 부여하였다. 그렇기 때문에 생산자 입장에서 사용이 예
상된 표준장비 이외에 실사용자의 업무 특성에 따라 요구될 수 있는 비표준 장
비의 접속 운용이 거의 불가능하다. 그러나 PC-POS는 상기와 같은 ECR POS의
한계를 충분히 극복하는 데 ECR POS 기기에 부착할 수 있는 주변장치는 물론이
고 사용자가 프로그램 개발시 적절히 고려한다면 ARS^{Audio Response System} 시스템
이나 특수 목적의 가시적 디스플레이 기기 등의 연결이 가능하며 다양한 토폴
로지^{topology}의 통신망 구축뿐 아니라 그 통신망상에서의 상호 POS 단말기 간 메
시지 송수신 등 얼마든지 부가가치의 여지가 있는 미래지향적 POS시스템이다.

(3) 업무처리 능력이 우수하다.

앞에서 언급했듯이 ECR POS는 매출 수량과 금액을 위주로 한 숫자 계산지향
적 POS 시스템이다. 이것을 POS에서는 1차적 또는 2차적 POS 기능이라고 한다
면 PC-POS에서는 매출에 대한 분석기능, 예측기능 더 나아가 단일 매장에서의
고객관리 기능까지도 탑재하는 프로그램의 개발에 따라 가능한 것을 생각한다
면 3차원 또는 4차원적 POS 기능이라고 할 수 있다. 이러한 장점 때문에 세계의
POS 시장은 PC-POS로 급격히 전이하는 추세에 있다. 국내에 있는 호텔업계에
사용되는 있는 POS도 PC-POS로 전이되고 있으며 체인호텔 및 특 1급 호텔에서
는 이미 마이크로스^{micros} 8700이라는 PC-POS로 완전하게 교체가 된 실정이다.
이 변화는 PC-POS가 현대의 서비스 및 유통산업 구조가 급속히 개인화, 세분화,
고급화되어 가는 소비자의 성향에 능동적으로 대응할 수 있으며 영업방침의 변
경 또는 관련 법규의 빈번한 변화 등에도 신속히 대응할 수 있는 미래지향적인
POS시스템이기 때문이다. 다음 그림은 현재 호텔업계에서 전 세계적으로 확산
되고 있는 MICROS사의 POS 기기제품이다.

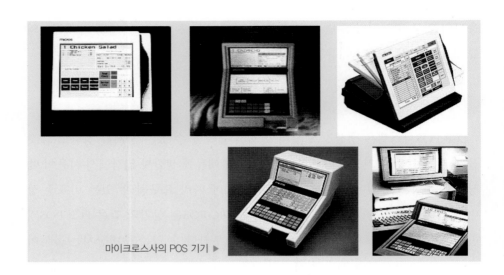

마이크로스사의 POS 기기 ▶

3) POS시스템의 특징

POS시스템의 특징은 다음과 같이 요약할 수 있다.

(1) 온라인on-line시스템이다. 현장에서 발생되는 각종 데이터는 거래 발생과 동시에 직접 컴퓨터에 전달이 된다.

(2) 리얼타임real time시스템이다. 모든 거래 및 영업정보를 파악하여 정보환경의 변화에 신속하게 대응할 수 있다.

(3) 분산·집중 관리시스템이다. 영업장에서 필요로 하는 정보는 영업장에서 관리하며, 필요로 하는 정보는 호텔의 프론트 오피스 시스템을 통해서 회계부문에서 집중 관리한다.

(4) 거래에 대한 모든 정보의 파악이 가능하다. 모든 거래와 판매한 대상, 시간, 판매영업장, 판매상품, 판매가격, 판매방법 등과 같은 모든 정보의 파악이 가능하다.

(5) 종합정보시스템이다. 영업정보와 관련된 자료뿐만이 아니라 미래의 매입자료, 경리부문 자료, 인사자료 등을 포괄하는 종합정보시스템으로 발전시킬 수 있다.

3 ░░░ **식음료를 위한 소프트웨어 시스템** 🍽

1) 소프트웨어의 구성도

POS 기기의 모델에 따라 소프트웨어의 구성도는 다르지만, 일반적인 구성은 [그림 15-2]와 같고 소프트웨어 기능은 [표 15-1]과 같다.

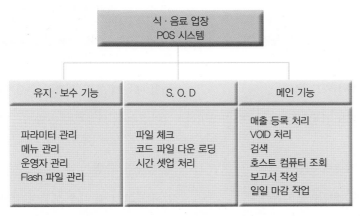

주) 파라미터(parameter) : 지불방법, 영업장명, 좌석번호, 할인율, 시간대주문, 메뉴수정, void/취
소코드 등

보고서(report) : 영수증 제어 보고서, 미정산 테이블 보고서, void 영수증 보고서, 지불수단별
보고서, 캐셔의 보고서, 중간 정산보고서, 메뉴별 판매현황, 직원별 매출현황, 시간대별 매출현
황, 영세/면세처리 고객현황

┃그림 15-2┃ 소프트웨어의 구성

┃표 15-1┃ 소프트웨어의 주요 기능

기 능	설 명
1. 최대한의 데이터 입력 – 메뉴항목 : 수천 개 – 지불방법 : 수천 – 할인율 : 수천 – 캐셔 번호 : 수천 – 서버번호 : 수천 – 좌석번호 : 수천	모든 족보의 자료는 사용자가 업장 특성에 맞추어 입력한다.

기능	설명
2. 한글 처리 가능	시스템의 종류에 따라 영문만 가능한 시스템이 있는가 하면 한글이 가능한 시스템도 있다. 한글가능한 시스템은 확실한 고객 및 회원을 관리한다.
3. 각종 옵션기기 채택에 따른 다양한 소프트웨어 지원	자사 발행카드 및 은행카드 등의 각종 실적집계 관리기능
4. 다양한 호스트컴퓨터 인터페이스 소프트웨어 지원	사용자 임의로 프로그램을 변경하지 않고 수시로 변경 사용 가능
5. 각 단계의 시스템 문제 및 오프라인 발생시 대응방법 다양	CONTROLLER 사용시 시스템 단계의 통합된 영수증 상태 내역 기록 관리
6. 마그네틱 카드 운영	동일 메뉴에 여러 가지의 수정처리 가능
7. 사용하기 간편한 각종 기본 파라미터 관리	간이영수증/세금계산서 발행
8. 통합 저널링 기능	티켓/쿠폰 발행
9. 다양한 메뉴수정 기능	감사 보고서 및 각종 보고서 작성
10. 수많은 프로그램 가능한 키보드 채택	
11. 다양한 롤 프린터 활용 소프트웨어 지원	PASSPORT 번호, 성명, 매출액 등 별도 집계 및 보고서 작성
12. 당일 환율 처리에 따른 다양한 소프트웨어 지원	
13. 1대의 POS로 복수의 영업장 처리	필요에 따른 신규 보고서 작성
14. NO TAX(영세 및 면세)대상	
15. 확실한 비밀코드 관리	캐셔 활동도 재고를 통한 비용절감 효과 및 초기 투자비 절감 효과
16. 테이블 합석 처리 가능	
17. 호텔 실정에 맞는 다양한 보고서 작성	등록된 코드에 따라 사용자별 범위제한 기능
18. TRANSFER 처리기능	

2) 소프트웨어 내용

(1) 매장관리

❶ **캐셔업무 자동화** : 판매일보 작성 전산화

　　　　　　가격 자동 산출

　　　　　　메뉴별 단가 즉시 조회

❷ **일일결산 자동화** : 캐셔 및 매장 정산 처리

　　　　　　업장별 매출현황

　　　　　　업장별 품목별 매출현황

　　　　　　업장별 목표대비 실적통계자료

　　　　　　할인금액 매출현황

❸ **캐셔별 고객관리 효과** : 직원의 코드부여로 근무시간 중 고객에 대한 판매상황이 철저하게 분리 집계되므로 직원의 대 고객서비스 및 근무효과를 높일 수 있다.

❹ **신용고객에 대한 완벽한 관리** : POS 내에 부착된 카드리더기로 VIP고객에 대한 자동할인 및 고객서비스 증가

❺ 수백 개의 고유품목 버튼을 이용한 식음료별 품목관리를 신속하고 간편하게 처리

(2) 입금 관리

❶ **입금형태 분석** : 현금, 신용카드, 수표조회 관리가 용이함

❷ **입금 증빙자료 관리** : 카드판독기로 신용카드 번호 자동입력과 신용카드 회사별 매출실적 및 대금청구서 발행

❸ **정산시 현금 착오 분석**

❹ **잔돈 준비금, 중간 입금, 현금 판매, 현금 잔고**

제 **3** 절

e-CRM시스템

e-CRM시스템의 개념

과거의 대중 마케팅mass marketing, 세분화 마케팅segmentation marketing, 틈새 마케팅niche marketing과는 확실하게 구분되는 마케팅의 방법론으로 데이터베이스 마케팅DB marketing의 individual marketing, one-to-one marketing, relationship marketing에서 진화한 요소들을 기반으로 등장했다.

e-CRMe-Customer Relationship Management은 고객 수익성을 우선하여 콜센터, 캠페인 관리도구와의 결합을 통해 고객정보를 적극적으로 활용하며, 기업 내 사고를 바꾸자는 BPRbusiness process reengineering적인 성격이 내포되어 있다. 기업의 고객과 관련된 내·외부 자료를 이용하자는 측면은 데이터베이스 마케팅과 성격이 같다고 할 수 있다. 그러나 e-CRM의 경우 고객의 정보를 취할 수 있는 방법, 즉 고객 접점이 데이터베이스 마케팅에 비해 훨씬 더 다양하고, 이 다양한 정보의 취득을 전사적으로 행한다는 것이다.

e-CRM은 고객 데이터의 세분화를 실시하여 신규고객 획득, 우수고객 유지, 고객가치 증진, 잠재고객 활성화, 평생고객화와 같은 사이클을 통하여 고객을 적극적으로 관리하고 유도하며 고객의 가치를 극대화시킬 수 있는 마케팅 전략의 실시를 가능하게 한다.

표적마케팅target marketing은 모든 고객이 아닌 적합한 일부의 고객에 마케팅 노력을 집중하는 것을 강조한다. one-to-one marketing은 한 사람 한 사람에 이를 정도로 개별적인 고객에 대한 차별적인 마케팅을 전개할 것을 강조한다. 관계마케팅은 각각의 고객과의 장기적인 관계를 강조한다. 표적마케팅은 전략적 마케팅이라고도 하며, 마케팅의 기본으로 여겨져 왔으나 오늘날에는 다소 진부한 느낌을 준다. 마케팅 대상을 고객보다는 시장이라는 집단으로 보는 경향이 강하기 때문일 것이다. 이에 비해 관계마케팅이나 one-to-one marketing은 개별 고객을 강조하고 있다. 각각의 개념들은 조금씩은 다른 부분을 설명하고 있지만 CRM의 성격을 파악하기 위해서는 이러한 일련의 개념들을 모두 살펴볼 필요가 있다.

e-CRM은 '현재 고객들과 잠재적인 고객들로부터 얻을 수 있는 가치의 총합에서 높은 점유율을 얻기 위한 통합된 전략적 접근' 혹은 '한 조직이 조직과 고객 간의 관계와 고객의 회사에 대한 수익성을 극대화하기 위하여 그 고객에 대하여 종합적인 관점을 취하는 것'으로 그 의미가 주어지고 있다.

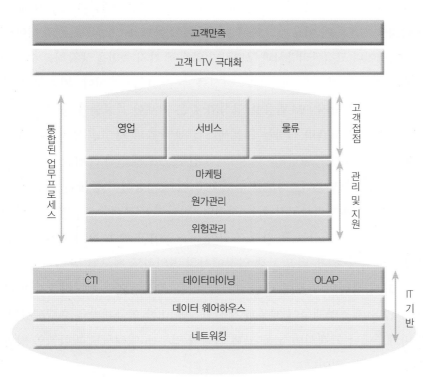

┃그림 15-3┃   e-CRM 프레임워크

국내에서와 마찬가지로 전 세계적으로 e-CRM은 관심을 모으고 있는 이슈이지만 서로 다른 정의들이 많아 개념상의 혼란을 주는 경우가 많다. 여기서 하나의 새로운 정의를 만들어 내거나 기존의 정의들을 평가하기보다는 주요한 특성들을 살펴보는 것이 바람직할 것으로 여겨진다.

앞의 정의들에서와 마찬가지로 e-CRM은 고객이라는 대상을 관리의 핵심 주제로 하는 업무 전체를 범위로 한다. 이익 또는 가치를 고객과의 장기적인 관계를 통해 획득하려는 입장을 취한다. 그리고 궁극적으로는 고객의 충성도를 높임으로써 이익을 확보하고자 한다.

수익성 없는 고객주의나 단기적인 수익성만을 강조하는 고객 무시는 e-CRM과는 배치되는 사고이다. e-CRM은 장기적인 가치를 극대화하는 것을 목표로 한다. 또한, e-CRM은 고객과 기업이 합리적인 혜택을 주고받는 과정에서 상호의 이익을 극대화하는 것을 목표로 한다. e-CRM의 사고방식은 이와 같이 기업과 고객 양측 모두의 만족을 추구하는 것이다.

기업과 고객 모두를 만족시키기 위해 e-CRM은 고객과 고객관련 업무에 대한 정밀한 측정을 시도하며 이를 정교하게 분석하여야 한다. e-CRM을 기존의 데이터베이스 마케팅이나 고객관리방식과 구별하기 위해 세 가지 측면을 생각해볼 수 있다.

첫째, e-CRM은 업무 및 프로세스 혁신을 추구한다는 점이다. 기존의 데이터베이스 마케팅은 단지 DM 반응률 향상과 같은 미세한 목표들을 중심으로 관리했다면, e-CRM은 고객과 접하는 프로세스 전체의 효과 및 효율성을 추구한다.

둘째, e-CRM이 범기능적인cross-functional 업무 프로세스의 통합을 추구한다는 것이다. 고객에 대한 모든 정보를 통합하고 이를 이용하여 통합된 업무 프로세스와 조직에 의해 처리하고자 하는 것이다. 전사적인 고객중심주의라는 사상과 업무시스템의 통합이라는 두 가지가 결합되는 것이다. 이로 인해 업무처리상의 효율성을 높일 수 있게 되고 고객 입장에서의 편의성도 제고될 수 있다.

셋째, 고객 접점의 업무에 대한 연구 개발을 지속적으로 수행하고자 한다는 것이다. 많은 제조업체들이 제품과 생산과정에 대한 연구개발을 수행해왔던 것처럼 마케팅이나 고객서비스 등 고객 접점의 업무에 대해서도 과학적인 방법을 적용하고자 하는 것이다.

고객에 대한 정보관리는 e-CRM에서 가장 핵심적 요소들 중의 하나이다. 그 목적은 경쟁사보다 잘 관리해야 할 고객을 선별하고 관리방법을 결정하기 위한 것이다. 이를 위해 고객에 대한 적극적인 측정이 필요하다. e-CRM 수행 과정상에서 가장 중요한 척도는 고객평생가치LTVlifetime value이다.

고객평생가치는 한 고객이 고객으로 존재하는 전체 기간 동안 기업에게 제공하는 이익의 총합계이다. 고객평생가치는 한 시점에서의 단기적인 가치가 아니라 고객과 기업 간에 존재하는 관계의 전체가 가지는 가치이다. 또한, 고객평생가치는 매출액이 아니라 이익을 나타낸다. 고객평생가치를 산출함으로써 기업은 어떤 고객이 기업에게 이로운 고객인가를 판단할 수 있으며 그 고객과 앞으로 어떤 관계를 가지도록 하는 것이 합리적인가를 파악할 수 있다.

반대로 고객의 입장에서 보면 고객 자신이 느끼는 가치에서 고객이 지불하는 비용을 뺀 차이가 얼마인가가 선택의 척도가 된다. 여기서 고객이 느끼는 가치를 좌우하는 것은 단지 제품의 품질이나 수량만이 아니기 때문에 고객이 느끼는 가치를 높이기가 쉽지 않다. 더구나 오늘날의 고객들은 각자 서로 다른 욕구를 가지고 있기 때문에 각 고객이 가지고 있는 욕구들을 파악하는 것 자체도 매우 어려운 일이다. 하지만 기업은 목표를 달성하기 위해서 모든 가능한 수단을 동원해서 고객을 만족시키고 그로부터 고객평생가치를 높여야 한다.

그런데 고객의 만족 수준과 고객의 충성도 간의 관계는 업종이나 경쟁상황에 따라 크게 다를 수 있다. 이러한 현상은 경쟁이 매우 심한 업종에서는 불만족을 느낀 고객이 이탈하는 것이 매우 용이하다. 반대로 경쟁이 약한 업종에서는 이탈을 하기 어렵다. 특히, 프랜차이즈 산업은 본부와 가맹점 모두가 영세성을 띠고 있어 더욱 그러하다. 통신시장의 경우를 생각해 보면 많은 가입자들이 서비스에 만족하지 못하더라도 이탈해도 더 나은 서비스를 기대할 수 없어서 고객들이 쉽게 움직이지 않는 것이다. 이를 알고 있는 기업들이라면 서비스를 높은 수준으로 올리기 위해 경쟁하지 않아도 될 것이다. 물론 장기적으로 본다면 불만족한 고객들은 기회만 주어진다면 다른 서비스로 이동할 것이고 높은 수준의 서비스를 제공한 것에 대한 보상이 주어질 것은 분명하다. 이와 같이 업종의 특성이나 경쟁 환경의 특성에 따라 만족도와 충성도 간의 관계가 달라짐을 인식한다면 기업은 고객유지 방안을 생각하기 이전에 업종 특성에 따른 고객 유지 전략의 채산성을 우선적으로 고려하여야 할 것이다.

2 프랜차이즈 산업 특성에 따른 e-CRM시스템

 기업의 특성에 따라 그리고 상황에 따라 e-CRM의 성과는 달라진다. 그렇다면 e-CRM의 성과를 결정짓는 일반적인 요인은 e-CRM에 따른 수익과 원가를 구성하는 항목들을 살펴보면 다음과 같다.

 수익 측면에서 가장 중요한 것은 가맹본부와 개별 가맹점의 고객관리 원가의 절감이다. 오늘날의 기업들은 전체 원가의 수십 퍼센트%에 달하는 고객관리 및 마케팅 원가를 지출하고 있다. 이 원가를 감소시키는 것 자체가 e-CRM의 수익이 될 것이다. 그리고 측정상의 제약은 있지만 의사소통 측면에서 독백이 아닌 대화를 하는 구조로 변화하고 수익성이 있는 사업 포트폴리오를 유지하는 것들이 모두 궁극적으로는 수익이 될 것이다.

 보다 구체적으로 스탠 랩과 톰 콜린스가 '뉴맥시마케팅'에서 제시하고 있는 이익 항목을 살펴보면 기존고객에 대한 연관상품의 교차판매, 구매단가의 제고, 구매주기의 단축을 통한 구매량 증대, 고객의 이탈 저지, 새로운 상품의 도입비용 절감, 기존 고객의 소개에 의한 새로운 고객획득비용 절감, 새로운 사업으로의 진출비용 절감 등을 수익 항목으로 볼 수 있을 것이다.

 e-CRM에 따른 원가가 발생하는 항목들은 CRM의 프로세스 모델을 기준으로 파악하는 것이 용이하다. 각 단계에서 발생하는 원가들은 다시 초기 원가와 지

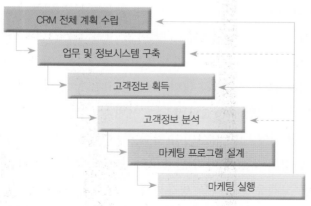

| 그림 15-4 | e-CRM 프로세스 모델

속적으로 발생하는 변동적 부분으로 나눌 수 있다. 일반적인 e-CRM 프로세스 진행 과정은 [그림 15-4]와 같다.

초기에 투입되는 항목을 보면, 전체 계획 수립 및 준비를 위한 투자, CRM 정보 시스템 구축을 위한 초기 투자 등이 포함된다. 일단 업무와 정보시스템이 초기화되고 나면 지속적으로 고객정보 획득, 고객정보 분석, 마케팅 수행 등에 따라 변동적인 원가가 발생된다. 기타 업무 변화 및 혼란의 조정을 위한 보이지 않는 비용들도 발생될 것이다.

이와 같은 수익과 비용의 항목들을 합산해 보고 수익이 비용을 초과한다면 e-CRM이 채산성이 있다고 결론내릴 수 있다. 여기에 추가적으로 고려해야 할 것은 e-CRM 구현 실패에 대한 위험요소이다. 한편 e-CRM 원가와 수익은 적용 범위에 따라 달라질 것이다. 따라서 마진이 적은 세분시장에 대해서는 매스 마케팅을 적용하고 마진이 높은 세분시장에 대해서는 일대일 마케팅을 적용하는 등의 결정이 필요하다.

e-CRM은 많은 변화를 수반하기 때문에 어느 정도 속도로 변화할 것인가와 관련하여 현실적인 갈등이 존재한다. 변화가 필요한 것에는 모든 조직 구성원이 찬성하지만 그 속도에 대한 이견이 존재하는 것이다. 개선과 혁신 사이에 어떤 받아들일 수 있는 점을 선택하기 위한 현실적인 판단이 필요하다. 이 결정에 따라 e-CRM의 성과는 상당히 달라질 수 있다.

3 프랜차이즈 산업의 e-CRM시스템 구축

프랜차이즈 산업의 업종 특성에 따라 e-CRM의 유용성에는 많은 차이가 존재할 수 있다. 특히 동일한 매출 규모라 하더라도 고객의 수가 상대적으로 많은 업종과 적은 업종 간에는 유용성의 차이가 크다. 많은 국내 자영상점들이 대형 할인점과 같은 선진 유통시스템에 의해 생존의 위협을 받고 있는 현실에서 대형 할인점과는 차별화되는 상품 구색과 밀착된 고객관리는 유효한 경쟁수단이 된다.

소수의 고객만으로도 점포의 유지가 가능한 경우에는 굳이 데이터 웨어하우

스와 같은 자동화된 시스템을 사용할 필요가 없지만, 시스템 전체에 걸쳐 다수의 불특정 고객을 상대해야 하는 프랜차이즈 산업의 경우에는 e-CRM의 필요성이 더욱 커진다. 결국 사업의 성패가 오직 e-CRM만으로 결정되는 것은 아니지만 기업의 상황에 맞는 적절한 수준과 방식을 선택한다면 모두에게 e-CRM이 충분한 성과를 돌려 줄 수 있음을 시사한다.

마지막으로 고객과 관련된 많은 업무를 통합하고 다양한 IT를 필요로 하는 e-CRM은 결국 어려운 것일 수밖에 없다. 접근하기에 따라서 e-CRM은 상식적인 것일 수 있으며, 고객을 이해하고 고객이 원하는 형태로 사업을 전개하기 위해 첨단 정보기술을 동원하는 것, 이것은 단지 아직까지 우리가 경험해 보지 못한 것일 뿐이다. 따라서 e-CRM에 대한 두려움을 갖기보다는 점차 적응해 가는 것이 바람직하다. 또한, e-CRM은 한 번하고 마는 행사가 아니라 지속적인 업무 프로세스이다. e-CRM은 고객에 대한 그리고 고객과의 관계를 관리하는 방법에 대한 점진적인 학습 과정이다.

4. e-CRM시스템 단계적인 투자방안 수립시 고려사항

프랜차이즈 산업에 어느 정도 수준으로 그리고 어떠한 단계로 e-CRM 도입을 추진할 것인가에 관련된 고려사항으로는 기존 업무 프로세스 수행의 기술 수준, 가맹본부와 가맹점의 능력, 업종의 경쟁상황, 업무 프로세스의 복잡성, 제품 및 서비스의 특성 등 다양한 요소를 고려하여야 한다.

인적 서비스업과 같이 고객정보가 가장 중요한 자산이거나 부동산중개업과 같이 정보집약적인 산업의 경우에는 보다 전면적으로 e-CRM을 전개하는 것이 바람직하다. 반대로 고객과의 접촉이 적고, 접촉으로부터 정보시스템을 이용한 정보 획득이 자연스럽게 이루어지지 못하는 제조업 등에서는 범위를 좁혀 제한적으로 시작하는 것이 바람직하다.

만일 업무 프로세스가 매우 복잡하고 정형화되지 못하였다면 e-CRM 자체 이외에 업무 프로세스 통합 비용이 많이 필요할 것이다. 상품의 특성이 인적 판매에 많이 의존하는 경우에는 중앙집중적인 e-CRM은 효과가 적을 것이다.

또한 프로세스를 수행하는 조직원들의 전반적인 업무능력이 낮다면 처음부터 매우 복잡한 업무방식을 적용하는 것은 적합하지 않다. 이와 같은 개별 기업의 상황적인 특성이 계획수립 과정에서 구체적으로 고려되어야 한다.

흔히 오해를 가져오는 것 중의 하나가 반드시 대규모 컴퓨터시스템이 있어야만 e-CRM이 가능하다는 발상이다. 동일한 맥락에서 데이터 웨어하우스가 없이는 e-CRM이 불가능하다는 생각을 하는 경우도 있다.

물론 대규모의 컴퓨터시스템이 있다면 보다 원활하게 진행될 수 있는 것만은 사실이다. 데이터 웨어하우스가 있다면 데이터 통합이나 정제를 위한 노력이 감소할 것이기 때문이다. 그러나 투자가 많아질수록 e-CRM으로부터 얻는 투자효과는 감소할 것이므로 투자 효과가 높은 항목만을 대상으로 하는 것이 현실적이다.

따라서 주어진 예산으로 원하는 수준의 데이터 웨어하우스를 구축하기 어렵다면 데이터 웨어하우스의 범위를 줄이거나 데이터 웨어하우스 없는 구조로 e-CRM을 전개할 수 있는 것이다. 이러한 맥락에서 전체 고객 중의 10%에 해당하는 핵심 고객에 대해서만 e-CRM을 전개하는 것도 당연히 가능한 것이다. 데이터 웨어하우스를 비롯한 IT들은 충분조건으로 보아야 할 것이며 적용범위를 대치 또는 조절가능한 것으로 파악하는 것이 바람직하다.

제**4**절

e-SCM시스템

1 e-SCM시스템의 개념

e-SCM^e-Supply Chain Management^이란 제조, 물류, 유통업체 등 유통공급망에 참여하는 모든 업체들이 협력을 바탕으로 정보기술을 활용, 재고를 최적화하고 리드타임을 대폭적으로 감축하여 결과적으로 양질의 상품 및 서비스를 소비자에게 제공함으로써 소비자가치를 극대화하기 위한 21세기 기업의 생존 및 발전전략이다.

세계적으로 선도적 위치에 있는 제조업체, 물류업체, 유통업체들은 이와 같은 목적을 달성하기 위하여 그들의 거래선들과 협력함으로써 그 이익을 훨씬 더 극대화하였으며, SCM을 추진하고 있는 대표적인 업체로는 P&G, Wal-Mart, Unilever, Kellogg's, Coca Cola, J. C. Penney 등이 있다.

즉, SCM은 소비자의 수요를 효과적으로 충족시켜주기 위해서 신제품 출시, 판촉, 머천다이징 그리고 상품보충 등의 부문에서 원재료 공급업체, 제조업체, 도소매업체 등이 서로 협력하는 것이다.

SCM은 적용되는 산업별로 그 표현을 달리하고 있다. 즉, 의류부문에서는 QR^quick response^, 식품부문에서는 ECR^efficient consumer response^, 의약품부문에서는 EHCR^efficient healthcare consumer response^, 신선식품부문에서는 EFR^efficient foodservice response^ 등으로 불리고 있다.

e-SCM시스템 주요 응용기술 🍽

1) 자동발주시스템 CAO : Computer Assisted Ordering

CAO는 ASO automated store ordering라고도 한다. CAO는 고객에 대한 반응과 효율적인 상품보충 측면에서 상당한 잠재적 개선을 이룰 수 있도록 하는 데 중요한 역할을 한다. POS 데이터와 상품보충과정을 연계함으로써 비용을 줄이고 매장공간의 효율적인 활용으로 상품판매 효과를 높일 수 있으며, 판촉활동에 의해 발생하는 제품수요에 즉각적으로 대응할 수 있게 된다. 현행 주문관행과는 대조적으로 자동발주시스템을 통해 소매업체는 보다 신속하게 소비자의 수요에 반응할 수 있을 뿐만 아니라 동시에 운영비를 절감하고 재고수준을 낮출 수 있다.

기존의 수작업에 의한 발주에서는 담당직원이 일일이 상품수량을 파악하여 주문내역을 결정하고, 이러한 주문내역은 다시 수작업을 통해 주문시스템에 입력하여 물류센터로 전달하는 방식을 취하였다.

이에 반해 자동발주시스템은 POS 데이터를 근거로 수작업 없이 점포에서 주문을 할 수 있게 된다. 이러한 주문은 EDI를 통해 물류센터로 전송되고, 즉각적으로 재고보충이 이뤄지게 된다. 이러한 업무처리과정을 통해 물류의 동기화 및 수요관리의 통합화가 가능해진다.

자동발주시스템의 성공적인 구현을 위해서는 실제 상품의 판매량과 보충상품의 필요수량 사이의 차이를 효과적으로 관리하는 것이 매우 중요하다. 매주 판매량과 같이 반복적인 구매형태에 의해 발생하는 차이는 파악하고 관리하기가 상대적으로 쉬우나, 판촉활동 등 불규칙적인 구매형태에 의해 발생하는 차이는 제대로 관리되지 못하는 실정이다.

특히 판촉상품의 영향을 받는 상품 카테고리에서는 특히 이러한 문제가 심각하다. 또한 문제시되는 것 중의 하나가 원인파악이 힘든 재고손실과 지역적으로 과다하게 산재하고 있는 재고로서 이들로 인해 제품의 실제 재고와 차이가 발생하게 된다

2) 계속상품보충 프로그램CRP : Continuous Replenishment Programs

CRP는 상품을 소비자수요에 기초하여 유통소매점에 공급하는 방법으로 기존에 유통소매점에 재고가 있음에도 불구하고 상품을 공급하는 것과는 차이가 있다.

계속상품보충은 거래선 간에 상품이 공급되는 모든 지점에 적용될 수 있는 개념이다. CRP의 초기단계에서는 유통공급과정에서 상품을 공급받기 위해 유통업체의 물류센터 또는 도매배송업체의 출고데이터를 사용한다. CRP의 발전단계에서는 POS 데이터를 사용하여 상품보충 프로세스를 보다 개선시킬 수 있다.

CRP는 유통공급망에 종사하는 거래업체 간에 서로 협력하는 업무관행으로서, 이는 주문수량에 근거하여 물류업체가 주문을 하는 전통적인 상품보충 프로세스로부터 실질적인 상품수요와 예측수요를 근거로 상품보충을 하는 것이다. CRP를 구현하게 되면 다빈도 배송이 가능하게 되어, 재고수준과 운영비를 낮출 수 있다. CRP에서는 판매데이터와 판매예측을 근거로 한 소비자 수요를 통해 상품보충에 필요한 주문과 배송을 실시하게 된다. 가장 보편적인 형태로 운영되는 공급자 재고관리VMI : Vendor Managed Inventory는 물류업체에서 재고데이터와 점포별 주문데이터를 매일 공급업체에 전송하면, 공급업체는 물류업체가 소매점포의 상품수요를 충족시킬 수 있는 주문업무를 책임져야 한다.

CRP의 근간은 바로 전자문서교환시스템EDI이다. EDI는 소매업체가 제조업체에게 상품의 출고요청을 전송할 수 있도록 한다. 비록 초기단계에서는 소매업체 창고의 출고데이터를 기초로 EDI 문서를 전송하게 되지만, POS 데이터의 통합관리 능력이 증대됨에 따라 점포에서 실제 판매된 판매량에 근거한 EDI 문서 전송이 가능해진다. 이를 통해 각각의 단품별 판매에 따른 제조업체의 단품별 보충이 가능하게 된다. 판촉활동이 없다고 가정한다면, POS 데이터에 근거한 상품보충은 제조업체로부터 소매점포까지 원활하게 흘러갈 수 있게 되며, 심지어 상품흐름에 대한 예측도 가능해질 수가 있다.

CRP는 전반적인 유통공급과정에서의 상품에 대한 주문기능을 향상시킨다. 본능적인 예감에 의해 주문을 하기보다는, 상품보충을 위한 주문수량은 실질적인 소비자수요와 판촉행사로 인해 예상되는 수요예측에 의해 결정된다. 정보는 컴퓨터에 의해 처리되므로 유통공급 과정상에서 발생되는 수많은 데이터 입력

시점에서의 수작업이 제거되어 비용을 절감할 수가 있다. 또한 정보의 흐름이 정보통신망을 통해 전자적으로 처리됨에 따라 상품의 보충주기가 단축되어, 결과적으로 소비자 수요에 대한 반응도를 높일 수 있게 된다.

CRP는 또한 유통공급과정에서의 상품의 흐름을 향상시킬 수 있다. 한 번에 많은 양의 상품을 배송하는 대신, 소매업체와 도매업체 창고의 재고수준을 낮출 수 있도록 소량단위의 배송빈도를 증대시킬 수 있게 된다. 또 다른 이점이라고 한다면 타산업의 거래업체들과 보다 나은 업무적 협조관계를 구축할 수 있다는 점을 들 수 있다.

3) 크로스도킹cross docking

크로스도킹은 창고나 물류센터로 입고되는 상품을 보관하는 것이 아니라, 곧바로 소매점포에 배송하는 물류시스템이다. 보관 및 피킹작업 등을 제거함으로써 물류비용을 상당히 절감할 수 있다. 크로스도킹은 입고 및 출고를 위한 모든 작업의 긴밀한 동기화를 필요로 한다.

3 프랜차이즈 산업에서의 e-SCM시스템 구축 🍽

e-SCM은 소비자의 욕구를 효과적으로 충족시키기 위해 공급사슬상의 원 부자재 공급업체, 제조업체, 도소매상 등이 서로 협력하여 자동발주시스템, 지속적인 상품보충 프로그램, 크로스도킹 등의 응용기술을 구현하는 것이다. 프랜차이즈 산업에 있어 e-SCM은 편의점과 같이 주문이 빈번하고 취급물량과 상품의 수가 많은 업종에 있어 매우 유용한 도구라 할 수 있다.

e-SCM을 구현하기 위해서는 공급업체와 가맹본부, 가맹본부와 가맹점 간의 거래가 EDI나 POS에 의해 처리되고 있어야 한다. 그러나 국내 프랜차이즈 산업의 EDI나 POS 도입률은 매우 낮은 수준이기에 e-SCM을 단기간에 구현한다는 것은 어렵다고 할 것이다. 더구나 정보화 마인드가 부족한 가맹본부와 가맹점을 정보화에 투자하도록 설득하는 것도 쉬운 일은 아니다. 프랜차이즈 산업에

서의 e-SCM 구축과 관련하여 몇 가지 제언을 하면 다음과 같다.

첫째, e-SCM 구축의 초기단계에서는 많은 비용이 소요되는 정보시스템과 정보기술의 활용은 바람직하지 않다. e-SCM의 핵심요소인 POS와 EDI 구축에 소요되는 비용은 지금도 많은 가맹본부가 부담스러워 할 정도로 높은 수준이다. e-POS의 도입이 어려운 경우에는 시스템 도입비용이 거의 없고 간편한 ARS 수발주와 VMSvertical management solution을 활용하는 것도 하나의 방안이 된다.

둘째, e-SCM은 시간을 두고 단계적으로 구축한다. 단기적으로는 범용성과 시장성이 큰 애플리케이션과 부가서비스를 개발하고 협회 회원사를 대상으로 그 효과를 검증한 뒤, 중장기적으로는 업종별로 애플리케이션을 개발하고 부가서비스를 다양화하며, 일정규모의 정보화수요가 확보되면 가맹본부와 가맹점 간의 거래를 중심으로 데이터 분석 서비스를 제공한다. 최종적으로는 제조업체와 가맹본부, 혹은 제조업체와 가맹점 간 거래를 포함한 통합솔루션을 제공하도록 한다.

셋째, e-SCM은 업종별로 구축하는 것이 바람직하다. 업종에 따라 거래특성이 상이하고, 정보화의 투자비용과 혜택이 크게 다르기 때문이다.

넷째, 도소매업에 대한 지원을 우선적으로 강화하도록 한다. 도소매업은 정보화의 필요성과 혜택이 큰 업종이라는 특성 이외에도 외식업 위주의 프랜차이즈 산업을 구조적으로 개선하고, 투명한 거래를 조성하기 위해서도 우선적으로 지원할 필요가 있다.

다섯째, e-SCM을 포함한 프랜차이즈 산업의 정보화 작업은 프랜차이즈협회를 중심으로 마케팅, 기획, 솔루션개발, 시스템구축과 운영, 자금운용 등의 역할을 분담하는 다수의 관련기업으로 컨소시엄을 구성하여 추진하는 것이 바람직하다. 협회는 이들 참여업체의 이해관계를 조정하고, 정부와 정보화의 방향을 조정하기 위해 산하에 가칭 프랜차이즈정보화 운영위원회를 구성·운영하도록 한다. 또한 협회 내 전산 전문인력을 확보하여 정보화 추진을 상시업무화하도록 한다.

여섯째, e-SCM의 성공은 공급사슬상의 기업들이 서로를 얼마나 신뢰하며 협력하는가에 따라 결정된다. 특히, 가맹본부와 가맹점 간의 불신풍토가 팽배하고 정보화 마인드가 부족한 현실에서는 설령 시스템이 구축되더라도 활용도는 매우 낮을 수 있다. 따라서 협회를 중심으로 정보화 마인드를 개발하기 위한 홍보활동과 시스템 활용에 대한 교육훈련이 강화되어야 한다.

제 5 절

e-Learning

프랜차이즈 산업은 본질적으로 가맹본부가 보유하고 있는 제품·서비스 및 경영 노하우와 지식을 가맹점에게 제공하고 이를 통해 수익을 올리는 지식기반형 사업모형이다. 따라서 가맹본부가 얼마나 효과적으로 가맹점에게 자신의 노하우와 지식을 제공하고 가맹점이 이를 얼마나 효과적으로 습득하는가에 따라 시스템 전체의 경쟁력이 결정된다고 할 수 있다. 이러한 의미에서 가맹점에 대한 초기지원과 계속지원에 있어 교육훈련이 지니는 의미는 매우 크다고 할 수 있다.

교육훈련체계의 구축과 관련하여 IFA의 경우 university.com이라는 온라인교육 사이트를 통해 가맹본부의 경영자와 가맹점주들을 위해 다양한 e-Learning 프로그램을 제공하고 있음을 소개한 바 있다. e-Learning은 IFA와 같이 주요 4개 영역에서의 학점을 이수한 자를 대상으로 수료증을 수여하는 방안도 활용될 수 있으나 보다 적극적으로는 대학의 학위과정에 준하는 자격증을 수여하는 방안을 활용하는 것이 보다 유효한 교육방법이라고 할 수 있다. 이는 국내 평생교육법에 의해 이미 제도적으로 보장된 방안이기도 하다.

1 평생교육방법으로서의 원격교육

평생교육법 제33조원격대학형태의 평생교육시설 제2항에 따르면 누구든지 교육부장관에게 신고만 하면

평생교육을 실시할 수 있다. 또 제3항에 의하면 전문대학 이상의 학력 학위가 인정되는 원격대학형태의 평생교육시설을 설치하고자 하는 경우에는 대통령령이 정하는 바에 따라 교육부장관의 인가를 받아야 한다고 되어 있다. 따라서 프랜차이즈 교육훈련을 평생교육의 차원에서 사이버 원격교육을 하는 데에는 법적 제도적 장치가 이미 마련되어 있다고 할 수 있으며, 이는 재교육, 학위교육, 평생교육 등에 모두 활용할 수 있다.

사이버 원격교육의 필요성

1) 프랜차이즈업의 업무특성상 일과 교육의 분리가 매우 어려움

- 일선인력의 여유인력 제약
- 시간제 인력의 고용에 따른 교육비 부담
- 근무시간이 상대적으로 늦은 시간까지 지속

2) 가맹본부의 교육훈련능력 미흡

- 대부분의 가맹본부는 사업초기단계임
- 재정적 및 교육전문인력의 확보 미흡
- 교육훈련시설의 독자적 혹은 공동시설의 부재
- 지속적인 교육훈련을 위한 전문적 지도의 한계를 인식

3) 가맹점 측의 교육훈련 파견 어려움

- 극소수 인원으로 점포를 운영하는 경우가 많음
- 시간제 근무자 고용에 따른 교육 후 성과확보가 어려움
- 가맹점의 공간적 분포가 광범위하게 산포되어 있음
- 체계적인 가맹점 운영지식에 욕구가 강함

3 사이버 원격교육의 장점

① 시간적 · 물리적 제약을 극복
- 비동기 방식을 채택
② 저비용-고효율 교육체제의 실현
③ 학습자의 커리큘럼 선택권 보장
④ 최신 정보 및 지식의 신속한 전달 학습

 4 사이버 교육운영 체계

- 사이버 교육기관의 운영자총장 혹은 CEO 등
- 학사관리시스템
- 원격교육시스템
- 콘텐츠관리시스템
- 교육서비스 전달을 위한 인프라네트워크, 방송망, 위성통신망 등
- 콘텐츠 및 교수요원

참 고 문 헌

강대형. 가맹사업 거래의 공정화에 관한 법률제정과 프랜차이즈산업 발전, 『제4회 프랜차이즈포럼』. 한국프랜차이즈협회, 2002.

강병남 외, NEW 외식사업 실무론. 지구문화사, 2017.

곽세영. 프랜차이즈시스템의 이론적 고찰. 『중소기업연구』. 제23권, 2001.

김기영 외. 외식산업관리론, 현학사, 2003.

김기훈. 외식사업개발실무. 대왕사, 2002.

김원희 · 이대홍. 외식창업실무론. 백산출판사, 2002.

김인수. 미래의 한국기업. 삼성경제연구소, 2001.

김종성 · 박상배. 조리실무관리. 형설출판사, 1996.

김충호 · 원융희. 호텔조직인사관리. 대왕사, 1995.

나정기. 메뉴관리론. 백산출판사, 1998

　　　　　외식산업의 이해. 백산출판사, 1998.

박규일 · 박주관. 우리나라 프랜차이즈 비즈니스의 현황과 발전방안. 『사회과학연구』. 호서대학교 사회과학연구소, 2001.

박홍현 외. 실무를 위한 식품위생학. 광문각, 2001.

박재호. 고객 감동으로 가는 길. 현대미디어, 1993.

산업자원부. 한국프랜차이즈총람, 2002.

산업자원부. 프랜차이즈산업 실태조사, 2002.

산업자원부. 2010년 유통산업발전전략(안), 2002.

신문철. 회계원리. 박영사, 1996.

신재영 외. 식품위생관리론. 백산출판사, 1994.

신재영 · 최대웅. 외식위생관리론. 백산출판사, 1999.

우성근 외. 외식업실무회계. 형설출판사, 2001.

원융희. 외식사업론. 대왕사, 1997.

월간식당. 2004년도 외식산업의 변화:외식트렌드 및 선호하는 외식패턴, 2003.

유영진 · 임현철. 외식창업실무포인트. 한올출판사, 2003.

윤홍근 · 김장익. 프랜차이즈산업의 발전방향에 관한 연구. 『외식경영학연구』, 1998.

이상주 · 최상영. 회계원리. 박영사, 1999.

이용우 · 정구현. 마케팅원론. 형설출판사, 1995.

이정자. 호텔식음료 원가관리. 형설출판사, 1995.

임붕영. 외식사업경영론. 형설출판사, 2001.

임붕영. 박상배. 외식사업개론. 대왕사, 2000.

임현철. 외식프랜차이즈 실무. 한올출판사, 2011.

여춘돈. 고객만족 경영전략 101. 계몽사, 1996.

정봉원. 외식산업과 창업론. 형설출판사, 2000.

최주락 외. 메뉴기획관리론. 백산출판사, 2001.

통계청. 2003년 한국의 사회지표.

한경수 외. 외식경영학. 교문사, 2011.

한국식품연구원. 외식사업의 구조와 전망.

　　　　　　　　외식사업실무론. 백산출판사, 2002.

　　　　　　　　외식사업경영론. 백산출판사, 2003.

한국음식중앙회. 1995년 한국외식산업연감, 1995.

　　　　　　　'96 한국외식산업연감, 1995.

한국조세연구원. 조세제도(http//kipfweb.kipf.re.kr/)

한국프랜차이즈협회. 한국프랜차이즈 총감, 2002.

도이 토시오. 외식. 동경 : 일본경제신문사, 1990.

미야 에이지. 외식비지니스. 한국산업연구소 편역, 1992.

이와부지 미지오. 외식산업론, 1996.

American Accounting Association. A Statement of Basic Accounting Theory. Evanston, Ⅲ, 1996.

American Marketing Association. AMA Board Approves New Marketing Definition. Marketing News(March), 1985.

American Marketing Association Committee on Definition. Marketing Definitions:A Glossary of Marketing Terms. Chicago:AMA, 1960.

Doi Toshio. An Inside Look at Japaness Food Service, The Cornell H.R.A Quarterly. Vol. 6, 1992.

Donald, E. Lundberg. The Hotel & Restaurant Business. 6th ed. Van Nostrand Reinhold, 1993.

James, C. C. & Jerry, I. Porras, Built to Last::Successful Habits of Visionary Companies. NY:Harper Business, 1994.

John, C. Birchfield. Design & Layout of Food service Facilities. Van Nostrand Reinhold, 1988.

John Fuller & David Kirk. Kitchen Planning & Management. Butterworth Heinemann, 1991.

Landal H. Koschevar. Management by Menu. John Wiley & Sons Inc, 1987.

Marketing Staff of The Ohio State University. A Statement of Marketing Philosophy. Journal of Marketing. Vol. 29(January), 1965.

National Restaurant Association. Food service 2001.

Philip Kotler. Marketing Management:Analysis. Planning and Control. Englewood Cliffs:Prentice-Hall, 1980. Principles of Marketing. 2nd ed. Englewood Cliff. N.J:Prentic Hall, 1983.

Philip Kotler. & Sidney J. Levy. Broadening the Concept of Marketing. Journal of Marketing. Vol. 33(January), 1965.

Quinn, Barry. & Nicholas Alexander. International Retail Franchising: a Conceptual framework. International Journal of Retail & Distribution Management. Volume 30. No. 5(May), 2002.

Richard Bagozzi. Marketing as Exchange. Journal of Marketing. Vol. 39(October), 1975.

Ronald S. Vail. Marketing Organization. NY:Ronald Press, 1930.

Valarie A. Zeithaml, Mary Jo Bitner. Service Marketing. McGraw-Hill Book Co, 1999.

Watson, Anna, David A Kirby. & John Egan. Franchising, Retailing & the Development of e-Commerce. International Journal of Retail & Distribution Management, Vol. 30. No. 5(May), 2002.

Wroe Alderson. The Analytical Framework for Marketing in Delbert Ducan ed., Proceedings:Conference of Marketing Teachers from Far Western States. Berkeiey:University of California, 1958.

Young, Joyce A., Casondra D. Hoggatt. & Audhesh K Paswan. Food Service Franchisor & Their Co-branding Methods. Journal of Pround & Brand Management. Vol. 10. No. 4(August), 2001.

저자 소개

최 학 수 ─────────────────○

경주대학교 대학원 관광학박사
(주) 아주관광 근무
(주) 코오롱호텔 근무
전) 서라벌대학 외식사업경영과 교수
　　경주대학교 국제관광학부 호텔경영전공 교수
　　경주관광호텔 대표이사 사장
현) 제주식물자원활용 웰빙음식체험센터 센터장

김 광 우 ─────────────────○

경기대학교 일반대학원 외식조리관리학과 박사
현) 국제대학교 호텔외식조리과 교수
경기대학교, 재능대학교, 경복대학교 외래(겸임)교수
한국산업인력공단 조주기능사(실기) 자격 감독위원
한국외식음료협회 와인소믈리에 자격 심사위원
한국외식음료협회 커피바리스타 자격 심사위원
한국식음료외식조리협회 카페바리스타 자격 심사위원
한국평생능력개발원 커피조리사 자격 심사위원
한국 국제 음료경연대회 칵테일부문 심사위원
임피리얼팰리스 호텔 서울 식음료부 팀장
호텔 리츠칼튼 서울 식음료부 매니저
그랜드 하얏트 호텔 서울 식음료부
사단법인 한국외식경영학회 상임이사
사단법인 한국전통주학회 이사.
사단법인 한국외식산업정책학회 이사.

전 용 수 ─────────────────○

부경대학교 경영학석사
동아대학교 관광경영학박사(관광산업경영 전공)
롯데호텔(서울 소공동) 식음료팀 지배인
부산롯데호텔 식음료팀 업장총괄책임자
겸임교수-신라대학교. 부산외국어대학교
출강-동아대학교 경영대학원
전국 품질분임조 경진대회 대통령 은상 수상 (1994)
2012년도 한국연구재단 신진연구자지원사업 선정
현) 동북아관광학회 · 한국관광연구학회 · 한국호텔리조트학회 이사,
　　한국관광 · 레저학회 부회장, 청주대학교 호텔경영학과 교수

정 승 환 ─────────────────○

세종대학교 대학원 경영학 박사(호텔관광경영전공)
(주) 호텔 롯데, (주) 호텔롯데부산 근무
(사) 한국관광학회, (사) 한국호텔외식관광경영학회
(사) 한국호텔관광학회 평생회원
신진교수연구과제 대상자 선정(한국학술진흥재단, 2001)
대학교수해외방문연구지원과제 대상자 선정(한국연구재단, 2014)
현) 신안산대학교 국제관광경영학과 교수

A comparison study on Korea and Australia regarding the social network analysis of the customers' attitude, satisfaction, and revisit intention in the family restaurant: focusing on the difference in the SNS using expericnce. 외 다수.

New 실전 외식사업경영론

초판1쇄 발행　2014년 7월 5일
2판 1쇄 발행　2018년 8월 5일

저　　　자　최학수 · 김광우 · 전용수 · 정승환
펴 낸 이　임 순 재
펴 낸 곳　(주)도서출판 한올출판사
등　　록　제11-403호
주　　소　서울시 마포구 모래내로 83(성산동. 한올빌딩 3층)
전　　화　(02)376-4298(대표)
팩　　스　(02)302-8073
홈페이지　www.hanol.co.kr
e - 메 일　hanol@hanol.co.kr
I S B N　979-11-5685-712-9